HEYNE ‹

W0174064

Das Buch

Der Vorname ist neben dem Geburtsdatum die persönlichste Information eines Menschen, die Auskunft über sein Wesen, seine Lebensaufgabe, seine Bestimmung und sein Ziel gibt. In diesem Buch wird der Vorname mit seiner jeweiligen Engelenergie verbunden. So finden Sie hier entscheidende spirituelle Hinweise zur Bedeutung von 600 Vornamen und lesen, woher die 100 wichtigsten Engelnamen stammen. Und Sie erfahren etwas über die geistigen Hintergründe, die zum Tragen kommen, wenn man Vornamen abkürzt oder ändert.

Die Autoren

Jutta Fuezi ist eine bodenständige Engelbotschafterin, die Kurse und Beratungen anbietet, das kleine Seminarzentrum »Engellicht« gegründet hat und seit der ersten Ausgabe bis Anfang 2010 als Autorin im ENGELmagazin mitarbeitete. Sie ist Mutter einer erwachsenen Tochter und arbeitet im Hauptberuf in einer Sozialversicherung. Sie lebt in einem kleinen Ort im Burgenland.

Wulfing von Rohr ist Kulturforscher, Esoterikexperte, Autor und Koautor zahlreicher Bücher (unter anderem »Kraft der Engel«, das bereits 1995 erschien und noch heute am Markt ist), Seminarleiter und Gründungs-Chefredakteur des ENGELmagazins. Er lebt derzeit bei Salzburg. Er moderiert derzeit eine neue Internet-Radiosendung »Awakening Zone: Wulfing Spirit Radio«.

JUTTA FUEZI
WULFING VON ROHR

Die
Engelbotschaft
deines Namens

600 Vornamen
in ihrer spirituellen Bedeutung

Das praktische Handbuch

WILHELM HEYNE VERLAG
MÜNCHEN

MIX
Papier aus verantwor-
tungsvollen Quellen
FSC
www.fsc.org
FSC® C014496

Verlagsgruppe Random House FSC® N001967
Das für dieses Buch verwendete
FSC®-zertifizierte Papier *Holmen Book Cream*
liefert Holmen Paper, Hallstavik, Schweden.

4. Auflage
Originalausgabe 04/2011

Copyright © 2011 by Wilhelm Heyne Verlag, München, in der Verlagsgruppe
Random House GmbH
Alle Rechte vorbehalten
Printed in Germany 2013
Umschlaggestaltung: Guter Punkt, München,
unter Verwendung eines Motivs von © Klaus Holitzka / Agentur Walter Holl
Herstellung: Helga Schörnig
Gesetzt aus der Minion bei te•ha grafik
Druck und Bindung: GGP Media GmbH, Pößneck
ISBN 978-3-453-70143-4

www.heyne.de

Inhalt

Warum der Name so wichtig ist

Der Vorname
als stärkste persönliche Energie

Gefällt Ihnen Ihr Vorname? Ich hoffe, dass Sie mit Ja antworten können. Denn Sie selbst und sonst niemand haben sich diesen Vornamen ausgesucht. Sie ganz allein haben Ihren Eltern diesen Namen »zugeflüstert«, und Ihr Schutzengel hat dafür gesorgt, dass er auch verstanden und angenommen wurde. Also machen Sie niemandem einen Vorwurf, sollte er Ihnen nicht wirklich gefallen. Ihr Vorname ist eine ideale Ergänzung zu Ihrem inneren Potenzial und macht es Ihnen möglich, Ihren Alltag immer wieder gut zu bewältigen. Denn genau diesen Namen brauchen Sie, um Ihre geistigen Aufgaben und Lernprogramme in diesem Erdenleben erfolgreich zu meistern. Falls Ihre Antwort daher eher »Nein, er gefällt mir nicht so sehr« lautet, dann schließen Sie doch Frieden mit Ihrem Vornamen und beginnen Sie damit möglichst gleich.

Unser persönlicher Vorname ist eine starke Grundenergie, und er ist tief in uns verankert – in unserer Seele. Er stellt jene Energie dar, die von uns am häufigsten spürbar ist. Mit diesem Namen werden wir unendlich oft angesprochen, vor allem von den Menschen in unserem näheren Umfeld – also von unserer Familie, von Freunden, Kollegen und so fort. Unzählige Male schreiben wir ihn und geben ihn in den verschiedensten Situationen an. Unser Vorname ist die Urenergie, wie sie sich in unserer persönlichen Gestalt ausdrückt und nach außen gebracht wird. Es ist die Schwingung, mit der wir Schritt für Schritt unseren Lebensweg gehen dürfen und können. Mit der Energie unseres Vornamens senden wir vieles aus, und wir ziehen das Passende für uns an.

In unserem Vornamen spiegelt sich unsere individuelle Persönlichkeit mit all ihren Facetten: das innere Potenzial mit sämtlichen Gefühlen, Möglichkeiten und Aufgaben, eine umfassende Herz- und Seelenenergie eben. Nehmen Sie Ihren Vornamen daher bewusst und in Liebe an. Sprechen Sie ihn laut oder leise aus – hören und spüren Sie seiner Energie nach. Mit ein wenig Geduld werden Sie seine wunderbare Energie empfinden und seine Bedeutung für dieses Leben erfassen können. Das wünschen wir Ihnen von Herzen!

Die Engelbotschaft zu Ihrem Vornamen

Grundlage für die Engelbotschaften in diesem Buch ist einerseits ein sensitiver Zugang zu den Engeln, die ich (Jutta Fuezi) seit gut zehn Jahren spüren und erfahren darf. Dazu kommt meine Gabe, die spirituelle Schwingung und Bedeutung von Zahlen zu erfassen, die in den einzelnen Vornamen verborgen sind. Das bezieht sich natürlich auch auf die Numerologie der Zahlen, die im Geburtsdatum stecken, und auf Jahresqualitäten. Bei Interesse finden Sie mehr dazu im Buch »Die Botschaft der Engelzahlen«. Im vorliegenden Buch gehe ich nur auf die Engel-Numerologie im Hinblick auf Vornamen ein.

Die Hinweise zu den einzelnen Vornamen stammen aus besonderen Engelbotschaften, die ich für den entsprechenden Namen empfangen habe. Zudem habe ich die jeweiligen numerologischen Qualitäten mit einfließen lassen. Engelbotschaften auf dieser Grundlage haben sich seit einiger Zeit in meinen Beratungen und Seminaren gut bewährt, und ich freue mich, diesen Zugang zu neuen Impulsen nun auch einem größeren

Kreis von Menschen zur Verfügung stellen zu dürfen. Engelnumerologie ist eine sehr spezielle Form der Arbeit mit Zahlenbedeutungen, die sich nach und nach entwickelt und gezeigt hat und meine Engelarbeit optimal ergänzt. Es wäre schön, wenn diese so empfangenen Engelbotschaften viele Menschen dabei unterstützten, neue Lebensenergie und mehr Lebensmut im Alltag zu aktivieren.

Ich wünsche Ihnen, dass Sie sich immer mehr dessen bewusst werden, dass die Engel unentwegt an Ihrer Seite sind und Sie stets begleiten, stärken und fördern. Speziell die Botschaft zu Ihrem Vornamen wird Sie auf Ihrem Weg einen guten Schritt weiter führen.

Als Einstimmung auf die Bedeutung der persönlichen Vornamen und der darin enthaltenen Engelbotschaften finden Sie im ersten Kapitel zunächst eine Übersicht der Bedeutung von Namen der bekannten und auch weniger bekannten Engel und Erzengel – welche Energien tragen sie in sich, welche Schwingung senden sie aus? Danach folgen die beiden Hauptkapitel mit weiblichen und männlichen Vornamen, Hinweisen zu deren Herkunft und den persönlichen Engelbotschaften. So viele Vornamen Sie hier auch finden – alle könnte kein Buch je enthalten. Deshalb stehen im abschließenden Kapitel einige weiterführende Hinweise, sie betreffen Namen, die Sie hier nicht entdecken, und die spirituelle Bedeutung von Namensänderungen.

Die Namen und Aufgaben von 150 Engeln und Erzengeln – von A bis Z

Die Namen der Engel, wie wir sie in der entsprechenden Literatur finden, sind unüberschaubar vielfältig. Allein der wissenschaftlich arbeitende Engelforscher Gustav Davidson hatte in seinem Standardwerk über die Engel, ihre Namen und Aufgaben, gut 6000 Namen angeführt.

Es wird wohl nie eine wirklich vollständige und unumstrittene Übersicht der Engel, ihrer Namen und Funktionen geben können. Da bei der derzeitigen »Engelwelle« jedoch recht häufig Fantasienamen auftauchen bzw. mit Namen von Engeln umhergeworfen wird, ohne dass man ihre Bedeutung kennt, möchten wir zu einem fundierten Verständnis beitragen, das sich auf historisch gesicherte Grundlagen stützt. Dazu soll die folgende Auflistung der unserer Ansicht nach wichtigsten Engelnamen sowie einigen Erklärungen hierzu dienen. Und sie möchte Sie dazu anregen, selbst weiter zu forschen und sich nicht mit watteweichen New-Age-Erklärungen über Engel und Engelnamen zufriedenzugeben bzw. abspeisen zu lassen.

Wir stellen Ihnen hier rund 150 Engelnamen vor. In Anführungszeichen nach dem Namen finden Sie eine erste Übertragung seiner Bedeutung, soweit wir sie erkunden konnten. Die Schreibweisen von Engelnamen sind nicht immer einheitlich, weil die Umschrift von hebräischen Worten oder von Namen aus anderen Sprachen ins Deutsche oder Englische sehr variantenreich ist. So sind »c« und »k« bisweilen austauschbar, auch

»f« und »ph«, »i« und »j« sowie »s« und »z«, und andere mehr. Ab und an weichen die Namen für ein und denselben Engel deutlich von ganz anderen, alternativen Benennungen für ihn ab. Wir haben solche Zusammenhänge in Klammern gestellt. Zudem werden manchen Engeln Aufgaben zugeordnet, die auch bei anderen zu finden sind.

ABADDON (Abadon)
Hebräischer Name für Apollion, den »Engel des Abgrunds«
(Off 9,11). Ein »König« der Racheengel, der Satan eintausend
Jahre lang fesselt (Off 20).

ABALIM (Arelim)
Eine Engelgruppe, die zu den »Thronen« gehört. Nach Papst
Gregor dem Großen, Thomas von Aquin und Dante folgen die
Abalim in der Engelhierarchie gleich den Seraphim und Che-
rubim.

ABATHUR MUZANIA (Abiatur)
In der nazoräischen bzw. mandäischen Kosmologie der Engel des
Nordsterns. Er überwacht die Waagschalen, auf denen die Seelen
der Menschen nach dem Tod der Körper gewogen werden.

ABDIA
»Diener«, Name eines Engels, der auf dem Ring des magischen
Pentagramms des Königs Salomon erscheint. Abdia soll helfen,
böse Mächte zu bannen.

ABDIEL
»Diener Gottes« (Abdia und Abdiel sind sehr ähnlich, wobei
die Endsilbe -el auf Gott hinweist). Abdiel ist ein Seraph, der
im Buch des Engels Ratziel erwähnt wird und sich beim ersten
»Kampf« zwischen Gotteswille und Eigenwille auf die Seite des
Lichts stellt. Der französische Literatur-Nobelpreisträger Ana-
tole France schrieb über ihn unter dem Namen *Arcade* in seinem Werk »Aufruhr der Engel«.

ABEL

Ein Gerichtsengel, vor dem jede Seele bei ihrer Ankunft im Himmel erscheinen muss, um ihr Leben beurteilen zu lassen. Dieser Engel Abel hat nichts mit dem Sohn von Adam und Eva, dem Bruder von Kain zu tun.

ABRAXAS (Abraxis)

In der gnostischen Theogonie (Lehre der »Gottesabstammung«) Name für das Höchste bzw. den Höchsten, der immer unbekannt bleibt. In der persischen Mythologie ist Abraxas die Quelle von 365 Emanationen, die aus Gott ausfließen und aus denen wiederum die Welt, die Wesen und alle Dinge entstehen. Kann sich auch auf Zyklen der Schöpfung beziehen.

ABULIEL

In der jüdischen okkulten Überlieferung jener Engel, der für die Übermittlung von Gebeten an Gott zuständig ist. Zu den Gebetsengeln zählen auch Akatriel, Metatron, Raphael, Sandalphon, Michael und der persische Engel Sisouse (Sizouze).

ADAM

Wir denken dabei zunächst natürlich an den ersten Menschen, den Gott erschafft. Im Buch Henoch (bzw. Enoch; von hebräisch *Chanoch*) gilt Adam als »zweiter Engel«, eine andere alte Schrift nennt ihn den »strahlenden Engel«. Im Neuen Testament finden wir die Worte: »Der erste Mensch Adam ward zu einer lebendigen Seele, und der letzte Adam zum Geist, der da lebendig macht … Der erste Mensch ist von der Erde und irdisch, der andere Mensch ist vom Himmel« (1Kor 15,45 und 47).

ADONAI

Gottesname im Judentum; in der phönizischen Mythologie einer der sieben Schöpfungsengel des Universums.

ADVACHIEL (Adnachiel)
Engel des Tierkreiszeichens Schütze bzw. des Monats November.

ANAEL
(Haniel, Hanael, Onoel, auch Ariel): Ein weiterer der sieben Schöpfungsengel, Fürst der Erzengel, Herrscher(in) über den Freitag. Manche meinen, Anael sei weiblich. Hat mit Venus, Mond und mit Eros zu tun. Anael erklärt: »Tut auf die Tore, dass hineingehe das gerechte Volk« (Jes 26,2). Shakespeare verbindet in seinem Werk »Der Sturm« Anael mit Uriel, um den widerspenstigen Ariel, eine Art Kobold, hervorzubringen.

ANAFIEL
»Der Zweig Gottes«, Siegelbewahrer, Fürst des Wassers. Anafiel hat eine besondere Beziehung zu Metatron, er ist mit ihm eventuell sogar identisch.

ARIEL
»Der Löwe Gottes«. Dieser Name bezeichnet abwechselnd einen Engel, einen Menschen, eine Stadt (Jerusalem) und einen Altar. Ariel ist auch ein Engel von Wind und Wasser. Siehe auch Anael.

APOLLION siehe Abaddon

ASMODEL (Aschmodiel)
Engel des Tierkreiszeichens Stier bzw. des Monats Mai.

ASTARTE (Ishtar)
Hauptgöttin der antiken Phönizier, Syrer und Karthager. Sie galt unter anderem als Mondgöttin der Fruchtbarkeit und wurde im Verlauf der Ausbreitung des jüdischen »Ein-Gott-Glaubens« als »Himmelskönigin« angebetet. So wurde sie zu einer

Vorläuferin sowohl der griechischen Göttin Aphrodite als auch der christlichen Himmels- und Engelkönigin Mutter Maria. Die antiken Götter und Göttinnen wurden im frühen Judentum oft als Himmelswesen und »Erzengel« übernommen und ins eigene Glaubenssystem über den Menschen, aber unterhalb von Gott eingeordnet.

ASRAEL (Azrael, Asriel, Asaril)
»Dem Gott hilft«. In der hebräischen und oslamischen Überlieferung der Engel des Todes, der im dritten Himmel wohnt. Für Muslime ist Asrael eine andere Gestalt des Erzengels Raphael, der 70 000 Füße und 4000 Flügel besitzt und dessen Körper über so viele Augen und Zungen verfügt, wie es Menschen auf der Erde gibt.

ASURAS
Himmels- bzw. Astralwesen aus der arisch-hinduistischen Mythologie, die als »Götter des Geheimwissens« galten und wohl in etwa unseren Erzengeln entsprachen. Später wurden sie zu so etwas wie gefallenen Engeln, welche die Kräfte des Lichts bekämpften.

BAAL (Bael, Baal Davar)
Dieser Begriff wurde laut Gustav Davidson im 18. Jahrhundert im Chassidismus (einer Form der jüdischen Mystik) als Bezeichnung für »der Feind« (im Sinne des Satans) verwendet. Ursprünglich heißt Baal jedoch »Herr«, »Meister« oder auch »Gott«. So gab es in Syrien einen kanaanäischen Wetter- und

Fruchtbarkeitsgott mit diesem Namen. Und der bedeutendste Mystiker des Chassidismus, Israel ben Elieser, wurde »Baal schem tow« genannt, der »Herr des guten Namens«. Im Zohar wird Bael mit dem Erzengel Raphael gleichgesetzt. In der christlichen Mythologie steht der Begriff Baal jedoch meistens für »Dämon«.

BAGDIAL (Bagdiel)
Ein fiktiver Engel, vom Literatur-Nobelpreisträger Isaac Bashevis Singer ersonnen. Bagdial ist in einer seiner Erzählungen ein korpulenter Engel, der den Neuankömmlingen im niederen Himmel Bons übergibt, die sie berechtigen, einen neuen Körper zu erhalten.

BALIEL (Balhiel)
Der Engel des Montags, der vom Norden her angerufen wird. Er soll im ersten oder im zweiten Himmel wohnen und ist einer der zahlreichen Wächter an den Toren des Südwinds.

BARACHIEL (Barahiel)
»Der Blitz Gottes«; wird manchmal als einer der sieben Erzengel genannt und gilt auch als einer von vier Seraphim. Engel des Monats Februar und des Tierkreiszeichens Fische (manchmal zusätzlich auch des Zeichens Skorpion); Regent des Planeten Jupiter. Barachiel wird, zusammen mit Uriel und Rubiel, angerufen, wenn man um Erfolg bei Vorhaben bittet, die mehr mit Glück als mit Fertigkeit zu tun haben.

BARAH (Varaha)
Ein »Avatar« und einer von zehn göttlichen Inkarnationen des hinduistischen Gottes Vishnu. Avatare aus den vedischen Überlieferungen werden gern mit Erzengeln aus dem jüdisch-christlich-islamischen Religionskreis verglichen.

BARBIEL

Engel des Monats Oktober und des Tierkreiszeichens Skorpion; einer der Engel der 28 Mondhäuser. Manchmal wird Barbiel mit Barachiel gleichgesetzt. Widerspruchsfreie Zuordnungen gibt es auch in den Engelordnungen nicht immer.

BARMAN (Bahman, Bahram)

In der alten persischen Mythologie ist dies der Engel, der alle Lebewesen außer den Menschen regiert. Gustav Davidson zitierte eine alte Schrift, in der es unter anderem heißt: »(Barman war) die erste Intelligenz, der erste Engel … aus dem andere Geistwesen oder Engel hervorgehen« (»A Dictionary of Angels«, Seite 70).

BARUCH

Der Name bedeutet »gesegnet«. Baruch ist der Hauptwächter des Baums des Lebens. Er soll einer der drei Engel gewesen sein, die Gott entsandt hat, um dem Geist der Menschen beizustehen.

BAT KOL (Bath Qol)

»Himmlische Stimme« oder »Tochter der Stimme«. Ein weiblicher Schutzengel, der den Verfasser des mystischen Grundlagenwerks im Judentum, dem Sohar, in seiner Zelle besucht haben soll. Dieser Engel erscheint bisweilen wohl auch in Gestalt einer weißen Taube. Die Parallele zum Heiligen Geist ist damit unverkennbar, der bekanntlich in Form einer weißen Taube auf Jesus herniederkam, als Johannes der Täufer ihn taufte.

CABRIEL (Cabrael, Kabriel, Cambiel)
Engel des Tierkreiszeichens Wassermann.

CAHETEL
Nach Gustav Davidson einer von acht Seraphim, der über landwirtschaftliche Erzeugnisse herrscht. In der Kabbala wird er zur Segnung reichlicher Ernten angerufen.

CASSIEL (Kafziel)
Einer der Regenten des Planeten Saturn, der auch als Engel der Mäßigung erscheint. Mit Uriel Engel des Samstags. Cassiel ist auch der Engel der Einsamkeit und der Tränen, der jedoch die Einheit bzw. Wiedererlangung der Einheit des ewigen Himmelreichs befördert.

CHAMUEL (Chamael, Kamuel, Camael, Camiel, Kemuel, Khamael)
»Der Gott sucht«. Nach Eliphas Levi soll er göttliche Gerechtigkeit personifizieren. Im Okkultismus galt er als Herrscher des Planeten Mars. Gustav Davidson zitierte, er sei »einer der sieben Engel, die in der Gegenwart Gottes stehen«. Zusammen mit Erzengel Gabriel soll er Jesus in Gethsemane durch die Verheißung der Auferstehung gestärkt haben.

CHERUBIM (Einzahl: Cherub)
In der Bibel werden Cherubim an die neunzig Male erwähnt, so unter anderem in 1Mos 3,24, 2Mos 25,17 bis 20, Hes 1,4 bis 19. Ob die Cherubim am höchsten stehen oder die Seraphim oder die sieben Erzengel am Throne Gottes, oder ob sich hier nicht Doppelungen ergeben haben, lässt sich nicht einwandfrei

klären. Zahlreiche Forscher gehen davon aus, dass die Cherubim und Seraphim des Alten Testaments aus den Göttergestalten der Religionen und Kulturen übernommen wurden, die das monotheistische Judentum am Anfang seiner Religionsausbildung umgaben. Friedrich Schiller schrieb im Text zur Neunten Sinfonie von Beethoven: » … und der Cherub steht vor Gott.«

COSMIEL
Das Geistwesen, das den Jesuiten Athanasius Kircher im 17. Jahrhundert bei seinen Reisen zu den verschiedenen Planeten begleitet haben soll.

CURANIEL
Dieser Engel steht für den Wochentag Montag.

DABRIEL (auch: Vretil)
Himmelsschreiber, der als einer der vielen Erzengel den Schatz der heiligen Schriften hütet und als weiser als andere Engel gilt. Er wird bisweilen auch mit Uriel und Enoch gleichgesetzt. Ein Engel des Montags.

DAGIEL
Hüter der Fische, mit Beziehung zum Freitag und zur Venus.

DAKINI
Im indischen, tibetischen und chinesischen Kulturraum ein »Luftwesen«, eine weibliche Verkörperung von Erleuchtungs-

energie, das sich frei durch den Raum bewegt; auch »Himmels-
tänzerin« oder »Himmelswanderin« genannt.

DAIMON (Dämon)

In der antiken griechischen Religion ein übernatürliches Wesen zwischen Gott und Mensch (wie eine niedrigere Gottheit
oder der Geist verstorbener Helden), der sowohl wohlwollend
wie böse sein konnte. Dämon im jüdisch-christlichen Sprachgebrauch bezeichnet bekanntlich einen bösen Geist, der Menschen verführen, schädigen oder besetzen kann.

DANIEL

»Gott ist mein Richter«. Francis Barrett schrieb um 1800 in
seinem Buch über okkulte Weisheitslehren und Magie, »The
Magus«, dass der Engel Daniel (nicht zu verwechseln mit dem
biblischen Propheten Daniel) einer von zwei hohen Engeln sei
und er den Namen des Gottes Shemhamphorae trage. Das wäre
ein Hinweis auf die Anverwandlung eines »heidnischen Gottes« der frühjüdischen Zeit und der Übernahme in die eigene
Religion als hohe Engelsgestalt.

DERDEKEA

Eine weibliche Himmelsmacht, die auf die Erde kommt, um
die Menschen zu erlösen. Vielleicht dem christlichen Heiligen
Geist vergleichbar, der jüdischen Schechinah oder der Sophia.
In gnostischen Schriften wird Derdekea als höchste Mutter bezeichnet, womit eine gewisse Parallele zu Maria gegeben wäre.

DEVA (Mehrzahl: Devi)

Im Hinduismus Geistwesen, Engel oder Halbgötter, im Buddhismus kosmische Wesen, im New Age Naturgeister. Aus dem
Sanskritwort *deva* hat sich das lateinische Wort *deus,* »Gott«
entwickelt.

DINA

Schutzengel des Gesetzes, der Tora und der Weisheit. Wird manchmal auch mit Iofiel gleichgesetzt. Dina soll den Seelen, die zu Beginn der Schöpfung erschaffen wurden, siebzig Sprachen beigebracht haben. Er wohnt im siebten Himmel.

DJIBRIL (Dschibril)

Der islamische Name für den Erzengel Gabriel.

DOMIEL

Ein Herrscher der vier Elemente, ein Schutzengel und ein majestätisches Engelwesen, das Ehrfurcht einflößen kann.

DUBIEL (Dobiel)

Schutzengel Persiens und Ankläger Israels. Gustav Davidson zitierte die Ansicht, dass nach der Legende siebzig von zweiundsiebzig Engelpatronen der Länder aufgrund der Bevorzugung jener Nationen, denen sie vorstanden, »korrumpiert« wurden, und deshalb Dubiel eher als zumindest zeitweise gefallener Engel betrachtet werden müsste. Das gälte dann übrigens auch für Gabriel und alle anderen Länderpatrone, außer für Michael, der als Hüter Israels fungiert.

DUMA (Douma)

»Schweigen« auf Aramäisch. Der Engel der Stille und der Bewegungslosigkeit des Todes. Auch ein Racheengel, der die Seelen von Sündern durch Strafe büßen lässt und zu reinigen sucht. Er wohnt nahe der Unterwelt, und der jiddische Literatur-Nobelpreisträger Isaak Bashevis Singer beschrieb ihn in einer seiner Geschichten als einen »tausendäugigen Engel des Todes mit einem Feuerstab bzw. einem Flammenschwert«.

EL

In den semitischen Sprachen (aramäisch, hebräisch, arabisch) eine Bezeichnung für Gott; siehe auch Elohim. So kommt die häufige Endung -el bei Engelnamen zustande und die Anfangssilbe der El-ohim. El ist auch der Name des syrisch-kanaanäischen Göttervaters oder Weltenbauers.

ELEMENTARWESEN

Naturgeister, welche die vier Elemente bewohnen und bewegen, also Erde, Wasser, Luft und Feuer. Sichtbar für Menschen, die noch in engem Kontakt mit der Natur leben, sowie für Kinder. Feen, Elfen, Gnome, Undinen (Wasser), Sylphen (Luft), Salamander (Feuer) gehören dazu. Auch Steinwesen, Wurzelwesen usf.

ELIA (Elias, Elija)

»Mein Gott ist Jehovah« oder »Mein Gott ist Gott«. Elias wurde in einem von Feuerrossen gezogenen Feuerwagen in den Himmel entrückt (2Kön 2,11). Dort wurde er in den Engel Sandalphon verwandelt, Johannes der Täufer gilt manchen allerdings als wiedergeborener Elia. Bei Maleachi (3,1) wird er als Vorläufer für den Messias genannt. Im Judentum wird zum Pessachfest ein Platz beim Festmahl Seder für Elia freigelassen und ein Kelch wird für ihn, den erwarteten Gast, mit Wein gefüllt.

ELOHIM

Je nach Deutung entweder ein althebräischer Begriff für »Gott« oder als Plural zum Wort *Eloah* (und auch zu *El*) zu verstehen, es würde dann auf »Götter« bzw. hoch stehende Engel hinweisen; ähnlich wie Seraphim und Cherubim. Nicht wenige For-

23

scher meinen, dass Elohim »Schöpferengel« sind, die als Emanation einer absoluten Schöpferkraft die Welt erst geschaffen haben. So beginnt die Urschrift des Alten Testaments auch mit den Worten, die »Elohim« hätten die Welt erschaffen. In christlichen Bibeln wird der Begriff meist als »Gott« übertragen, wenn man meint, es handle sich um den einen Schöpfergott, oder als »Götter«, wenn man meint, mit diesem Begriff seien heidnische Götter bezeichnet worden. In der jüdischen Mystik steht der Begriff Elohim auch für »spirituelle Sonne«.

ENGEL

Hat sich aus dem griechischen Wort *angelos* entwickelt, was »Bote« bedeutet. Im Persischen finden wir *angaros* für »Kurier«, im Sanskrit *angiras,* was »göttlicher Geist« heißt.

ENOCH siehe Henoch bzw. Metatron

ERZENGEL

Der aus dem Griechischen übernommene Begriff bezeichnet sogenannte Herrscherengel.

ESRAEL (Ezriel)

Name eines Engels, der auf einem aramäischen Amulett verzeichnet war, das während der Entdeckung der Schriftrollen vom Toten Meer gefunden wurde. Im Namen ist ein altes Wort für »Hilfe« enthalten. Esrael hat die Aufgabe, solche Seelen vor den Engeln der Zerstörung zu retten, die nur mäßig tugendhaft gelebt oder sich als recht instabil im Leben erwiesen haben.

FANUEL (auch Phanuel)
Ein anderer Aspekt von Uriel oder auch von Raguel bzw. Ramiel, dem Hirten des Gottes bzw. Götterboten Hermes.

FAVASHI (Pravashi, Farohars, Ferouers, Fervers, Farchers)
In der alten Zoroaster-Religion die Schutzengel aller Gläubigen und zugleich der himmlische »Prototyp« aller erschaffenen Wesen. Sie besaßen zwei Wesenszüge; sie waren einerseits Engel und hatten jedoch andererseits auch menschliche Eigenschaften und Gedanken. Im Zend-Avesta, der heiligen Schrift dieser Religion, waren sie weibliche Geister, die allen Dingen innewohnten und als Beschützer der Menschheit galten. Der Autor Jacob Wassermann beschrieb die Favashi als Teil der menschlichen Seele.

FLAMMEN
Eine (sehr selten erwähnte) Ordnung der Engel. Haupt der Engelordnung der Flammen ist Melha, der vielleicht Erzengel Michael entspricht. Voltaire nannte die »Flammen« als Engelordnung in seinem Werk über Engel, Geister und Teufel. In den klassischen Engelordnungen tauchen sie nicht auf. Vielleicht schlägt sich in ihrer Nennung als Engelordnung die häufige Beschreibung von Flammen am Throne Gottes und in verschiedenen Ebenen nieder.

FOCALOR (Forcalor, Furcalor)
Gehörte zur Engelordnung der Throne, bevor er zu einem »gefallenen Engel« wurde. König Salomon gegenüber soll er gesagt haben, dass er hofft, nach eintausend oder eintausendfünfhundert Jahren in den »siebten Himmel« zurückzukehren. Er taucht als Mann mit Greifenflügeln auf.

FORCAS (Foras, Forras, Furcas, Fourcas, Furkas etc.)
Ein gefallener Engel, der Rhetorik, Logik und Mathematik lehrt, Menschen unsichtbar machen und auch verlorenen Besitz wiederfinden können soll.

GABRIEL
»Gott ist meine Stärke«. Einer der drei in der Bibel namentlich erwähnten lichten Engel (neben Michael und Raphael; »gefallene« finden auch Erwähnung). Gabriel ist der Engel der Verkündigung, der Engel, der über das Paradies herrscht; er regiert den ersten Himmel und sitzt zugleich zur Linken Gottes. Mohammed sagte, er sei von Gabriel (Jibril im Islam) »mit 140 Flügelpaaren« besucht worden, der ihm Sure für Sure den Koran diktierte. Manchmal werden Gabriel und der Heilige Geist miteinander praktisch gleichgesetzt: In Matt 1,20 empfängt Maria vom Heiligen Geist, in Luk 1,26 geht Gabriel bei ihr ein, um ihr die Botschaft zu verkünden. Neben Michael, Uriel, Metatron, Sammael und Chamuel wird auch Gabriel bisweilen als Gegner des Jakob genannt, der mit einem Engel gerungen haben soll. Johanna von Orléans sagte vor Gericht aus, dass es Gabriel gewesen war, der sie zu ihrem Tun für Frankreichs Freiheit aufgefordert hatte. Nach Doreen Virtue ist Gabriel weiblich (und wird oft ja auch zumindest mit weiblichen Zügen dargestellt), deshalb nennt die diesen Engel auch Gabriela.

GALIZUR (Gallitzur, Raziel, Raguil)
»Offenbarer des Felsen« im Hebräischen. Einer der Engel, dem Moses im Himmel begegnet. Galizur soll Adam »Das Buch des

Engels Raziel« übergeben haben, er gilt als kundiger Ausleger der Weisheit der Torah, der jüdischen heiligen Schriften.

GAMALIEL

Hebräisch »Die Wiedergutmachung Gottes«. Einer der großen Lichter oder »Äonen«, der mit Gabriel, Abraxas, Mikhar und Samlo zusammenarbeitet. In einer koptischen Offenbarung gilt er als einer der Himmelsmächte, deren Mission darin besteht, die Auserwählten in den Himmel zu ziehen. Eliphas Levi meint indes, Gamaliel diene unter der zweifelhaften Lilith.

GANESHA

Elefantenköpfiger Gott im Hinduismus, auch »Herr der Scharen« genannt. Er gilt als »Glücksgott« schlechthin und wird als Gott der Weisheit und Gelehrsamkeit verehrt. Parallelen zu manchen Cherubim und anderen hohen eigentümlichen Engeln, die alten Göttern ähneln und sich übrigens in den Tiersymbolen der Evangelisten wiederfinden, sind unverkennbar.

GARUDA

Göttervogel im fernöstlichen Religionsraum, vor allem in Bali. Wird manchmal auch als Bote betrachtet und hat insofern bisweilen Attribute eines »Verkündigungsengels«.

GASARDIEL (Gazardiel)

Der Zohar, das jüdische mystische Buch des »Glanzes«, übermittelt, dass dieser Engel »die Gebete der wahrhaft Gläubigen küsst und sie in die überirdischen Firmamente trägt«. Er soll auch das Auf- und Untergehen der Sonne überwachen.

GENIEN

Wörtlich »die angeborene Natur«. In der Kabbala und bei Gnostikern Bezeichnung für Äonen und Engel; bei den Philosophen jedoch moralische Kräfte oder personifizierte Tugenden. Bekannt vor allem der *genius loci*, »Geist eines Ortes«.

HADRANIEL (auch Hadarniel, Hadariel, Hadriel)
Der Name bedeutet »Majestät Gottes«. Hadraniel ist ein Torengel am zweiten Himmelstor. Moses wurde von »ehrfürchtigem Schauer« getroffen, als er Hadraniel im Himmel sah. Im Zohar, dem Buch der Kabbala, heißt es, dass seine Stimme 20 000 Firmamente durchdringt, wenn er den Willen Gottes verkündet. Eine mystische Schrift meint, dass Hadraniel ein anderer Name des Erzengels Metatron sei.

HAMALIEL
Engel des Monats August und Regent des Tierkreiszeichens Jungfrau.

HANIEL (auch Aniel, Hamiel, Onoel, Hanael, Anael)
Der Name bedeutet »Herrlichkeit Gottes« bzw. »Gnade Gottes« oder auch »der Gott sieht«. Wird oft dem Monat Dezember zugeordnet und gilt dann als Regent des Tierkreiszeichens Steinbock. Er soll den Patriarchen Enoch bzw. Henoch (von dem manche meinen, er sei zu Metatron geworden), in den Himmel emporgetragen haben (siehe Gen 5,24). Haniel wird bisweilen auch mit der chaldäischen Göttin Ishtar verglichen, der Regentin der Venus, und dann als Schutz gegen das Böse angerufen.

HASCHMALIM (Hashmal, Haschmael, Hashmallim)
Engel eines hohen Engelordens, der auf die gleiche Stufe wie

Cherubim und Seraphim gestellt wird. Neben dem Engel Hash-mal oder Haschmael gilt auch Zadkiel als Haupt dieses Engel-ordens.

HASIEL (Haziel)
Der Name bedeutet »Vision Gottes«. Ein Cherub, der angeru-fen wird, um das Erbarmen Gottes zu erflehen. Nach 1Chro 23,9 ist er ein Sterblicher gewesen.

HENOCH siehe Metatron

HERMESIEL
Ein Führer der Himmelschöre, erschaffen, wie manche Mythen berichten, aus der griechischen Gottheit Hermes. Hermes, der Erfinder der Lyra, wurde in den Engel Hermesiel verwandelt.

IAO
»Der Große«. Der erste von sieben Archonten (Emanationen des Schöpfergottes), der als »Demiurg«, als »Baumeister«, nicht als absoluter Gott, der sieben Himmel gilt.

IBLIS (Eblis)
Islamischer Name für Luzifer bzw. Satan. Iblis war ein Paradies-engel, der sich laut Koran weigerte, sich vor Adam zu vernei-gen, weil er nur dessen irdische Begrenztheit, nicht aber dessen göttlichen Funken wahrnahm. Dieser Weigerung halber wurde er aus der unmittelbaren Gottesnähe verstoßen (18. Sure des Korans).

INDRA

In der frühindischen Religion wurde Indra als Kriegergott und Götterkönig betrachtet, der auf einem mächtigen Elefanten reitet. Er ist auch der Gott des Sturmes und des Regens; ohne ihn ist kein Sieg möglich. Seine Waffe ist der Donnerkeil. Auch insofern erinnert er an den germanischen Gott Thor bzw. Donar. Im Bezug zu den Engelordnungen der jüdisch-christlich-islamischen Traditionen ist Indra wohl hohen Erzengeln ebenbürtig.

INDRI

In den vedischen Schriften werden Indri als Himmelswesen erwähnt; sie gleichen dem, was wir meist mit dem Begriff Engel belegen.

IRIN

»Heilige Hüterengel«; Zwillingsengel, die mit den Kadishim den himmlischen Gerichtshof bilden.

ISAAK (Ishak, Isaac)

»Er lachte«. Isaak, Sohn des Abraham, wird auch »Engel des Lichts« genannt, weil er, der vor seiner Geburt von Erzengel Michael angekündigt wurde, ein übernatürliches Strahlen um sich hatte. Da seine Eltern normalerweise zu alt waren, um auf natürliche Art einen Nachkommen zu zeugen und zu gebären, hält man Isaak für einen Lichtengel, der sich immer wieder einmal in der Welt als Patriarch inkarniert.

ISRAFEL (Israfil, Saraphiel)

In der arabischen Tradition der Engel der Wiederauferstehung, der mit Gesang und Trompetenschall die Seelen ruft. Israfel soll drei Jahre lang Mohammed als Begleiter auf dessen Aufgabe als Prophet vorbereitet haben, bevor Erzengel Gabriel kam und die weiteren Instruktionen gab. Der Name Israfel taucht nicht im

Koran auf, sondern nur in der volkstümlichen Überlieferung. Israfel soll mit Gabriel, Michael und Asrael von Gott ausgesandt worden sein, um in den vier Ecken der Erde sieben Handvoll Staub einzusammeln, um daraus Adam zu erschaffen.

JEHUDIAM
Dem Zohar, dem Buch der Kabbala, zufolge ein Engel, der die Taten der Rechtschaffenen verzeichnet und die siebzig Schlüssel der Schätze des Herrn trägt.

JEHUDIEL
Dieser Engel regiert die Bewegungen der Himmelskreise und damit auch der Himmelskörper. Manchmal wird er zu den sieben Erzengeln gezählt.

JEHUEL (Jehoel, Yahuel, Schemuel, Kemuel, Metatron)
Übermittler des unaussprechlichen Gottesnamens und Fürst der göttlichen Gegenwart. Nach der jüdischen Überlieferung ist er der Engel, der den Leviathan, das mythische Seeungeheuer, in Schach hält. Neben Seraphiel wird Jehuel ebenfalls als Haupt des Engelordens der Seraphim genannt. Er soll Abraham bei dessen Besuch im Paradies begleitet und ihm die Entwicklungsgeschichte der Menschheit offenbart haben. Jehuel ist auch ein Fürst des Feuers und der »Sänger des Ewigen«.

JEREMIEL
»Barmherzigkeit Gottes«. Jeremiel wird bisweilen auch als anderer Name von Remiel und sogar von Uriel betrachtet. Er ge-

hört zu den wenigen Erzengeln, die in den frühesten bekannten Schriften namentlich auftauchen. Er gilt als Herr jener Seelen, welche die Auferstehung erwarten.

JOPHIEL (Iofiel, Zofiel)
»Schönheit Gottes«. Tritt als Begleiter von Metatron auf, zählt oft zu den sieben Erzengeln und wechselt sich mit Zafkiel in der Regentschaft über den Planeten Saturn ab.

KABIRI
In der phönizischen Mythologie sind die sieben Kabiri die Erbauer der Welt. Insofern stellen sie eine Parallele zu den sieben Engeln der Göttlichen Gegenwart aus der gnostischen und der rabbinischen Überlieferung dar.

KADISHIM
Lobpreisengel, die Gott ohne Unterlass preisen. Moses ist diesen Engeln bei seinem Besuch des Paradieses in Begleitung der Irin begegnet.

KEMUEL (Schemuel, Saraphiel)
»Helfer« oder »Versammlung Gottes«. Kemuel übermittelt die Gebete Israels an die Fürsten des siebten Himmels. Er ist unter diesem oder eben auch anderen hier erwähnten Namen das Haupt der Seraphim und zudem der Anführer einer Heerschar von Rache- und Zerstörungsengeln.

KIMOS (Kemos)

Ein vordem geheimer Name für Michael oder Metatron.

KMIEL

In der jüdischen Mystik ein Engel der Sommersonnenwende, dessen Name auf einem Amulett Schutz vor dem »bösen Blick« geben soll.

LABBIEL

So soll der Engel Raphael ursprünglich geheißen haben. Dieser Ursprungsname wurde einer jüdischen Überlieferung zufolge geändert, als Labbiel Gottes Befehlen im Zusammenhang mit der Erschaffung des Menschen folgte (anders als andere Engel).

LILITH

Je nach Lesart ist Lilith die erste »Menschin« gewesen, das erstgeschaffene weibliche Geschöpf, das sich mit Adam verband, ihn jedoch verließ, weil er sie beherrschen wollte. Daraufhin wurde erst Eva erschaffen. Eine völlig gegensätzliche Ansicht besagt, dass Lilith eine Dämonin gewesen sei bzw. noch ist, die den armen Adam versucht hat und als Gespielin Satans (Sammaels) ihr Unwesen treibt. Hier ist nicht der Ort, näher auf die spannenden Fragen einzugehen, wie denn von Gott erschaffene Wesen einschließlich Lilith und Sammael, die immerhin aus dem Bereich unterhalb des Thrones Gottes auftauchten, plötzlich als böse gelten können, als ob Gott nicht gewusst hätte, was er tat, als er sie erschuf …

LOGOI

Ein Begriff, den der jüdische Philosoph Philo Judäus für »Engel« verwandte. Dieses Wort ist auch die Mehrzahl von Logos, »Wort«. Nach Philo erschien der Engel Logos dem Abraham und auch anderen. In der rabbinischen Mystik gilt Metatron als der personifizierte Logos. Philo sprach, nach Gustav Davidson, davon, dass Logos oder Vernunft »das Abbild Gottes, Seines Engels« sei, der »Älteste Engel« schlechthin.

LUZIFER

»Lichtbringer«. Diesen Luzifer, der bei Jes 14,12 erwähnt wird, setzt man gern mit dem Satan gleich, weil dort von einem »Fall vom Himmel« die Rede ist. Gustav Davidson meinte, dass das Alte Testament »gefallene Engel« nicht kennt und es sich bei der Gleichsetzung von Luzifer mit Satan um ein kapitales Missverständnis handelt. Das werden andere Forscher und Theologen sicher anders sehen. Auf jeden Fall ist Luzifer ein Geistwesen, das Licht bringt – auch wenn es sich vielleicht insofern täuscht, als es das Licht für sein eigenes, nicht für ein von Gott geschenktes halten mag. Auch hier ein weites Feld für Diskussionen.

MACHIDIEL

»Die Fülle Gottes«. Herrscher des Monats März und des Tierkreiszeichens Widder. Er regiert den Anfang des Jahres, wie alte Quellen sagen, sogar 91 Tage lang, bis zum Sommeranfang.

MALIK

Ein furchterregender Engel, der der arabischen Mythologie zufolge die Hölle bewacht. Ihm stehen 19 Wächter zur Seite.

MALKUT (Malchut)

Der zehnte Sefiroth des kabbalistischen Lebensbaums, eine Energie bzw. Emanation des Göttlichen. Verkörpert En Soph, die Schechinah, die Seele des Messias bzw. Metatron.

MARIA

Wird in der katholischen Kirche als »Königin der Engel« anerkannt. Viele, vor allem barocke Darstellungen zeigen ihre Krönung zur Himmelskönigin durch Gott-Vater und Gott-Sohn, umschwärmt von Engeln. Die Mutter Jesu wird in einigen nicht offiziell anerkannten Schriften auch selbst als Engel bezeichnet.

MELCHISEDEK

»Der Gott Sedek ist mein König«. Wechselweise wird er als Erzengel bzw. ein Lieblingsengel Gottes bezeichnet, der »für die Engel des Himmels das tut, was Christus für den Menschen tut«. Melchisedek gilt auch als sagenumwobener Priester-König von Salem, dem antiken Vorläufer von Jerusalem. In der phönizischen Mythologie ist Melchisedek der Vater von sieben Elohim, Engeln der göttlichen Gegenwart. Er gilt manchmal auch als Heiliger Geist und im »Buch der Mormonen« als Friedensfürst. Im alten Judentum hielt man ihn für einen Sohn Noahs. Gen 14,17 bis 24 beschreibt die Begegnung zwischen Urvater Abraham und Melchisedek.

MEPHISTOPHELES

»Der das Licht nicht liebt«. Im Hebräischen sind die Begriffe für »Zerstörer« und »Lügner« im Namen enthalten. Einer der gefallenen Erzengel und der sieben Höllenfürsten. Goethe lässt in seiner Version des »Faust« diesen Dämon als Vertreter des Satans einen Pakt mit dem Menschen schließen. Der Philosoph Hegel sah in ihm das »negative Prinzip«.

MERKABAH

Engel bzw. feurige Geist- und Himmelswesen, die den Feuerwagen Gottes bilden bzw. ihn begleiten und die am Throne Gottes stehen; siehe auch Hes 1,4 bis 26.

METATRON

Er wird manchmal als »König der Engel« bezeichnet, dann auch als göttlicher Schreiber und göttlicher Archivar. Nach der Kabbala war Metatron der Engel, der die Kinder Israels nach dem Auszug aus Ägypten durch die Wüste geleitete. Viele Forscher sehen in ihm den zum Engel verwandelten Henoch bzw. Enoch, der zum Zwillingsbruder des Elia = Sandalphon geworden sei. Nach dieser Lesart wurde Henoch, über den sich im Alten Testament nur wenig findet (Gen 5,18 bis 24) und dessen Identität ziemlich umstritten bleibt, »entrückt«. Herkunft und Bedeutung des Namens Metatron sind ebenfalls unklar.

MICHAEL

»Der ist wie Gott«. Sicher der populärste Engel derzeit, sowohl in der Esoterik als auch im Christentum. Michael gilt als der höchste oder zumindest einer der höchsten Erzengel, als »rechte Hand« Gottes und als Richter-Engel, der laut der Johannes-Offenbarung ordentlich aufräumt. Nach einer altpersischen Überlieferung gingen aus seinen Tränen, die er über sündige Menschen vergoss, die Cherubim hervor. Michael ist »Fürst des Lichts« und Namenspatron zahlreicher kirchlicher Bauwerke, so zum Beispiel für Mont St. Michel in Frankreich. Es gibt unzählige Michaelskirchen, und Papst Pius XII. hat ihn zum

Schutzpatron der Polizisten erklärt. Was in der New-Age-Szene oft über all seine Kräfte gesagt bzw. fabuliert wird, darf bezweifelt werden.

MURIEL
Engel des Monats Juni und des Tierkreiszeichens Krebs. Der Name geht auf das griechische Wort für »Myrrhe« zurück.

NAAR
Hebräisch »Junge«. Einer der vielen Namen von Metatron.

NABU (Nebo)
»Prophet« oder »Verkünder«. Babylonisches Vorbild für die späteren jüdisch-christlichen Erzengel. Nabu war Sohn und »Minister« des Gottes Marduk und in der sumerischen Theosophie als »der Engel des Herrn bekannt«. Er führt als himmlischer Schreiber das Buch des Schicksals; sein Erkennungszeichen ist eine Ölleuchte. Er galt auch als Gott des Planeten Merkur und damit als Götterbote.

NACHIEL (Nakiel)
In der jüdischen Mystik der Kabbala die Intelligenz der Sonne, wenn sie in das Tierkreiszeichen Löwe eintritt. Paracelsus erwähnt Nachiel als einen Talisman-Geist.

NATHANAEL
»Das Geschenk Gottes«. Nathanael soll einer der sechs von Gott persönlich und unmittelbar erschaffenen Engel sein (umso ei-

gentümlicher, dass er nicht zu den wichtigsten Erzengeln gezählt wurde). Er herrscht über das Element Feuer. Er errettete die sieben Männer aus den Flammen, die nicht die heidnische Gottheit Baal anbeten wollten und verbrannt werden sollten. Nathanael soll auch im Auftrag Jahwes geholfen haben, die Amoriten zu besiegen.

NEFILIM (Nephilim)
Sammelbezeichnung für die Riesen der Vorzeit. Werden manchmal auch als »gefallene Engel« betrachtet oder mit den »Söhnen Gottes« gleichgesetzt. »… da sahen die Gottessöhne, wie schön die Töchter der Menschen waren und nahmen sich zu Frauen, welche sie wollten« (Gen 6,2). Die Nefilim werden auch als die Erbauer des Turms zu Babel erwähnt.

NERIAH »Leuchte Gottes«, einer von 70 Amulettengeln.

OCH
Ein Engel, der die Sonne regiert (obwohl das auch anderen Engeln zugeschrieben wird) und vollkommene Gesundheit verleihen soll. Och ist zudem kundig und zuständig auf den Gebieten der Alchemie und der Minerale.

OFANIEL (Ofan, Ofniel)
Das Haupt der Ofanim, einer besonderen Engelordnung, die wir sonst unter dem Begriff »Throne« finden. Das Wort Ofanim bedeutet sowohl »Räder« als auch »die mit vielen Augen«. Ofaniel regiert den Mond und ist der Engel »des Mond-Rads«. Ob

sich dahinter ein Bild für den Umlauf des Mondes oder gar eine Analogie zu Chakras verbirgt, ist unbekannt.

ORIFIEL

Nach Papst Gregor dem Großen (Gregor I, 590-604) gehört er zur Gruppe der sieben Erzengel. Er soll den Planeten Saturn regieren, und nach Eliphas Levi ist er der Engel der Wildnis. Nach Paracelsus' Ansichten über Talismane wirkt er besonders mächtig als ein solcher. Orifiel wird auch als Engel des Wochentags Samstag genannt.

ORMUZ (Ormazd, Ormuzd)

In den Zoroaster-Mythen ist Ormuz der Fürst des Lichts, die höchste Macht des Guten und zugleich der Zwillingsbruder von Ahriman, dem Fürsten der Dunkelheit und des Bösen. Diese Auffassung eines quasi göttlichen Dualismus in der Welt wurde (und wird) von wahren Monotheisten nicht anerkannt. Ormuz sieht man als bärigen Mann inmitten von Engeln dargestellt.

PASCHAR (Psachar)

Einer von sieben Thronengeln, welche die Anordnungen der Engelfürsten ausführen. Auch einer der sieben Engelwächter, welche den Schleier des siebten Himmels bewachen.

PASIEL

In der zeremoniellen Magie der Engel, der das Tierkreiszeichen Fische regiert.

PATRIARCHEN

Manche Forscher meinen, dass alle jüdischen Patriarchen bei ihrer Ankunft im Paradies in großartige Engel verwandelt worden seien. Bei Henoch/Enoch, der zu Metatron, und Elias, der zu Sandalphon wurde, ist das auch namentlich überliefert. Es gibt genauso ernsthafte Argumente, die die Ansicht für falsch halten, dass alle Patriarchen zu Engel geworden wären.

PHALEG (Phalec)

Herrscherengel bei den »normalen« Engeln. Das Geistwesen, das den Planeten Mars regiert und deshalb auch als »Kriegsgott« bezeichnet wurde.

PHANUEL siehe Fanuel

PHÖNIX

Phönixe sollen Engel einer sehr hohen Ordnung sein, die als »Elemente der Sonne« gelten und den Himmelswagen der Sonne begleiten. Mit süßer Stimme besingen diese Engelwesen, die von purpurner Farbe sind, den Aufstieg der Sonne. (Dass sie zudem Symbol der Wiederauferstehung sind, als Phönix, der aus seiner eigenen Asche emporsteigt, ist uns spätestens seit Harry Potter wieder in Erinnerung gerufen worden.)

PRONOIA

In Legenden der frühen Gnostik heißt es, dass ein Erzengel bzw. sehr hohes Lichtwesen dieses Namens Gott dabei geholfen haben soll, Adam zu erschaffen, indem er die Nervenbahnen bereitstellte.

RAGUEL (Raguil)

»Freund Gottes«. Nach Henoch einer der sieben Erzengel. Ein Kirchenkonzil in Rom unter Papst Zacharias im Jahre 745 hat Raguel neben zahlreichen anderen Engeln, wie zum Beispiel auch Uriel, »degradiert«. Begründung war einerseits eine notwendige Bereinigung und Verminderung der ausufernden Engelzahl und der Engelnamen, die der Anrufung würdig seien und dem Menschen helfen könnten, zu Christus zu gelangen. Andererseits mutmaßte der damalige Papst, dass Raguel eigentlich eher ein Helfer des Satans sei und sich in die lichte Engelwelt, die kirchlich anerkannt war, »eingeschlichen« habe.

RAMIEL (Remiel)

Dieser Engel wird oft genau so beschrieben wie Fanuel und Uriel. So soll auch Ramiel für den Donner zuständig sein, für das Gericht der Seelen, die in die Endzeit kommen, und im Buch Henoch ist er einer der sieben Erzengel, die vor Gottes Thron stehen (offensichtlich sind es eher sieben mal sieben Erzengel, wenn man überlegt, wie oft Engeln dieser Ehrenplatz zugeschrieben wird). Manche meinen, dass Ramiel indes zu den »gefallenen Engeln« gehöre, weil er sich nicht hundertprozentig Gottes Willen untergeordnet habe.

RAPHAEL

»Gott hat geheilt«. Im Buch Tobit (in der katholischen Bibel im Alten Testament, nicht in der protestantischen Bibel enthalten), agiert Raphael als Begleiter des Tobias, des Sohnes des alten und kranken Tobit. Er hilft ihm, das väterliche Erbe zurückzuerlangen und heilt den Tobit, indem er ihm seinen Speichel auf die Augen reibt. Erst am Ende der Reise von Media nach Ninive offenbart sich Raphael als einer der sieben Erzengel am Throne Gottes und nennt selbst seinen Namen. Raphael ist der Heilerengel schlechthin. Er sieht und heilt alle Wunden der Menschen, er heilt aber auch die Erde, ihre Wohnstatt. Raphael erscheint mit Michael und Gabriel dem Erzvater Abraham; er heilt dessen schmerzhafte Wunde nach der Beschneidung. Weiter heilt er die Verletzung des Jakobs, nachdem dieser mit einem »dunklen Engel« gerungen hatte. Raphael soll Noah nach dem Ende der Sintflut eine Schrift mit Grundlagen und Geheimnissen der Heilkunde übergeben haben; vielleicht das »Sefer Raziel«, das Buch des Engels Ratziel. Raphael gilt weiter als Regent der Sonne, als Haupt des Engelordens der »Tugenden«, Aufseher der Abendwinde, Hüter des Baums des Lebens im Garten Eden. Vor allem aber ist und bleibt er der Engel der Heilung und damit auch der Heilkunde und des Heilwissens. Nach Francis Barrett gehört Raphael sowohl zu den Seraphim als auch zu den Cherubim und zu weiteren Engelorden. Schließlich: Als Salomon Gott um Hilfe beim Bau des Tempels bat, entsandte Gott den Erzengel Raphael, der dem hebräischen König höchstpersönlich einen magischen Ring überbrachte. So zumindest eine beliebte jüdische Legende. In den Ring war ein fünfzackiger Stern eingraviert, der half, alle dämonischen Mächte zu beherrschen.

RATZIEL (Raziel)
»Das Geheimnis Gottes« und »Engel der Mysterien« sowie »Engel der geheimen Ebenen und Haupt der erhabensten Mysterien«. In der Kabbala gilt Ratziel als die Personifikation von *Kochma*, der göttlichen Weisheit. Er soll Verfasser des »Sefer Raziel« sein, in dem alle himmlische und irdische Weisheit enthalten sein soll. Zunächst übergab Ratziel dieses Buch Adam, dann schnappten es sich eifersüchtige Geistwesen und warfen es ins Meer, bevor es schließlich an Noah gelangte. Siehe auch unter Raphael.

SAMIEL

Ein unsterblicher Engel Gottes, der auf dieselbe Ebene wie Michael und Gabriel gehört und Verschwörungen auflösen bzw. zunichtemachen kann. (Nicht zu verwechseln mit Samael, obwohl die Schreibweise sehr ähnlich ist.)

SAMMAEL (Samael, Satanil, Samil, Satan und andere)

Gustav Davidson setzte Samael und Sammael gleich. Er erklärte den Namen so: *sam* bedeutet »Gift«, *el* bedeutet »Engel«. Samael soll der oberste Herrscher der satanischen Kräfte sein, die manchmal sogar in der Pluralform »Satane« genannt werden. Er ist Fürst der Dämonen, Magier und zugleich Engel des Todes. Interessanterweise gilt er nicht etwa nur als »böse«, sondern genauso auch als »gut«.

SANDALPHON (Sandolphon)

»Mit-Bruder«. Der Name stammt aus dem Griechischen und würde übersetzt genauer auch »Ko-Bruder« bedeuten. Ursprünglich war er der Prophet Elias, der bei seinem Dahinscheiden von dieser Erde nicht starb und begraben, sondern lebendig »entrückt« wurde und in den Himmel aufstieg. Sandolphon gilt als Zwillingsbruder des Metatron (siehe auch dort). Es heißt, dass er einer der sehr hohen Engel sei, im Sinne der Höhe seines Lichtkörpers. Er sammelt die Gebete der Gläubigen und bringt sie an Gottes Thron dar. Sandolphon wird übrigens auch im Islam als Engel anerkannt.

SATAN

»Widersacher« ist die Bedeutung dieses hebräischen Wortes, auch »Gegner«. Nach manchen Büchern des Alten Testaments

(Hiob, Chronik, Psalm, Zacharias bzw. Sacharja) ist dies eine *Funktion,* die einem Engel von Gott übergeben wurde! Es handelt sich also nicht von Anfang an um einen »kleinen Gegengott«, einen »gefallenen Engel« oder dergleichen mehr. Alles andere würde ja auch dem Kern des Monotheismus widersprechen, der nur einen Gott kennt und eine Schöpfung, in dem nur ein Wille und ein Plan gilt. Im Neuen Testament und in späteren Zeiten hat sich eine duale bzw. polare Sichtweise weithin durchgesetzt, sodass man nun den Satan für den Übeltäter schlechthin hält. Nun sieht man ihn (oder Luzifer) als den ersten Engel an, der wider Gott gesündigt habe. Die Johannesoffenbarung gibt dieser Sichtweise reiche Nahrung.

SCHAMSCHIEL (Shamshiel)
»Licht des Tages«, »Mächtige Sonne Gottes«. Ein Hüterengel im Garten Eden, der Moses zu Lebzeiten das himmlische Paradies zeigte.

SCHECHINAH (Shekinah)
»Innewohnung«. Gemeint ist damit die weibliche Manifestation Gottes im Menschen bzw. auch der Glanz der Gegenwart Gottes, der in Gestalt einer mythischen Frau, eben der Schechinah, über die Welt geht und nach einer Heimstatt sucht, nach Menschen, in denen Gott wohnen und offenbar werden kann. Siehe auch Gen 48,16, »der Engel, der mich erlöst hat von allem Übel«, was in der jüdischen Bibeldeutung auf die Schechinah bezogen wird.

SERAPHIEL
Haupt des Engelordens der Seraphim.

SERAPHIM (Einzahl: Seraph)

Die höchste Ordnung von Engeln, die beständig um den Thron Gottes sind und »Heilig, heilig, heilig« singen. Es sind Engel der Liebe, des Lichts und des Feuers. Seraphim sollen vier Gesichter haben, mit denen sie zugleich in alle vier Richtungen des Himmels und der Schöpfung blicken, sowie sechs Flügel. Im Buch des Propheten Jesaja im Alten Testament findet man im sechsten Kapitel den einzigen unstrittigen Hinweis auf die Seraphim.

SIMIEL

Vielleicht ein anderer Name für Chamuel. Simiel fiel allerdings auch unter den Bann des Kirchenkonzils 745, das vermeintliche oder tatsächliche »falsche Engel« entlarvte.

SÖHNE GOTTES

Dieser eigentümliche Begriff taucht im sechsten Kapitel der Genesis auf, auch am Anfang des Buches Hiob. Sind damit Engel gemeint, die sich mit den Töchtern der Menschen verbunden haben und so zu gefallenen Engeln wurden? Ein weites Feld …

SOPHIA (Pistis Sophia)

»Weisheit«, »Glaube«. In der sophianischen Lehre im Christentum (siehe auch Pfarrer Schlipfinger) ist Sophia der »weibliche Heilige Geist«, zugleich die Engelmutter und Engelkönigin als Sophia-Maria, also die geistige Gestalt der Maria. Sophia kann durchaus auch der Schechinah entsprechen.

SURIEL

»Gottes Befehl.« Taucht manchmal auch unter dem Namen Surya auf, ein Begriff, der im Sanskrit »Sonne« bedeutet, aber ebenso auf ein hohes Lichtwesen verweist. Neben anderen Engeln dient auch Suriel als »Engel des Todes«.

TEIAEL (Isiael)
In der Kabbala ein Engel, der die Zukunft voraussagen kann. Teiael ist ein Thronengel, der Meeresfahrten und geschäftliche Unternehmungen regiert.

TUREL (Turiel, Turael)
»Fels Gottes«. Einer der »Söhne Gottes«, die sich mit Menschenfrauen verbanden. Ein Bote der Geistwesen vom Planeten Jupiter.

U

URIEL
»Feuer Gottes«. Er wird abwechselnd als Seraph, Cherub, Regent der Sonne, Flamme Gottes, Herrscher der Unterwelt, Engel der Buße, Erzengel der Erlösung und in vielen anderen Funktionen gepriesen. Uriel als Bote Gottes soll Noah vor der kommenden Sintflut gewarnt haben. Manche seiner Aufgaben und Fähigkeiten werden zugleich oder alternativ anderen Engeln zugeordnet, zum Beispiel Fanuel oder Metatron. Uriel wurde 745 im Konzil von Rom zwar im Rahmen der »Engelsäuberung« verworfen, ist inzwischen jedoch wieder in den erlauchten Kreis der anerkannten Engel aufgenommen. In formalisierten Darstellungen ist sein Symbol eine offene Hand mit einer Flamme darauf.

URIM

»Erleuchtung«. Bei Urim geht es um Vervollkommnung und Einstimmung auf den Willen Gottes. Dem Cherub Urim wurde auch Orakelkraft zugewiesen.

USIEL (Uziel)

»Stärke Gottes«. Usiel soll zu den gefallenen Engeln zählen, weil er einer der »Söhne Gottes« war, die sich mit Frauen aus dem Menschengeschlecht verbanden und Riesen zeugten.

VERCHIEL (Zerachiel)

Engel des Monats Juli und Herrscher des Tierkreiszeichens Löwe.

VRETIL

Hüter der Schätze der Heiligen Bücher, der weiser als alle anderen Erzengel sein soll.

YAHOEL (Jehoel)

Ein anderer Name von Metatron.

ZACHARIEL (Zacharael)

»Erinnerung an Gott«. Er wird manchmal als einer von sieben Erzengeln genannt, ist Haupt der Engelordnung der »Mächte« und entspricht in seiner Schwingung Jupiter.

ZADKIEL (Tsadkiel, Zedekiel)

»Rechtschaffenheit Gottes«. Ein Engel der Güte und Barmherzigkeit sowie des guten Gedächtnisses und Haupt der Haschmalim. Zadkiel wird zugeschrieben, den Arm Abrahams zurückgehalten zu haben, als dieser bereit war, seinen Sohn Isaak zu opfern (allerdings findet man auch andere Engel in dieser Funktion). Zadkiel soll einer der neun Herrscher des Himmels und (erneut) einer der sieben Erzengel sein.

ZOPHIEL (Zaphiel, Zafkiel, Sofiel, Safiel)

Ein hoher Cherub und Fürst des Planeten Saturn. In seiner Gestalt als Zafkiel oder Zaphkiel bedeutet der Name »Wissen Gottes«.

ZURIEL

»Mein Fels ist Gott«. Herrscher des Tierkreiszeichens Waage und einer von 70 Amulettengeln, insbesondere für das Kindbett. Wird manchmal Uriel gleichgesetzt und fungiert dann als Engel des Monats September.

Als Quellen für dieses Kapitel standen uns unter anderem zur Verfügung:

Bibel; vor allem die katholische Fassung, die noch das Buch Tobit enthält, in dem Erzengel Raphael auftritt und sich selbst als dieser benennt

»A Dictionary of Angels« von Gustav Davidson; in der Ausgabe von Free Press, New York, 1971

»Wunderwelt der Engel« von Pfarrer Thomas Schlipfinger; erschienen im Kompetenz Verlag, Dorfen 2000

»Engel der Bibel« von Dietrich Steinwede, Patmos Verlag, Düsseldorf 2007

»Das Große Buch der Namenstage« von Jakob Torsy und Hans-Joachim Kracht; erschienen bei Verlag Hohe, Erftstadt 2003 (ursprünglicher Titel: »Der große Namenstagkalender«, Herder Verlag, Freiburg)

300 weibliche Vornamen und ihre Engelbotschaft

In den folgenden Beschreibungen finden Sie nach dem Vornamen in Klammern jeweils weitere Schreibweisen bzw. Varianten. Danach folgt der Erzengel, der für Trägerinnen des jeweiligen Namens insbesondere »zuständig« ist, sowie eine weitere wichtige Engeleigenschaft. Weitere Erläuterungen dazu stehen unter dem entsprechenden Namen im Kapitel zu den Engeln und Erzengeln.

Als Nächstes finden sich Hinweise zum Ursprung und zur Bedeutung des Namens, soweit bekannt, und manchmal auch Beispiele bekannter Namensträgerinnen. Manche Hinweise sind kürzer, andere länger.

Schließlich kommt die Hauptsache, nämlich die Botschaft der Engel für den Lebensweg von Menschen, die diesen Namen tragen. Dass damit nicht alles über den Menschen und den Sinn seines Lebens gesagt werden kann, ist offensichtlich. Die Engelbotschaften weisen jedoch auf besondere Schwerpunkte hin, die die Betreffenden berücksichtigen sollten.

Hinweis: C ist bei der Schreibweise von Namen oft mit K gleichbedeutend, und umgekehrt! Siehe Clara zum Beispiel unter Klara oder Konstanze unter Constanze.

ADELE (auch Adela, Ada, Della, Lida)
Erzengel Zadkiel, Engeleigenschaft von Pronoia

Von althochdeutsch *adal,* »die Edle«. Bekannt ist die heilige Adela (auch Adula oder Adolana), sie gründete kurz nach 700 ein Nonnenkloster bei Trier und war verheiratet mit einem Odo, mit dem sie mehrere Kinder hatte. Damals gab es übrigens das Zölibat noch nicht.

Immer wieder wirst du in diesem Leben vor Gelegenheiten und Themen gestellt, die dich auffordern, deine eigenen Grenzen zu erweitern. Hinterfrage alles und werde dir immer aufs Neue in jeder Entwicklungsphase bewusst, was für dich passt und was nicht. Vermeide falsche Kompromisse, du spürst genau, was für dich zur Belastung wird. Schließe in herausfordernden Situationen oder vor Entscheidungen kurz die Augen und folge deiner inneren Stimme, deiner Intuition – dann weißt du immer sogleich, was du in deinem Alltag brauchst und was du vermeiden solltest. Lebe deine Stärke! Ersuche Erzengel Zadkiel und Pronoia sowie deinen persönlichen Schutzengel um Hilfe und Unterstützung. Sie sind immer an deiner Seite.

ADELHEID
Erzengel Michael, Engeleigenschaft von Machidiel

»Von edler Gestalt« bzw. »von edlem Schlag«. Geht auch auf althochdeutsch *adal* zurück. Es gibt zwei katholische Heilige dieses Namens, die Äbtissin Adelheid von Vilich (etwa 970 bis etwa 1015), die 2008 zur Patronin der Stadt Bonn ernannt wurde, und Adelheid von Burgund (931–999), die von 962 bis 973 Kaiserin des Heiligen Römischen Reiches war und zuvor ostfränkische Königin sowie Königin Italiens.

Egal, was dieses Leben an Anforderungen und Themen für dich bereithält, mit Seelenarbeit und Herzenergie wirst du alle Steine aus dem Weg räumen und alle Aufgaben problemlos lösen. Da ist ein unglaubliches Potenzial in dir, das aktiviert und freigesetzt werden möchte. Welche Möglichkeiten bieten sich dir dafür? Schau dich einmal um: Für welche Themen bist du empfänglich, welche Bereiche würden dich interessieren? Lass deine Seele atmen: durch Musik, Kreativität, Gebet, Lichtarbeit oder anderes. Und beziehe deine persönlichen Engel in deinen Alltag ein – du wirst dich wundern, um wie viel leichter einiges dadurch für dich wird.

ADRIANE (Adriana, Ariane)
Erzengel Jophiel, Engeleigenschaft von Abathur Muzania
Der Name ist entweder eine Nebenform von Ariadne oder die weibliche Form des Namens Hadrian (»der Mann von der Adria«). Dann wäre Adriane also »die Frau von der Adria«.

Der Erzengel Jophiel, Muzania und dein persönlicher Schutzengel helfen dir jeden Tag deines Lebens. Sie unterstützen dich vor allem dabei, Altlasten und abgeschlossene Themen hinter dir zu lassen und deine Ängste und Zweifel zu überwinden. Nur so kannst du notwendige Änderungen und wichtige Umbrüche schaffen. Du hast eine Menge Mut, Energie und das nötige Selbstvertrauen hierher mitgebracht, um dich an neue Bereiche und an wichtige Aufgaben zu wagen. Du wirst unglaubliche Erfahrungen machen und eine Menge positive Wegbegleiter an deiner Seite haben. Bewahre dein Urvertrauen und die Zuversicht in dir. Sie sind die Schlüssel für neue Wege! Geh mutig Schritt für Schritt weiter – du kannst es!

AFRA
Erzengel Metatron, Engeleigenschaft von Barbiel
Eine Heilige dieses Namens ist die Schutzpatronin der Stadt und des Bistums Augsburg. Sie kam der Legende nach aus Zypern über Rom nach Augsburg und verdingte sich dort als Dirne. Sie starb um 304 als Märtyrerin, weil sie ihrem neuen christlichen Glauben nicht abschwören wollte. Im Namen Afra dürfte auch »die Frau aus Afrika« stecken.

Du hast dir für dieses Erdenleben in erster Linie einmal vorgenommen, festgefahrene Schutzmechanismen zu lösen und wieder offen und frei zu werden. Das alles ist in dem von dir ausgewählten Namen bereits erkennbar. Du darfst Licht ins Dunkel bringen und dich mit Menschen und Themen, vor allem aber mit dir selbst beschäftigen. Du bist immer bereit, »hinter die Fassade« zu schauen, Irrtümer, Verharmlosungen und drohende Abgründe rechtzeitig zu erkennen und dementsprechend zu handeln. Der Erzengel Metatron und Barbiel helfen dir, Masken fallen zu lassen und zugeschüttete oder verdrängte Problematiken klar zu sehen. Nur du bestimmst, wie dein Leben verläuft! Wer sonst sollte das tun?

AGATHA (Agathe)
Erzengel Chamuel, Engeleigenschaft von Dabriel
Agathos ist das griechische Wort für »gut«. Die sicher berühmteste Namensträgerin ist die englische Schriftstellerin Agatha Christie (1890–1976). Die Märtyrerin Agatha von Catania (etwa 225–250) ist die Schutzheilige der Malteser, und ihre Fürbitten sollen einen Ausbruch des Vulkans Ätna gestoppt haben.

In diesem Leben solltest du lernen, kleinere Geschenke zu schätzen und anzunehmen. Das hast du dir auch genau so vorgenommen, es passt ideal zu deinem Namen. Es warten das kleine beständige Glück, die Freude an den »kleinen Dingen des Lebens« und die innere seelische Harmonie auf dich. Du darfst Schritt für Schritt an dir selbst arbeiten und damit auf deinem Lebensweg auch vorankommen. Falsche und unpassende Wünsche und Visionen, Vorstellungen und Träume werden gelöst und durch Urvertrauen und echte Herzenswünsche ersetzt. Liebe dich selbst, dann wirst du auch Liebe von deinem Umfeld bekommen und sie selbst an andere weitergeben können.

AGNES
Erzengel Haniel, Engeleigenschaft von Garuda
Der Name leitet sich dem griechischen Wort für »keusch« und »rein« ab. Die heilige Agnes gilt als Schutzpatronin der Kinder und Jungfrauen. Wenn ein Mädchen am Agnestag, dem 2. März, fastet, so heißt es, kann es im Traum ihren künftigen Mann erblicken.

Was du dir in erster Linie vorgenommen hast? Du willst in diesem Leben vor allem die Gerechtigkeit leben – für dich und alle Menschen und Lebewesen in deinem Umfeld. Immer wieder wirst du daher mit Ungerechtigkeiten und Diskriminierungen konfrontiert. Wer wird solcher Art behandelt? Über wen wird getratscht, hinter vorgehaltener Hand getuschelt? Wo werden Halbwahrheiten verbreitet? Unterbrich diese dunkle Energie, indem du dein Seelenpotenzial aktivierst und deine Herzenergie lebst. Erzengel Haniel und Garuda werden dich tatkräftig bei diesem anspruchsvollen Programm unterstützen. Nur mit Liebe kannst du Negatives endgültig beenden – und nur bei dir selbst kannst du damit anfangen!

AIDA
Erzengel Zachariel, Engeleigenschaft von Kadishim
Dieser italienische Name geht auf ein griechisches Wort für »die Äthiopierin« zurück. Sehr bekannt ist Verdis gleichnamige Oper.

Du hast dir für dieses Leben nicht vorgenommen, dass du im Alltagstrott funktionierst und darin zu ersticken drohst. Du selbst hast alles in der Hand, um dich daraus zu befreien und dein Leben immer neu zu gestalten. Du darfst ständig neu Visionen, Träume, Pläne und Vorhaben aktivieren, die du in diesem Leben verwirklichen willst. Alles, was du jetzt gerade erlebst, kennst du bereits, denn du hast eine Menge altes Wissen in dieses Leben mitgenommen. Aktiviere es, und bring es an die Oberfläche – lebe es im Außen! Dann wirst du hilfreiche und neue Begegnungen erfahren und Botschaften erhalten dürfen. Geh zuversichtlich deinen Weg! All deine persönlichen Engel begleiten dich.

AIMÉE
Erzengel Zachariel, Engeleigenschaft von Abdia
Weibliche Form zu Amatus, vom lateinischen Wort für »Geliebter«, hier eben »Geliebte«.

Für dieses Leben hast du dir als Thema Nummer eins vorgenommen, immer wieder Neues zu erleben und zu erfahren. Lernen und Lehren liegen auf deinem Weg. Nutze alles, was du lernen darfst, setze es in deinem Alltag um, und gib es auch an dein Umfeld weiter. Das hast du dir als Lebensplan gewählt. Als zweiten Schwerpunkt möchtest du die Liebe als Basis und Kernthema leben. Viele Menschen brauchen dich und schätzen deine Freundschaft und Hilfe. Hingehen – schauen – tun: Geh einfach los! Alle Engel, die du brauchst, werden an deiner Seite sein. Du wirst auf diesem Weg gut vorankommen, und zwar auf deine ganz eigene, unverwechselbare Art und Weise! Glaube an dich!

AISHA (Aischa, Ayse und andere Formen)
Erzengel Sandalphon, Engeleigenschaft von Sophia
Das arabische Wort für »die Lebende« bildet diesen schönen Namen. Eine der Frauen des Propheten Mohammed hieß Aischa bin Abi Bakr.

Die Engelbotschaft für dein jetziges Erdenleben mit diesem von dir gewählten Namen lautet: Dein Inneres Kind möchte in diesem Leben voll und ganz an deiner Seite sein und alles mit dir erleben und erfahren dürfen und können. Achte auf seine Zeichen und Hinweise. Höre auf deine innere Stimme, und verlerne nicht, Spiel und Leichtigkeit in dein Leben zu integrieren. Du darfst und sollst spielen und lachen, tanzen und lustig sein. Stell dir ab und zu vor, du bist wieder ein Kind oder sehr jung – was würde dir wohl Spaß machen? Wenn dir etwas eingefallen ist, dann überlege nicht lange. Tu es einfach! Der Alltag wird sich dadurch für dich leichter anfühlen, er wird liebevoller sein.

ALBERTA (Albertina)
Erzengel Zadkiel, Engeleigenschaft von Indra
Leitet sich als weibliche Form von Albert bzw. Adalbert ab; althochdeutsch für »edel« (*adal*) und »glänzend« (*bert*).

»In einer erwachenden Seele steigt Liebe empor. Wach also auf.« Das ist das von dir gewählte Motto für dieses Leben, und dementsprechend wirst du es hier auch umsetzen. Deine Engel sagen dir: Handle stets überlegt und klug – überstürze nichts, und werde dir bewusst, was du wirklich willst. Du hast dir vorgenommen, vorerst einmal in dich zu gehen und das Thema, das sich stellt, innerlich zu spüren und seine Aspekte zu beleuchten. Wenn es um eine schwierige und scheinbar endlos dauernde Partnerschaft geht, dann bitte alle zuständigen Engel, dir aus dieser Sackgasse zu helfen, vor allem den Erzengel Zadkiel und Indra – sie werden sofort zur Stelle sein und dich voll und ganz unterstützen!

ALEXANDRA (Sandra, Alexa)
Erzengel Zadkiel, Engeleigenschaft von Ganesha
Weibliche Form von Alexander; der Name geht auf das griechische Wort für der bzw. die »Schützende« zurück.

Mit Lebensfreude und einem Lächeln auf den Lippen wirst du alle Anforderungen dieses Lebens bewältigen. Erzengel Zadkiel und Ganesha halten ihre Hände schützend über dich. Du gibst dir immer wieder die Möglichkeit, aus dem Hamsterrad der Alltagspflicht auszubrechen und Spiel und Lachen leben zu können. Wenn du die ersten zaghaften Schritte in diese Richtung machst, darfst du Projekte auf Eis legen, die dich nur Kraft kosten und dir Verdruss bereiten würden. Du kannst notwendige Prioritäten setzen. In Folge spürst du deine Seelenkraft, und deine Herzenergie kann wieder frei fließen. Ersuche alle Engel, die du brauchst, dich an der Hand zu nehmen.

ALICE (auch Alisa oder Alison)
Erzengel Uriel, Engeleigenschaft von Abdiel
Der Name kommt aus dem Englischen und leitet sich als Kurzform entweder von Elisabeth oder Alexandra ab, eventuell auch von Adelheid. Durch das Fantasy-Buch »Alice im Wunderland« von Lewis Carroll wurde der Name auch bei uns bekannt.

Wer liebt, der lebt. Wer liebt, ist schöpferisch wirksam. Liebe! Das ist in erster Linie dein Ziel. Du hast dir für dieses Leben vorgenommen, eine Menge Entscheidungen zu treffen – das darfst du auch, denn genau das ist dein wichtigstes Thema hier. Bevor du es in die Tat umsetzt, zieh dich ein wenig in dich selbst zurück und komm zur Ruhe. Deine Intuition und die Stimme deines Schutzengels werden dir sagen, was auf längere Sicht hin für dich und alle Menschen, mit denen du auf der seelischen Ebene verbunden bist passt. Vertrau immer auf deine innere Stimme!

ALINA (Aline)
Erzengel Sandolphon, Engeleigenschaft von Bagdiel
Eine andere Form von Helene oder ein Kosename für Adela. Der Name soll aus dem Schwedischen, dem Ungarischen oder dem Tschechischen stammen.

Erzengel Sandolphon und Bagdiel sagen dir: Es gibt immer wieder Menschen, die du glücklich machen kannst! Wie? Das wirst du im Laufe deiner einzelnen Lebensphasen und mit dem Umfeld, das dich umgibt, herausfinden. Achte auf die sogenannten Zufälle – also auf alles, was dir im wahrsten Sinne des Wortes zufällt, vor allem auf diesbezügliche Begegnungen. Du weißt ja: Immer, wenn du einen anderen glücklich machst, kommt dieses Glück hundertfach zu dir zurück – dein persönlicher Schutzengel sorgt dafür! Achte aber auch darauf, dass es dir selbst gut geht und du die Sonnenseiten des Lebens genießen und annehmen kannst. Also: Nimm das Glück an, das sich dir bietet!

ALMA
Erzengel Zadkiel, Engeleigenschaft von Sammael
Eine Herkunft könnte das gotische Wort *amal* sein, das »tüchtig« bzw. »tapfer« bedeutet; eine andere Ableitung ist das romanische Wort *almus,* das zunächst »nährend«, »fruchtbar« bedeutete, dann aber auch als *alma* »Seele«, »Geist«.

Was du dir vorgenommen hast für dieses Leben? Sei weniger streng mit dir selbst, und setz dir nicht zu hohe Maßstäbe und Ziele. Verzeih dir deine scheinbaren Fehler und Einschränkungen. Erlaube es dir, Menschen und Aktivitäten loszulassen, die dich einschränken, und lass neue positive Visionen zu. Das sind Themen, die in deinem Lebensplan enthalten sind. Deine persönlichen Engel helfen dir, dich und andere Menschen, die dir begegnen, tolerant und liebevoll anzunehmen. Du darfst und sollst den Augenblick voll und ganz leben und nutzen. Das hilft dir, vergangene Belastungen und zukünftige Sorgen aufzulösen, und ermöglicht dir ein tiefes Bewusstsein im Jetzt.

ALMUT (Almuth)

Erzengel Zadkiel, Engeleigenschaft von Jehudiel

Aus dem Althochdeutschen *adal*, »edel«, und *muot*, »Gesinnung« bzw. »Mut«; also eine Frau »von hohem Geist«.

Du hast dir ein interessantes Programm für dieses Leben vorgenommen. Es werden dir viele Themen und Bereiche begegnen, die du vollkommen abschließen und loslassen darfst und kannst. Erzengel Zadkiel und Jehudiel sowie dein Schutzengel helfen dir, stets zum passenden Zeitpunkt die richtige Entscheidung zu treffen und alles, was bereits vergangen ist, hinter dir zu lassen. Geh Schritt für Schritt weiter, auch wenn du dir phasenweise unsicher bist – du wirst den Erfolg und den Gewinn bald sehen, und es wird dir bewusst werden, wie wichtig es war, alles Alte losgelassen zu haben. Halte dir immer vor Augen: Wenn du eine alte Tür schließt, dann wird sich sofort eine neue für dich öffnen.

AMALIA (Amalie, Amélie)

Erzengel Sandolphon, Engeleigenschaft von Kemuel

Der Name bedeutet nach einer Quelle »Beschützerin aus dem königlichen Geschlecht der Amalier«; nach einer anderen schlicht »die Tüchtige«. In Schillers »Räuber« gibt es eine Amalia, und die Herzogin Anna Amalia von Sachsen-Weimar war eine entschiedene Mäzenin der Musen und förderte auch Goethe.

In diesem Leben hast du dir vorgenommen, vor allem deine Wertigkeit zu leben. Du wirst nach und nach lernen, dich als wertvoll und einzigartig zu empfinden. Erzengel Sandalphon und Kemuel sind an deiner Seite. Sage dir immer wieder, wenn dich Zweifel befallen: Ich bin ein Kind Gottes und ein wertvoller Mensch. Ich habe es verdient, glücklich und zufrieden zu sein, und erreiche alles, was ich mir vorgenommen habe und auch wirklich brauche. Wenn du es schaffst, dieses Motto optimal umzusetzen und im Alltag zu leben, werden dir positiv gestimmte Menschen und Geschenke aller Art nur so zufliegen. Erlaube dir, ein glücklicher und ausgeglichener Mensch zu sein.

AMANDA
Erzengel Zachariel, Engeleigenschaft von Lilith
Aus dem Lateinischen; der Name bedeutet »die Liebenswerte«.

Was du dir für dieses Leben vorgenommen hast? Deine Engel sagen: Kommunikation und Kontakt mit anderen Menschen ist für dich ein Thema, das sich quer durch dein ganzes Leben zieht und ziehen wird. Du bist nicht hier auf der Erde, um dich in deine »Höhle« zurückzuziehen und die Tür zu schließen. Öffne dich für alles Positive: zum Beispiel für die Schönheiten der Erde und die Liebe der Menschen sowie aller anderen Lebewesen. Lass dich nicht von kleinen Rückschlägen und Enttäuschungen entmutigen: Hebe den Kopf mit einem »Jetzt erst recht!«. Lass deine Familie und deine Freunde zu dir und öffne dich für ihre Gefühle, Gedanken und Gespräche. Erzengel Zachariel und Lilith helfen dir dabei.

AMREI
Erzengel Uriel, Engeleigenschaft von Kmiel
Kurzform von Anne-Marie. Der Name kommt ursprünglich aus Vorarlberg und ist auch in die Schweiz, nach Süddeutschland und Tirol »gewandert«.

Du hast dir vorgenommen, vor allem die selbstlose Liebe in diesem Leben zu erfahren – zu geben und zu nehmen. Alles, was du fühlst, denkst, sagst oder tust, sollte mit Liebe geschehen. Das ist dein Ziel. Arbeite daran, denn du hast alle Fähigkeiten und Potenziale in dieses Leben mitgenommen, die dir die Verwirklichung deiner Pläne ermöglichen. Auch wenn es nicht so einfach ist: Lass die Liebe zu, und vermeide negative und alte Muster und Energien. Ersuche deinen Erzengel Uriel und Kmiel sowie alle deine persönlichen Engel, dir bei diesem Programm zu helfen. Jedes Mal, wenn du etwas Belastendes mit und in Liebe auflöst, bist du einen großen Schritt weiter auf deinem Weg. Tu es!

ANASTASIA (Nastassja, Asta)
Erzengel Gabriel, Engeleigenschaft von Maria

Der Name geht auf ein griechisches Wort für »Wiederauferstehung«, »Auferweckung« zurück. Die wohl berühmteste Anastasia war die letzte Zarentochter, deren Verbleib umstritten ist. Es gibt eine Märtyrerin Anstasia, die um 304 in Serbien starb und deren Reliquien seit 1053 in einer Wallfahrtskapelle im Kloster Benediktbeuren aufbewahrt werden. Anastasia ist auch die Schutzheilige der größten Kirche in Dalmatien, im kroatischen Zadar.

Du hast dir als Hauptthema für dieses Leben vorgenommen, dich positiv abzugrenzen und zu schützen. Du bist ein Mensch, der nur schwer Nein sagen kann, und das aus falscher Rücksichtnahme und mangelndem Selbstvertrauen. Das ist eine Alltagsfalle! Bitte alle deine Engel, dir die Kraft und den Mut zu geben, wo immer nötig ein endgültiges und überzeugendes, vor allem aber starkes Nein auszusprechen. Du wirst sehen, es wird dir danach wirklich gut gehen. Du wirst auch kein schlechtes Gefühl oder Gewissen haben! Du hast alles hierher mitgebracht, um dieses Thema erfolgreich schaffen zu können. Schritt für Schritt gehst du weiter und wirst immer stärker dabei.

ANDREA
Erzengel Zadkiel, Engeleigenschaft von Schamschiel

Die weibliche Form zu Andreas; der Name geht auf ein griechisches Wort für »tapfer« zurück. Im Italienischen und Rätoromanischen ist Andrea ein männlicher Vorname (dort ist das weibliche Pendant Andreína). Bekannt ist der heilige Andreas mit dem nach ihm benannten X-förmigen Kreuz.

Du hast dir vorgenommen, diesen Weg nicht allein zu gehen. Daher hast du dir für dieses Leben einige Menschen ausgesucht, die als Seelenfreunde neben dir gehen. Es sind Wesen, mit denen dich tiefe Gefühle und eine starke gemeinsame Basis verbinden. Schicke diesen Menschen immer wieder eine Menge Liebe und Licht, indem du die Augen schließt und dir das bildlich vorstellst. Hülle die geliebten Menschen in diese Energie ein. Du wirst sie auch selbst tief in dir spüren und davon profitieren. Nicht jeder dieser Wegbegleiter wird bis an dein Lebensende neben dir sein – lass ihn los, lass ihn ziehen, denn der nächste deiner »Lebensmenschen« wartet bereits auf ein Treffen mit dir. All deine Engel sind neben dir.

ANGELIKA (Angélique, Angela, Angelina)
Erzengel Raphael, Engeleigenschaft von Melchisedek
Der Name entstand aus dem griechischen Wort für »Engelwesen« bzw. »engelhaft«. Bekanntlich bezeichnet dieser Name auch eine Naturheilpflanze.

Arbeit und Beruf sind in diesem Leben wichtige Themen für dich. Aber richte nicht alles danach aus. Es gibt noch Wichtigeres, das du in deinen Alltag integrieren solltest. Mach den nächsten Schritt, und brich aus dem Hamsterrad aus. Unterbrich immer wieder deine Routine, und geh neue und ungewohnte Wege. Ersuche Erzengel Raphael und Melchisedek, aber auch deinen persönlichen Schutzengel, dir zu zeigen, wie Bewegung und neue Ideen zu dir kommen. Höre auf dein Gefühl und dein Herz, und schalte deinen Kopf immer wieder mal aus. Lerne Ausgewogenheit und Ausgeglichenheit zu erlangen – durch eine gelungene Kombination von Pflicht und Vergnügen bzw. Entspannung. Du kannst das!

ANITA
Erzengel Raphael, Engeleigenschaft von Cosmiel
Zunächst im Spanischen eine Koseform für Anna oder eine Kurzform für Juanita (spanisch für Johanna).

Du haste eine Menge Begeisterungsfähigkeit in dieses Leben mitgebracht. Damit kannst du verstärkt deine Seelen- und Herzenergie wieder spüren und im Alltag leben. Du weißt und spürst genau, welche Partnerschaften für dich wichtig sind, was begonnen und was beendet gehört. Schau dich im Arbeits- und im privaten Bereich um und spüre genau in dich hinein. Du wirst sofort erkennen, wohin du deine Gefühle, deine Kraft und Energie fließen und von wem du sie zurücknehmen kannst. Das Leben ist Bewegung und Wandel, und du kannst dich entspannt auf seine Hoch- und Tiefphasen einlassen. Du schaffst alles, wenn du wirklich willst. Erzengel Raphael und Cosmiel sind an deiner Seite als deine persönlichen Engel.

ANJA (Ania, Anya)
Erzengel Haniel, Engeleigenschaft von Adam
Eine slawische, insbesondere die russische Form für Anna (siehe dort).

Meinst du, nur glücklich sein zu können, wenn du den perfekten Partner an deiner Seite hast? Voraussetzung dafür ist jedoch, dass du eine gute Partnerschaft mit dir selbst hast. Hast du das? Genügst du dir, kannst du allein einen glücklichen Tag verbringen, ohne dich einsam zu fühlen? Wenn ja, dann bist du bereit für eine erfüllte Partnerschaft … Dieses Thema hast du dir in erster Linie für dieses Leben vorgenommen. All deine Engel werden dir bei diesem anspruchsvollen Programm helfen, dir Impulse, Zeichen und Hinweise zukommen lassen. Arbeite daran, und richte nicht alles nach einem anderen Menschen – *du* bist wichtig und darfst alles nach deinem Gefühl entscheiden. Nur *du* erschaffst deine Wirklichkeit! Wer sonst sollte es tun?

ANKE (Anka)
Erzengel Uriel, Engeleigenschaft von Jehudiel
Eine weitere Unterform von Anna, die man vor allem im niederdeutschen und im friesischen Sprachraum findet.

Auch wenn es in diesem Leben ab und zu drunter und drüber geht: Behalte deinen Mut – dir kann nichts passieren. Das Leben ist ein Abenteuer, und du darfst alles machen und ausprobieren, wonach dir der Sinn steht und was dich wirklich interessiert. Trau dich, und sei zuversichtlich! Du hast nichts zu verlieren. Hab keine Angst davor, wie dein Umfeld darauf reagiert oder was du zu hören bekommst. Geh einmal eine ganz andere Richtung, mach etwas, womit niemand rechnet. Erlaube dir, einen ungeplanten Schritt zu tun oder etwas »Verrücktes« bzw. Unkonventionelles zu testen. Entdecke dich neu! Denn wie solltest du sonst neue Erfahrungen machen können? All deine Engel unterstützen dich!

ANN AURA
Erzengel Raphael, Engeleigenschaft von Garuda
Aura stammt aus dem Griechischen und bedeutet »(Luft-) Hauch«; Aura ist die Göttin der Morgenbrise. Ann ist eine Kurzform von Anna, »die Gnadenreiche«.

Die Liebe ist das Hauptthema in diesem Leben für dich. Anfangen solltest du bei dir, also bei der Eigenliebe. Erst wenn du dich wirklich ohne Wenn und Aber wirklich annehmen, umarmen und lieben kannst, wirst du das auch bei anderen Menschen schaffen. Sei offen für die Menschen rund um dich her, und lass ihre Gefühle und ihre positiven Gedanken dir gegenüber zu. Sende immer wieder liebevolle Energie aus, du wirst dich wundern, wie dein Umfeld das fühlt und darauf reagiert – sie wird vielfach zu dir zurückkommen! Lebe dein Urvertrauen und deine Zuversicht – vermeide Angst und Misstrauen! Erzengel Raphael, Garuda und dein persönlicher Schutzengel helfen dir immer.

ANNA (Anne)
Erzengel Metatron, Engeleigenschaft von Ramiel

Aus dem Hebräischen, »die Begnadete«. Eigentlich Hannah. Der Begriff steht auch für »Liebreiz« und »Anmut«. Es gibt jedoch zwei andere Ableitungen des Namens Anna: einmal als die weibliche Form des altdeutschen Namens Anno, Hanno bzw. Arnold. Zum Zweiten als Weiterentwicklung des Namens der keltischen Göttin Anu, Annan bzw. Anand, die in irischen Überlieferungen als Urmutter der Götter bzw. als Erdmutter beschrieben wird. Die Mutter Marias und demnach Großmutter Jesu hieß Anna bzw. Hannah.

Du hast ein unglaubliches Potenzial in dieses Leben mitgebracht. Deine Seelen- und Herzenergie ist wahrhaft unerschöpflich. Auch wenn immer wieder scheinbar unüberwindbare Hindernisse auftreten – lass dich nicht verunsichern! Lebe deine Kraft, und bleib dran! Sogar wenn ein spezieller Plan, ein von dir initiiertes Projekt ganz und gar nicht nach Verwirklichung ausschaut – du schaffst die Realisation auf jeden Fall! Mit Beharrlichkeit und Urvertrauen wirst du alles erreichen, was du dir von Herzen wünschst und was auf deinem Weg liegt. Beziehe den Erzengel Metatron, Ramiel und alle deine persönlichen Schutzengel in deinen Alltag ein, und der Erfolg ist vorprogrammiert!

ANNABELLE (Annabella, Anabel, Mabel und ähnlich)
Erzengel Raphael, Engeleigenschaft von Curaniel

Eine Verbindung des Namens Anna mit dem italienischen Wort *bella* für »schön«.

Was du dir als Hauptthema für dieses Leben vorgenommen hast? Deine Engel sagen dir: Immer wieder wirst du mit eher schwierigen Partnerschaften konfrontiert. Wenn du diese für dich positiv hinbekommen bzw. aufbauen willst, dann solltest du in erster Linie darauf achten, deine Wertigkeit zu leben und dich nicht kleiner zu machen als du bist. Auch wenn es anfangs schwierig ist: Fordere alles ein, was dir zusteht – vor allem Achtung und Wertschätzung! Geh immer nach deinem inneren Gefühl, nach deiner Herz- und Seelenenergie und lass jedem Partner bzw. Freund und dir selbst ausreichend Freiraum und Luft in jeder Lebensphase. Übe dich im Loslassen, und lerne Toleranz, dir und anderen gegenüber.

ANNA-MARIA (Annemarie und ähnlich)
Erzengel Raphael, Engeleigenschaft von Israfel
Eine Verbindung des Namens Anna mit dem Namen Maria.

Achte in deinem Leben auf Impulse von außen. Deine persönlichen Engel, also Erzengel Raphael, Israfel und dein Schutzengel, sind neben dir und möchten, dass dieses Leben vor allem mit Lachen und Heiterkeit ausgefüllt wird. Auch wenn dir nicht immer danach zumute ist: Lächle trotzdem! Egal, was rundherum los ist, was dich belastet oder einschränkt: Jetzt erst recht. Das Leben ist doch ein Abenteuer, und es gibt immer etwas Positives! Trag deinen Alltag nicht wie eine Last auf den Schultern, sondern schüttle alles ab, was unnötig oder unpassend für dich ist. Nach und nach schaffst du es, alles abzuwerfen, was du dir hast aufladen lassen! So kommst du Schritt für Schritt gut voran.

ANNETTE (Anette)
Erzengel Sandalphon, Engeleigenschaft von Baruch
Diese besondere Koseform des Namens Anna stammt aus dem Französischen.

Reden ist Silber, Schweigen ist Gold. Stell diesen Spruch über dieses Leben. Das heißt nicht, dass du immer schweigen oder Belastungen in dich »hineinfressen« sollst. Jedoch: Beobachte deine Gedanken und Gefühle. Was wollen sie dir sagen? Fühle in dich hinein und empfange innere Botschaften. All deine Engel werden dir bei diesem Dialog helfen, und du wirst eine Menge Botschaften und Nachrichten empfangen dürfen. Hör auf die innere Stimme in dir, achte darauf, was sie sagt! Erst dann sprich darüber mit Menschen, denen du vertraust und von denen du eine ehrliche und offene Antwort erwarten kannst. Wähle sorgfältig aus, wem du was wann anvertraust, und kläre alles vorerst einmal mit dir ab.

ANNIKA (Annike)
Erzengel Chamuel, Engeleigenschaft von Irin

Eine weitere Koseform zum Namen Anna, hier aus dem Schwedischen. Eine mögliche andere Ableitung geht auf den Namen der griechischen Siegesgöttin Nike zurück. Danach wäre Annika also »die Unbesiegbare«.

Ich lasse mich ein in den Rhythmus der Zeit. Dieses Motto bezieht sich auf das Kernthema in diesem Leben: nämlich deine Familie und andere Menschen in deinem nahen Umfeld. Hier werden immer wieder Disharmonien und Problematiken auftauchen, in ganz unterschiedlichen Formen. Einige Mitglieder deiner Seelenfamilie stehen (im geistigen Bereich) bereit, um dich aktiv und sehr engagiert zu unterstützen. Integriere sie in deinen Alltag, in deine Gedanken – sprich mit ihnen und ersuche sie um Hilfe. Bitte auch Erzengel Chamuel, Irin und deinen Schutzengel um Unterstützung. Sie sind dir persönlich zugeteilt und begleiten dich. Jedes Mal, wenn du dir das bewusst machst, werden sie sofort an deine Seite eilen und dich ein Stück tragen.

ANOUSHKA (verschiedene Schreibweisen, auch Anuscha)
Erzengel Raphael, Engeleigenschaft von Baliel

Wiederum eine Koseform zu Anna aus dem slawischen Sprachraum.

In diesem Leben solltest du kleinere Ärgernisse und Einschränkungen als positive Chance zur Weiterentwicklung und zum Lernen sehen. Wenn du das nach und nach schaffst, werden sich die Probleme sofort auflösen. Und lass dich nicht entmutigen oder verunsichern: All diese »Steine« auf deinem Weg schauen viel schwerer aus, als sie tatsächlich sind. Lerne, hinter die Fassade von Lernaufgaben zu schauen, dann wirst du sie immer schneller lösen können. Voraussetzung dafür ist, dass du nicht gegen Hindernisse anrennst, sondern die kleinen und größeren Steine auf deinem Weg anschaust, erkennst, annimmst und dann wegräumst. Ersuche deine Engel, vor allem Erzengel Raphael und Baliel, dir dabei verstärkt unter die Arme zu greifen. Sie tun es.

ANTJE
Erzengel Zachariel, Engeleigenschaft von Gasardiel
Eine niederländische und niederdeutsche Variante zum Namen Anna.

In diesem Leben kannst du dir eine Menge Träume erfüllen. Wichtig ist, dass du dir bewusst wirst, was du dir wirklich von Herzen wünschst und tatsächlich für deine Weiterentwicklung brauchst. Wünsche dir nur das, was dich weiterbringt und nicht als Ballast von dir getragen werden muss. Schau dir immer wieder deinen Alltag an – wie einen Film – und frage dich: Was würdest du gern ändern, was hättest du lieber ganz, ganz anders? Schreib dir immer mal wieder alles auf, was dir da genau vorschwebt bzw. einfällt. Integriere all deine Engel, vor allem Erzengel Zachariel und Gasardiel, in dein Leben, sie werden dir bei der Erfüllung deiner Wünsche und deines Lebensplanes helfen.

ANTONIA (Antoinette, Toni)
Erzengel Chamuel, Engeleigenschaft von Baal
Weibliches Pendant zu Anton und Antonius; der Name leitet
sich aus dem römischen Namen eines Adelsgeschlechtes ab.
Die hl. Antonia von Brescia (gest. 1505) ließ diesen Namen
später sehr beliebt werden. Um das Jahr 2000 gehörte er zu den
zwanzig populärsten Mädchennamen für Neugeborene.

Alle deine persönlichen Engel helfen dir immer wieder,
dein Inneres Kind zu leben. Es will frei sein, lachen und tanzen,
spielen und sich bewegen. Jeden Tag deines Lebens kannst du
deinen Schutzengel, der dich seit deiner Geburt begleitet, um
Hilfe bitten. Er wird dich unterstützen und dir eine Möglichkeit
zeigen, dein Inneres Kind wieder zu befreien. Du wirst etwas
finden, was dir entscheidend dabei hilft. Lass dich nicht von
den Pflichten des Alltages niederdrücken. Such dir Bereiche
und Menschen, die du mit Spaß und Humor leben und erleben
kannst. Erlaube dir mehr Frohsinn und eine positive Einstellung – dann wirst du immer auf der Sonnenseite des Lebens
gehen dürfen.

APRIL (Avril, Abril)
Erzengel Chamuel, Engeleigenschaft von Labbiel
Offensichtlich der Name des Monats April, taucht er jedoch
auch als weiblicher Vorname auf. Das Wort April wird aus
dem lateinischen Begriff für »öffnen« (*aperire*) oder für »son-
nig« (*apricus*) abgeleitet. Als Averil leitet sich der Name unter
Umständen auch von altenglischen Worten für »Eber« und
»Schutz« ab.

Stell die Heiterkeit und Unbeschwertheit als Motto über
dieses Erdenleben. Es ist gar nicht notwendig, dass du an einem speziellen Lachseminar teilnimmst oder Ausbildungen
diesbezüglich absolvierst. Es gibt eine viel einfachere und preis-
wertere Methode, um wieder Leichtigkeit in deinen Alltag zu

bringen: Jedes Mal, wenn du dich in einem Spiegel (oder auch im Schaufenster) siehst, lächle dich an. Das wird vor allem bei schwierigen Lebensphasen sehr hilfreich für dich sein. Es klingt fast zu einfach, wirkt aber auf jeden Fall. Du bekommst das Lächeln zurück und nimmst es in deinem Herzen mit! Lächle, auch wenn dir zum Weinen ist! Ersuche Chamuel und Labbiel, dir zu helfen – sie sind bei dir!

ARABELLA (Bella)
Erzengel Zachariel, Engeleigenschaft von Cahetel
Der Name geht auf einen spanischen Ausdruck für »kleine bzw. schöne Araberin« zurück. Die Mauren, dunkelhäutige Araber bzw. Berber, waren jahrhundertelang Herrscher in Spanien.

Viele Menschen werden deinen Lebensweg kreuzen, einige werden immer neben dir sein, einige sehr lange und viele nur eine kurze Zeitspanne. Schau dir die Menschen, mit denen du zu tun hast, genau an. Beobachte dich bei jeder Begegnung. Was empfindest du für den Betreffenden? Lass alle Gefühle bewusst zu, ohne sie zu verdrängen oder zuzudecken. Erlaube dir auch negative Emotionen und Gedanken. Umarme sie, und lass sie dann in Liebe los, verabschiede dich von ihnen. Jetzt bist du offen für die Liebe – fühle sie bei jedem Lebewesen, das dir begegnet. Das ist das übergeordnete Thema in diesem Leben. All deine persönlichen Engel gehen mit dir überall hin mit.

ARIADNE
Erzengel Michael, Engeleigenschaft von Machidiel
Aus dem Griechischen, vielleicht eine Ableitung zum Wort *adein* für »singen«. Ariadne war die Tochter des kretischen Königs Minos, die Theseus half, aus dessen Labyrinth zu entkommen. Es gibt auch eine Heilige namens Ariadne von Phrygien, die im 2. Jahrhundert n. Chr. zur Märtyrerin wurde. Richard Strauss gab einer seiner Opern den Namen »Ariadne auf Naxos«.

Sind wir nicht alle Kinder Gottes? Dann dürfen wir auch so leben! Erzengel Michael, Machidiel und dein Schutzengel sagen dir: Immer wieder wirst du in diesem deinen Leben eine Beziehung neu beginnen oder umstrukturieren. Alles, was du fühlst und aussprichst, wird dein Gegenüber verstehen und auch akzeptieren können. Erlaube dir immer neu, dein Leben zu verändern, wenn du unglücklich oder unzufrieden bist. Befreie dich aus Einschränkungen oder stagnierenden Situationen, die dich nur blockieren. Zerreiße Fesseln und einengende Strukturen, die nicht mehr für dich passen. Du hast es verdient, glücklich und harmonisch dein Leben zu verbringen! Vergönne dir das, erlaube es dir, dann wirst du Schritt für Schritt dein Lebensprogramm erfüllen.

ARLETTE
Erzengel Chamuel, Engeleigenschaft von Zophiel
Französischer Vorname, unter Umständen vom Althochdeutschen *hari,* »Heer«, abgeleitet.

Es gibt immer wieder eine Menge Impulse und Zeichen in deinem Umfeld. Du darfst deinem Gefühl und diesen Impulsen folgen und spontan handeln. Alles, was du mit Zuversicht und Urvertrauen beginnst oder anpackst, wird dir auch gelingen – das sagen dir deine persönlichen Engel, die immer neben dir sind. Voraussetzung dafür ist, dass deine Motive reinen Ursprungs sind – und du die Eigenliebe lebst. Wenn du liebevoll auf dich schaust, kannst du mit allem nur erfolgreich sein! Du hast dir für dieses Leben vorgenommen, Glück und Fülle zu leben – also erlaube dir das auch! Glaube daran, dass du glücklich sein darfst, und zweifle nicht an deiner Wertigkeit – du bist ein starker und wunderbarer Mensch mit einem göttlichen Funken in dir. Lass Eigenliebe und Stärke zu.

ASTRID (Asta, Estrid und ähnlich)
Erzengel Chamuel, Engeleigenschaft von Isaak

Der Name besteht aus *As,* dem nordischen und altschwedischen Wort für »Gott«, »Götter« (Asen), und dem Wort *frid,* das »schön« bedeutet. Im Armenischen heißt Astrid »Stern«.

In einer erwachenden Seele steigt Liebe empor. Wach also auf! Das ist ein sehr aktives und turbulentes Leben, aber du allein hast es auch in der Hand. Du weißt, was zu tun ist, und hast alles mit hierher genommen, was du dazu brauchst und was dir hilft, um deinen Lebensplan mit all seinen Zielen zu erfüllen. Handle bedacht und klug – überstürze nichts, und werde dir bewusst, was du wirklich willst. Geh immer wieder in dich, spüre dich, und höre auf deine innere Stimme. Aktiviere das alte Wissen, das du in dieses Leben mitgebracht hast – lebe die Ur-Frauen-Energie, die in dir schlummert und geweckt werden will! Erzengel Chamuel, Isaak und dein Schutzengel helfen dir dabei.

AUDREY
Erzengel Michael, Engeleigenschaft von Bagdial

Eine Kurzform des alten angelsächsischen Namens Etheldred, der etwa dem deutschen Namen Adeltraud entspricht. Darin sind die Begriffe für »edel« und »kraftvoll« bzw. »Rat gebend« enthalten.

Fehler lassen sich leicht korrigieren, solange sie klein sind. Das ist dein Lebensmotto und Hauptthema. All deine persönlichen Engel helfen dir, denn sie gehen an deiner Seite. Immer, wenn du ausreichend Kraft und Lust hast, kannst du sehr vieles in Ordnung bringen oder neue Strukturen für bestimmte Lebensbereiche finden. Auch wenn du daran zweifelst: Nur du allein hast es in der Hand, Altes auszusortieren und in jeder Beziehung »auszumisten«. Anschließend wirst du dich erleichtert und befreit fühlen. Du gewinnst auf jeden Fall: neue

Impulse, Menschen und viel neue, lebendige Energie – Freude eben! Mach dich selbst nicht nieder, wenn du dich mit kleineren Fehlern oder Irrtümern herumschlagen musst. Schau nach vorn und geh weiter!

AUGUSTA (Gusti)
Erzengel Chamuel, Engeleigenschaft von Dagiel
Ehrentitel der römischen Kaiserinnen, bedeutet »die Erhabene«.

Einer trage des anderen Last. Sollte es in deinem Leben etwas auf und ab, drunter und drüber gehen, so bleib trotzdem ruhig, und vertraue auf deine persönlichen Engel. Erzengel Chamuel und Dagiel sowie dein Schutzengel sind an deiner Seite, um dich gut durch alle Höhen und Tiefen zu führen. Du wirst deine Grenzen erweitern und die Aufgaben, die du dir vorgenommen hast, auch positiv erledigen. Mach die Augen zu, und spüre deine Engel! Du hast eine Menge Intuition und Seelenpotenzial in dir – höre auf deine innere Stimme, auf die himmlische Führung! Sie wird dir immer wieder den für dich passenden Weg weisen und den nächsten Schritt zeigen. So kannst du Steine aus dem Weg räumen und kommst voran.

AURELIA
Erzengel Michael, Engeleigenschaft von Jeremiel
Mädchenname, der zunächst weibliche Nachkommen aus dem römischen Geschlecht der Aurelier bezeichnet hat. Die Mutter von Cäsar hieß Aurelia; Mark Aurel trug als Mann den Namen Aurelius. Manche Forscher meinen, der Name leite sich vom sabinischen Gott Ausel her, über den sonst aber wenig bekannt ist.

Du hast dir für dieses Leben eine ganze Menge vorgenommen und dementsprechend erlebst du immer wieder anstrengende und stressige Zeiten. Trotzdem solltest du dich zwischendurch immer wieder entspannen und dir Auszeiten gönnen. Mach Pausen, komm wieder zu dir – nur so kannst du Körper,

Geist und Seele gut verbinden, denn das ist wichtig, damit du gesund und kraftvoll bleiben kannst. Bitte Erzengel Michael, Jeremiel und deinen Schutzengel, dir in solchen Situationen neue Möglichkeiten zu zeigen, wie du immer wieder Pausen in deinen Alltag einbauen kannst. Frage sie auch, welche Art von Entspannung für dich optimal ist. Du wirst dich wundern, welche Antworten, Hinweise und Zeichen du von ihnen bekommst!

AVA (Agia)
Erzengel Haniel, Engeleigenschaft von Hadraniel

Die Herkunft des Namens ist völlig unsicher. Aus der Reihe möglicher Ursprünge hier nur wenige: *awa* ist »Wasser« auf ostfriesisch, *aval* ist »Kraft« im Altsächsischen; im Altpersischen sind Parallelen zu den Worten »Wasser«, »Ton«, »Zwei« und »Freundschaft« zu finden. In Frankreich wird seit dem 4. Jahrhundert eine heilige Ava verehrt. Die erste namentlich bekannte Dichterin deutscher Sprache hieß »Frau Ava« (1060–1127). Schließlich ist vielen noch Ava Gardner (1922–1990) ein Begriff, eine Schauspielerin, die als eine der ersten Glamourstars mit besonders erotischer Ausstrahlung Kinofilmen zu Welterfolgen verhalf.

Ein wichtiges Thema in deinem Leben ist es, mit anderen mitzufühlen, jedoch nicht mitzuleiden. Vorher solltest du erst einmal lernen, echte Gefühle für dich selbst zu entwickeln – also dich anzunehmen und zu lieben. Erzengel Haniel, Hadraniel und dein Schutzengel bringen mit aller Entschlossenheit und Liebe, die ihnen zur Verfügung stehen, Heilung und Bewegung in dein Leben und zeigen dir neue Sichtweisen und Möglichkeiten. Auch wenn es ab und zu ein wenig drunter und drüber geht, hast du trotzdem die Kraft, deine Gefühle zu spüren und zu leben. Lass deine Liebe fließen – gib sie dir selbst, umarme dich immer wieder, denn du bist ein wundervoller Mensch. Erst in Selbstliebe kannst du andere von Herzen lieben!

BABETTE (Babett)
Erzengel Jophiel, Engeleigenschaft von Jehudiel
Zwei Ableitungen liegen nahe: eine französische Form von Elisabeth als »Gott ist mein Segen« oder eine Form von Barbara, »die Schöne« bzw. »die Fremde« (siehe jeweils dort).

In diesem Leben möchtest du nach und nach deine drei Bereiche Körper, Geist und Seele in Harmonie verbinden. Das wird etwas dauern, du hast eine Menge in Arbeit und Übungen zu investieren, um mit diesem Thema ans Ziel zu kommen. Aber gib nicht auf, lass dich von kleinen Rückschlägen nicht entmutigen, im Gegenteil: Lass dich von Erfolgen vorwärtstragen. Arbeite daran, Freude wirklich empfinden und leben zu können. Löse Einschränkungen und Blockaden auf allen drei Ebenen auf. Die neu gewonnene Energie wird dir helfen, deine Lebensaufgaben zu deiner Zufriedenheit zu erfüllen. Du wirst dich mit dir selbst so richtig wohlfühlen, du wirst innerlich ganz rund sein. Deine Engel sind neben dir!

BAHAR
Erzengel Sandalphon, Engeleigenschaft von Gasardiel
Türkisch heißt *bahar* »Frühling«, arabaisch »Meer«.

Auch wenn du dich in bestimmten Lebensphasen schwer damit tust: Sende trotzdem immer wieder dein Lächeln aus – du bekommst es nicht nur von dir selbst im Spiegel, sondern von jedem Menschen zurück. Lächle die Menschen an, egal, ob du sie kennst oder nicht. Schenke ihnen einen ehrlichen offenen Blick. Nimm in Kauf, dass dich einige irritiert oder etwas belustigt anschauen. Viele werden dein Lächeln mit Freude erwidern. Das Verströmen von Freude hast du dir als wichtiges Thema für dieses Leben vorgenommen, und all deine Engel werden dich sehr aktiv dabei unterstützen. Du hast eine wunderbare Ausstrahlung, die du in dieses Leben mitgenommen hast, und die Menschen rund um dich her spüren das. Mach nur weiter so!

BARBARA
Erzengel Sandalphon, Engeleigenschaft von Kadishim

Einerseits steckt in diesem Namen die Ableitung eines griechischen Wortes für »Barbaren«, also für Menschen, die nicht griechisch sprachen und deshalb als »fremd« oder »wild« galten. Andererseits wird der Name jedoch auch mit »die Schöne« übertragen. Die heilige Barbara (deren Existenz historisch nicht gesichert ist) zählt zu den vierzehn Nothelfern und ist Schutzpatronin einer Reihe von Berufen, unter anderem der Bergleute, Zimmerer, Maurer und Feuerwehrleute. Der 4. Dezember ist in der katholischen und der griechisch-orthodoxen Kirche der Barbaratag.

Du bist frei, dein Antlitz jederzeit dem Göttlichen zuzuwenden. Du hast unglaublich viel »altes Wissen« in dieses Leben mitgenommen und darfst und kannst es auch nutzen. Es wird dir helfen, vieles auf deinem Weg zu ordnen und zu klären, nicht nur für dich, sondern auch für die Menschen in deinem Umfeld. Manches wird sich wie von selbst positiv verändern. Öfter wirst du die Gelegenheit haben, kleine oder auch größere Umbrüche einzuleiten. Sei behutsam, aber nicht ängstlich! Je klarer du deine Gedanken, Gefühle, Worte und Taten lebst, desto besser wirst du dich fühlen. Ersuche all deine Engel, vor allem den Erzengel Sandalphon und Kadishim, dich dabei voll und ganz zu unterstützen. Sie sind immer da und begleiten jeden deiner Schritte.

BÄRBEL
Erzengel Gabriel, Engeleigenschaft von Indra
Eine Form von Barbara, aber doch mit einer ganz eigenen Schwingung. Im Allgäu gibt es seit altersher am 4. Dezember das »Bärbele-Treiben«, das auch mit dem Laufen oder Springen unverheirateter Frauen durchgeführt wird, die alles Unreine aus den Straßen fegen. Im Allgäu und am Rhein war es üblich, an diesem Tag kleine Geschenke zu verteilen, was später jedoch auf den Nikolaustag verschoben wurde.

Alles, was du in den vorangegangenen Leben gelernt und dir erarbeitet hast, darfst du hier aktivieren und an andere weitergeben. Es gibt eine Menge Menschen in deinem näheren Umfeld, die dich und deine geistigen Fähigkeiten brauchen – und es werden noch einige mehr neu dazukommen. Du darfst sie führen und anleiten, sich selbst wieder zu spüren, zu sich selbst zu finden. Von dieser liebevollen Lichtarbeit an deinen Nächsten wird eine Menge zu dir zurückkommen. Mit diesem Namen hast du dir vorgenommen zu helfen, dabei solltest du dich selbst aber nicht vergessen – mach immer wieder Pausen, und gönn dir auch ruhige Tage und Zeiten. Das braucht nicht nur dein Körper, sondern auch Geist und Seele. Deine persönlichen Engel begleiten dich bei diesem positiven Leben.

BEATE
Erzengel Haniel, Engeleigenschaft von Melchisedek
Der Name stammt vom lateinischen Wort *beatus,* das »gesegnet« bzw. »glücklich« bedeutet. Diese Frau ist also »die Gesegnete« bzw. »die Glückliche«.

Die Sonne bringt es an den Tag. Das könnte dein Lebensmotto sein. Du hast die Fähigkeit und auch die notwendige

Kraft in dieses Leben mitgenommen, um »hinter die Fassade zu schauen«. Das bezieht sich auf die Menschen, die dich umgeben, aber auch auf Lebensthemen und Aufgaben. Gerechtigkeit und Fairness sind dir sehr wichtig, und du wirst beides einfordern, aber auch selbst geben. Deine Erwartungen an dich und andere sind groß, deine Ziele sehr hoch gesteckt, und das ist auch vollkommen in Ordnung. Denn du hast alles in dir, um solche Ansprüche auch zu erfüllen und alles umzusetzen, was du dir vorgenommen hast. Wenn du müde bist, schließe die Augen, und ersuche all deine Engel, vor allem Erzengel Haniel und Melchisedek, dir wieder Kraft und Mut zu geben.

BEATRICE (Beatrix)
Erzengel Jophiel, Engeleigenschaft von Barah
Dieser Vorname, der aus dem Okzitanischen stammt, bedeutet im Kern »die Seligmachende«.

In diesem Leben darfst du immer wieder alte Muster und Themen loslassen. Das hast du dir auch als Grundthema vorgenommen. Damit wirst du natürlich oft mit entsprechenden Situationen und Aufgaben konfrontiert. Also nimm die Herausforderungen, die du dir selbst ausgesucht hast, auch freudvoll an. Du brauchst dich aber nicht allein durchzukämpfen, bitte deine persönlichen Engel um ihre Hilfe. Sie zeigen dir, wie du deine Gefühle und die Eigenliebe optimal leben kannst. Du wirst dir deiner Einzigartigkeit bewusst werden und dich selbst annehmen und lieben lernen. Du hast eine Menge Kraft, um immer neue Lebensbereiche zu aktivieren. Lebe deine innere Stärke!

BELINDA (Linda)
Erzengel Raphael, Engeleigenschaft von Haschmalim
Der Wortteil »linda« kommt aus dem Keltischen, *linde,* und bedeutet »sanft« oder »mild«. Im Portugiesischen und im Spanischen bedeutet *lindo* bzw. *linda* »schön«.

Für dieses Leben hast du dir in erster Linie vorgenommen, dich von alten und belastenden Energien zu befreien. Deine Engel sagen dir: Befreie dich von allem, was dir andere an Arbeit, Sorgen und Belastungen aufladen wollen. Atme tief durch, und mach immer wieder etwas, was deine Seele vom Alltagskram löst. Lauf durch den Wald, male, feiere, tanze und so fort – was immer du willst. Du wirst Flügel bekommen und fliegen! Wenn du etwas wirklich haben willst, brauchst du es dir nicht zu erkämpfen und schwer erarbeiten, denn du hast ein unglaubliches Liebes- und Herzpotenzial, das dir alles ermöglicht, wenn du es dir auch erlaubst. Lebe deine Seelenkraft, und schüttle alles von dir ab, was dich daran hindert, glücklich zu sein. Erzengel Raphael und Haschmalim sind immer bei dir.

BENITA
Erzengel Zadkiel, Engeleigenschaft von Kmiel
Dieser Vorname ist von Benediktus bzw. Benedikta abgeleitet und bedeutet »die Gesegnete«.

In diesem Leben werden immer wieder Menschen deinen Weg kreuzen, mit denen du dich schwertust, die eine Prüfung für dich darstellen. Lass deine innersten Gefühle für dich zu, schau sie dir genau an, und schieb sie nicht weg. Denn erst wenn du deine »Schattenseiten« wirklich annehmen und umarmen kannst, wirst du sie lösen können. Werde dir darüber klar, wen du wirklich liebst (vergiss dich selbst dabei nicht). Ersuche Erzengel Zadkiel, Kmiel und deine persönlichen Schutzengel, dir bei diesem anspruchsvollen Programm zu helfen. Jedes Mal, wenn du einen Menschen liebevoll betrachten und ihn wirklich annehmen kannst, bist du einen großen Schritt auf deinem Weg vorangekommen.

BERIT (Berrit)
Erzengel Jophiel, Engeleigenschaft von Turel

Im skandinavischen Sprachraum eine Abwandlung von Brigid mit der Bedeutung »die Erhabene«. Im Hebräischen ein Begriff, der auf den Bund zwischen Gott und Menschen hinweist. (Siehe auch Britta.)

Du hast ein tiefes intuitives seelisches Erkennen in dieses Erdenleben mitgebracht. Du weißt genau, was in deinem Alltag wirklich wichtig und entscheidend für dich ist. Du darfst eine Menge Themen im zwischenmenschlichen Bereich und mit dir selbst klären. Es werden sich nach und nach Schleier auflösen und Wolken verziehen, die sich in deinem Ego gebildet haben. Ganz gleich, in welchem Bereich: Du wirst immer wieder erfolgreich sein, wenn du es schaffst, Kampf und Druck auf dich und andere aufzugeben. Mit Urvertrauen und einer heiteren Gelassenheit fällt dir der Erfolg förmlich zu – es ist alles in dir, was du brauchst. Höre auf deine innere Stimme! Ersuche Erzengel Jophiel, Turel und deinen Schutzengel, dich auf deinem Weg zu begleiten.

BERNADETTE
Erzengel Michael, Engeleigenschaft der Dakini

Dieser französische Vorname ist eine weibliche Verkleinerungsform zum Namen Bernhard und bedeutet »die Kleine, die bärenstark ist«. Die bekannteste Trägerin ist wohl die heilige Bernadette Soubirous von Lourdes.

Was du dir in erster Linie für dieses Leben vorgenommen hast? Dich so anzunehmen, wie du bist. Mit all deinen kleinen Einschränkungen, Eigenheiten und Unvollkommenheiten! Du bist trotz all dem einzigartig – für dich und andere. Der göttliche Funke ist in dir, und damit auch die Liebe und Gnade Gottes. Deine Engel, vor allem der Erzengel Michael und die Dakini, nehmen dich in ihre Arme und hüllen dich in ihre wunderbare Energie. Nimm ihre Hilfe immer wieder als Geschenk an. Sei dir dessen bewusst, dass alles in dir schlummert, was du für deinen Lebensweg brauchst. Lass dich von äußeren Problemen und Blockaden nicht bremsen! Geh unverdrossen, kraftvoll und mutig weiter – mach eines nach dem anderen, du schaffst das!

BETTINA
Erzengel Uriel, Engeleigenschaft von Abel
Eine Kurzform von Elisabeth, vermutlich aus dem Italienischen, die »Gott ist meine Vollkommenheit« bedeuten kann. (Siehe auch unter Elisabeth.)

Dein Grundthema in diesem Leben lautet: Lebe deine Herzenergie. Werde dir dessen bewusst, was du dir wirklich wünschst, und verwirkliche es dann. Auch wenn es mal schwierig aussieht: Du hast dir vorgenommen, erfolgreich und bestimmt deinen Weg zu gehen. Vergiss niemals, dass du ein unglaubliches Kraftpotenzial in dir hast, das aktiviert und gelebt werden will. Erfülle dir einen Herzenswunsch nach dem anderen. Der Erzengel Uriel, Abel und alle deine Schutzengel werden dich ein Stückchen tragen, wenn du müde oder entmutigt bist. Alle Helfer aus dem geistigen Bereich unterstützen dich jeden Tag in diesem Leben. Sie machen das wirklich gern und sind immer für dich da!

BIANCA
Erzengel Uriel, Engeleigenschaft von Suriel
Ein Name, der aus dem Lateinischen stammt und unter anderem »die Weiße«, »die Reine« und »die Strahlende« bedeutet.

Bemühe dich, bewusst und auch liebevoll mit dir selbst umzugehen. Denn das ist ein Grundthema in deinem Leben. Erst wenn es dir mit dir selbst wirklich gut geht, wirst du innerlich »rund« sein und dich wohlfühlen. Vergönne dir etwas Feines, etwas Außergewöhnliches, oder genieße einfach positive Lebensphasen, Menschen und Aufgaben. Auch in schwierigen Zeiten: Tu etwas für dich. Es gibt so viele Möglichkeiten: Du kannst in die Natur gehen, etwas Kreatives machen, in die spirituellen Welten eintauchen … Du wirst das Richtige für dich finden. Deine Seele braucht regelmäßig Nahrung. Gib sie ihr, auch mithilfe von Erzengel Uriel, Suriel und deinem Schutzengel. Deine persönlichen Engel wissen, was dir hilft, innerlich zu wachsen.

BIBIANA
Erzengel Uriel, Engeleigenschaft von Iao
Allem Anschein nach eine Ableitung von Viviane mit der Bedeutung »die Lebhafte«.

Du bist ein schnell entschlossener und entscheidungsfreudiger Mensch. Jedoch solltest du dir für wirklich wichtige Schritte in deinem Leben Zeit nehmen, bevor du dich dann tatsächlich entscheidest. Bleib ruhig, und überstürze nichts, sonst findest du dich in einem kleineren oder größeren Chaos wieder. Leg alles auf Eis, was nicht eindeutig und klar ist, gib dir und anderen ein wenig Zeit und mach dir keinen Druck! Entscheidungen sind gut und wichtig, aber zum passenden Zeitpunkt und wenn du so weit bist. Ein wichtiges Thema in deinem Leben ist die Geduld – übe dich darin! Das ist phasenweise zwar etwas mühsam, wird sich aber auf längere Sicht hin wirklich lohnen. Ersuche all deine persönlichen Engel, dich bei diesem Thema aktiv und verstärkt zu unterstützen!

BIRGIT
Erzengel Uriel, Engeleigenschaft von Hadraniel
Die weibliche Form des skandinavischen Männernamens Birger, anders als man erwarten würde jedoch keine Ableitung von Brigitte. Birgit bedeutet »die Helfende« bzw. »die Schützende«.

Das ganze Leben ist voller Gelegenheiten zum Lieben. Dieses Leben darfst und kannst du in erster Linie dazu nutzen, um partnerschaftliche Angelegenheiten zu ordnen und/oder eine neue Struktur für sie zu finden. Das fängt bei der Partnerschaft mit dir selbst an, kann aber natürlich auch dein Kind, einen Elternteil, einen Freund und andere mehr betreffen. Immer wieder werden die passenden Menschen deinen Weg kreuzen, mit denen du dann auch etwas aufzulösen oder in Ordnung zu bringen hast. Lass dieses Lebensthema zu, schau es dir genau an, und wehr dich nicht dagegen. Je mehr du dich dafür öffnest und es umarmst, umso schneller wirst du damit Erfolge haben. Bitte Erzengel Uriel und Hadraniel, dich voll und ganz zu unterstützen!

BIRTE (Birthe, Birgitta)
Erzengel Jophiel, Engeleigenschaft von Cabriel

Eine Nebenform zu Birgit. Die heilige Birgitta von Schweden (1303–1373) verließ ihr Heimatland, um in Rom als Ordensstifterin zu wirken. Papst Johanns Paul II. erhob sie neben Katharina von Siena und Edith Stein zur Patronin Europas.

Nimm dir immer wieder ein wenig Zeit für dich selbst. Setz dich hin, nimm ein Blatt Papier und einen Stift, und schreib für dich auf, was dich unzufrieden macht und was du ändern willst. Bitte deine persönlichen Engel, vor allem Erzengel Jophiel und Cabriel, darum, dir zu helfen, falsche Kompromisse, alte Themen und längst nicht mehr gute Beziehungen im Laufe der Jahre von dir zu lösen. Sie werden dir die Möglichkeiten und eine Menge Mittel und Wege zeigen, wie du dich optimal befreien kannst. Geh nicht in die Opferrolle, sei es dir wert, dich und deine Wünsche zuzulassen. Vergiss nicht, auf dich, deine Seele und deinen Geist zu achten. Sorge auch gut für deinen Körper, und bemühe dich immer wieder, alle drei Ebenen zu verbinden und in eine ausgewogene Harmonie zu bringen. Du kannst das!

BRENDA
Erzengel Gabriel, Engeleigenschaft von Hermesiel

Dieser Vorname soll schottisch-irischer Herkunft sein und dürfte auf »aus königlichem Geblüt« hinweisen.

Kinder spielen eine wichtige Rolle in deinem derzeitigen Erdenleben. Auch wenn keine eigenen Kinder eingeplant oder möglich sind – nimm dieses Grundthema in deinen Alltag auf. Du brauchst natürlich nicht zum Spielplatz gehen und dich in die Sandkiste setzen. Es reicht, wenn du durch die Straßen gehst und immer mal wieder ein Kind beobachtest. Was siehst du da? Schau genau hin: Wie oft lacht dieses Kind, und wie lacht es? Spürst du die liebevolle und herzliche Energie dieses kleinen Wesens? Nimm auch dein Inneres Kind wieder wahr, denn es will an deinem Leben teilhaben, es will dabei sein. Spaß, Spiel und Heiterkeit sollten dich jeden Tag begleiten – spüre auch die kindliche Leichtigkeit und Liebe deiner Engel!

BRIGITTE (Brigitta, Brigit, Brigid, Bridget und andere Formen)
Erzengel Jophiel, Engeleigenschaft von Muriel

Dieser Name stammt aus dem Keltischen und bezeichnet dort als »Brigid« die Lichtgottheit. Der Name bedeutet »die Göttliche« oder »die Erhabene«. Brigida von Kildare (451–523) ist zur Heiligen Irlands geworden.

Mit diesem Namen möchtest du dich immer selbst spüren – zu deiner ureigenen Energie zurückkehren, dich wiederfinden, deine Seele, deine Gefühle und alles, was du bist! Dein Lebensplan beinhaltet auch, dass du dich voll und ganz annehmen und lieben kannst und willst. Das ist die Voraussetzung, um eine echte Partnerschaft leben zu können, so wie du es dir vorgenommen hast. Viele Bilder und Gefühle begleiten dich, die dir deinen idealen Lebensweg weisen. Lass diese inneren Botschaften zu, sie helfen dir, dich selbst zu finden und ausgewogen zu leben. Ersuche all deine Engel, dir verstärkt Botschaften und Hinweise im Schlaf zu zeigen – notiere dir immer wieder deine Träume!

BRITTA (Brita)
Erzengel Chamuel, Engeleigenschaft von Maria
Eine andere Form von Brigitte, die eine ganz eigene Schwingung trägt.

Deine Engel, vor allem Erzengel Chamuel und Maria, sagen dir für dieses Leben: Achte immer bewusst auf deinen Körper. Höre in ihn hinein. Was sagt er dir? Lebst du wirklich so, dass er sich wohlfühlt und alle Anforderungen, die an ihn täglich gestellt werden, auch erfüllen kann? Was gibt es da an ungesunden Angewohnheiten und kleinen oder größeren Süchten? Was schadet ihm? Kläre für dich, wo du deinem Körper immer wieder helfen kannst. Mach Pausen, bevor du erschöpft und ausgebrannt bist. Wenn kleinere Einschränkungen oder Blockaden auftreten, dann gib ihm die Zeit, die eigenen Abwehr- und Heilungskräfte zu aktivieren. Hilf ihm mit Energiearbeit und Alternativmedizin.

CÄCILIA (Cecilia)
Erzengel Zadkiel, Engeleigenschaft von Samiel
Vermutlich geht der Name auf Angehörige des Geschlechts der Cäcilier zurück. Die heilige Cäcilie aus dem 3. Jahrhundert ist Patronin der Kirchenmusik.

Du hast dir für dieses Leben vorgenommen, immer wieder mit dir selbst und anderen Geduld und Nachsicht zu üben. Vermeide es, harte Urteile über dich selbst zu fällen. Beobachte dich immer wieder bewusst: Wie oft machst du dich gedanklich, gefühlsmäßig oder verbal nieder? Sag jedes Mal, wenn du dich dabei ertappst, zu dir selbst: »Ich liebe mich, ich liebe mich von ganzem Herzen.« Der Erzengel Zadkiel, Samiel und dein persönlicher Schutzengel verstärken diese liebevolle Energie. Jedes Mal, wenn du einem Menschen begegnest, der dir nicht liegt, kannst du ihn in Liebe einhüllen und so akzeptieren, wie er ist. Du schaffst das, wenn du es wirklich von Herzen willst. Bleib dran!

CARMEN
Erzengel Haniel, Engeleigenschaft von Adonai
Im Namen klingt der Berg Karmel an, hebräisch für »Fruchtgarten«, wo zur Zeit der Kreuzzüge das erste Karmeliterkloster gegründet wurde, aber auch ein spanisches Wort für »Lied, Gedicht«.

Immer wieder werden in diesem Leben Themen auftauchen, mit denen du dich schon länger »herumschlagen« musst! Quäle dich nicht, und ersuche all deine persönlichen Engel, dir immer wieder Zeichen oder Hinweise zu schicken. Bitte Erzengel Haniel und Adonai vor dem Einschlafen, mit deiner Seele eine Reise zu machen und sie von Ängsten und Zweifeln zu befreien. Du brauchst dich nicht allein zu plagen, denn du hast immer Hilfe an deiner Seite! Lass sie zu! In dem Moment, in dem du deine Helfer aus dem geistigen Bereich um Unterstützung ersuchst, werden sie an deiner Seite sein und dich aktiver und stärker begleiten. Du hast alles mitgebracht, was du brauchst, um deine Lebensaufgaben erfolgreich zu bewältigen.

CAROLINE (Karoline, Carolyn, Carla)
Erzengel Zadkiel, Engeleigenschaft von Barbiel
Eine latinisierte weibliche Form des altdeutschen Wortes *karal,* aus dem sich Karl entwickelt hat. Der Name bedeutet bei Männern »der Ehemann«, ansonsten aber auch »der bzw. die Freie« oder »der bzw. die Tüchtige«.

Eines Tages musst du ohnehin »springen« – in deine eigene Wahrheit. Also: Tu es jetzt! Dieses Lebensmotto ist für dich sehr wichtig. Denn in deinem Leben tauchen immer wieder sehr anstrengende Arbeitsphasen im Alltag auf. Nimm dir immer wieder Zeit für Entspannung und Ruhepausen. Leg alles weg, lass alles los, was dich beschäftigt, belastet oder irritiert. Du solltest zwischenzeitlich deine Gedanken wie Schmetterlinge durch die Luft fliegen lassen und leichte und unbeschwerte Tage genießen. Dadurch wird sich einiges klären, was sich vorher als Problem gezeigt hat. Entspann dich und lass Träume zu! Geh in die Natur und lass alles Schwierige und Einschränkende in Mutter Erde fließen. Erzengel Zadkiel und Barbiel unterstützen dich gemeinsam.

CHANTAL
Erzengel Uriel, Engeleigenschaft von Abdiel

Ein französischer Name, der nichts mit dem nahe liegenden Wort *chanter,* »singen«, zu tun haben soll. Vielmehr bedeutet er entweder »Berg«, »Mauerstein« oder »Hochebene«. Aber wir finden »singen« passender.

Deine Engel Uriel und Abdiel sagen dir: »Wenn du bereit bist, falsche Wertigkeiten zu vermeiden und die wahren inneren Werte zu leben, dann stehen wir an deiner Seite und reichen dir die Hand. Wir werden dir zeigen, wie du aus vollster Überzeugung ein angemessenes, unwiderrufliches Nein aussprechen und dich zurückziehen kannst. Es macht uns nicht immer Freude und ist bestimmt nicht unproblematisch, dir Hintergründe zu zeigen und den Schleier wegzuziehen. Aber auf längere Sicht hin werden so Blockaden gelöst, und wir können deine Seelenkraft wieder voll und ganz zum Erblühen bringen.« Achte auf die Botschaften deiner Engel, denn mit ihnen kommst du in diesem Leben zu deinem persönlichen inneren Erfolg, und in weiterer Folge zum Sieg über dein Ego. Und genau das hast du dir vorgenommen!

CHARLOTTE (Lotte)
Erzengel Zachariel, Engeleigenschaft von Irin

Auch hier verbirgt sich vermutlich das alte deutsche Wort *karal* (siehe Caroline). Charlotte soll auch mit »das kleine Karlchen« zu übertragen sein – was wir als nicht so passend empfinden.

Werde zum Magneten für alle positiven Kräfte. Erzengel Zachariel und Irin sowie dein Schutzengel haben folgende persönliche Botschaft für dieses Leben an dich: Du solltest hier auf der Erde nicht nur arbeiten, sondern dir auch angenehme Stunden vergönnen. Mach immer nur das, was wirklich wichtig und notwendig ist. Nimm dir Zeit, um auch für dich gut zu sorgen. Vergiss nicht: Mit dir selbst lebst du die engste und stärkste

Partnerschaft! Mach etwas für dich allein, für deinen Körper, deinen Geist und deine Seele. Dann kannst du immer wieder kraftvoll und mit neuen Energien voll und ganz durchstarten. Schließlich hast du dir für dieses Leben so viel vorgenommen. Das wirst du nur schaffen, wenn du dich dabei nicht vergisst und harmonisch lebst.

CHIARA (Kiara)
Erzengel Uriel, Engeleigenschaft von Curaniel
Die italienische Form des Vornamens Klara; aus dem lateinischen Wort *clarus,* »klar«, »leuchtend« oder auch »berühmt«, entstanden.

In diesem Leben wirst du immer wieder mit Themen und Aufgaben zu tun haben, die dich Kraft und Geduld kosten. Das hast du dir auch genau so vorgenommen, denn du willst in jeder Beziehung wachsen und einige Schritte in deiner Entwicklung weitergehen. Wenn wieder solch eine Situation eintritt, kannst du aktiv etwas unternehmen, was dir helfen wird: Stell dir diese Belastung vor deinem geistigen Auge bildlich vor – visualisiere und umarme sie. Schließ die Augen und spüre, wie sich diese Problematik auflöst, lass sie in Liebe davonfließen. Das klingt jetzt vielleicht etwas einfach, aber all deine persönlichen Engel (vor allem Erzengel Uriel und Curaniel) werden neben dir stehen und dich dabei unterstützen! Versuch es: Der Erfolg wird kommen, glaub daran!

CHRISTA (Christel, Christl, Krista)
Erzengel Michael, Engeleigenschaft von Abdia
Vom Wort Christus abgeleitet; unserer Meinung nach jedoch mit einer anderen Schwingung als der Vorname Christiane (siehe dort).

Deine persönliche Engelbotschaft lautet: Du hast dir für dieses Leben vorgenommen, deine Geschicke in die Hand zu

nehmen, immer wieder Neues zu erleben und von vorn anzu-
fangen. Vermeide die Falle der »Opferrolle« – damit schadest
du dir und deiner Seele. Nur du allein hast alles in der Hand,
du erschaffst dir deine Wirklichkeit, sonst niemand. Nach und
nach wird dir bewusst, dass du es verdient hast und es wert bist,
glücklich und zufrieden zu sein und alles zu genießen, was das
Leben für dich bereithält. Dein Schutzengel hilft dir dabei, aus
bisherigen »Frauenfallen« zu schlüpfen und alles zu erschaffen,
was für dich wichtig und passend ist. Glaube an dich und deine
Kraft – an alles Positive, was du hierher auf die Erde mitgenommen hast! Denn das ist viel.

CHRISTIANE (Christina, Christine, Kristin)
Erzengel Zachariel, Engeleigenschaft von Muriel
Weibliche Form von Christian, abgeleitet aus lateinisch und
griechisch *Christus,* in der Bedeutung »christlich«.

Dein Alltag auf der Erde ist anstrengend und fordernd, denn
du hast dir eine Menge aufgebürdet. Natürlich hast du auch alle
Voraussetzungen und Potenziale, um das zu schaffen. Du hast
dir auch genau den passenden Namen dafür ausgesucht. Insbesondere ein Bereich will in diesem Leben unbedingt gelebt werden: Du willst etwas für deine Seele tun – egal, ob es etwas mit
Kunst, Spiritualität oder Natur zu tun hat. Wichtig ist, dass du
dir dafür wirklich ausreichend Zeit nimmst, die nur dir gehört.
Du wirst aus diesen Stunden (oder Tagen) sehr viel Kraft und
Energie auf allen drei Ebenen mitnehmen, du wirst so richtig
damit auftanken können! Bitte all deine persönlichen Engel darum, dir neue Möglichkeiten und Bereiche zu zeigen. Sie sind
immer an deiner Seite!

CINDY (Cinderella, Lucinda, Cynthia)

Erzengel Jophiel, Engeleigenschaft von Machidiel

Im englischen Sprachraum ist Cinderella der Name für Aschenputtel. Ob sich hinter dem Namen eine Ableitung der griechischen Göttin Artemis verbirgt, muss offenbleiben. Bekannte Namensträgerinnen sind das Model Cindy Crawford und die Sängerin Cindy aus dem Duo Cindy und Bert.

Deine persönlichen Engel, also der Erzengel Jophiel, Machidiel und dein Schutzengel, begleiten dich und helfen dir bei deinem Lebensgrundthema: nämlich, geduldig zu sein und immer wieder abzuwarten, nichts zu überstürzen. Meistens willst du alles, und das gleich. Dabei übersiehst du, dass einiges vielleicht noch gar nicht passt und dich auf längere Sicht nicht glücklich machen wird. Hinterfrage deine Pläne und Wünsche ganz genau – nicht alles würde wirklich positiv sein. Wenn du Unmengen von Kraft in ein Projekt stecken musst, damit es auch funktioniert, wird es auf die Dauer nicht wirklich wichtig für dich sein. Überlege genau, was dir wirklich nützt und was du vorerst einmal weglegen solltest. Wenn du das schaffst, liegen einige Geschenke für dich auf dem Weg, die dich freuen werden.

CONSTANZE (Konstanze)

Erzengel Uriel, Engeleigenschaft von Hamaliel

Aus dem Lateinischen; bedeutet »Beständigkeit« und »Festigkeit«.

Was du dir für dieses Leben vorgenommen hast? Zum Beispiel deine Träume zuzulassen und auch zu verwirklichen. Nimm dir Zeit dafür. Was ist dein größter Wunsch in dieser Lebensphase? Es ist noch viel Zeit, um ihn zu verwirklichen. Bitte deine persönlichen Engel, vor allem den Erzengel Uriel und Hamaliel, dir deinen Herzenswunsch zu zeigen und auch Möglichkeiten und erste Schritte, um ihn wahr zu machen. Auch wenn dir das im Moment irreal vorkommt – erlaube es dir, davon zu träumen! Du bist eine starke Frau mit einem unglaublichen Kraftpotenzial in dir. Lass deinen Lebensplan vor deinem geistigen Auge real werden und ersuche deinen Schutzengel, dir dabei zu helfen – einige Schleier und Unklarheiten werden sich auflösen.

CORA
Erzengel Uriel, Engeleigenschaft von Jehuel
Ein eigenständiger Name, der vermutlich auf das griechische Wort *kore*, »Mädchen«, zurückgeht.

Du hast für dieses Leben geplant, immer wieder viele Gefühle in die verschiedensten Partnerschaften fließen zu lassen. Ersuche den Erzengel Uriel und Jehuel, aber auch deinen persönlichen Schutzengel, dir dabei zu helfen, mit dir selbst und anderen Menschen eine positive und starke Gefühlsebene schaffen und spüren zu können. Du wirst immer wieder erkennen, wo und mit wem du toleranter und liebevoller umgehen kannst. Höre auf dein Gefühl und dein Herz, es wird dir einen klaren Hinweis geben. Auch wenn der Alltag seine Anforderungen stellt, phasenweise natürlich auch anstrengend und mühsam ist – halte inne, und umarme dich selbst mit viel Liebe und Gefühl. Das wird dir helfen und deiner Seele guttun! Fange vorerst einmal bei dir an!

CORDULA
Erzengel Haniel, Engeleigenschaft von Dabriel
Entweder nach dem lateinischen Begriff *cordus*, »spät geboren«, gebildet, oder ähnlich wie Corinna eine Verkleinerungsform von *cor*, »Herz«.

In diesem Leben hast du immer wieder die Möglichkeit, deine Seelenfamilie im geistigen Bereich anzurufen. Das hast du dir vorgenommen, denn du hast eine Menge »altes Wissen« hierher mitgebracht. Aktiviere es auch, lass es zu! In einer für dich schwierigen Zeit kannst du alle Seelen, die mit dir verbunden sind, um Unterstützung und Hilfe bitten. Sie stehen bereit und sind sofort an deiner Seite – du wirst die liebevolle und sanfte Energie spüren, sie wird dich durch den Alltag tragen. Es ist nicht wichtig für dich zu wissen, wer genau dir da hilft. Spüre deinen Ursprung und deine Seele – sie wird dir alles zeigen und sagen, was du in dieser Phase brauchst. Lass diese Verbindung zu!

CORINNA
Erzengel Chamuel, Engeleigenschaft von Adonai
Entweder vom griechischen Wort *kore,* »Mädchen«, oder Verkleinerungsform aus dem lateinischen Begriff *cor,* »Herz«, Corinna wäre dann »Herzchen«.

Du hast dir vorgenommen, dein Leben geordnet und gut strukturiert zu leben. Chaos und Unordnung sind nichts für dich. Solltest du dich in einer unruhigen und verwirrenden Lebensphase befinden, dann nimm dir ein wenig Zeit und schreib alles auf, was dir zum Aktuellen so in den Sinn kommt. Was ist positiv? Was ist nicht so toll? Worauf kannst du in Zukunft verzichten? Wo hast du deine Erfolge, was klappt so nicht? Was hast du noch vor und was lässt du definitiv hinter dir? Und was kommt da mit neuen Menschen und Themen auf dich zu? Ersuche all deine persönlichen Engel, dir bei dieser Bestandsaufnahme zu helfen und deine Hand beim Schreiben liebevoll zu führen. Sie machen das sehr gern für dich!

CORNELIA
Erzengel Zadkiel, Engeleigenschaft von Bat Kol
Eine Frau aus dem Stamm der Cornelier. Manchmal auch als »Hornträgerin« gedeutet.

In diesem Leben wird es immer wieder Situationen geben, in denen du dich mit schwierigen Partnerschaften auseinandersetzen musst. Das hast du dir vorgenommen, auch wenn es dir nicht bewusst ist. Wenn du das Gefühl hast, dich in einer eingefahrenen Beziehung zu befinden, dann ersuche den Erzengel Zadikel, Bat Kol und deinen persönlichen Schutzengel, dich davon zu befreien. Das heißt jetzt nicht, dass du gleich alles beenden sollst, sondern vielmehr, dass du einen Impuls bekommen wirst. Er hilft dir, dieses Thema nicht zu schwer zu nehmen, sondern gelassen und heiter zu bleiben. Je mehr du es schaffst, alles los- und fließen zu lassen, umso schneller wird sich diese Blockade lösen. Du wirst wieder Luft bekommen. Vertraue deinen Engeln: Sie zeigen dir einen Ausweg!

COSIMA
Erzengel Michael, Engeleigenschaft von Nabu
Weibliche Ableitung des Namens Cosimo, der eine italienische Form des griechischen Namens Kosmas ist. Dieser wiederum bedeutet »ordentlich«, »sittlich« und manchmal auch »schön«. Du darfst in diesem Leben immer wieder Entscheidungen treffen und diese auch aussprechen bzw. umsetzen. Denn das ist ein Grundthema, das du dir auch so vorgenommen hast. Geh immer wieder nach Impulsen und Zeichen, die du sehen, hören oder spüren wirst. Und: Ein glücklicher Neubeginn ist immer wieder vorgesehen und möglich, denn du darfst in diesem Leben alles ausprobieren, was dir wichtig erscheint und Spaß macht. Also hüpfe in deinen Alltag – er ist spannender, als du bisher glaubtest. Alle Engel an deiner Seite – vor allem der Erzengel Michael und Nabu – halten die Hand über dich, damit dir auch alles gelingt, was du so anpackst. Entscheide dich immer wieder neu für alles, was du brauchst und noch verwirklichen willst!

DAGMAR (Abkürzung Dagi)
Erzengel Chamuel, Engeleigenschaft von Cahetel

Dieser Vorname ist bzw. war besonders in Dänemark beliebt, nach der heilgesprochenen dänischen Königin Dagmar (1186–1212), die eine böhmische Prinzessin war. Deshalb nehmen manche an, dass der Name eine Form von Dagomira sei. Eine dänische Namensdeutung findet die Begriffe »Tagesjungfrau« und »Morgenrot« im Namen.

Deine persönlichen Engel sind neben dir, wenn du dein »altes Wissen« (alles, was du aus den vorigen Leben gelernt und in das jetzige mitgenommen hast) aktivieren willst. Sie zeigen dir Methoden, wie du diese alte Weisheit, die in dir ist, nutzen und leben kannst. Du darfst und kannst immer wieder deine Seelenenergie aktivieren – vor allem in den frühen Abendstunden. Das wird dir helfen, die Schritte auf deinem Lebensweg zu machen, die du dir vorgenommen hast. Nutze deine Intuition und deine Seelenkraft, denn mit ihnen wirst du alle Aufgaben und Blockaden lösen können. Glaube an Visionen und Wunder wie ein Kind, denn das ist die Voraussetzung, damit sich diese auch verwirklichen.

DANIELA
Erzengel Gabriel, Engeleigenschaft von Teiael

Aus dem Aramäischen bzw. Hebräischen mit der Bedeutung »Gott ist mein Richter« oder »Gott sei mein Richter«.

Du hast dir für dieses Leben vorgenommen, in erster Linie deinen inneren und äußeren Horizont in jeder Beziehung zu erweitern. Alle deine Engel, vor allem der Erzengel Gabriel und Teiael, helfen dir dabei und zeigen dir, wie du wieder zu deiner Intuition, deiner inneren Stimme finden und auf sie hören kannst. Du lernst, sensitiv und einfühlsam zu sein – in Bezug auf dich und in weiterer Folge auch auf jeden anderen Menschen, der dich begleitet. Du hast zudem verstärkt die Karma-Engel an deiner Seite. Mit ihrer Hilfe darfst du immer wieder einen Blick auf deine Pläne und Ziele und alle anstehenden Themen werfen. Dadurch wird dir klar, was du abschließen und hinter dir lassen willst. Tu es!

DAPHNE
Erzengel Michael, Engeleigenschaft von Daniel
Es gibt eine griechische Nymphe und jungfräuliche Jägerin dieses Namens. Der Sonnengott Apollo verliebte sich in sie, doch ein Pfeil des Liebesgottes Eros machte sie für seine Liebe unempfänglich. Um seinem Drängen zu entgehen, wurde sie auf ihren eigenen Wunsch in einen Lorbeerbaum verwandelt; *daphne,* »Lorbeerbaum«.

Deine Grundthemen in diesem Leben sind Harmonie und Liebe. Du hast dir zu lernen vorgenommen, wie du dir und anderen immer wieder ein liebevolles und harmonisches Umfeld schaffen kannst, ohne dich dabei selbst aufzugeben oder alles auf deine Kosten »zu harmonisieren«. All deine Engel unterstützen dich dabei. Du erkennst immer gleich, wo nur oberflächlich ausgeglichen und Unschönes zugedeckt wird (um des lieben Friedens willen) und wo wirklich echte Ausgewogenheit und Zufriedenheit vorhanden sind. Dein Ziel ist es überdies, innerlich wirklich ausgewogen und ausgeglichen zu sein, die Voraussetzung, um auch im Außen harmonisch leben zu können. Seele und Geist wollen gelebt werden. Auch die Kunst ist ein hilfreiches Element, mit dem du deine Ziele erreichen kannst. Du schaffst es, lass dich nicht entmutigen!

DENISE (Deniz)

Erzengel Jophiel, Engeleigenschaft von Urim

Aus dem Französischen; soll sich vom Namen des griechischen Gottes Dionysos ableiten, der für Freuden, Wein, Tanz und Ekstase zuständig war. Der türkische Vorname Deniz bedeutet »weites, offenes Meer«.

Deine Absicht für dieses Leben war, immer wieder glückliche und unbeschwerte Stunden zu erleben. Es hilft dir, wenn du auf diesem Weg negative Meldungen, Menschen, Themen und Bereiche wo möglich vermeidest. Negativ ist auch ein übertriebener Umgang mit den Massenmedien, zu viele Reisen und extreme Aktivitäten. Schenke dir stattdessen als Pause einen langen Spaziergang in der Natur oder einen Kuscheltag im Bett. Erlaube dir nur fröhliche und unbelastete Gedanken und Gefühle. Arbeite daran, und übe täglich, in Liebe zu fühlen, zu denken, zu reden und zu handeln. Das klingt natürlich sehr schwer, aber mithilfe deiner persönlichen Engel wirst du Schritt für Schritt auf diesem Weg weitergehen können!

DIANA (und andere Schreibweisen)

Erzengel Raphael, Engeleigenschaft von Abuliel

So heißt die römische Göttin der Jagd und des Mondes, die bisweilen auch als »Erdmutter« betrachtet wird. Wörtlich bedeutet der Name »die wie das Licht glänzt«.

Für dieses Leben hast du dir als wichtiges Thema gestellt, immer wieder die verschiedensten Bereiche zu ordnen. Das wird in deinem Wohnbereich, aber auch auf deiner Seelenebene der Fall sein. Deine Engel, vor allem der Erzengel Raphael und Abuliel, sind natürlich immer neben dir und werden dir auch helfen, ganz klar zu spüren, was du brauchst und was nicht.

Sprich es ruhig aus, oder schreib alles auf, was für dich Bedeutung hat und was du hingegen weglegen kannst. Nimm immer wieder eine äußere und innere Entrümpelung vor. Danach wirst du dich befreit und leicht fühlen. Du brauchst dieses Gefühl, um das nächste Thema in Angriff nehmen zu können oder in die nächste Lebensphase zu gehen. Sei mutig und befreie dich!

DIETLINDE
Erzengel Jophiel, Engeleigenschaft von Nachiel
In diesem alten deutschen Namen sind die Begriffe für »Volk« und für »Linde« bzw. für ein Lindenholzschild enthalten. Aus »Theudelinde« abgeleitet mit der Bedeutung, »die das Volk mit dem Schilde schützt«.

In diesem Leben möchtest und sollst du alles geduldig und in kleinen Schritten erledigen. Also, immer mit der Ruhe – nimm dir auch ausreichend Zeit für deine Aufgaben und Ziele. Der Erzengel Jophiel und Nachiel, aber auch dein Schutzengel, helfen dir, wahre innere Harmonie und beständiges Glück zu erreichen. Denn du bist nicht der Typ für Strohfeuer oder extreme Höhenflüge, und das ist auch gut so – denn so ersparst du dir den vorprogrammierten tiefen Fall. Lebe und genieße die Glücksmomente, die dir das Leben hier auf der Erde immer wieder bietet, und arbeite daran, eine tiefe innere Harmonie und Zufriedenheit zu erreichen. Immer wieder werden dir Menschen begegnen, die dich auf diesem Weg gern begleiten.

DITTE (Dette, Deta)
Erzengel Jophiel, Engeleigenschaft von Cassiel
Eine dänische Koseform der Namen Edith und Dorothea.
Du hast dir für dieses Leben vor allem anderen vorgenommen, Gerechtigkeit zu leben. Das ist dein Hauptthema, Gerechtigkeit für dich einzufordern und auch anderen zu helfen, sie zu bekommen. Vorverurteilungen, Wertungen und Ungerechtigkei-

ten wirst du sofort erkennen, du wirst aber auch oftmals damit konfrontiert sein und auch alles in der Hand haben, um aktiv zu werden und zu unternehmen. Das ist nicht immer leicht, aber du wirst von Fall zu Fall stärker. Du kämpfst hier natürlich nicht allein – Erzengel Jophiel, Cassiel und dein persönlicher Schutzengel stehen dir zur Seite, denn sie sind für all deine Aufgaben und vor allem für dich zuständig. Also: Bitte sie um Hilfe und Unterstützung, dann wird alles schneller und leichter fließen. Die Gerechtigkeit siegt!

DOMINIQUE
Erzengel Michael, Engeleigenschaft von Anael
Abgeleitet aus einem lateinischen Begriff, der »dem Herrn zugehörig« bedeutet. Bei den Römern war das auf einen speziellen Gott gemünzt, bei Christen später auf Jesus Christus.

Kein Moment ist zu kurz, um Kontakt mit deinen Engeln aufzunehmen. Du hast dir eine Menge für dieses Leben vorgenommen, es birgt eine Unzahl von Aufgaben. Dein persönlicher Schutzengel sagt dir: Alles, was du sorgfältig und genau vorbereitest, kommt auch gut in Schwung. Dann darfst du dich wieder ein wenig zurücklehnen und durchatmen. Es ist nicht notwendig, dass du glaubst, dich plagen, dir etwas erkämpfen zu müssen. Lass los – ein mühsames Thema wird sich wie von selbst zum Guten wenden. Ersuche auch Erzengel Michael und Anael um Hilfe, sie sind an deiner Seite! Bei allen Programmen und Vorhaben werden sie dich aktiv unterstützen. So steht einer Verwirklichung nichts im Wege. Geh unbeirrt und mutig weiter auf deinem Weg!

DONATA
Erzengel Uriel, Engeleigenschaft von Verchiel
»Die von Gott Geschenkte« ist die Übertragung des ursprünglich lateinischen Namens.

Ein wichtiges Thema in deinem Leben ist Geld und Besitz. Ersuche all deine Engel, dir zu helfen. Sie werden dir zeigen, wie du dein Geld ideal fließen lassen und den für dich passenden Wohlstand erreichen kannst. Mach den ersten Schritt, indem du dir und anderen nur das Beste wünschst. Mach Geld nicht zu Inhalt und Basis im Leben, aber vergönne dir, genug davon zu haben. Das ist natürlich eine schwierige Gratwanderung, aber du hast für dieses Thema ausreichend Hintergrundwissen und Seelenkraft mitgenommen, um es auch erfolgreich lösen zu können. Je mehr Urvertrauen du spüren und leben kannst, umso schneller wird sich dein materieller Wohlstand entwickeln können.

DOROTHEA (Doris, Dora)
Erzengel Haniel, Engeleigenschaft von Cosmiel
Auch hier erkennen wir die griechischen Worte für »Geschenk Gottes«, die auch im Namen Theodora auftauchen.

Immer wieder wirst du dich mit Verdruss in einer Partnerschaft konfrontieren müssen, denn das ist ein Kernthema in diesem Leben. Erzengel Haniel und Cosmiel helfen dir, Ärgernisse und Belastungen zu lösen und die notwendigen Qualitäten von Geduld und Langmut in jeder Partnerschaft zu leben. Sie helfen dir auch dabei, alle noch belastenden Energien von »toten« Partnerschaften zu lösen und dich für passende neue zu öffnen. Du hast alle Hilfen um dich, wenn du dieses anspruchsvolle Programm in Angriff nimmst. Denn mit jeder neuen Partnerschaft – auch mit dir selbst, deinen Eltern, Kindern und anderen lernst du etwas und gehst somit einen Schritt weiter – bis diese Aufgabe erfüllt ist.

DÖRTE (Dorte)

Erzengel Zadkiel, Engeleigenschaft von Baliel

Eine niederdeutsche und dänische Form des Namens Dorothea.

All deine Engel sind an deiner Seite und zeigen dir, was du dir an Aufgaben für dieses Leben vorgenommen hast. Und es ist eine Menge, was du dir da ausgesucht hast! Doch Beständigkeit und Beharrlichkeit zeichnen dich aus – du gibst nicht so leicht auf! Erzengel Zadkiel und Baliel senden dir immer wieder Hinweise und Zeichen und ermöglichen dir neue karmische Begegnungen. Du erlebst Treffen mit für dich wichtigen Menschen stets zum passenden Zeitpunkt. Deine Engel sind immer neben dir, auch bei deiner Arbeit und in deinem Heim. Du darfst sie jederzeit um Unterstützung bitten. Sie sind sofort zur Stelle! Nimm ihre Hilfe an, denn du musst nicht alles allein machen. Sie gehen an deiner Seite.

DUNJA

Erzengel Zadkiel, Engeleigenschaft von Hasiel

Auf vielen Umwegen aus dem griechischen Wort *eudokia* entstanden, das »Wohlgefallen«, »Gnade« oder »Wunsch« bedeutet.

Du hast dir sehr viel für dieses Leben vorgenommen, zum Beispiel mit einigen Themen wirklich abzuschließen und sie hinter dir zu lassen. Solltest du ab und zu an deine Grenze gehen, dann kannst du Erzengel Zadkiel und Hasiel und natürlich auch deinen persönlichen Schutzengel um aktive Hilfe bitten. Denn sie haben dir die Kraft und die Geduld gegeben, bereits bis hierher auf deinem Weg zu kommen. Ab und an ist es aber an der Zeit, die Richtung zu ändern: Du kannst und darfst einen neuen Weg einschlagen. Lass Bewegung und Leichtigkeit zu. Du weißt genau, wann du weitermachen und wann du pausieren solltest, damit du dich zwischenzeitlich auch wieder regenerieren und erholen kannst. Vertraue dir und deinen Helfern.

EDITH (Edita)
Erzengel Michael, Engeleigenschaft von Samiel
Aus dem altenglischen Namen *Eadgyth* entstanden, in dem die Worte für »reich« und »gesegnet« sowie »Kampf«, »Auseinandersetzung« stehen. Vielleicht also »die Kämpferin um Besitz« oder auch »die Beschützerin des Erbes«. Bekannte Namensträgerinnen waren die französische Sängerin Edith Piaf und die heiliggesprochene Edith Stein.

Du hast dir in diesem Leben das Thema Geld vorgenommen. Ist Geld sehr wichtig für dich? Oder siehst du es als etwas Negatives? Deine persönlichen Engel, vor allem Erzengel Michael und Samiel, helfen dir, einen freudvollen Zugang zu deinen Finanzen zu finden. Nach und nach schaffst du es, diesbezüglich die Eigenliebe zu leben. Schenk dir immer wieder einmal etwas, mach dir selbst eine Freude und vergönn sie dir von Herzen. Das ist der erste Schritt in deinen neuen Wohlstand. Wenn du dich zu sehr einschränkst, lebst du gegen die Eigenliebe und schadest dir. Erst wenn du dir gegenüber großzügig sein kannst, wirst du den Wohlstand erlangen, den du dir vorgenommen hast.

EFFI
Erzengel Uriel, Engeleigenschaft von Maria
Der Name wurde vor allem durch Theodor Fontanes (1819–1898) Gesellschaftsroman »Effi Briest« bekannt. Er ist eine Form von Elfriede; zur Bedeutung siehe dort.

Sei selbst ein Bote der Freude und des Glücks. Auch wenn es nicht immer so aussieht und sich auch nicht so anfühlt: Das ist trotz allem ein wunderbares Leben! Denn jetzt und in jedem Moment hast du immer von Neuem die Gelegenheit, einen Menschen in deinem Umfeld, mit dem du vielleicht Probleme hast, so anzunehmen, wie er ist. Bitte all deine persönlichen Engel, vor allem Erzengel Uriel und Maria, um Hilfe. Dann wirst du bald allen Menschen, die dir begegnen, mit all ihren Eigenheiten und Unzulänglichkeiten akzeptieren können. Geh auf sie zu und reich ihnen die Hand. Sei zuversichtlich: Es wird dir gelingen! Du bist eine wunderbare Seele, die in diesem Leben Liebe geben und annehmen darf!

EIKE
Erzengel Uriel, Engeleigenschaft von Israfael
Meistens eigentlich ein männlicher Vorname, der jedoch im friesischen und niederdeutschen Sprachraum bisweilen auch für Mädchen Verwendung findet. Kurz- oder Koseform von Namen wie Eckehart; darin sind alte Worte für »Spitze« und »Klinge« enthalten.

»Reden ist Silber, Schweigen ist Gold.« Dieser Spruch passt sehr gut für dein derzeitiges Leben auf der Erde. Auch wenn immer wieder nicht so positive Reaktionen vom Umfeld auf dich und deine Person erfolgen: Es geht dir mit dir selbst trotzdem gut. Lass dich nicht verunsichern oder provozieren. Bemühe dich, trotz allem positiv zu reagieren – auch in Gedanken. Bevor du etwas aussprichst, überlege dir gut, ob es auch wirklich das ist, was du sagen willst. Begib dich nicht auf die Ebene von Menschen, die eine Prüfung für dich darstellen! Bitte all deine Engel, dass sie dir helfen, mit dir und allen anderen würde- und achtungsvoll umzugehen. Das ist es, was dich auf Dauer wirklich weiterbringt!

ELEONORA (Eleonore, Leonore, Nora)

Erzengel Michael, Engeleigenschaft von Derdekea

Keine gesicherte Ableitung; eine Variante ist »Gott ist mein Licht« (arabisch: *Allahu noori*). Der Name taucht gesichert erstmals bei Herzogin Aliénor von Aquitanien auf, deren Name dann in England zu Eleanor wurde. Sie war Königin von Frankreich (1137–1152) und später auch Königin von England (1154–1189).

Auch wenn dir das gar nicht bewusst ist – ein Lebensthema von dir ist der sich immer wieder einstellende Neubeginn. Wahrscheinlich ist es gerade das, was du so gar nicht magst, es lässt sich aber nicht vermeiden, denn ihn hast du dir ja vorgenommen für dieses Leben. An jedem Tag kannst du dir Gedanken über einen Neubeginn machen! Bitte deine Engel, vor allem den Erzengel Michael und Derdekea, dir dabei zu helfen, denn alles, was du frisch und mit viel Energie beginnen darfst, ist ein Geschenk. Lehn dich zurück und mach die Augen zu: Erkenne klar, wie und wann du etwas Spezielles erreichen oder haben willst. Bleib offen für die neuen Chancen, Menschen und Themen, die dich auf deinem Weg erwarten und sich dir zeigen wollen.

ELFRIEDE (Elfie, Elfi)

Erzengel Chamuel, Engeleigenschaft von Orifiel

Die deutsche Form des alten englischen Vornamens Elfreda, in dem ein Begriff für Elfe bzw. Naturgeist enthalten ist sowie ein Wort für Kraft bzw. Stärke. Eine andere Ableitung meint, in diesem Namen das altdeutsche Wort *fridu,* »Friede«, »Schutz«, zu entdecken.

Du hast dir für dieses Leben sicherlich nicht vorgenommen, es mit Faulenzen auf dem Sofa zu verbringen. Denn du hast eine Menge Energie und Potenzial hierher mitgenommen. Das willst du leben und deinen Alltag mit Aktivitäten füllen. Alles, was du mit Zuversicht und Freude anpackst, wird dir auf längere Sicht hin auch gelingen. Impulse und Hinweise werden auftauchen, um dich zu deinen Wünschen, Plänen und Themen zu führen, dich auf sie aufmerksam zu machen. Bleib in Bewegung – auch geistig und seelisch. Ersuche deinen Erzengel Chamuel und Orifiel sowie deinen persönlichen Schutzengel, dir bei diesem Programm zu helfen.

ELKE
Erzengel Zadkiel, Engeleigenschaft von Och
Eine friesische bzw. niederdeutsche Form von Adelheid bzw. Adalheid (siehe dort) und als eigener Name schon sehr lange und weit verbreitet. Da der Name jedoch eine ganz eigene Schwingung besitzt, wird er gesondert aufgeführt.

Für dieses Leben hast du als Grundthema die Gesundheit gewählt. Das ist natürlich mit Prüfungen und Einschränkungen verbunden, die sich auf deinem Weg zeigen werden. Lass dich nicht entmutigen und bitte all deine Engel, dir zu zeigen, wie du diese Steine am besten und schnellsten aus dem Weg räumen kannst. Meistens sieht das zunächst ärger und schwerer aus, als es dann tatsächlich ist. Also lass dich vom »Außen« nicht täuschen, in deinem Inneren (also auf deiner Seelenebene) weißt du ganz genau, wie du Körper, Geist und Seele in gesunder Balance hältst und wie du deine Selbstheilungskräfte auf allen drei Ebenen aktivieren und nutzen kannst. Und: Von Jahr zu Jahr wird es besser!

ELIANE (Liane, Eliette)
Erzengel Gabriel, Engeleigenschaft von Nathanael
Lateinische weibliche Form des männlichen Vornamens Elias, der im Hebräischen »Mein Gott ist Jahwe« bedeutet.

Für dieses Leben hast du dir in erster Linie vorgenommen, dir eine Menge Wünsche zu erfüllen, aber auch einige Themen zum endgültigen Abschluss zu bringen. Alles, was du dir von Herzen wünschst, wird sich auch erfüllen, du hast die Erfüllung all deiner Pläne und Träume in der Hand. Dein persönlicher Schutzengel lehrt dich, wie du alte und vergangene Themen und Aufgaben vollenden und hinter dir lassen kannst. Er macht dir klar, was schon erledigt ist und was noch zu tun ist. Durch ihn kannst du Prioritäten in jedem Lebensbereich setzen, die Voraussetzung für eine klare Struktur in deinem Alltag sind. Nur so kannst du deine neuen Pläne und Ziele in Angriff nehmen.

ELISABETH (Elise, Elisa, Elsa, Elli, Ella, Sissi, Sissy)
Erzengel Sandalphon, Engeleigenschaft von Neriah
Die Mutter von Johannes dem Täufer hieß so. Der hebräische Name bedeutet »Gott hat geschworen«. Die heilige Elisabeth von Thüringen bzw. Elisabeth von Ungarn (1207–1231) weihte ihr Leben nach dem Tod ihres Mannes, des Landgrafen von Thüringen, ganz der sozialen und karitativen Arbeit.

Das wichtigste Thema in diesem Leben ist für dich die Natur. Natürlich gilt das auch, wenn du in der Stadt wohnst. Das klingt jetzt vielleicht ein wenig zu einfach, aber dein Schutzengel sagt dir: Geh hinaus in den Park, in den Wald, auf eine Wiese oder in deinen Garten. Lass dich nicht vom Wetter abhalten. Spüre alle Naturgeister und Engel, die dich umgeben, und nimm ihre Energie mit. Schließe die Augen, du wirst förmlich spüren, wie dich diese helle und liebevolle Energie innerlich vollkommen ausfüllt. Du brauchst Mutter Natur mit allen vier Elementen, um dich immer wieder neu aufzuladen und deine ureigenen Kräfte zu aktivieren. Pflege den Kontakt mit Pflanzen und Tieren und intensiviere ihn immer mehr. Das hilft dir.

ELVIRA
Erzengel Uriel, Engeleigenschaft von Dabriel
Ein Name aus dem Gotischen bzw. Spanischen, der wohl »die alles bewahrt« bedeutet, und sich, wie manche meinen, von Alwara zu Elvira gewandelt hat.

Auch im Schmerz kann eine Botschaft der Engel verborgen sein: nämlich der Aufruf, sich zu wandeln. Immer wieder wird es in diesem Leben für dich drunter und drüber gehen, einmal auf und einmal ab. Das löst sich aber im Laufe der Zeit auf, wenn du es schaffst, dich mithilfe deiner Engel innerlich zu befreien. Je gelassener du diese Turbulenzen siehst und je besser du damit umgehen kannst, desto schneller werden sich die Schwierigkeiten auflösen. Bleib zuversichtlich und heiter – egal, wie chaotisch es rund um dich her zugeht. Bleib in deiner Mitte und zentriert, das ist es, was du in diesem Leben vor allem lernen willst. Auf längere Sicht hin wirst du eine innere Heiterkeit und Ausgewogenheit spüren und leben dürfen.

EMMA (Emmi und andere Formen; auch Hemma)
Erzengel Jophiel, Engeleigenschaft von Gasardiel

Ein alter deutscher Vorname, der nicht von Emmanuelle oder Manuela abgeleitet wurde; eine Tochter Karls des Großen hieß so. Der ursprünglich germanische Wortstamm enthält die Bedeutung »allumfassend«.

Öffne dein Herz, damit du ernten darfst, was lange reifte. Eine Menge Engel sind an deiner Seite, denn du hast dir für dieses Leben eine wunderbare Aufgabe vorgenommen: nämlich anderen zu helfen. Mit deiner Fröhlichkeit und deinem Optimismus tust du dich in dieser Beziehung auch gar nicht schwer. Jedoch solltest du lernen zu unterscheiden, wer dich wirklich braucht und wer dich nur ausnutzt. Lass dich energetisch nicht aussaugen, sondern teile dir deine Kraft, Hilfe und Zuwendung gut ein und achte darauf, dass auch für dich selbst noch etwas bleibt. Du weißt: Alles Gute, was du aussendest, kehrt hundertfach zu dir zurück! Du kannst es jedoch nur aussenden, wenn du auch ein gewisses Grundpotenzial an Kraft hast. Bleib dran!

ERIKA
Erzengel Sandalphon, Engeleigenschaft von Abuliel

Weibliche Form von Erik bzw. Erich; bedeutet »die Ehrenreiche« und »die nach dem Gesetz Herrschende«. Bekanntlich auch die botanische Bezeichnung für Heidepflanzen, die jedoch keine Verbindung zum weiblichen Vornamen hat.

Du hast in erster Linie für dieses Leben eingeplant, die Energie des »reinen Herzens« zu aktivieren und zu nutzen. Das klingt vielleicht etwas seltsam, ist aber definitiv dein Programm, es liegt auf deinem Weg. Schau dich immer wieder um: Vielleicht lächelt dir ein Kind zu, oder du siehst in den Augen eines alten Menschen Klarheit und Verstehen? Du wirst den für dich passenden Hinweis bekommen. Öffne dich für den göttlichen Ursprung tief in dir, für deine reine und klare Herzenergie – und lebe sie! Lass dein Inneres Kind an deiner Seite mit dir gehen. Seine liebevolle Begleitung mit Urvertrauen und Fröhlichkeit wird dir helfen, einige gute Schritte auf deinem Lebensweg weiterzukommen.

ERNA
Erzengel Uriel, Engeleigenschaft von Nathanael

Kurzform von Ernestine, dem weiblichen Pendant zum Namen Ernst. Aus dem Althochdeutschen mit der Bedeutung »Ernst« und »Entschlossenheit im Kampf«. Seit im Hamburger Raum »Klein-Erna-Witze« aufkamen, wurde er nicht mehr oft verwendet.

Was du dir in diesem Leben vorgenommen hast? Sicherlich nicht einen Dauerkampf – weder mit dir noch mit anderen Menschen, Themen oder Herausforderungen. Ersuche den Erzengel Uriel und Nathanael sowie deinen persönlichen Schutzengel, dir zu helfen, das Leben als ein Abenteuer zu sehen. Schau dir die einzelnen Tage wie einen Film an, löse dich mental und emotional immer wieder aus dem Hamsterrad heraus, klinke dich aus, wenn es heftig wird. Wenn du morgens aufstehst, dann nimm dir vor, den Tag spielerisch und heiter zu verbringen und nicht im mühsamen Einerlei. Lass dich nicht entmutigen, und lebe deine innere Kraft, die du hierher mitgenommen hast. Lerne zu spielen und zu lachen – das ist ganz wichtig für dich!

ESTHER
Erzengel Chamuel, Engeleigenschaft von Baruch
Ein Name aus dem alten Persien mit der Bedeutung »die Leuchtende« bzw. »die Sternenträgerin«. Es gibt ein Buch Esther im Alten Testament, das beschreibt, wie diese »Vorläuferin einer Maria« das Volk Israel vor der Vernichtung bewahrt haben soll.

Vor allem und als Erstes hast du dir für dieses Leben vorgenommen, körperlich, geistig und seelisch zu gesunden bzw. deine Gesundheit auf allen drei Ebenen zu bewahren. Immer wieder hast du die Chance, zu einem wahrhaften und ethisch sauberen Umgang mit dir selbst und deinem Umfeld, mit Menschen, Tieren, der Natur, zurückzukommen. Alle deine Engel zeigen dir, wie du dich mit Verantwortung und Liebe dir selbst und allen Lebewesen gegenüber verhalten und dir und anderen jederzeit in die Augen schauen kannst. Auf Dauer schaffst du es, über jeder Schein- und Doppelmoral zu stehen und jegliches Taktieren, Manipulieren und Betrügen zu entlarven. Ein anspruchsvolles, aber sehr interessantes Lebensprogramm hast du dir ausgesucht!

EUGENIA
Erzengel Haniel, Engeleigenschaft von Paschar
Weibliche Form von Eugen; aus dem Griechischen. Der Name bedeutet »von edler Abstammung« (die Vorsilbe *eu*, »gut«, und unser Wort »Genetik«).

Als Ziel in diesem Leben hast du dir vorgenommen, Ruhe und Ausdauer zu verinnerlichen und auch auszustrahlen. Erzengel Haniel und Paschar sind an deiner Seite und nehmen dich an der Hand, wenn du flüchten willst: vor langwierigen und »nervigen« Beziehungen, Aufgaben und Themen. Dein persönlicher Schutzengel zeigt dir, wie du dich auch darin entspannen und – egal, wie belastet du bist – diese Zeit als Gewinn sehen darfst. Als Hilfe dafür hast du eine Menge Geduld und langen Atem mitgebracht, viel Kraft und die Gewissheit, dass du alles schaffst, wenn du es wirklich von Herzen willst. Nach und nach lernst du, falschen (unnötigen) Verdruss loszulassen und mehr die weibliche Seite, das Gefühl zu leben. Du bist eine schöne Seele!

EVA (Evi, Eveline, Evelyne, Ewa und andere Formen)
Erzengel Metatron, Engeleigenschaft von Jehudiel
Natürlich die biblische »Urmutter« aller Menschen, gerade deshalb überrascht, dass die Bedeutung des Namens unklar ist. Einige Angebote dazu sind: ägyptisch *hewa;* »Verführerin«; hebräisch *hawwah;* »die Leben Schenkende« bzw. »die Mutter der Erde«; persisch *eva,* »die alles Umfassende«. Da die biblische Eva als vermeintlich erste Sünderin gilt, war ihr Name lange Zeit nicht sehr populär, mit der Aufklärung hat sich das geändert.

Du hast dir den Namen mit der stärksten weiblichen Energie ausgesucht. Lebe diese auch und integriere die »Urfrau« in dir immer wieder. Dies vor allem, wenn du eine Lebensphase hast, die du als schwierig und belastend empfindest. Lass Gefühl und Liebe, vor allem aber deine Intuition zu. Höre auf deinen »Bauch« und tu alles, was du in Angriff nimmst, aus vollstem Herzen und mit Hingabe. Setze Prioritäten und konzentriere dich auf entscheidende Themen und Lebensbereiche. Vergiss dabei das Spielen nicht – Heiterkeit und Lächeln, Sonne und

Freude sollten viel Platz in deinem Alltag haben. Denn du hast dir für dieses Leben in erster Linie vorgenommen, Weiblichkeit und Liebe zu leben. All deine persönlichen Engel sind an deiner Seite, verstärkt auch Erzengel Metatron und Jehudiel.

FABIA (Fabiana, Fabienne)
Erzengel Uriel, Engeleigenschaft von Iao
Ein Name aus dem Italienischen, der Menschen bezeichnet, die dem Patriziergeschlecht der Fabier zugehörten, im 5. und 4. Jahrhundert v. Chr. eine führende Familie Roms.

Du hast dir für dieses Erdenleben als Aufgabe gestellt, deine eigenen Themen, Vorhaben und Angelegenheiten zu erledigen. Sei also achtsam, und lass dich von deinen Mitmenschen nicht vereinnahmen – du bist nicht verpflichtet, deren Erwartungen und Wünsche zu erfüllen. Grenze dich ab – dein Schutzengel wird dir dabei helfen. Achte auf dich und lebe einen »gesunden Egoismus«. Funktioniere nicht nach den Vorstellungen anderer! Das würde dir ohnehin niemand danken, im Gegenteil. Viele Bereiche warten auf dich, die noch von dir in Angriff genommen werden wollen, also teil dir deine Kräfte gut ein. Doch keine Sorge: Du hast eine Menge davon mitgebracht. Deine Engel sind an deiner Seite und helfen dir!

FANNI (Fanny)
Erzengel Gabriel, Engeleigenschaft von Domiel
Kurzform des englischen Namens Frances bzw. süddeutsche Form von Franziska. Darin ist auch die alte Bedeutung von *frank,* »frei«, enthalten.

Immer wieder wird es in deinem Alltag unausgewogene und belastende Phasen geben. Lass dich davon nicht entmutigen und niederdrücken. Nimm dir ein wenig Zeit, setz dich hin, komm innerlich zur Ruhe und bitte Erzengel Gabriel und Domiel, dir den nächsten Schritt auf deinem Weg zu zeigen. Sie werden dir im Laufe der Zeit und immer wieder neue Menschen und Themen zeigen, die dir neue Hoffnung und Lebensfreude ermöglichen. Nutze die positiven Chancen des Lebens und motiviere dich in diese Richtung – pole negative Ansätze in Zuversicht um. Du hast alles hierher mitgebracht, um das auch zu schaffen. Und du hast alle Hilfen an deiner Seite. Dein Schutzengel ist bei dir.

FELICITAS (Fay, Fee)
Erzengel Sandalphon, Engeleigenschaft von Barachiel
Vom lateinischen *felix* abgeleitet, mit der Bedeutung »Glück«, »Fruchtbarkeit«, »Seligkeit«.

In diesem Leben wird es für dich immer wieder Situationen geben, in denen du durch andere Menschen, insbesondere durch harte oder ungerechte Worte verletzt wirst. Das empfindest du natürlich zu Recht als deprimierend und negativ. Du hast dir aber als Thema Nummer eins vorgenommen, damit umgehen zu lernen und dieses Thema nach und nach aufzulösen. Das ist ein wichtiges Lernprogramm, das du dir selbst ausgesucht hast, auch wenn dir das nicht mehr bewusst ist. Immer wieder kannst du in dieser Beziehung einen Sieg über dich selbst erringen. Bitte deinen Schutzengel, dich diesbezüglich besonders zu schützen und dir Wege und Möglichkeiten zu zeigen, in deiner Mitte und auch in der Liebe zu bleiben. Von Mal zu Mal wird es leichter und liebevoller für dich werden – du kannst es!

FEODORA (Fedora)
Erzengel Zachariel, Engeleigenschaft von Hamaliel
Ein vor allem russischer Vorname, der wie Theodora und Dorothea auf die altgriechischen Worte für »Gott« und »Gabe« zurückgeht, also »Gottesgeschenk« bedeutet.

Bevor du dich für irgendetwas in deinem Leben entscheidest – überstürze nichts, und werde dir bewusst, was du wirklich willst. Handle bedacht und klug, denn das hast du dir als ein wichtiges Thema definitiv vorgenommen. Nutze deine Zeit und jede Gelegenheit, um in dich zu gehen, ein neues Thema zu erspüren und seine Aspekte zu beleuchten. Wenn es um eine schwierige und scheinbar endlos dauernde Partnerschaft geht, dann bitte deine persönlichen Engel, vor allem Erzengel Zachariel und Hamaliel, dir aus dieser Sackgasse zu helfen – sie werden sofort zur Stelle sein! Erst wenn du innerlich wirklich zur Ruhe kommst, kannst du den nächsten Schritt sehen und spüren, was dahintersteckt. Genau das ist sehr wichtig!

FIONA
Erzengel Uriel, Engeleigenschaft von Dagiel
Ein irischer und schottischer Name; aus dem gälischen Wort *fionn*, »rein«, »weiß«, »hell«, »blond«.

Eigentlich kannst du in diesem Leben nur gewinnen – du hast eine Unmenge von Glücksaspekten und ein unglaubliches Potenzial in dir mitgebracht. Sicher gibt es mal kleine Rückschläge und natürlich Lernaufgaben, doch du bist von Heiterkeit und Glück umgeben. Lass es zu dir hin! Aber schau auch hinter die Fassade von den Menschen, die dich umgeben. Was wird versteckt und zugedeckt? Schließe die Augen und geh nach deinem Gefühl und deinem Herzen! Es werden sich Hintergründe und Ursachen zeigen, die du vorher so nicht gesehen und gespürt hast. Achte auf Neid und Missgunst, denn dein Umfeld ist nicht immer positiv. Doch achtsam bekommst du einen gefühlsmäßigen Zugang zu dir und anderen. Integriere all deine Engel in deinen Alltag, das wird dir immer wieder sehr helfen.

FLORA
Erzengel Raphael, Engeleigenschaft von Labbiel

Der Name der römischen Göttin der Blumen, der Jugend und des Frühlings.

Ein wichtiges Thema in deinem Leben sind die Natur und Kraftplätze. Du bist umgeben von einer Menge positiver und starker Plätze und Orte. Schau dich um und spüre intuitiv: Welche Wallfahrtskirche in deiner Nähe, welcher Platz in der Natur passt für die jeweilige Lebensphase, in der du dich befindest? Und dort kannst du (wenn es für dich passt) alles abfließen lassen, was dich belastet und hemmt. Da du auch eine Menge »Urfrauen-Energie« hierher mitgenommen hast, darfst du in jeder Situation (wenn du es willst) Mutter Maria um Unterstützung und Hilfe bitten, denn sie steht dir sehr nahe. Überall kannst du dich mit ihrer liebevollen Energie verbinden und diese in dein Leben integrieren.

FRANZISKA
Erzengel Raphael, Engeleigenschaft von Abdia

Der Name stammt von Franziskus, dem lateinischen Wort für »der Franzose« oder »der kleine Franzose« bzw. »der Franke«. Daraus abgeleitet auch »die Freie« (von »frank und frei«).

»Wohlan denn, Herz, nimm Abschied und gesunde.« Du hast dir in diesem Leben als Grund- und zentrales Thema vorgenommen, einige Altlasten vollkommen abzuschließen und hinter dir zu lassen. Das ist eine Menge Arbeit, die auf dich wartet und immer wieder einen großen Kraftaufwand von dir erfordert. Wichtig dabei ist jedoch, dass du dir an jedem Tag eine Stunde für dich allein nimmst und diese auch für dich nutzt. Nimm sie dir, um in die Natur zu gehen, wieder Luft zu bekommen oder etwas für dich zu machen, was dir Spaß macht. Überlege dir gut, was du mit dieser Stunde anfängst, und nutze sie optimal für dich! Danach wirst du wieder ausreichend Energie und Kraft haben, um die nächste Aufgabe in deinem Alltag in Angriff zu nehmen.

FRAUKE
Erzengel Chamuel, Engeleigenschaft von Garuda

Ein Vorname aus dem niederdeutschen und friesischen Sprachraum, der »kleine Frau« bedeutet. Verwandt mit dem althochdeutschen Wort *frouwa;* »Frau«, »Herrin«, »Gebieterin«.

Ein anspruchsvolles und intensives Programm hast du dir für dieses Leben ausgewählt. Du wirst das natürlich auch souverän hinbekommen, denn du hast alles hierher mitgenommen, was du dafür brauchst, und dir auch einige positive Menschen ausgesucht, die dich dabei unterstützen. Jedoch solltest du zwischendurch nicht vergessen, dich einmal so richtig zurückzulehnen, die Augen zu schließen und deinen Träumen freien Lauf zu lassen. Welcher Herzenswunsch taucht da auf? Wonach sehnst du dich schon so lange? Stell dir die Erfüllung des Wunsches intensiv vor. Spüre das Glück und die Begeisterung tief in dir. Damit hast du schon den ersten Schritt getan, dir diesen Traum auch wirklich zu erfüllen. Bitte deinen Erzengel Chamuel und Garuda, dir bei der Verwirklichung aktiv zu helfen.

FREIA (Freya)
Erzengel Haniel, Engeleigenschaft von Kemuel

So heißt die nordische Göttin der Liebe, der Ehe und der Fruchtbarkeit; ähnlich wie Venus. In den alten nordischen Sprachen bedeutete dieser Name »die Herrin«.

Das ist ein an und für sich harmonisches Leben, das du dir da gewählt hast. Voraussetzung dafür ist jedoch, dass du dich nicht einschränken und blockieren lässt. Dein Schutzengel steht neben dir und gibt dir ein Zeichen, wenn du auf etwas verzichten oder dich einfach abgrenzen darfst und kannst. Vor allem auf der Gefühls- und der seelischen Ebene brauchst du dir nicht noch extra etwas aufladen lassen. Du entscheidest in deinem Leben, und sonst niemand! Vergiss das nicht, denn es wird immer wieder Situationen und Menschen geben, die versuchen, dich in eine Richtung zu drängen oder zu blockieren. Lässt du das nicht zu, dann wirst du ein recht ausgeglichenes und harmonisches Leben führen können.

FRIEDERIKE
Erzengel Haniel, Engeleigenschaft von Neriah

Weibliche Form zu Friedrich. Noch gut erkennbar sind die althochdeutschen Wortbestandteile *frid,* »Frieden«, und *ric,* »reich«; also »die Friedensreiche«.

Stärke und Ausgewogenheit – das sind die Grundthemen, die du dir für dieses Erdenleben ausgesucht hast. Das ist natürlich nicht immer so einfach, wie es klingt, aber du hast alles im Innen und Außen mitgenommen, um dein persönliches Lebensprogramm auch gut und erfolgreich zu schaffen. Wichtig ist, dass du – egal, wie chaotisch dein Umfeld gerade ist und egal, welche Aufgaben und Problematiken sich gerade für dich stellen – innerlich ruhig und ausgeglichen bleibst. Bitte all deine Engel, dir dabei zu helfen und dich aktiv zu unterstützen. In dem Moment, in dem du das aussprichst, eilen sie an deine Seite und können noch mehr für dich tun. Und auch dein Schutzengel hilft dir sofort, wenn du ihn brauchst.

GABRIELE (Gabrielle, Gabriela, Kurzform Gaby, Gabi)
Erzengel Uriel, Engeleigenschaft von Nabu

Geht auf den Namen des Erzengels Gabriel zurück, der mehrfach als Bote Gottes in der Bibel auftaucht. Der hebräische Name kann »Kraft Gottes« oder »Held/in« bzw. »Mensch Gottes« bedeuten. Im Italienischen ist Gabriele ein Männername!

Dein Hauptthema in diesem Leben ist die Eigenliebe. Auch wenn du es nicht glaubst: Das hast du dir vorgenommen – du allein hast dir dein Lebensprogramm ausgesucht, auch wenn dir das nicht bewusst ist. Gerade wenn es Phasen gibt, in denen du dich nicht so wohl, oder glücklich fühlst: Ersuche deine Engel, dir zu helfen, bitte auch deine Seelenfamilie aus dem geistigen Bereich hinzu. Sofort werden alle, die dafür zuständig sind und es auch dürfen, hinter dir stehen und dich ein Stück tragen. Arbeite wenn möglich jeden Tag an deiner Liebe zu dir selbst, umarme dich, nimm dich wirklich an mit allen positiven und »negativen« Seiten, mit allen »Fehlern« und Einschränkungen. Du bist liebenswert, lebe es!

GERALDINE
Erzengel Sandalphon, Engeleigenschaft von Anafiel

Aus dem Althochdeutschen vom Wort *gerwald,* »der mit dem Speer agiert«.

Was du dir für dieses Leben vorgenommen hast? In erster Linie einmal, dich nicht permanent zu überfordern, sei es körperlich, geistig oder seelisch. Teile dir immer von Neuem deine Kraft gut ein. Ersuche all deine Engel gleich morgens, dir dabei zu helfen, dass du liebevoll und sanft mit dir umgehst und dich auch von anderen nicht zu viel »in die Pflicht nehmen« lässt. Opfere dich nicht auf, auch nicht für Partner oder Kinder! Sie werden es dir nicht danken und dir nicht helfen, wenn du überfordert bist. Denn nur du entscheidest darüber, wie es dir jetzt gerade geht! Mach ausreichende und kreative Pausen, sammle immer wieder Kraft zwischen den Aufgaben deines Alltages. Tu es!

GERDA (Gertie, Gerdi)
Erzengel Chamuel, Engeleigenschaft von Melchisedek

Ein Name aus der altisländischen Sprache, der »die Beschützerin« bedeutet. Hat etymologisch übrigens nichts mit Gertrud bzw. Gertraud zu tun.

Leben will nicht einengen oder gar fesseln, sondern öffnen – öffne dich selbst auch. Genau das hast du dir in erster Linie für dieses Leben vorgenommen: Grenzen zu überschreiten und immer offen für Neues zu werden bzw. zu bleiben. Immer wieder wirst du Chancen und gute Gelegenheiten bekommen, um Ängste und Zweifel zum Beispiel zum Thema Geld und Wohlstand loszulassen und wieder in das Urvertrauen zu gehen: »Ich habe alles, was ich brauche, und noch viel mehr – jetzt und immer!« Sprich diesen Satz mehrmals laut oder leise aus und spüre seine starke Energie. Sei großzügig und gönne dir und anderen Wohlstand und Liebe aus vollstem Herzen! Öffne dich für alles, was du brauchst und was dir wirklich guttut, egal, auf welcher Ebene! Auch für deine persönlichen Engel.

GERLINDE (Linda)
Erzengel Michael, Engeleigenschaft von Dina

Die althochdeutschen Worte *ger,* »Speer«, und *linda,* »Lindenholzschild«, sind enthalten; das deutet auf eine Frau, die aktiv und schützend zu handeln weiß. Man findet auch »mild« bzw. »sanft« als Deutung zum zweiten Namensteil.

Begeisterung und Neubeginn – das sind zwei Lebensthemen, die du dir als Lernprogramm in diesem Leben vorgenommen hast. Erzengel Michael und Dina sind es, die dir verstärkt dabei helfen – alle neuen Aktivitäten und Pläne werden von beiden laufend unterstützt. Sie sind aber natürlich auch für dich da, wenn du eingefahrene alte Muster und tote Energien loswerden willst. In dem Moment, in dem du auf der geistigen oder seelischen Basis positive Erfahrungen machen willst und dazu auch wirklich bereit bist, werden dich deine persönlichen Engel an der Hand nehmen und begleiten. Du weißt genau, wann es an der Zeit ist, dich für Unbekanntes und Aufregendes zu öffnen. Und wenn du gerade ein wenig fliegen willst, leiht dir dein Schutzengel seine Flügel!

GERRIT (Gerit)
Erzengel Haniel, Engeleigenschaft von Usiel

Ein Name, der im friesischen und niederländischen Raum für Männer verwendet wird, in süddeutschen Landstrichen jedoch auch für Frauen. Kommt von Gerhard mit der Bedeutung »der mutig mit dem Speer ist«.

Du hast dir für dieses Leben vorgenommen, besonders gut auf deinen Körper zu achten, es aber auch zu schaffen, Körper, Geist und Seele optimal zu verbinden. Damit hast du eine Menge an Arbeit vor dir – du wirst es aber mithilfe deiner Fähigkeiten und Potenziale auch super schaffen. Lass dich nicht verunsichern, und vergiss über deine geistige und seelische Arbeit nicht die Erde und die Genüsse, die sie bietet. Achte auf eine ausgewogene und gute Ernährung und genieße das Essen auch, genau so wie ein wunderbares Musikstück oder einen schönen Traum, der deine Seele fliegen lässt. Geh viel in die Natur, und spüre dort alle Naturwesen und Engel, die um dich sind. Du brauchst Mutter Erde auch, um dich selbst immer wieder zu spüren und am Boden zu bleiben.

GERTRUD (Gertrude, Trude, Gertraut)
Erzengel Haniel, Engeleigenschaft von Baruch
Der erste Namensbestandteil bedeutet »Speer«, für den zweiten gibt es zwei Möglichkeiten: Entweder weist die zweite Silbe auf Druiden hin und bedeutet dann »magisch« bzw. »übersinnliche Kraft« oder »Zauberin«, oder sie ist dem heutigen Wort »vertraut« verwandt und bedeutet dann »lieb« oder eben »traut«.

Da du dir für dieses Leben eine Menge vorgenommen hast, stehen dir dafür natürlich auch eine Menge an Kraft und Hilfen bzw. Möglichkeiten zur Verfügung, damit du dieses Programm auch Schritt für Schritt absolvieren kannst. Das ermöglicht dir, die Anforderungen deines Alltags ideal zu bewältigen. Der Erzengel Haniel ist an deiner Seite und bringt eine Unmenge von guten Ideen, Wegen und Impulsen mit, die du immer wieder als Geschenke annehmen darfst. Er lehrt dich, Prioritäten zu setzen und deine Kraft optimal einzusetzen und einzuteilen. Wichtig ist aber auch, dass du über deine Pflichten den Spaß und die Leichtigkeit nicht vergisst und sie zulässt. Heiterkeit und Lachen werden dir in anstrengenden Phasen helfen und Geist und Seele wieder mit Licht aufladen.

GESINE (Gesina)
Erzengel Uriel, Engeleigenschaft von Nachiel
Eine ganz eigene norddeutsche Form des Vornamens Gertrud; Bedeutung wie dort.

Du hast dir als Herausforderung in diesem Leben ausgesucht, in erster Linie einmal eine Menge »auf die Reihe« zu bringen, also zu ordnen. Immer wieder gibt es besonders gute Zeiten, um neue Strukturen und Wege zu finden. Vorher jedoch solltest du noch einiges ausmisten. Das ist die Voraussetzung, um neu durchstarten zu können. Am leistungsfähigsten und kraftvollsten bist du dann, wenn du innen und außen alles in Ordnung und in eine gute Struktur gebracht hast. Aber sei nicht zu streng mit dir und setze deine Erwartungen in dich nicht zu hoch an – gönne dir auch Pausen, und genieße bewusst die positiven Phasen in deinem Leben und alles, was du an kleinen oder größeren Geschenken erhältst.

GISELA (Gila)
Erzengel Zachariel, Engeleigenschaft von Haschmalim

Eine Quelle gibt als mögliche Bedeutung »von vornehmer Abstammung« an, eine andere verweist auf das althochdeutsche Wort *gisal,* »Bürge« oder »Unterpfand«. Man möge sich das Stimmigere selbst wählen.

Dein Hauptthema in diesem Leben ist es, deine inneren Werte zu entdecken, nach außen zu bringen und im Alltag zu leben. Du weißt ganz genau, was dir guttut und was nicht. Dein persönlicher Schutzengel hilft dir, dein Seelenpotenzial und deine positiven Anlagen voll und ganz im Alltag leben zu können. Immer wieder entdeckst du eine neue wunderbare und liebevolle Seite an dir – du findest dich selbst! Genau das hast du dir für deinen Weg vorgenommen. Schritt für Schritt kehrst du zu deinem Seelenursprung (deiner ursprünglichen Seelen- und Herzenergie) zurück. Lass dich nicht von diesem Weg abbringen, denn er passt genau zu dem derzeitigen Erdenleben – geh ihn weiter! Alle deine persönlichen Engel lieben dich und sind immer an deiner Seite!

GLORIA
Erzengel Haniel, Engeleigenschaft von Daniel

Hier haben wir es mit dem lateinischen Wort für »Ruhm« bzw. »Herrlichkeit« zu tun. Eine Gloria wäre also herrlich und ruhmreich.

Du hast dir vorgenommen, vor allem dir selbst treu zu sein und keine halbherzigen Kompromisse mehr zu schließen. Dies ist kein Leben für »lauwarme« Gefühle, es will in eine klare und authentische Form gebracht werden. Deinen Alltag und dich selbst so zu leben, dass du immer du selbst bleibst, dich weder verleugnest noch niedermachen lässt – das hast du dir wirklich vorgenommen. Du weißt genau, wann und wo du ein bestimmtes Nein aussprechen und dich zurückziehen kannst. Auch wenn es dir nicht immer Freude macht: Immer wieder werden dir in diesem Leben Hintergründe gezeigt und Schleier weggezogen. Dadurch kannst du auf längere Sicht hin Blockaden lösen und deine Seelenkraft wieder voll und ganz spüren. Lebe deine innere Stimme!

GUDRUN (Gudula, Gundula, Gundel und andere Formen)
Erzengel Jophiel, Engeleigenschaft von Isaak
Kampf und Geheimnis stecken in diesem Namen von den althochdeutschen Begriffen *gunt,* »Kampf«, und *runa,* »Geheimnis«, her. Eine schwedische Ableitung würde die erste Silbe mit *Gud,* »Gott«, deuten, danach wäre Gudrun »eine Frau, die das Geheimnis Gottes kennt«.

Dein essenzielles Lebensthema ist es, das Erdendasein mit all seinen Schönheiten und Vorteilen zu genießen und die Wunder rund um dich wahrzunehmen. Öffne deine Seele und dein Herz, und umarme dich und die ganze Welt. Das Leben ist doch wunderbar, oder? Warum nicht? Schau dich einmal um! Du bist ein ganz besonderer Mensch und mit allen Möglichkeiten und Fähigkeiten ausgestattet, die du brauchst, um dieses Leben mit Freude und erfolgreich »durchtanzen« zu können. Immer wieder geht es dir so richtig gut, und deine Engel nehmen dich an der Hand und spielen und lachen mit dir. Auch in schwierigeren Phasen mit Problemen und Aufgaben – bleib innerlich heiter und locker!

GÜLSEREN

Erzengel Michael, Engeleigenschaft von Curaniel

Ein hübscher türkischer Vorname, in dem mit der Silbe *gül* die »Rose« gemeint ist; das Wort bedeutet aber auch »gut«. Diese Frau ist »die Rosenstreuerin«.

Ein Hauptthema in diesem deinem Leben ist es, deine Einzigartigkeit zu erkennen und auch voll und ganz in den Alltag einzubringen. Denn das ist die Voraussetzung, damit du zu deinem göttlichen Funken in dir zurückkehren und diesen wieder spüren darfst und kannst. Du solltest dir dessen bewusst sein, dass du etwas ganz Besonderes bist, und dir erlauben, dich auch als ein einzigartiges göttliches Wesen zu fühlen. Immer wieder wird dich dein Schutzengel an der Hand nehmen und dir deine Verbindung zur geistigen Welt zeigen. Beeindruckende und faszinierende Erfahrungen und Erlebnisse warten auf dich. Höre auf deine Intuition, auf deine innere Stimme. Sie sagt dir den nächsten Schritt.

GUNILLA

Erzengel Uriel, Engeleigenschaft von Och

Der ursprünglich schwedische Name bedeutet »Kampfmaid«.

Ein Lebensthema von dir ist die Kommunikation. Diese sollte nicht nur im Außen mit anderen Menschen, sondern auch auf deiner Seelenebene stattfinden. Als Unterstützung darfst du dabei deinen persönlichen Schutzengel, Erzengel Uriel und Och alles fragen, was für dich wichtig ist. Wenn es auf deinem Weg liegt, wirst du eine deutliche Antwort bekommen. Natürlich genau zu dem Zeitpunkt, der passt, an dem du offen und bereit dafür bist. Und ganz nebenbei kannst du noch einige Disharmonien und Streitigkeiten in deinem näheren Umfeld lösen und anderen Menschen dabei helfen. Alle zuständigen Engel begleiten dich auf deinem Weg, denn sie wahrzunehmen und zu integrieren – auch das ist ein wichtiges Thema in deinem jetzigen Erdenleben.

GWENDA (Gwendolin, Gwendolyn, Gwen)
Erzengel Chamuel, Engeleigenschaft von Nachiel

Der Name ist gälischen Ursprungs und bedeutet unter anderem »weiß«, »schön« und »glücklich«. Im Namen Gwendolyn kann der zweite Bestandteil sowohl als »Ring« wie auch als »Bogen« oder »Mond« gedeutet werden.

Du hast dir für dieses Leben vor allem die Aufgabe gestellt, Arbeits- und Erholungsphasen harmonisch in Einklang zu bringen und einen ausgewogenen Alltag zu leben. Das klingt oft einfacher, als es dann tatsächlich ist, und bedarf ständiger Übung. Genieße die Tage, an denen du dich so richtig wohlfühlst, und lebe dein Potenzial. Verbinde immer wieder die körperliche, geistige und seelische Ebene, auch das ist sehr wichtig! Und dann: Du brauchst nicht alles allein zu machen – werde dir dessen bewusst, dass du immer einige positive Menschen um dich hast, und integriere sie in deinen Alltag. Lebe dein Leben immer bewusster und achtsamer! Ersuche Erzengel Chamuel, Nachiel und deine persönlichen Schutzengel, immer neben dir zu gehen und dir zu helfen.

HALINA
Erzengel Zachariel, Engeleigenschaft von Dagiel
Der Name taucht in Polen als Abwandlung von Helene auf, aber auch als Ableitung vom Griechischen *galene* für »Frieden« und »Gelassenheit«. Man kennt ihn aber auch auf den Südsee-Inseln, wo er ein polynesisches Wort für »Ähnlichkeit« ist.

Ich bitte um Verzeihung, und ich verzeihe. Das sollte dein Lebensmotto sein. Fang damit an, indem du dir selbst verzeihst – alles, was du scheinbar falsch gemacht hast, darf sich im Laufe der Zeit auflösen. Du machst dir keine Vorwürfe und nimmst dich so an, wie du bist – das ist dein Ziel! Erlaube es dir, dir immer wieder kleinere und größere Träume zu erfüllen – denn auch das liegt auf deinem Lebensweg. Halte an deinen Visionen fest und glaube an Wunder, denn es gibt sie tatsächlich, auch in diesem Leben! Deine Freunde und deine Familie werden dir dabei helfen. Sei offen, spontan und liebevoll dir selbst gegenüber, dann wirst du auch anderen verzeihen und sie wirklich annehmen und lieben können. Deine Engel sind neben dir.

HANNELORE (Lore)
Erzengel Sandalphon, Engeleigenschaft von Suriel
Zusammenziehung der Namen Hannah bzw. Johanna und Eleonore bzw. Lore. Der erste Namensbestandteil geht auf einen hebräischen Ausdruck für »Gott ist gnädig« zurück, der zweite auf den arabischen Ausdruck für »Gott ist Licht.«

Nimm die Unvollkommenheit anderer Menschen und die eigene gelassen und demütig an. Du darfst dieses Leben Schritt für Schritt gehen – mach dir keinen Druck und vermeide Perfektionismus, damit tust du dir und anderen nichts Gutes. Immer wieder ist es für dich wichtig, Prioritäten zu setzen. Ersuche deinen persönlichen Schutzengel, dir dabei zu helfen. Er wird dir zeigen, mit welchen Menschen es wichtig ist, Zeit zu verbringen und wer dich nur Kraft und Zeit kostet. Du brauchst niemanden lieblos wegzustoßen, aber grenz dich ab, und lebe die Eigenliebe! Denn das hast du dir für dieses Leben in erster Linie vorgenommen. Erst dann wirst du dich und die Menschen in deinem Umfeld in all ihrer Unvollkommenheit wirklich akzeptieren können.

HEDWIG (Hedi, Jadwiga und andere Formen)
Erzengel Chamuel, Engeleigenschaft von Jeremiel
Aus dem Althochdeutschen mit der doppelten Bedeutung von Kampf (*hadu,* »Kampf«, *wig,* »ringen«). Die heilige Hedwig (1174–1243) ist Schutzpatronin Schlesiens.

Auch wenn es in deinem Leben immer wieder Tage gibt, an denen du dich nicht richtig wohl mit dir und dem Rundherum fühlst, hast du dir die Lebensfreude und Heiterkeit als Lebensmotto und wichtiges Thema vorgenommen. Binde den Erzengel Chamuel, Jeremiel und deine persönlichen Schutzengel in deinen Alltag ein, dann wird es dir schneller und leichter wieder so richtig gut gehen. Du wirst spüren, wenn sich eine kleine Disharmonie löst, sich ein gutes Gespräch ergibt. Deine Engel helfen dir, spontaner und offener durchs Leben zu gehen und es auch mehr zu genießen. Gefühle und Gedanken werden »heller«, du kannst wieder Glück und Liebe spüren und Fröhlichkeit und Lachen zulassen. Du willst und sollst hier auf der Erde glücklich sein!

HEIDRUN

Erzengel Michael, Engeleigenschaft von Hermesiel

Im Namen finden wir *heit,* »Charakter«, »Wesen«, und *runa,* »Zauber«, »Geheimnis«; der Name bedeutet also »die Geheimnisvolle«.

Immer wieder wirst du dich im Chaos wiederfinden, denn ein Grundthema, das du dir für dieses Leben vorgenommen hast, ist, dass du Ordnung und Ruhe für dich und andere erschaffen kannst. Sei es in der Familie oder bei Freunden, im Beruf oder auch in der Freizeit – in jedem Bereich wirst du nach und nach Möglichkeiten und Gelegenheiten finden, um zu einer ruhigen und geordneten Zufriedenheit in dir zurückzufinden. Wenn du das schaffst, wird sich auch im Außen alles glätten und beruhigen. Ersuche deinen Schutzengel, dir bei diesem anspruchsvollen Programm verstärkt und aktiv zu helfen – er wartet auf deine Erlaubnis und ist dann sofort an deiner Seite. Du wirst ihn neben dir spüren! Lerne auch, alles offen und ehrlich auszusprechen, sei dabei klar und deutlich!

HEIKE (Henrike)

Erzengel Zadkiel, Engeleigenschaft von Kemuel

Die niederdeutsche Form von Henrike, die wiederum ein weibliches Pendant zu Heinrich ist. Selten übrigens auch ein männlicher Vorname. Die Bedeutung kann sowohl »Herrin des Hauses« sein als auch »die Begüterte« und ebenfalls »die Schöne« oder »die Begehrenswerte«.

Du hast dir ein sehr interessantes Lebensprogramm vorgenommen. Das fordert zwar einige Ausdauer und viel Aktivität, jedoch hast du eine Menge Mut, Kraft und Entschlossenheit hierher mitgenommen, die dir bei der Verwirklichung deiner Ziele und Pläne helfen. Immer wieder darfst du auch in jeder Beziehung so richtig »ausmisten« – wirf alles hinaus, was dich blockiert, was nicht mehr passt oder dich einengt. Lass Gefühle, Gedanken, aber auch alte Energien und Verletzungen hinter dir, die du in der gerade aktuellen Lebensphase nicht mehr brauchst. Du darfst das – wer soll es dir verbieten und wer sollte für dich entscheiden? Nur du, sonst niemand. In diesem Leben kehrst du zu deiner Kraft zurück! Bedanke dich bei deinen Engeln, die immer neben dir gehen.

HELENE (Helena, Lena, Elena und andere Formen)
Erzengel Michael, Engeleigenschaft von Pronoia
Aus dem Griechischen mit der Bedeutung »die Sonnenhafte«, »die Strahlende« oder »die lichtvoll Glänzende«.

Du hast für dieses Leben jetzt eingeplant, wieder deine Herz- und Seelenenergie zu aktivieren und Freude, Leichtigkeit und Heiterkeit zu spüren. Die Botschaft von Erzengel Michael, Pronoia und deinem Schutzengel ist: Du brauchst dich nicht zu plagen und etwas dafür zu tun. Der Schlüssel ist: Sei zufrieden mit dir und mit dem, was du an Positivem in jeder Beziehung hast. Lebe jeden Tag ein wenig bewusster und genieße alle »kleinen Freuden« deines Lebens. Dann spürst du dich wieder und siehst vieles klarer und heller. So kehrst du Schritt für Schritt zu dir zurück und bist wahrhaftig und authentisch. Das ist die Voraussetzung, um deine Gesundheit auf allen drei Ebenen zu bewahren bzw. zu erlangen.

HELGA (Olga)
Erzengel Haniel, Engeleigenschaft von Advachiel
Ein nordischer Name mit der Aussage »die Gesunde« oder »die Vollkommene«. Alte skandinavische Worte für »gesund« und »heilig« sind in diesem Namen zu finden.

Achte immer gut auf deine Gedanken, vor allem dir gegenüber. Das hast du dir für dieses Leben als ganz wichtigen Ansatz vorgenommen. Die Voraussetzung für einen guten Umgang mit dir ist, dass du dir selbst immer wieder liebevolle Gedanken schickst bzw. dich nicht mit negativen abwertest. Wie willst du dich im Spiegel anlächeln können, wenn du dich nicht magst? Wenn du verunsichert und unzufrieden bist, dann sag zu deinem Spiegelbild: Ich bin ein wunderbarer und wertvoller Mensch. Ich liebe mich sehr. Verinnerliche diese Sätze nach und nach, und wenn dir das gelungen ist, wirst du Liebe ausstrahlen und auch an andere Menschen weitergeben können. Die Liebe, die du gibst, wird hundertfach zu dir zurückkehren. Deine Engel unterstützen und lieben dich sehr.

HENRIETTA (Henriette, Henni, Harriet, Jette)
Erzengel Jophiel, Engeleigenschaft von Ormuz
Eine weitere weibliche Form zu Heinrich; Ableitung der Bedeutung siehe Heike.

Na, du hast dir ja allerhand vorgenommen – und noch dazu mit einem sehr flotten Tempo. Das ist auch der Hintergrund dafür, dass du immer wieder alte Themen und Programme hinter dir lassen und neue Herausforderungen und Prüfungen beginnen darfst. Und das beinahe ohne wesentliche Pausen. Natürlich hast du in dieses Leben eine Menge Kraft und Seelenenergie mitgenommen, und alle Engel, die du dafür brauchst, unterstützen dich nach besten Kräften. Jedes Mal, wenn du etwas vollkommen abschließt, also absolut hinter dir lässt, öffnet sich kurze Zeit später eine neue Tür. Du darfst das Leben als Abenteuer und spannende Reise sehen. Wenn du das kannst, wird es dir nicht schwerfallen, deinen Weg mit all seinen Biegungen zu gehen – oder auch zu laufen.

HERMINE
Erzengel Zadkiel, Engeleigenschaft von Vretil
Ein weibliches Gegenstück zu Hermann. Alte Worte für »Heer« und »Mann« bzw. »Mensch« sind darin enthalten.

Zweifle nicht an dir – das solltest du dir immer wieder vor Augen halten. Denn du kannst viel mehr, als du dir wirklich zutraust. Du schaffst alles, wenn du es nur wirklich willst. Lass dich von deinem Umfeld nicht verunsichern. Du hast dir etwas sehr Wesentliches in dieses Leben mitgebracht, das dir sehr helfen wird: Geduld, Ausdauer und einen langen Atem! Wenn du diese Voraussetzungen mit Zuversicht und Selbstvertrauen ergänzt, was soll dann noch schiefgehen? All deine Engel unterstützen dich bei deinen Aufgaben. Dabei darfst du auch ungewöhnliche und ungewohnte neue Schritte machen, du wirst dich wundern, was dir das Leben zu bieten hat und welche neuen Seiten du entdeckst! Geh mutig und entschlossen deinen Weg – es kann dir nichts passieren!

HILDEGARD (Hilde, Hilda)
Erzengel Michael, Engeleigenschaft von Elia
Dieser Name ist aus dem Althochdeutschen *hilta,* »Kampf«, und dem Germanischen *gard,* »Schutz«, gebildet.

Spüre die Kraft und Fülle der Erde, die alles Leben trägt. Frisch gewagt ist halb gewonnen! Das ist das Motto, das du dir für dieses Leben ausgesucht hast. Dein Schutzengel, Erzengel Michael und Elia sind immer an deiner Seite und zeigen dir, wie du dich neu entscheiden und immer wieder Bewegung in deinen Alltag bringen kannst. Auch wenn du sehr aktiv bist und eine Menge Energie hast – mach trotzdem Pausen und ordne deine Gedanken. Es wird dir anschließend alles noch leichter von der Hand gehen. Zögere nicht – nutz die neuen Chancen und Energien, die sich dir immer wieder in den verschiedensten Lebensphasen anbieten. Nimm Hilfen aus deinem Umfeld an – hier auf der Erde und auch im geistigen Bereich.

HÜLYA
Erzengel Metatron, Engeleigenschaft Ariel

Ein Vorname aus dem arabischen und dem türkischen Sprachraum, für den wir Übertragungen finden wie »Glück«, »Traum« und »Zierde«. Es gibt auch eine Ableitung zum Stamm von Julia (siehe dort).

Eine wesentliche Botschaft der Engel ist: Es gibt eine große wunderbare Schöpferkraft! Du hast dir für dieses Leben in erster Linie vorgenommen, glücklich zu sein. Das schaffst du nur, wenn du dich selbst annehmen und lieben kannst. Erst dann ist Liebe zu anderen Menschen möglich. Immer wieder werden neue Erkenntnisse und Einsichten auf dich warten. Verliere dich nicht in unnötigen Details und irreführenden Einzelheiten. Behalte immer das Ganze im Auge – schau auf das Wesentliche in deinem Leben. Richte dich nach dem Gesamtplan: Wo stehst du gerade, was hast du noch vor, wo geht es in dieser Phase für dich weiter? Das sind die Fragen, die du dir immer wieder stellen solltest. Bitte deinen Schutzengel, dir dabei zu helfen. Er freut sich, wenn er näher bei dir stehen darf.

IDA
Erzengel Chamuel, Engeleigenschaft Zuriel
Vermutlich aus dem althochdeutschen Wort *id* oder *idh,* »Arbeit«, »Werk«, »Mühe«, entstanden. Im Mittelalter eine Kurzform zu Namen, die mit Idu oder Ida begannen, ein Beispiel dafür ist die heilige Iduberga. In Skandinavien ein auch heute noch beliebter Vorname.

Immer wieder wirst du das Gefühl haben, dir in deinem Leben vieles erkämpfen zu müssen – und das hast du dir auch vorgenommen. Jedoch sollst du nicht gegen Windmühlen anrennen, sondern dich immer wieder mal zurücklehnen, die Arme verschränken und dich einfach entspannen. Natürlich ist das nicht so einfach, bei dem Programm, das du dir da ausgesucht hast, aber mithilfe von Erzengel Chamuel, Zuriel und deinem Schutzengel wirst du es auch gut schaffen. Denn du darfst nicht vergessen: Du hast Unmengen von guten Ideen und ein großes Kraftpotenzial hierher mitgenommen. Nutze es und lass auch Hilfe von deinem Umfeld zu – es gibt immer einige Menschen, die dich unterstützen.

IDUNA
Erzengel Haniel, Engeleigenschaft Nathanael
Der latinisierte Name der nordischen Göttin Idun, der Göttin der Jugend und Unsterblichkeit. Sie war die Hüterin der goldenen Äpfel, die den Göttern ewige Jugend und deshalb eben

auch Unsterblichkeit verliehen. (Aber angesichts der »Götter-dämmerung« wissen wir, dass die Jugend der Götter doch nicht ganz so ewig war.)

Dein Leben ist das Echo eines Liedes, das deine Seele und Gott geschrieben haben. Du hast dir für dieses Leben vorgenommen, eine Menge zu erledigen und das in einem ziemlich schnellen Tempo. Aber überstürze nichts, und lass dir auch einmal ein wenig Zeit, die du für dich oder zum Überlegen und Überschlafen nutzen solltest. Du bist phasenweise einfach zu schnell unterwegs – mit deinem Lebenstempo, aber auch tatsächlich mit deinem Auto und in Phasen, wenn du durch deinen Alltag »rennst«. Nimm dir Zeit, um dich in Ruhe umzusehen und dein Umfeld immer wieder klar und bewusst wahrzunehmen. Ansonsten könnte es dir passieren, dass du vor bestimmten Menschen oder Lebensthemen davonläufst. Das solltest du unbedingt vermeiden.

ILDIKÓ (Hildiko, Ildico)
Erzengel Zadkiel, Engeleigenschaft Barah

Vermutlich ist dieser heutzutage sehr ungarische Name aus dem althochdeutschen Wortstamm *hild,* »Kampf«, entstanden, stellt aber eine Verkleinerungsform dar, wie zum Beispiel Hildchen es wäre. Einer Sage zufolge hieß die Frau Attilas, des Hunnenkönigs, Ildiko, sie war eine burgundische Fürstentochter; das Nibelungenlied nennt jedoch Kriemhild.

Du hast dir für dieses Leben in erster Linie vorgenommen, eine Menge Pläne und Vorhaben zu verwirklichen. Das darfst du auch, und du bist gut unterwegs. Jedoch solltest du eines nach dem anderen erledigen. Wenn du fünf Sachen zeitgleich in Angriff nehmen willst, wirst du ins Schleudern kommen und es wird dir zwischendrin die Luft ausgehen. Ersuche den Erzengel Zadkiel und Barah sowie deinen Schutzengel, dir bei diesem Programm besonders aktiv zu helfen. Nimm dir auch immer wieder Zeit für dich, deine Familie und ein paar Freunde. Das ist wichtig, damit du die Menschen, die für dein Leben bedeutsam sind, auch an deine Seite und zu dir lässt. So gehst du einen Schritt weiter.

ILONA (Ilonka)
Erzengel Haniel, Engeleigenschaft Cabriel
Eine ungarische Form des Namens Helena, die sich jedoch inzwischen als eigenständiger Name weithin verbreitet hat. Zur Bedeutung siehe unter Helena.

Du hast ein unglaubliches Seelenpotenzial in dieses Leben mitgebracht, das dir erlaubt, immer wieder mit anderen mitzufühlen, jedoch nicht mitzuleiden. Außerdem hast du alle Voraussetzungen, vorerst einmal echte und tiefe Gefühle für dich selbst zu entwickeln. Wenn du entschlossen und liebevoll deinen Weg gehst, kannst du immer wieder Heilung und Bewegung in dein Leben bringen und erlangst neue Sichtweisen und Möglichkeiten. Sollte es ein wenig drunter und drüber gehen, ersuche all deine Engel, vor allem den Erzengel Haniel und Cabriel, dir Kraft und neue Energie zu geben. Erst wenn du wieder ein wenig Kraft gesammelt hast, kannst du den nächsten Schritt nach vorn machen.

ILSE
Erzengel Metatron, Engeleigenschaft Sammael
Kurzform aus dem Namen Elisabeth; Bedeutung siehe dort.

Die Liebe ist die Basis und sollte auch über allem stehen, was wir fühlen, denken, reden und tun. Das ist dein Grundthema für dieses Erdenleben. Bitte den Erzengel Metatron, Sammael und deine persönlichen Schutzengel, dich die Liebe Gottes, Jesus, des Heiligen Geistes spüren zu lassen, und umarme immer wieder dich und andere – vor allem in eher schwierigen und etwas belasteten Lebensphasen. Wenn du es schaffst, diese

Energie laufend in dir zu aktivieren und zu leben, wird sie tausendfach zu dir zurückkommen. Versprich nichts, was du nicht auch halten kannst, denn das ist auf jeden Fall ein wichtiges Lernprogramm, das auf deinem Weg liegt. Pass also diesbezüglich besonders gut auf!

IMKE
Erzengel Metatron, Engeleigenschaft Paschar

Die erste Silbe dieses friesischen Namens geht wohl auf den Wortstamm zurück, der auch beim Vornamen Irmgard die erste Silbe bildet, nämlich *irm,* »groß«, »mächtig«, »gewaltig«. Aufgrund des ähnlichen Lautes stellen manche auch eine Verbindung zu Imme oder Imke, »Honigbiene« her (vgl. »Imker«), und dann wäre »Emsigkeit« angezeigt.

Alles muss man eines Tages wohl loslassen, die Liebe und das Licht aber nie. Du hast dir für dieses Leben in erster Linie vorgenommen, nur Themen und Aufgaben anzugehen, die du auch erledigen und lösen kannst. Egal, was du also in deinem Leben anpackst: Es wird dir gelingen. Denn der Erzengel Metatron und alle persönlichen Engel an deiner Seite stehen direkt neben dir und halten ihre Hände über alle deine Projekte und Aufgaben. Damit ist der Erfolg natürlich vorprogrammiert. Du darfst und sollst selbst entscheiden, was du auf Eis legen kannst, was also nicht wichtig für dich ist, und du solltest nach und nach auch erkennen, was wirklich positiv für dich ist. Überlege dir genau, wohin du deine Energien fließen lässt!

INES (Inez, Inès und andere Formen)
Erzengel Jophiel, Engeleigenschaft Hasiel

Vor allem im französischen, spanischen und portugiesischen Sprachraum verbreitet; abgeleitet aus dem Griechischen *hagnos,* »geweiht«, »keusch«, »rein«, oder aus dem Lateinischen *agnus,* »Lamm«.

Liebe und Geborgenheit helfen dir, dieses Leben erfolgreich zu meistern. Du bekommst immer wieder Hilfen, wenn du nicht weiterweißt und dich einsam und allein gelassen fühlst. Mit diesem Namen darfst du in jeder Phase einen positiven Neubeginn wagen. Wenn du die Augen schließt und in dich hineinspürst, wirst du den Bereich deiner Seele finden, der dir Schutz und Geborgenheit gibt. Du hast eine Menge Kraft, um dein Leben trotz aller Prüfungen und Aufgaben zu meistern. Ersuche den Erzengel Jophiel, Hasiel und deinen persönlichen Schutzengel, dich bei diesen Herausforderungen ein Stückchen zu tragen. Sie werden es freudig und sofort gern für dich tun – denn sie lieben dich!

INGEBORG (Ingeburg)
Erzengel Sandalphon, Engeleigenschaft Teiael

Wir erkennen das Wort »Burg«; die Vorsilbe deutet auf den germanischen Ingwio bzw. Ynvi hin, der manchmal als Regengott, manchmal als Stammesgott bezeichnet wird. Der Name spricht von einer Frau, die »beschützt« oder selbst »eine Hüterin« ist.

Auf keinen Fall hast du dich entschieden, dieses Leben mit einem Riesentempo zu absolvieren und möglichst viele »Pflichtprogramme« zu erfüllen. Also lass alles bleiben, wozu du dich zwingen und überwinden müsstest. Alles, was nicht wirklich wichtig ist, kannst du vorerst einmal weglegen. In erster Linie darfst du dieses Leben auch immer wieder genießen, dir Auszeiten nehmen, die Schönheit um dich her wahrnehmen und deine Eigenliebe wieder neu und stärker zulassen. Mach zwischendurch immer wieder etwas, das dir Spaß macht! Du sollst und darfst glücklich und zufrieden sein – das kannst du als Leitthema über jede Lebensphase und jeden Tag stellen! Lebe, liebe und lache!

INGRID (Inge, Inga und andere Formen)
Erzengel Raguel, Engeleigenschaft Advachiel

Möglicherweise bedeutet der Name »eine Schöne, dem Gott Ingwio geweiht«. Zumindest weisen die Wortstämme der beiden Silben darauf hin.

Suche nicht immer wieder und dauernd nach einem Neubeginn. Du hast dir eine Menge alte Themen und Aufgaben in dieses Leben mitgenommen, die als Erstes einmal abgeschlossen werden wollen, und das zur Gänze. Erst dann werden neue Phasen bzw. Menschen und Themen möglich sein. Schau immer wieder, wo du stehst und was du gern hättest, mach eine Bestandsaufnahme, und ordne vorerst Gedanken und Gefühle, dann kannst du einen kleinen Schritt vorwärts gehen. Ersuche den Erzengel Raguel, Advachiel und deinen Schutzengel, dich dabei zu unterstützen – sie werden auch alle anderen Engel holen, die du in der jeweiligen Lebensphase brauchst. Aktiviere deine Helfer!

IRENE (Irina)
Erzengel Zadkiel, Engeleigenschaft Suriel

»Die Friedliche« aus dem griechischen Wort *eirene*. Weibliches Pendant zu Irenäus.

Du hast dir als erstes Thema in diesem Leben vorgenommen, sogenannte Endlosprogramme endlich hinter dir zu lassen. Anfangs wirken diese komplexer und schwieriger, als sie es dann tatsächlich sind. Lass dich nicht entmutigen. Es wird nicht so heiß gegessen wie gekocht. Nach und nach wirst du glücklicher und freier sein, dich immer besser und wohler fühlen hier in deinem Erdenleben. Vor allem in Partnerschaften und schwierigen karmischen Beziehungsaufgaben sind deine Engel (vor allem Erzengel Zadkiel und Suriel) zur Stelle und setzen Impulse hin zu einem positiven Umschwenken. Immer, wenn du glaubst, am Ende deiner Kraft zu sein, werden Trost und Stärke zu dir kommen. Aktiviere auch dein Urvertrauen, das hilft dir.

IRIS
Erzengel Zachariel, Engeleigenschaft Derdekea
Iris war eine Botin der griechischen Götter, ihr Symbol der Regenbogen.

Immer wieder wirst du in diesem Leben das Gefühl haben, dass dich dein Alltag so richtig niederdrückt. Lass dich nicht unterkriegen. Schubse ihn weg und steh auf, streck dich einmal so richtig durch und schau dir alles aus der Vogelperspektive an. Dann setze dich hin, und mach dir eine Liste für alles, was wirklich wichtig und zu erledigen ist, und auf der anderen Seite für alles, was zu einem späteren Zeitpunkt gemacht werden kann. Setze Prioritäten aus Eigenliebe! Genieße die Schönheiten der Natur und spüre ihre Kraft und alles, was sie dir an energetischen Hilfen, auch aus dem geistigen Bereich, bieten kann. Du wirst nach und nach die Wesen und Kräfte spüren und erleben dürfen.

IRMGARD (Irmengard, Irmi)
Erzengel Haniel, Engeleigenschaft Ganesha
Im Althochdeutschen bedeuten die Worte *ermin* oder *irmin* »groß« bzw. »gewaltig« und *gard* ist »Schutz«. Irmgard ist also entweder eine Frau, die anderen mächtigen Schutz gibt oder die selbst sehr gut beschützt wird.

Du hast dir ein sehr bewegtes Leben ausgesucht – also mit einigen Schwankungen und mit Auf- und Ab-Tendenzen. Das fordert dich und deine Kräfte und den vollen Einsatz. Genau das hast du dir aber auch vorgenommen und dafür alles mitgebracht, um es optimal zu schaffen. Unterbrich immer wieder die »Tretmühle des Alltags«, denn das Letzte, was du hier leben willst, ist ein seelenloses Funktionieren. Ersuch den Erzengel

Haniel und auch Ganesha, dich bei diesen Herausforderungen besonders aktiv zu unterstützen. Wenn du das tust, dürfen sie dich ein Stückchen tragen und dich liebevoll umarmen. Außerdem zeigen sie dir hundert Möglichkeiten, um wieder ein wenig zu lächeln!

ISABELLA (Isabel, Isabelle)
Erzengel Haniel, Engeleigenschaft Pasiel

Soweit man es weiß, ist dies eine wunderschöne eigene spanische und portugiesische Form von Elisabeth; zur Bedeutung siehe dort.

Was du dir vorgenommen hast für dieses Leben? Als Hauptthema: die Eigenliebe. Immer wieder wirst du Gelegenheiten und Chancen bekommen, diese zu aktivieren und auch leben zu können. Schritt für Schritt wirst du gut weiterkommen auf diesem Weg, auch mit Unterstützung deiner persönlichen Begleiter (Erzengel Haniel, Pasiel und auch deinem Schutzengel). Wenn du dich im Spiegel siehst: Nimm dich so an, wie du bist. Wenn du in dich hineinfühlst, nimm alle deine Aspekte und verschiedenen Veranlagungen und Eigenschaften an. Spüre den göttlichen Funken in dir. Diese Gefühle sollten echt und wahrhaftig in dir spürbar sein. Erst dann liebst du dich wirklich. Lass das wirklich zu!

ISOLDE (Iseult)
Erzengel Uriel, Engeleigenschaft Barbiel

Der Name ist uns aus der Sage von »Tristan und Isolde« bekannt. Er ist wohl aus althochdeutschen Worten für »Rüstung« und »walten« entstanden.

Alles Große ist einfach. Alles Gute ist voller Liebe und Licht. Du hast dir für dieses Leben als Ziel gesteckt, deine wahren inneren Werte zu leben – also alle positiven Aspekte und Potenziale deiner Seele und deines Geistes, die du hierher mitgenommen hast. Wäge ab, was für die Zukunft deiner Seele wichtig ist. Es wird sich immer wieder vieles klären und so zeigen, wie es ist, Menschen und Situationen und auch Themen. Du darfst fallweise für dich auswählen und auch entscheiden. Werde dir deiner Wünsche und Sehnsüchte bewusst. Nach und nach wirst du wissen, was du wirklich auf länger hin brauchst. Du aktivierst dein »altes Wissen« in dir, und es zeigt dir die nächsten Schritte!

IWANA (Ivana)
Erzengel Jophiel, Engeleigenschaft Orifiel

Aus dem Russischen; weibliches Gegenstück zu Ivan. Der Name ist aus Johannes bzw. Johanna entstanden; diese Namen stammen wiederum aus dem Hebräischen und bedeuten »Gott hat Gnade erwiesen« oder »Gott ist gnädig«.

Du hast dir für dieses Leben vorgenommen, alles ausgewogen und in Maßen zu leben. Daher wird dir auch alles, was du übertreibst, egal, auf welcher Ebene (körperlich, geistig, seelisch) nicht guttun. Das ist dein wichtigstes Lernprogramm in diesem Erdenleben. Immer wieder darfst du auch Bilanz ziehen und solltest dich Folgendes fragen: Wo genieße ich in Maßen, wo übertreibe ich es? In welchem Bereich lebe ich Ausgewogenheit und Harmonie, wo hingegen herrschen Chaos oder Sucht? Ersuche deine persönlichen Engel (Erzengel Jophiel und Orifiel sowie deine Schutzengel), dir Botschaften und Impulse, die dich zu einem gesunden und glücklichen Lebensstil führen, zu zeigen.

JACQUELINE (Jacky, Jacoba und andere Formen)
Erzengel Uriel, Engeleigenschaft der Dakini
Die weibliche Form von Jakob mit der Bedeutung »die von Gott Geschützte«. Die Ableitung aus dem hebräischen »Ferse« oder »Fersenhalter/in« wird heute als Ursprung dieses Namens eher verworfen.

Als Thema Nummer eins hast du dir für dieses Leben vorgenommen, sanft, aber bestimmt deine Gefühle und Gedanken zeigen und aussprechen zu können. Du erfüllst damit alle Träume und Wünsche, die auf deinem Lebensweg liegen und wahrgenommen werden wollen. Natürlich sind sie für dich absolut vorgesehen und auch erreichbar. Deine persönlichen Engel, der Erzengel Uriel und Dakini, strahlen eine wunderbare Lichtenergie aus, in die sie dich immer wieder einhüllen, wenn du sie brauchst. Voraussetzung dafür ist, dass du deinen Ärger nach und nach in liebevolle Nachsicht verwandelst. Damit ist jedoch nicht gemeint, dass du zu viel zulassen oder dich als Opfer verhalten sollst. Vielmehr sollst du deine ganz eigene spezielle Art finden, um Herzensangelegenheiten deutlich und klar, aber mit Liebe und Toleranz dem anderen gegenüber auszusprechen und umzusetzen.

JANE (Janina, Jana, Janet)
Erzengel Metatron, Engeleigenschaft von Bat Kol

Eine englische Variante zu Johanna bzw. dem alten französischen Jehanne; bedeutet »Gott ist gnädig«.

Ein Hauptthema, was für dein Leben ein wichtiges Ziel darstellt, ist es, innere Harmonie und Ausgewogenheit zu erreichen. Das ist natürlich nicht einfach, aber auf jeden Fall zu schaffen. Es schaut schwieriger aus, als es dann wirklich für dich ist. Lass es zu, dass es rund um dich her in deinem Umfeld immer wieder ein wenig turbulent zugeht. Lass es auch zu, wenn deine Stimmung mal oben und mal unten ist. Erst wenn du dich in deiner Stimmung wirklich annehmen kannst, nimm dir ein wenig Zeit und spüre in dich hinein, was du fühlst und warum das so ist. Aktiviere deinen persönlichen Erzengel Metatron und Bat Kol – sie sind immer an deiner Seite, genau wie dein Schutzengel. Vergiss das nicht!

JASMIN (Yasmin)
Erzengel Chamuel, Engeleigenschaft von Zophiel

Der aus dem Arabischen stammende Name, der auch dem duftenden Strauch mit den weißen Blüten gilt, bedeutet »Geschenk Gottes«.

Du wirst dich immer wieder mit dem einen oder anderen Thema in diesem Leben abplagen müssen, das einfach nicht funktionieren will. Das hast du dir auch so vorgenommen. Erst wenn du deinen persönlichen inneren Kampf dagegen aufgibst und es schaffst, diesen Bereich anzunehmen und etwas neutraler zu sehen, wird sich etwas lösen können. Du bist nicht allein und brauchst auch nicht alles selbst zu machen: Übergib dieses Thema dem Erzengel Chamuel, Zophiel und natürlich auch deinem Schutzengel – sie werden sofort an deine Seite eilen und dir helfen. Du wirst Antworten und Hinweise bekommen, die du so dringend brauchst und die dir sehr helfen. Lass das zu!

JENNIFER (Jenny)
Erzengel Haniel, Engeleigenschaft von Iao

Eine aus Cornwall stammende Abwandlung des alten walisischen Namens Gwenhwyfar oder Genoveva. Die Frau des mythischen Königs Arthur trug diesen Namen. In ihm sind alte Worte für »weiß« und »schön« sowie »glatt« und »weich« enthalten, was die Anmut und den Liebreiz der betreffenden Frau zum Ausdruck bringen sollte.

Welches Engelwort bedeutet für dich eine Offenbarung? Finde es! Du hast dir eine Menge für dieses Leben zur Aufgabe gestellt – jedoch nicht, dies auch in einem Rekordtempo zu erledigen. Vergiss über all deinen Pflichten und Arbeiten die Lebensfreude und das Lachen nicht. Du kannst jedoch nur Lebensfreude empfinden, wenn du auch Kraft und Zeit dafür hast. Wenn du dich mit Pflichten und Aktivitäten zuschüttest, dann wird kein Raum für diese liebevolle Engelenergie bleiben. Achte darauf, zwischendurch immer wieder Kreatives oder Spirituelles zu machen, etwas für Geist und Seele zu tun. Das ist sehr wichtig. Lass dich von deinen Engeln dabei unterstützen!

JESSICA
Erzengel Michael, Engeleigenschaft von Anael

Dieser inzwischen recht populäre Name geht vermutlich auf ein hebräisches Wort zurück, das »Schau« oder »Gott erkannte« bedeutet.

Hab die Menschen lieb, die das Leben dir zugesellt hat. Du hast viele Möglichkeiten und Pläne, in diesem Leben deine Kraft einzusetzen und zu leben. Und du hast eine Menge davon hierher mitgebracht. Nutze sie sinnvoll, und vergeude weder deine Energie noch deine Zeit in Projekte oder Menschen, die nicht auf deinem Weg liegen. Lebe deine Intuition und auch Eigenliebe, und stell dir zwischenzeitlich immer wieder die Frage: Was ist wichtig und was nicht? Du musst nicht alles in diesem Leben auflösen, auch wenn du es dir vorgenommen hast. Ersuche den Erzengel Michael, Anael und deinen Schutzengel, dass sie dir helfen, Prioritäten zu setzen und dich selbst dabei nicht zu vergessen. Das ist die Voraussetzung für Glück und Gesundheit.

JOHANNA (Hannah, Hanna, Jana, Sinéad, Jeanne, Giovanna, Juanita und andere Formen)
Erzengel Zachariel, Engeleigenschaft von Sophia

Weibliche Form zu Johannes bzw. Ioannis; ursprünglich aus dem Hebräischen mit der Bedeutung »Gott ist gnädig« oder »die von Gott Begnadete«. Bekannteste Namensträgerin ist vermutlich Jeanne d'Arc, die Jungfrau von Orléans.

Mit diesem Namen darfst und kannst du deine innere Stärke, Unabhängigkeit und alle Potenziale leben, die du in dieses Leben mitgenommen hast. Aber vergiss dich selbst nicht über all den Aufgaben und Herausforderungen, die du dir vorgenommen hast. Bitte deine persönlichen Engel (Erzengel Zachariel, Sophia und deinen Schutzengel), dir immer wieder zu helfen, für dich wichtige und gute Entscheidungen zu treffen. Das bezieht sich natürlich auch auf alle Themen, die dir wirklich am Herzen liegen, also deine Seelenebene. Immer wieder bekommst du deutliche Hinweise und Botschaften aus deinem näheren Umfeld, von deiner Familie und von Freunden. Höre genau hin – das ist wichtig für dich!

JOLANDA (Yolanda, Jolanthe)
Erzengel Uriel, Engeleigenschaft von Asmodel

Der Name soll auf ein griechisches Wort für »Veilchen« zurückgehen.

Warum wohl hast du dir diesen »blumigen« Namen ausgesucht? Erzengel Uriel und Asmodel sagen dir, dass du damit die Zartheit und liebevolle Ausstrahlung deiner Seele und deine Herzenergie als erstes Thema in diesem Leben aktivieren und nach außen tragen willst. Alles, was du mit Liebe und ohne Druck beginnst, wirst du auch erfolgreich und positiv zu Ende bringen können. Je liebevoller du mit dir selbst umgehst, umso mehr wirst du Menschen aus dem Familien- und Freundeskreis annehmen und von Herzen lieben können. Du hast ein wirklich großes Seelenpotenzial in dieses Leben mitgebracht. Lass dich nicht verunsichern und erlaube dir, es jeden Tag zu spüren und anderen zu zeigen.

JOSEPHINE (Josefine, Josefa, Josepha)
Erzengel Uriel, Engeleigenschaft von Urim

Pendant zu Joseph; aus dem Hebräischen mit der Bedeutung »möge Gott vermehren«.

Was du dir für dieses Leben vorgenommen hast? Zum Beispiel: liebevoller mit dir selbst und anderen umzugehen, öfter auch einmal »Gnade vor Recht ergehen« zu lassen. Das heißt nicht, dass du lieblos oder hart wärst, sondern, dass du von dir und anderen anfangs zu viel erwartest und verlangst. Schraube den Level im Laufe der Jahre etwas herunter. Du schaffst es, das in deinem Alltag nach und nach praktisch umzusetzen und später mit mehr Liebe zu denken, zu sprechen und zu handeln. Als Belohnung werden sich einige Einschränkungen und Probleme wie von selbst lösen. Kleine Wunder und scheinbar plötzliche und überraschende Wendungen zum Positiven sind die Folge. Glaube daran!

JOY
Erzengel Zadkiel, Engeleigenschaft von Jehuel

Ein weiblicher Vorname aus dem Englischen, der wörtlich »Freude« bedeutet; manchmal inzwischen bei uns auch als männlicher Vorname im Gebrauch.

Das Lebensthema Nummer eins sagt natürlich schon dein Name aus. Deswegen hast du ihn dir ja auch gewählt, ihn also deinen Eltern »eingeflüstert«. Also: eine Unmenge Lebensfreude, Optimismus und viel Fröhlichkeit liegen auf deinem Weg und wollen auch so von dir zur Kenntnis und angenommen werden. Ersuche den Erzengel Zadkiel und Jehuel und alle deine Schutzengel, dir bei diesem – nicht so einfachen – Lebensprogramm zu helfen. Denn deine Devise lautet: Mir geht es gut, egal, was rundherum los ist und mir widerfährt. Familie und Freunde werden dir helfen. Lass deine positiven Lebensbegleiter zu und vergrabe dich nicht in dir selbst.

JUDITH (Judit)
Erzengel Raphael, Engeleigenschaft von Dubiel

Es gibt ein Buch Judit im Alten Testament. Der Name meint einfach »Jüdin«. Judit war eine Witwe, die Holofernes, den Feind Israels, ausschaltete.

Für dieses Leben hast du dir viele Aufgaben und Arbeiten vorgenommen. Vergiss dabei nicht, dass du auch immer wieder diese schöne Welt wahrnehmen und genießen darfst und sollst. Damit ist natürlich nicht endloses Faulenzen gemeint, aber auf jeden Fall brauchst du Ruhephasen, um wieder Kräfte zu sammeln und in deine Energie zu kommen. Verschaff dir während solcher Auszeiten wirklich die nötige Ruhe und vermeide alle Aktivitäten im Außen. Du darfst das, erlaube es dir! Nur so kehrst du zurück zu deiner vollen Kraft, nur so kannst du dich wirklich aufladen! Schalte alle belastenden Gedanken aus und versuche, diesen Tag hundertprozentig zu genießen. Ersuche deine Engel um Hilfe!

JULIA (Juliane und andere Formen)
Erzengel Metatron, Engeleigenschaft von Neriah

Ursprünglich bezeichnete dieser Name eine Frau aus dem Patriziergeschlecht der Julier, aus dem auch Julius Cäsar kam. Dieser

Stamm leitete seinen Namen von einem Enkel der Liebesgöttin Venus ab, von *Julus* oder *Iulus*.

Deine persönlichen Engel, Erzengel Metatron, Neriah und dein Schutzengel, haben für dieses Leben folgende Botschaft an dich: Befasse dich mit dir und deinen Vorfahren. Verbinde dich mit deiner Seelenfamilie, deiner Familie im geistigen Bereich, um diese Energie zu aktivieren. Wenn du Zeit hast, geh ab und zu auf den Friedhof zu deinem Familiengrab, oder stell dir das vor. Beobachte dich und deine Gefühle. Was kommt so an Gedanken und Themen an die Oberfläche? Bedanke dich bei deinen Ahnen für ihre Hilfe und Energie. Und ersuche sie in schwierigen Lebensphasen um ihre Unterstützung und Hilfe – sie werden dir helfen, die Steine aus dem Weg zu räumen! Glaub einfach daran!

JUTTA
Erzengel Zachariel, Engeleigenschaft von Baal
Es bleibt ungeklärt, ob dieser Name altnordischen Ursprungs ist und sich vom Stamm der Jüten ableitet, oder ob er eine Variante zum jüdischen Namen Judith (siehe dort) darstellt.

Das ist auf jeden Fall ein Name voller Stärke und Kraft, den du dir für dieses Leben ausgesucht hast. Als Grundthema hast du dir hierfür absolute Ehrlichkeit vorgenommen: Du willst sie selbst leben, aber auch bei anderen erfahren. Immer wieder wirst du mit dem Thema konfrontiert werden und mit verdeckten Wahrheiten zu tun haben. Das ist dein Lernprogramm, bis du es wirklich gut und optimal hinbekommst, damit umzugehen. Deine persönlichen Engel – der Erzengel Zacharial und Baal sowie alle persönlichen Schutzengel – werden dir dabei aktiv und mit viel Liebe helfen. Immer wieder darfst du einen Schritt weiter in neue Bereiche und Beziehungen gehen. Das Leben ist ein Abenteuer – nimm es als solches an!

KARIN (Karina, Carina)
Erzengel Sandalphon, Engeleigenschaft von Kadishim
Eine skandinavische Kurzform von Katharina mit einer eigenen Schwingung; Bedeutung siehe dort.

Immer wieder wirst du mit zwei Themen in diesem Leben konfrontiert, nämlich mit Heilen und Neubeginn. Binde deine persönlichen Engel, Erzengel Sandalphon und Kadishim und alle deine Schutzengel in deinen Alltag mit ein, denn ihre Hilfe wird dir einiges erleichtern und vieles auflösen. Behalte immer den Gesamtplan deines Lebens im Auge und verliere dich nicht in Details. Nimm dir immer wieder Zeit für detaillierte Bestandsaufnahmen und um neue Ziele und Pläne in Angriff zu nehmen. Du bist ein wichtiger Wegbegleiter für einige Menschen, die dich brauchen. Mit deinen besonderen Fähigkeiten und Begabungen darfst du vieles bewegen und verändern – tu es!

KATHARINA (Katja, Käthe, Kathrin und andere Formen)
Erzengel Uriel, Engeleigenschaft von Indra
Eine heilige Katharina gehört zu den vierzehn Nothelfern. Es ist unklar, ob in diesem Namen die griechische Göttin Hekate anklingt, die für die Zwischenwelten und die Zauberkunst »zuständig« war, oder ein griechisches Wort für »rein« und »aufrichtig«. Im Begriff Katharer, »die Reinen«, finden wir eine gewisse Parallele.

In erster Linie hast du dir für dieses Leben vorgenommen, Missverständnisse und Irritationen, die dich schon eine Weile begleiten, aufzulösen. Dazu gehören auch Themen aus vorigen Leben. Immer wieder werden sich Menschen in deinem Umfeld zur Verfügung stellen, damit du dieses Lebensprogramm auch erfüllen kannst. Das ist nicht einfach, aber du hast ein großes Seelen- und Wissenspotenzial hierher mitgebracht, das du abrufen und nutzen kannst. Ersuche auch deine persönlichen Engel, den Erzengel Uriel sowie deinen Schutzengel und Indra um Hilfe in deinem Leben. Schritt für Schritt gehst du einen immer liebevolleren und klareren Weg. Du bist eine großartige und helle Seele!

KAY (Kai)
Erzengel Uriel, Engeleigenschaft von Zuriel
Dieser Name kann sowohl eine Frau als auch einen Mann bezeichnen. Im deutschen Sprachgebrauch wird er meist als männlicher Vorname angesehen, im Englischen überwiegend als weiblich. Vielleicht ist Kai bzw. Kay eine Kurzform von Katharina.

Zu erkennen, dass alle Menschen eine leuchtende Seele sind – das ist dein Motto und wichtigstes Lebensthema. Deine Engel sagen dir: In erster Linie möchtest du erkennen, dass du eine leuchtende Seele bist, also den göttlichen Funken in dir trägst. In diesem Leben willst und kannst du Mauern niederreißen, die dich von dir selbst und anderen trennen. Bitte deine persönlichen Engel, die dir an die Seite gestellt sind und dich begleiten, dich selbst und andere zu spüren und auch zu verstehen. Nach und nach heilst du damit deine Seele von alten Verletzungen und Einschränkungen und kannst das auch auf deine Menschen im näheren und weiteren Umfeld ausdehnen.

KIM

Erzengel Zachariel, Engeleigenschaft von Phaleg

Kurzform vom Kimberley bzw. von Kimball; ein Vorname, der durch die Filmschauspielerin Kim Novak auch bei uns weithin bekannt wurde. Inzwischen auch als männlicher Vorname im Gebrauch.

Du hast dir vorgenommen, in diesem Erdenleben zu lernen, deine Gefühle zuzulassen und zu leben. Damit aktivierst du verstärkt deine weibliche Seite, die in einigen bisherigen Leben sehr vernachlässigt wurde. Fühlen statt denken, spüren statt handeln, das hast du dir zur Devise gemacht. Kein leichtes Programm, aber auf jeden Fall wirst du es gut schaffen, wenn du es ernsthaft und von Herzen willst. Auf deinem Weg zur Meisterschaft helfen dir alle Engel, die dir zur Verfügung und zur Seite stehen – in erster Linie natürlich der Erzengel Zachariel, Phaleg und dein persönlicher Schutzengel. Wenn du diesem einen Namen gibst, wird die Verbindung noch enger, und er kann dir noch besser helfen. Tu es!

KIRA

Erzengel Chamuel, Engeleigenschaft von Daniel

Es gibt dazu eine Ableitung vom Russischen und eine vom Irischen. Die russische Linie geht auf das altgriechische Wort *kyria,* »Herrscherin« zurück; die irische Linie auf *ciara,* »die Dunkle« bzw. »die Dunkelhäutige«.

Du willst eine Vielzahl von Aufgaben in diesem Leben erfüllen. Das geht quer durch alle Lebensthemen, und du darfst das meiste erst einmal kurz anschauen und dann die Vorbereitungen für die wirkliche Arbeit treffen. Damit hast du dir ein interessantes und abwechslungsreiches Erdenleben in einem für dich passenden Körper ausgesucht. Versuche, alle drei Ebenen (Körper, Geist und Seele) ausgewogen und positiv zu leben. Genieße alle schönen Tage, die du geschenkt bekommst. Achte auf Botschaften und Hinweise deiner Engel, und höre verstärkt auf deine innere Stimme, deine Herzenergie! Dann weißt du auch immer, welches Thema sich als Nächstes für dich stellt. Du erschaffst dir dein Leben, und du bestimmst deine persönliche Entwicklung – niemand sonst!

KIRSTEN (Kerstin und andere Formen)
Erzengel Uriel, Engeleigenschaft von Dina
Der Name ist aus einer skandinavischen Abwandlung von Christine entstanden; er kann als »Kirsten« sowohl für Frauen als auch für Männer verwendet werden.

Dein Hauptthema ist, dir selbst treu zu bleiben. Voraussetzung Nummer eins dafür ist, verstärkt und wirklich echte Geduld mit dir zu haben und deinen Humor zu leben. Schau dich um: Was gibt es an Spaß und Entspannung in deinem Umfeld? Welche Möglichkeiten, um zu lachen oder den Alltag entspannt loszulassen? Mit wem kannst du Spaß und Freude erleben? Nimm dir immer wieder Zeit für eine Mütze voller Lebensfreude und ein herzliches Lachen. Lass dein Inneres Kind neben dir gehen, befreie es aus seiner Isolation – lass kleinere und größere Wunder zu. Wenn du das schaffst, gehst du leichter durch dieses Leben.

KLARA (Clara)
Erzengel Zadkiel, Engeleigenschaft von Baruch
Aus dem lateinischen Wort *clarus*, »die Leuchtende«, »die Helle« bzw. »die Berühmte«. Bekannte Namensträgerin war die heilige Klara von Assisi, die Gefährtin des heiligen Franziskus.

Wenn dich deine Engel vor der Inkarnation nicht gebremst hätten, was hättest du dir noch alles aufgeladen?! Immer wieder werden sich Aufgaben zeigen, die auf deinem Lebensweg liegen und scheinbar unlösbar aussehen. Lass dich nicht entmutigen – alles, was du für deinen Weg brauchst, hast du mitbekommen, deine geistigen Helfer haben es dir mitgegeben. Und dann: Du hast ein unglaubliches Seelenpotenzial und viel bisheriges Wissen, was du jederzeit abrufen kannst und darfst. Vergiss nicht: Alles, was du brauchst, ist in dir, und du kennst bereits alle Situationen und Aufgaben, die sich dir jetzt gerade stellen. Deine Engel sind an deiner Seite und nehmen dich an der Hand, wenn es schwierig wird. Du schaffst alles!

KLAUDIA (Claudia)

Erzengel Michael, Engeleigenschaft von Asmodel

Klaudia bzw. Claudia war vor allem ab den fünfziger bis zu den achtziger Jahren des letzten Jahrhunderts ein sehr populärer Taufname. Einige Male kam er in der deutschsprachigen Statistik sogar auf den ersten Platz. Er geht zurück auf die römische Patrizierfamilie der Claudier, als *Claudii* bzw. *gens Claudia,* die ab dem vierten vorchristlichen Jahrhundert auf die Bühne der Geschichte trat. In der Geschichte finden wir Claudia Procula, die Frau des Pontius Pilatus, mit diesem Namen. Bekannte Namensträgerinnen unserer Zeit sind bekanntlich Claudia Cardinale und Claudia Schiffer. Im Norddeutschen oft auch Klaudia; im Russischen Klawdija.

Nicht umsonst hast du den Erzengel Michael als Begleiter für diesen Namen ausgewählt. Hilft er dir doch immer wieder, deine Berufung zu leben. Du hast ein unglaubliches seelisches Potential in dir, das in diesem Leben voll und ganz zur Entfaltung gebracht werden will. Nutze deine Intuition und alle diesbezüglichen Möglichkeiten, um auf der Herz- und Gefühlsebene deine Entscheidungen zu treffen. Du hast dich als Vorbild für viele Menschen in deinem Umfeld zur Verfügung gestellt. Diese Aufgabe wirst du ab der zweiten Lebenshälfte aktiv und optimal umsetzen können. Lass dich nicht entmutigen oder verunsichern – du gehst deinen Weg unbeirrbar und mit der liebevollen Führung all deiner Engel! Spüre sie neben dir!

LARISSA
Erzengel Jophiel, Engeleigenschaft von Astarte
Eine Nymphe gleichen Namens ist aus der griechischen Mythologie bekannt. Sie weigerte sich, die Geliebte des Zeus zu werden und stürzte sich lieber ins Meer – wurde jedoch vom Meeresgott Poseidon wieder an Land gespült.

Für dieses Leben hast du dir vorgenommen, einen Schritt weiter mit den Themen Würde und Weisheit zu kommen. Dadurch erhöhst du wie nebenbei deine Wertigkeit und Selbstachtung. Der Erzengel Jophiel, Astarte und alle deine Schutzengel helfen dir bei diesem nicht so einfachen, aber sehr interessanten Lebensprogramm. Sie zeigen dir in Alltagssituationen, wie du optimal mit dir selbst umgehen und dich bewusst gegen Krafträuber sowie negative Situationen und Themen schützen kannst. Wenn du dich mit ihrer wunderbaren und hilfreichen Energie verbindest, werden sie sofort an deiner Seite sein und dich in lichte und liebevolle Energie einhüllen. So lernst du, Schritt für Schritt gesunde und notwendige Grenzen zu setzen.

LÄTIZIA (Läticia, Letizia)
Erzengel Jophiel, Engeleigenschaft von Galizur
In diesem Namen kommt das lateinische Wort für »Freude« und »Fröhlichkeit« zum Ausdruck – der »grundlosen Freude«.

Du möchtest in diesem Leben wann immer möglich alles von der positiven Seite sehen und immer das Beste aus jeder

Situation machen. Dabei darfst du auch die Sonnenseiten in deinen Alltag integrieren und genießen. Fülle ihn immer öfter mit Fröhlichkeit und Lachen, mit lieben Menschen und schönen Begegnungen. Geh hinaus und umarme dich und die ganze Welt! Öffne dich für Wunder! Das ist die heutige Botschaft deiner persönlichen Engel, und natürlich geht dein Schutzengel immer an deiner Seite und nimmt dich an der Hand, wenn es dir einmal nicht so gut gehen sollte. Lass seine Hilfe und Energie zu.

LAURA (Lauretta, Lauredana)
Erzengel Uriel, Engeleigenschaft von Cassiel

Der Name geht auf den lateinischen Begriff für »Lorbeer« zurück; so ist diese Frau also vielleicht »eine Siegerin« oder eine »mit Lorbeer Geschmückte«.

Ein interessantes Programm erwartet und fordert dich in diesem Erdenleben. Dabei wirst du Schritt für Schritt erfolgreich in deiner persönlichen – vor allem geistig/seelischen Entwicklung weiterkommen können und dürfen. In nicht so positiven Lebensphasen kannst du dir von Mutter Erde und der Natur helfen lassen. Auch wenn du immer wieder Stress hast oder das Wetter nicht mitspielt: Überwinde dich, und geh wenigstens ein paar Minuten in den Garten, in den Park oder in den Wald. Spüre dort die Naturgeister, die kleinen Helfer der Engel. Lade einige ein, dich in dein Heim zu begleiten und bei dir zu bleiben, bis es dir wieder besser geht. Zusammen mit deinen Engeln können sie dir verstärkt und sehr aktiv helfen. Nach und nach wirst du sie spüren und eventuell sogar sehen.

LAVINIA
Erzengel Zadkiel, Engeleigenschaft von Pasiel

Die gleichnamige Tochter des Königs Latinus heiratete Änäas, den Stammvater der Römer, obwohl sie einem anderen König versprochen war. Dieser benannte die Stadt Lavinium nach ihr.

Bewusst Erfahrungen machen: Das ist dein erstes und wichtigstes Thema in diesem Leben. Du kannst hier einige Lernprogramme erfolgreich absolvieren. Dafür hast du auch alles an Fähigkeiten und Wissen in dieses Leben mitgenommen, alles, was du für die Umsetzung von deinen Plänen und Zielen brauchst. Immer, wenn du etwas auflösen möchtest, dann mach es nicht halbherzig, sondern mit vollster Überzeugung. Alles, was du mit Hingabe und Herzenergie machst, wird auch erfolgreich sein. Nach und nach erkennst du, wie du deine Seelenenergie leben kannst und was nur an der Oberfläche geschieht. Bekräftige Vorhaben und Themen, die in die Tiefe gehen und dir Kraft und Liebe geben. Lebe deine innere Kraft – denn du hast eine Menge davon!

LEA
Erzengel Zachariel, Engeleigenschaft von Duma
Eine mögliche assyrische Wortwurzel deutet auf »die Herrscherin« hin, eine hebräische auf »die Wildkuh«. Wieder eine andere Ableitung bietet »die sich bemüht« an.

Dein Schutzengel arbeitet mit dem Erzengel Zachariel und dem Engel Duma zusammen, und alle drei unterstützen dich nach besten Kräften in diesem Leben. Du hast dir viel vorgenommen, und einiges wirst du dir erarbeiten, ein wenig auch erkämpfen müssen. Das erfordert Ausdauer, Mut und viel Geduld – alles Qualitäten, die du auch in dir hast und jederzeit aktivieren kannst. Wenn du dich wirklich bemühst, ehrlich und mit all deiner Seelenkraft, werden sich sämtliche Blockaden und Steine auf deinem Weg lösen bzw. beseitigen lassen. Lass dich von deinem Umfeld nicht verunsichern – du bist eine starke und wunderbare Seele, die viel Liebe und Licht in sich trägt. Lass es nach Außen strahlen!

LEONIE (Leoni)
Erzengel Haniel, Engeleigenschaft von Och

Der Name geht auf das Wort *leo,* »Löwe« zurück. Manchmal versteht man ihn jedoch auch als eine Kurzform von Eleonore.

Unwohlsein und Beschwerden heute sind eine Folge von unserem Verhalten gestern und früher. All deine persönlichen Engel – Erzengel Haniel und Och sowie deine Schutzengel – sagen dir: Immer wieder solltest du mit deiner Familie oder mit Freunden spontan etwas unternehmen. Achte auf Impulse, sie zeigen dir eine gute Richtung und etwas Neues. Wenn du bewusst Zeit mit deinen Lieben verbringst, wird eure seelische Verbindung stärker und enger. Dadurch lösen sich Missverständnisse und karmische Aufgaben, die du diesbezüglich hierher mitgenommen hast. Du wirst zu neuen Erkenntnissen gelangen und vieles in deinem näheren Umfeld abrunden können – es ist wie ein Kreis, der sich schließt.

LESLEY (Leslie)
Erzengel Gabriel, Engeleigenschaft von Kmiel

Name eines prominenten schottischen Clans, der entweder auf einen Herrschaftssitz, zum Beispiel eine Burg, hinweist oder auf einen Holundergarten.

In diesem Leben hast du dir in erster Linie vorgenommen, auf dein inneres (Seele) und auch äußeres Zuhause zu achten und es nach besten Kräften zu pflegen und in Ordnung zu halten. Der Erzengel Gabriel, Kmiel und all deine Schutzengel sind neben dir und zeigen dir Unmengen von Chancen und Möglichkeiten dafür. Lass ihre Hilfe zu, und wähle jeden Tag neu, was dir guttut bzw. was du vermeiden und aus deinem näheren Umfeld ausgrenzen kannst. Je liebevoller du mit dir selbst umgehst und je bewusster du negative Energien vermeidest (alles, was dir schadet, dich blockiert oder einschränkt), umso wohler wirst du dich in und mit dir selbst fühlen. Lebe deine ureigene positive Kraft!

LIESELOTTE (Lilo)
Erzengel Uriel, Engeleigenschaft von Turel
Eine Zusammenziehung aus den Vornamen Elisabeth und Charlotte (siehe jeweils dort).

Du hast für dieses Leben geplant, dein ganzes Seelenpotenzial, deine bisher erschaffene und diesmal mit zur Erde gebrachte Kraft hier und jetzt zu leben. Du kannst damit nur gewinnen. Natürlich brauchst du nicht alles allein zu machen. In dem Moment, in dem du den Erzengel Uriel, Turel und deine persönlichen Schutzengel um Hilfe und Unterstützung bittest, werden sie dein Seelenpotenzial aktivieren, und du wirst dich wundern, was da alles enthalten ist: eine Unmenge von neuen Möglichkeiten und auch die Energie und alle Ideen, um diese zu verwirklichen. Du wirst auf deine ganz persönliche Art und Weise zum Erfolg kommen – immer und überall!

LILIANA
Erzengel Chamuel, Engeleigenschaft von Asrael
Vielleicht ist »Lilie« eine Wurzel dieses Namens; die Herkunft ist jedoch nicht eindeutig geklärt.

Der Mensch denkt, Gott lenkt – aber die Engel begleiten uns immer. Als Grund- und Kernthema hast du dir mit diesem Namen für das jetzige Erdenleben vorgenommen, alte Muster und Themen endgültig hinter dir zu lassen und in neue Energien zu gehen. Voraussetzung dafür ist, dass du dir selbst alles verzeihst, was du dir in den verschiedensten Bereichen bislang vorwirfst oder noch immer mit dir herumträgst. Bitte deine Engel (vor allem Erzengel Chamuel und Asrael) immer wieder darum, dass du wieder staunen und Urvertrauen leben kannst wie ein Kind, und lass dich von deinem Schutzengel ein Stückchen tragen. Er macht das gern, denn er liebt dich.

LIV
Erzengel Raguel, Engeleigenschaft von Samiel

Ein Name aus dem Altnordischen, für den zwei Wurzeln infrage kommen: *liv,* »Leben«, oder *hlif,* »Schutz«, »Verteidigung«.

Alles hat seine Zeit, das Wissen und das Nichtwissen, das Ahnen und das Warten. Ein wichtiges Thema in diesem Leben ist, dass du dir selbst keinen Druck machst. Wenn du dir und deinen Fähigkeiten vertraust, wirst du alle Aufgaben und Lernprogramme, die du dir vorgenommen hast, Schritt für Schritt mit Leichtigkeit beginnen und in der Folge positiv erledigen können. Lass dich von kleinen Rückschlägen nicht entmutigen und glaube an dich selbst. Spüre dein inneres Potenzial, das sich immer wieder bemerkbar macht und gelebt werden will. Lehne dich in anstrengenden und belasteten Phasen zurück, entspanne dich, und lass auch wieder deine innere Stimme, dein Urwissen, zu.

LOLA
Erzengel Jophiel, Engeleigenschaft von Derdekea

Dieser Name wurde durch Marlene Dietrichs Verkörperung einer Lola im Film »Der Blaue Engel« berühmt-berüchtigt, nachdem er schon durch eine »verruchte« Geliebte des bayerischen Königs Ludwig I. ein knappes Jahrhundert vorher Furore gemacht hatte. Lola gilt auch als Kurz- bzw. Koseform für so unterschiedliche Vornamen wie Dolores, Charlotte, Fabiola und Leonora.

In erster Linie hast du dir für dieses Leben vorgenommen, mit dir selbst und im engsten Umfeld deiner Familie und deiner Freunde vieles zu klären und Ordnung zu schaffen. Das betrifft nicht nur die verschiedensten Beziehungen, sondern auch die Art, wie man wann mit wem was ausspricht – insbesondere wenn es in deiner Familie oder im Freundeskreis einen speziellen Menschen gibt, mit dem du dich schwertust. Vielleicht spiegelt er dir etwas, was du an dir selbst nicht magst, oder er ist so komplett verschieden zu dir, dass du vor einem Rätsel stehst. Ersuche all deine persönlichen Engel und deinen Schutzengel, dir zu zeigen, wie du dir und anderen gegenüber in die Liebe gehen kannst. Nach und nach wirst du Hintergründe sehen, erkennen und akzeptieren dürfen.

LUCIA (Luzia, Luz und andere Formen)
Erzengel Jophiel, Engeleigenschaft von Irin

Das lateinische Wort *lux*, »Licht«, hat hier Pate gestanden. Lucia ist also »die Lichtvolle« oder »die Leuchtende«. Der Namenstag der heiligen Luzia fiel auf den Tag der Wintersonnenwende, der bis zur Kalenderreform im 16. Jahrhundert am 13. Dezember gefeiert wurde.

Stell dein Licht nicht unter den Scheffel – das ist definitiv dein vorrangiges Lebensmotto. Du bist hierhergekommen, um zu glänzen, zu leuchten und zu strahlen. Erlaube dir das, und lass dich von deinem näheren Umfeld nicht entmutigen oder verunsichern. Immer wieder wirst du in diesem Leben von Neidern oder missgünstigen Menschen umgeben sein, durch die du diese Lebensaufgabe erfolgreich meistern wirst. Denn das hast du dir wirklich vorgenommen: dein inneres Licht, deine Seelen- und Herzkraft zu aktivieren und andere daran teilhaben zu lassen. Lass dich nicht in die Ecke drängen oder durch Kritik und Unverständnis schwächen und kränken. Das ist dein Weg – gehe ihn zuversichtlich und unverdrossen, du bist eine starke und wundervolle Frau. Nimm deine Kraft an, und lebe sie!

LUDMILLA
Erzengel Zachariel, Engeleigenschaft von Vretil

Ein slawischer Name, in dem die Worte für »Gnade« und »Güte des Volkes« enthalten sind.

Du bist ein recht starker, eigenständiger und unabhängiger Mensch. Lebe das auch. Denn ein Kernthema in diesem Leben ist, dass du dich von Einschränkungen und Bevormundungen befreist und deinen Weg selbst bestimmst und auch gehst. Mit allen Engeln, die dir dabei helfen (vor allem Erzengel Zachariel und Vretil, aber auch dein Schutzengel) darfst du deinen Alltag in die Hand nehmen und aktiv und nach deinem inneren Gefühl weitere Schritte und Entscheidungen setzen. Du hast dein Leben und deine Entwicklung in der Hand – wer sonst? Und wer sollte dir da Vorschriften machen dürfen? Niemand, nur du! Lebe dieses Leben aus dem Herzen heraus, also mit Hingabe und Begeisterung. Mach nichts halbherzig oder nur weil du es für andere sollst! Sie werden es dir nicht danken, und du kommst nicht weiter.

LUISE (Louise, Luisa und andere Formen)
Erzengel Zachariel, Engeleigenschaft von Teiael
Eine weibliche Form zu Ludwig oder eine Ableitung von Aloisia. Im ersten Fall finden wir Begriffe wie »berühmt« und »Krieg«; im zweiten »sehr weise« oder »die Weise«.

Du hast dir für dieses Leben als sehr wichtiges Thema ausgesucht, deine innere und in den bisherigen Leben erworbene Weisheit zu leben und auch weiter wachsen zu lassen. Daran darfst du deine persönlichen Engel mithelfen lassen. Vor allem Erzengel Zachariel, Teiael und all deine dir zugeteilten Schutzengel werden an deine Seite eilen und dir mit viel Freude und Liebe unter die Arme greifen. Viele Botschaften werden zu dir kommen, und nach und nach wirst du ihre Bedeutung verstehen. Auch wenn sich manche Lebensphasen etwas chaotisch und anstrengend anfühlen – sie schauen schwieriger aus, als sie dann letzten Endes sind. Öffne dich für dein altes Wissen, das in dir schlummert und dir neue Türen und Bereiche öffnen kann. Als Geschenk bekommst du immer wieder Phasen von innerer Heiterkeit und Ausgeglichenheit – Glück und Liebe eben!

LUITGARD
Erzengel Chamuel, Engeleigenschaft von Phaleg

Die althochdeutschen Wurzeln dieses Vornamens bedeuten »Beschützerin des Volkes«. Von *liut,* »Leute«, und *gard,* »Schutz« (und auch Vorläufer von »Garten«).

Mit diesem Namen hast du dir ein sehr abwechslungsreiches, aber auch relativ anstrengendes Lebensprogramm vorgenommen. Natürlich hast du auch eine Menge körperliche Kraft und viel Seelenenergie in deinen »Rucksack« gepackt, um das schaffen zu können. Aber ganz gleich, was sich so an Aufgaben und Arbeiten auftut: Immer wieder solltest du in deinem Alltagstrott innehalten und in dich hineinfühlen. Schau dir die aktuelle Lebensphase genau an: Was macht dich glücklich und was nicht? Mach die Augen zu und aktiviere deine Seelenenergie. Welche Bilder steigen vor deinem geistigen Auge auf? Was möchtest du in dein Leben integrieren, was daraus entfernen? Beginne immer wieder neu, sonst verlierst du dich in deinen Pflichten. Vergiss niemals, was deine Seele braucht!

LYDIA
Erzengel Raguel, Engeleigenschaft von Abdiel

Ein Vorname aus Griechenland, der »die Frau aus Lydien« bedeutet. Die Lyder waren ein Volk, das an der Westküste der heutigen Türkei gegenüber von den Inseln Samos und Lesbos siedelte.

Mit diesem Namen hast du dir in erster Linie vorgenommen, das Leben auch zu genießen und seine Schönheiten und Vorteile wahr- und anzunehmen. Das ist natürlich nicht immer einfach, da eine Menge Herausforderungen und Programme auf dich warten und erfüllt werden wollen. Trotzdem sollte immer wieder Platz für Freude, Leichtigkeit und Glücksgefühle in deinem Alltag sein. Vergönn und nimm dir das – denn es liegt auf deinem Weg und ist demzufolge auch erfüllbar und wichtig für dich. Körper, Geist und Seele wollen ausgewogen von dir gelebt werden. Wenn du das mithilfe deiner Engel schaffst, allen voran Erzengel Raguel und Abdiel, aber natürlich auch deine Schutzengel, wirst du gesund und munter deinen Weg gehen können.

ℳ

MAGDALENA (Madeleine, Magda, Lena)
Erzengel Zadkiel, Engeleigenschaft von Zophiel

Der Name bedeutet zunächst »die Frau aus Magdala«, wohl aber auch »die Erhabene« und als Übersetzung von Magdala »der Turm«. Berühmteste Namensträgerin ist sicher Maria Magdalena, die Zeugin des auferstandenen Jesus Christus wurde und von vielen Menschen nicht nur als eine der wichtigsten Jüngerinnen Jesu, sondern auch als seine Lebensgefährtin betrachtet wird.

Auch wenn du dir ein relativ intensives Lebensprogramm mit einer Menge Lernaufgaben und einem anstrengenden Weg vorgenommen hast: Bleib ruhig und zuversichtlich. Du hast hierher alles mitgebracht, um es auch gut zu schaffen. Manche Probleme und Einschränkungen werden sich wie von selbst lösen – schwierige Programme werden zum Positiven hin »kippen«, wenn du innerlich gelassen und heiter bleibst. Immer wieder ruft dich die Natur – du hörst ihren Ruf über deine Seele, deine innere Stimme. Höre auf diese Botschaft, denn überall, wo deine Füße Mutter Erde berühren, wirst du sofort Hilfe und Unterstützung bekommen. Nach ein paar Minuten wird es dir besser gehen, und alles Belastende wird sich lösen können. Mach Augen und Ohren, alle Sinne, auf, und empfange die Informationen der Natur. Alle Naturwesen und Engel werden dir die Hand reichen.

MAJA

Erzengel Zachariel, Engeleigenschaft von Anafiel

Aus dem lateinischen Wort *maius*, »größer«, damit »die Höhere«. Maja war auch eine der sieben Plejaden (die nach der indianischen Kosmologie wie Schöpfergöttinnen sind), die älteste Tochter des Titanen Atlas und Mutter des Götterboten Hermes, der aus ihrer Verbindung mit Zeus entsprang.

Du hast dir kein ruhiges Leben ausgesucht. Das würde dich auch gar nicht weiterbringen in deiner Seelenentwicklung. Und in dieser Beziehung hast du dir eine Menge vorgenommen. Dementsprechend hast du dir auch einen sehr starken Namen gewählt mit einer Ur-Frauenenergie, die dir auf deinem Weg helfen wird. In diesem Leben wird es immer wieder auf und ab gehen, wie auf einem Boot bei höherem Wellengang. Lass dich dadurch nicht verunsichern, und bleib zuversichtlich. Nach einem Tiefpunkt geht es auch wieder bergauf. Nimm deine Aufgaben und Herausforderungen mit Offenheit und Neugierde an. Dieses Erdenleben ist in erster Linie ein echtes Abenteuer und steckt voller (vor allem positiver) Überraschungen! Du schaffst alles, wenn du es wirklich willst!

MANUELA (Emanuela, Emanuelle)

Erzengel Jophiel, Engeleigenschaft von Barman

Weibliche Form von Immanuel, das auf hebräisch »Gott ist mit uns« bedeutet.

Als Lebensthema Nummer eins hast du dir vorgenommen, mit diesem Namen weibliche Sanftmut, Geduld und liebevolles Mitgefühl zu leben. Das bedeutet jedoch nicht, dass du in die Opferrolle oder Selbstaufgabe gehst. Du hast nämlich eine Menge Kraft und Zähigkeit in dieses Leben mitgebracht – beide helfen dir ganz entscheidend bei deinen nicht ganz einfachen Aufgaben. Immer wieder wirst du an die Grenzen gehen – auf allen drei Ebenen (also körperlich, geistig und seelisch). Wenn das passiert, dann unterbrich ganz bewusst diese Spirale, und nimm dir eine kurze Auszeit. Das darfst du, und es ist sogar wichtig, um wieder zu dir zurückzukommen, dich zu spüren. Erlaube dir Pausen und Erholungsphasen – mute dir nicht zu viel zu und teil dir deine Kraft gut ein!

MARA
Erzengel Haniel, Engeleigenschaft von Fanuel
Dieses Wort taucht in verschiedenen Sprachen in unterschiedlicher Bedeutung auf. Vor allem im Hebräischen mit der Bedeutung »bitter-süß« und als Name der lettischen Erdgöttin.

Liebe – und alles ist gut oder wird rasch gut. Diese Satz gilt als Motto in diesem deinen Erdenleben. Du hast dir vorgenommen, in erster Linie deine weibliche Seite, die Gefühlsseite, zu leben. Als zweites Thema möchtest du aber auch sehr vieles endgültig klären und komplett abschließen. Das erreichst du vor allem durch Aussprechen und Offenheit. Bitte all deine persönlichen Engel (Erzengel Haniel, Fanuel und deine persönlichen Schutzengel), dir immer wieder ihren starken und wunderbaren Schutz zu schenken, damit dir alles, was du neu anpackst, auch wirklich gelingt. Stell die Liebe über alles, was du fühlst, denkst, sprichst und tust. Das ist ein anspruchsvolles, aber auch wunderbares Lebensprogramm. Erfülle es!

MAREIKE (Marika)
Erzengel Gabriel, Engeleigenschaft von Isaak
Wohl eine veränderte Form von Maria (siehe auch dort); vor allem im niederdeutschen Sprachraum verbreitet.

Du hast vor allem viel Kraft, Stärke, aber auch Zartheit in dieses Leben mitgebracht. Mit diesem Namen hast du dir natürlich das genau passende Programm dazu ausgesucht, nämlich deine Potenziale auch wirklich zu leben und einzusetzen. Jedoch hast du dir vorgenommen, dir selbst auf diesem Weg möglichst wenig Druck zu machen. Nach und nach wirst du lernen, deine Energien und Kräfte ideal zu aktivieren, dabei jedoch alles los- und fließen zu lassen. Du willst und kannst die Ziele im Auge behalten, ohne dich auf ein Ergebnis zu fixieren. Das ist es, wo du nach und nach hinkommen willst und auch wirst. Denn es besteht absolut kein Zweifel, dass du das schaffst. Das ist die Botschaft deiner Engel!

MARGARETA (Magarethe, Greta, Grete, Grethe)
Erzengel Zadkiel, Engeleigenschaft von Seraphiel
Ein Name, der aus dem Griechischen stammt, wo dieses Wort »Perle« bedeutet; davor aus Persien in der Bedeutung »Kind des Lichts« und aus dem Sanskrit als »Blütenkranz«.

Du hast dir für dieses Leben vorgenommen, alle Lebewesen in der Natur, also Pflanzen und Tiere, besonders zu lieben und sie zu unterstützen, wenn sie Hilfe brauchen. Du bist zudem ein sozialer und engagierter Mensch mit einer starken und wunderbar lichtvollen Seele und darfst dein ganzes diesbezügliches Potenzial aktivieren. Sei es für einen alten Menschen in deinem Umfeld, ein Kind oder Bedürftigen – immer wieder werden sich soziale Aufgaben und Programme zeigen. Wenn möglich wirst du natürlich auch ein Haustier oder mehrere bei dir aufnehmen, oder es werden ähnliche Projekte auf dich warten. Geh sie mit Begeisterung und aus vollstem Herzen an, dann bekommst du eine Menge Liebe zurück. Deine Engel sind immer an deiner Seite!

MARGIT (Margret, Margrit, Margot und andere Formen)
Erzengel Chamuel, Engeleigenschaft der Dakini
Abwandlung von Margareta mit einer anderen Namensschwingung.

Du hast dir in dieses Leben eine ganz spezielle Lebensaufgabe mitgenommen. Da gibt es ein Thema oder ein Problem, mit dem du dich schon über einen langen Zeitraum hin beschäftigst und das in vergangenen Leben begründet ist). Richte nicht all deine Gedanken und deinen Alltag nach diesem Thema aus. Egal, ob du dich mit einer schwierigen – über Jahre dauernden Partnerschaft – herumschlägst oder es sich um einen anderen Bereich handelt: Schalte zwischendurch auch ab, immer mal wieder. Ersuche all deine Engel, dir dabei zu helfen, damit du dich nicht festbeißt und fixierst. Denn nur wenn du gedanklich und gefühlsmäßig beweglich bleibst, wirst du einen Schritt nach dem anderen hin zur Lösung dieser Aufgabe machen können. Du wirst das souverän schaffen!

MARIA (Marie)

Erzengel Zadkiel, Engeleigenschaft von Cabriel

Im Hebräischen Mirjam, im Arabischen Maryam. Mirjam war die Schwester von Moses und galt selbst als Prophetin. Eine mögliche Bedeutung kann interessanterweise auch »die Widerspenstige« sein. Maria ist nicht nur die Mutter Jesu, sondern nach der Überzeugung mancher Gnostiker und Mystiker »Mit-Erlöserin« und christliche Vertreterin der antiken Schöpfungsgöttin. Am 8. September feiern Gläubige Maria Geburt, am 12. September »Maria Namen« (im Andenken an den Sieg über die Türken 1683 vor Wien auf Geheiß von Papst Innozenz XI. eingeführt), am 8. Dezember die Sündlosigkeit Marias, am 2. Februar Maria Lichtmess und am 15. August Maria Himmelfahrt. Es gibt daneben zahlreiche weitere Marienfeste.

Natürlich hast du dir diesen Namen selbst ausgesucht – nämlich bevor du in dieses Erdenleben hier inkarniert bist. Damit hast du dir aber auch den energetisch stärksten und liebevollsten Frauennamen gewählt. Du hast so neben dem Geschenk der wunderbaren Energie auch die Entscheidung für ein anspruchsvolles Lebensthema getroffen, nämlich: bedingungslose Liebe zu leben. Alle Engel und Helfer, die du für dieses Programm brauchst, sind an deiner Seite, vor allem natürlich Erzengel Zadkiel und Cabriel. Du hast alles hierher mitgebracht, was du benötigst, um allumfassende Liebe dir und allen Lebewesen geben, aber auch von ihnen annehmen zu können. Spüre die liebevolle Energie deines Herzens und deiner Seele und lass sie zu anderen fließen – und zu dir selbst!

MARIANNE
Erzengel Chamuel, Engeleigenschaft von Fanuel
Ein verbreiteter Name, der aus Maria und Anna gebildet wird (siehe jeweils dort). In Frankreich Symbol für die Freiheit und für das ganze Land.

Du hast für dich geplant, dich in diesem Leben von vielem zu befreien, was dich einengt. Bevor das jedoch möglich ist, gehört noch mit aller Entschlossenheit und Ausdauer das eine oder andere Thema positiv und endgültig beendet. Erst dann wirst du deine Ziele erreichen und Erfolg haben, egal, in welchem Lebensbereich. Immer wieder darfst du eine Bestandsaufnahme machen und dir darüber klar werden, was du weiter verfolgen oder neu beginnen willst. Dann kannst du die nächste Lebensaufgabe in Angriff nehmen und den nächsten Schritt auf deinem Weg gehen. Ersuche Erzengel Chamuel, Fanuel und deinen Schutzengel dir dabei zu helfen – sie sind deine persönlichen Engel!

MARIETTA
Erzengel Chamuel, Engeleigenschaft von Hasiel
Verkleinerungs- und Koseform von Maria, aber doch mit einer eigenen Schwingung.

Vor allem hast du dir deinen Namen als »Programm« gewählt – auch wenn ihn deine Eltern scheinbar für dich ausgesucht haben. Du hast dir als Hilfe mitgenommen, dass du deine Entscheidungen förmlich »im Schlaf« treffen darfst und kannst. Denn deine persönlichen Engel Erzengel Chamuel, Hasiel und deine Schutzengel dürfen mit deiner Seele arbeiten, während du schläfst. Dabei werden Grenzen, die du dir selbst geschaffen hast, erweitert und gelöst. Als Folge wird dein altes Wissen aktiviert, und deine Seele erkennt den von ihr gewählten Lebensweg klar und deutlich. Blockaden lösen sich, und du weißt im Zustand des Wachbewusstseins ganz genau, wo und wie du den nächsten Schritt gehen kannst.

MARISA (Marise)
Erzengel Metatron, Engeleigenschaft von Anael
Eine weitere Ableitung von Maria, aus dem Italienischen.

Du hast dich entschieden, in diesem Leben die Meisterschaft über dich selbst zu übernehmen. Das heißt: Du entscheidest eigenverantwortlich und unabhängig, und niemand kann dich irritieren oder von deinem Lebensprogramm abbringen. Das fühlt sich jetzt gerade vielleicht noch nicht so an für dich, doch bist du schon mitten in diesem Thema. Lass dich nicht verunsichern und kleiner machen, als du tatsächlich bist. Denn eine Unmenge Seelenkraft und Herzensenergie stecken in dir. Nimm dein Leben in die Hand, auch wenn du manchmal an dir selbst zweifelst – das ist menschlich. Übergib alle Unsicherheiten deinen persönlichen Engeln, die immer an deiner Seite sind. Werde der Meister in deinem Leben! Nichts und niemand kann und wird dich aufhalten!

MARLENE (Lena)
Erzengel Zachariel, Engeleigenschaft von Gamaliel
Entweder aus Maria und Helene, dann mit der Bedeutung »die Sonnenhafte«, oder als Verbindung von Maria und Magdalena (siehe jeweils dort).

Mit diesem Namen hast du dir in erster Linie vorgenommen, dieses Erdenleben als aufregendes Abenteuer zu genießen. Das klingt natürlich einfacher, als es dann tatsächlich in der praktischen Umsetzung auch ist. Du hast dir kein Erholungsprogramm ausgesucht, sondern stellst dich einigen Lernthemen und Herausforderungen. Immer wieder kommen neue Menschen und Bereiche auf dich zu, die in deinen Alltag integriert werden wollen und eine Neustrukturierung notwendig machen. Mach eines nach dem anderen: Erst wenn du ein neues Projekt gut vorbereitet und alles bedacht hast, kannst du es in die Tat umsetzen. Aber dann wird es dir auch gelingen. Denn du gehst deinen Weg!

MARTA (Martha, Merte)
Erzengel Metatron, Engeleigenschaft von Israfel
Ein hebräischer Name, der »die Herrin« bzw. »die Gebieterin« heißt. Sehr bekannt ist das Gleichnis im Neuen Testament von Martha und Maria, in dem Jesus beider Eigenart würdigt.

Du hast dir ein großes Arbeitspensum ausgesucht. Sonst hättest du dir nicht diesen schönen und energetisch sehr starken Namen gewählt. Ja, du hast ihn ausgesucht, genauso wie dein Lebensprogramm mit all seinen Aufgaben und Anforderungen. Jedoch hast du so viel Seelenkraft und positive Energie hierher mitgenommen – da kann ja gar nichts schieflaufen! Natürlich wirst du alle Steine aus dem Weg räumen, und noch dazu mit einer gewissen Leichtigkeit, denn du verlierst trotz aller Probleme deinen Humor und dein Lächeln nicht. Du hast eine unglaublich positive Lebenseinstellung und ein unerschöpfliches Potenzial in dir, dich immer wieder gut zu motivieren. Damit wirst du von deinen Engeln natürlich sehr geliebt und immer unterstützt.

MARTINA (Tina)
Erzengel Zadkiel, Engeleigenschaft von Zuriel

Der Name geht auf den römischen Kriegsgott Mars zurück. Das männliche Pendant ist Martin (siehe dort), der Name wurde seit dem heiligen Martin besonders populär. Es gibt auch eine Heilige namens Martina, die um 230 den Märtyrertod erlitt. Ihr Gedenktag ist der 30. Januar, zu dem es einige Bauernregeln gibt, so »An Martina Sonnenschein, verheißt viel Frucht und guten Wein«.

Du hast dir für dieses Leben in erster Linie vorgenommen, dich selbst zu leben, also so authentisch wie möglich zu sein. Immer wieder wirst du dich beobachten und hinterfragen müssen: Bleib ich mir selbst wirklich treu? Übertreib es aber nicht, und sei nicht zu kritisch oder zu streng dir gegenüber. Du darfst auch kleinere »Fehler« machen. Du bist ja hier als Mensch auf der Erde, um auch einiges zu lernen. Bitte deine persönlichen Engel, vor allem den Erzengel Zadkiel und Zuriel – beide sind vor allem für deine Seelen- und spirituellen Bereiche zuständig – um Hilfe. In schwierigen Zeiten werden sie dich ein Stück durch das Chaos tragen, das sich ab und zu im Gefühlsbereich zeigen kann. Dein Ziel ist, dich voll und ganz zu leben, so zu sein, wie du wirklich (im Inneren) bist. Also: Sei du selbst!

MATILDA (Mathilde und andere Formen)
Erzengel Zadkiel, Engeleigenschaft von Dina

Der Name setzt sich aus zwei althochdeutschen Begriffen für »Macht« oder »Kraft« und »Kampf« zusammen.

Du hast für dieses Leben nicht geplant, es als Kampf zu sehen und deinen Alltag als Krieg zu erleben. Deine Seele möchte in erster Linie hier auf der Erde Glück und Schönheiten erleben. Hol dir Impulse von Außen, und lass immer wieder Lebensfreude zu. Verlerne nicht zu lachen und auch nicht zu weinen. Lass deine Gefühle zu – nimm Liebe an und verteile sie verschwenderisch an dein Umfeld, vor allem an die Menschen, die das auch zu schätzen wissen. Werde aktiv – dann bleiben auch Seele und Geist in Bewegung. Lauf durch die Natur, halte dein Gesicht in den Wind, in den Regen, in die Sonne! Bring alle drei Ebenen (Körper, Geist und Seele) in eine gute Balance!

MAYBRITT
Erzengel Michael, Engeleigenschaft von Verchiel

Ein eher seltener Name, der vor allem durch die schwedische Filmschauspielerin May Britt und durch die deutsche Fernsehjournalistin Maybrit Illner bekannt wurde. Wenn man mag, kann man in diesem Namen diese zwei Bestandteile finden: May oder Mai als römische Göttin der Fruchtbarkeit, wobei der Name aus dem Arabischen stammt, und Britt als Kurzform von Brigitte.

Du hast dir als Thema in diesem Leben deine Familie und deine Freunde ausgewählt. Da hast du auch eine Menge zu tun. Denn einige Menschen in deinem Umfeld kennst du schon aus früheren Leben. Dein Ziel ist es, trotz aller Schwierigkeiten und Lernaufgaben immer wieder glückliche und unbeschwerte Lebensphasen mit diesen Menschen zu erfahren. Dabei ist nicht das überschäumende, schnell vergehende Glück gemeint, sondern das kleine, beständigere. Harmonie, Zufriedenheit und ein Lächeln bleiben dir als Belohnung für deine ehrlichen Bemühungen. Deine Seele wird diese Gefühle speichern und in das nächste Leben mitnehmen können. Liebe dich und andere!

MECHTHILD
Erzengel Zachariel, Engeleigenschaft von Esrael

Eine ältere Form von Mathilde; der Name bedeutet »mächtige Heldin«. Eine berühmte Namensträgerin ist die Mystikerin Mechthild von Magdeburg (1207–1282), die unter anderem die Schrift »Das fließende Licht der Gottheit« verfasste.

Als Thema Nummer eins für dieses Leben hast du dich entschieden, hier so weit als möglich alles mit Liebe zu machen. Du darfst damit bei dir selbst anfangen. Erst danach kannst du deine Seelenarbeit auf dein Umfeld ausweiten. Lass Liebe zu dir und allen anderen Lebewesen, die dich umgeben, zu. Lass deine Herzenergie so richtig fließen, denn du hast eine Unmenge davon! Das ist ein recht anspruchsvolles Programm, das du dir da vorgenommen hast – aber natürlich hast du auch alles dabei und in dir, um es erfolgreich zu schaffen. Schritt für Schritt wird es dir gelingen, in die selbstlose und allumfassende Liebe zu gehen, sie zu spüren und auch weiterzugeben. Glaube tief in dir daran!

MEIKE (Maike)
Erzengel Haniel, Engeleigenschaft von Labbiel
Ein Name aus dem niederländischen und friesischen Sprachraum, der eine Verkleinerungsform von Maria darstellt.

Immer wieder wirst du dich in diesem Leben mit gesundheitlichen Einschränkungen konfrontieren müssen. Natürlich hast du dir das auch so vorgenommen, und zwar auf allen drei Ebenen (körperlich, geistig, seelisch). Das gehört zu deinem intensivsten und wichtigsten Lernprogramm. Natürlich ist das nicht immer einfach für dich, aber im Laufe der Jahre wirst du viele Blockaden und Einschränkungen lösen können. Du hast auch eine Menge Hilfen um dich – lass sie zu. Immer wieder lernst du positive Menschen kennen, außerdem hast du einige Lebensbegleiter an deiner Seite, die dir von Herzen und gern helfen. Und vergiss deine Engel nicht – vor allem Erzengel Haniel und Labbiel.

MELANIE
Erzengel Chamuel, Engeleigenschaft von Ramiel
Der Name stammt aus dem Griechischen und bedeutet »die Dunkle« oder »die schwarz Gekleidete«.

Du hast dir für dieses Leben vorgenommen, dir selbst und in weiterer Folge auch allen anderen Menschen vollkommen und aufrichtig zu verzeihen. Das ist die Voraussetzung, damit du dich selbst und deine Wegbegleiter in Liebe annehmen kannst. Ein anspruchsvolles und sehr komplexes Lebensprogramm, das du dir da ausgesucht hast! Aber du hast schon gewusst, warum du gerade dieses Thema für dich gewählt hast. Lass dich nicht entmutigen, und fang zunächst bei dir selbst damit an. Umarme dich immer wieder, und sei nachsichtig und tolerant, auch wenn dir kleinere Fehler und Irrtümer unterlaufen. Bitte all deine persönlichen Engel um Hilfe und Unterstützung und mach auch Pausen, um immer wieder ausreichend Energie für den nächsten Schritt zu sammeln.

MELINDA
Erzengel Jophiel, Engeleigenschaft von Dubiel
Die Herkunft ist unklar; eventuell vom englischen *mellinia*, »Honigtrank«.

Du bist sicherlich kein Einzelgänger in diesem Leben, das hast du dir auch nicht vorgenommen. Denn du willst umgeben sein von deiner Familie und von Freunden. Du bist ein richtiger Gruppenmensch und kein Alleinkämpfer. Nutze die positiven Energien und Potenziale deiner Mitmenschen, und nimm alle Hilfen an, die du von ihnen bekommst. Du hast auch kein Problem, dich in den verschiedensten Gruppen zu integrieren, und es gibt immer wieder Möglichkeiten für neue Ideen und Aktivitäten. Egal, ob du deinen Schwerpunkt auf Kreativität oder Spiritualität legst – in jedem Fall wird das gut für dich passen und deiner Seele neue Nahrung geben. Dein Leben steckt voller Überraschungen!

MELITTA (Melissa)

Erzengel Zadkiel, Engeleigenschaft von Bat Kol

In diesem Namen ist das griechische Wort für »Biene« enthalten, er bedeutet »die Honigsüße«. Es gibt eine Nymphe gleichen Namens. Und bekanntlich ist dies auch der Firmenname einer großen Filtertüten- und Kaffeefirma.

Auf deinen Weg in diesem Erdenleben hast du dir eine Menge Humor eingepackt. Den brauchst du auch wirklich, denn du hast dir eine Menge an Themen und Herausforderungen vorgenommen. Der Humor wird dir helfen, diese auch mit einem Augenzwinkern gut zu bewältigen. All deine persönlichen Engel – vor allem der Erzengel Zadkiel und Bat Kol – helfen dir dabei, dass dein Leben nicht nur aus Arbeit und Pflicht besteht. Mit Lachen und einer unbeschwerten Kindlichkeit machst du dir dein Programm leichter. Alle Musik-, Tanz- und Lachengel unterstützen dich bei jedem deiner Schritte. Lass dich nicht unterkriegen – du bist ein starker und wunderbarer Mensch, der all seine Ziele erreicht und Pläne verwirklicht.

MERCEDES

Erzengel Uriel, Engeleigenschaft von Astarte

Ein typisch spanischer Vorname, der die Eigenschaft der Gottesmutter Maria als »die Gnadenreiche« hervorhebt. Daneben natürlich auch der Name für die Autos mit dem Stern.

Was du dir für dieses Leben in erster Linie vorgenommen hast? Das in dir sehr tief verwurzelte Urvertrauen zu aktivieren und im Alltag zu leben. Wenn du das schaffst (natürlich im Laufe der Jahre), können sich immer wieder scheinbar unüberbrückbare Abgründe und Riesenberge wie von selbst überwinden lassen. Deine persönlichen Engel, vor allem der Erzengel Uriel und Astarte sowie deine Schutzengel, begleiten dich dabei und dürfen dir einige Steine aus dem Weg räumen. So klärt sich einiges wie von selbst, und du lässt eine positive Fügung mit

Licht- und Glücksphasen zu. Immer wieder öffnen sich neue Fenster und Türen für dich. Du weißt genau, wie du deinen Weg optimal gehen kannst und wohin er dich führen soll, du erhältst viele Hinweise und Zeichen.

MERLE
Erzengel Michael, Engeleigenschaft von Usiel
Aus dem lateinischen Wort *merula*, »Amsel« entstanden.

Immer wieder wirst du viele gute Gelegenheiten in diesem Leben haben, um deine »alte Weisheit«, also alles, was deine Seele an Wissen hierher mitgebracht hat, zu aktivieren. Bitte alle deine persönlichen Engel, vor allem den Erzengel Michael und Usiel, dir dabei zu helfen. Schließe die Augen und warte auf Botschaften und Bilder. Sie kommen, hab ein wenig Geduld! Nimm dir wirklich Zeit dafür. Lass dich nicht von Pflicht und Arbeit niederdrücken und in das Hamsterrad des Alltags einspannen. Befreie dich von alten Energien und Menschen, die nur noch blockieren und deine Entwicklung verlangsamen. Du darfst das! Schau dir alles an, öffne dich für die Schönheiten dieser Welt, und genieße sie. Du hast dir vorgenommen, deine Seele und deinen Geist hier wachsen zu lassen. Tu es.

MIA
Erzengel Chamuel, Engeleigenschaft von Orifiel
Eine der zahlreichen Abwandlungen des Vornamens Maria.

In erster Linie und als vorrangiges Thema hast du dir für dieses Leben eingeplant, alle deine Worte (gedanklich und ausgesprochen) bewusst zu beobachten und zu hinterfragen. Wie sprichst du mit anderen Menschen? Offen, ehrlich oder eher oberflächlich und flüchtig? Beachte die Reaktionen und Antworten, wenn du dir deine Engel zu Hilfe holst. Der Erzengel Chamuel, der immer neben dir ist, gibt dir eine Menge liebevolle Energie und Seelenkraft, die du an dein Umfeld weitergeben kannst und darfst. Im Laufe der Jahre wirst du spüren und erleben, wie sich bei dir selbst und im Familien- und Freundeskreis Blockaden und Einschränkungen immer wieder positiv verändern und lösen.

MICHAELA (Michelle)
Erzengel Jophiel, Engeleigenschaft von Abel
Weibliche Form des Vornamens Michael, der aus dem Hebräischen stammt und »der wie Gott ist« bedeutet.

Du hast nicht nur den Erzengel Jophiel an deiner Seite, sondern auch den Erzengel Michael mit deinem Namen in dieses Erdenleben mitgebracht. Damit hast du dir natürlich auch einiges vorgenommen. Es werden immer wieder Menschen und auch Tiere in deinem Leben auftauchen, die deine Hilfe und Zuwendung brauchen. Dieses Programm ist nicht immer leicht und fordert alle deine Kräfte auf den drei Ebenen körperlich, geistig und seelisch. Du schaffst das jedoch sehr gut, weil du mit hilflosen Lebewesen nicht mitleidest, sondern mitfühlst, also mit Liebe und Verständnis auf den jeweiligen Hilfesuchenden reagieren kannst. Ein wunderbarer Weg, den du dir da ausgesucht hast!

MILVA
Erzengel Chamuel, Engeleigenschaft von Favashi
Nach einer Ableitung aus dem lateinischen *milvus,* »Greifvogel«, entstanden.

Du hast dir für dieses Leben in erster Linie vorgenommen, hier auf der Erde glücklich zu sein. Das klingt leichter, als es dann tatsächlich ist. Voraussetzung dafür ist, dass du dich selbst vollkommen annehmen und lieben kannst. Bitte den Erzengel Chamuel und Favashi, die stets an deiner Seite sind, um ihre volle Unterstützung. In Phasen der Niedergeschlagenheit oder des Zweifels richte dich auf und sage dir laut oder leise: »Ich bin einzigartig, ich bin ein wunderbarer und starker Mensch. Ich habe alles, was ich brauche, und gehe meinen Weg Schritt für Schritt erfolgreich weiter. Ich liebe mich von Herzen.« Schließe dabei die Augen, und lass die Worte in deine Seele fließen. Das hilft.

MINNA (Mine)
Erzengel Zachariel, Engeleigenschaft von Ormuz

Kurzform von Wilhelmine; der Name ist besonders bekannt geworden durch Lessings Lustspiel »Minna von Barnhelm«. In früheren Jahrhunderten ein Name, der gern für Dienstbotinnen und Mägde gebraucht wurde.

Verbinde Stärke und Sanftmut in deinem Leben. Das ist dein Motto und dein oberstes Prinzip. Du hast alles in dir und hierher mitgenommen, um dieses Vorhaben auch erfolgreich umsetzen zu können. Steh zu dir und deinen Überzeugungen sowie Entscheidungen, aber mach nichts mit Gewalt oder Druck. Geh auch sanft mit dir selbst um, denn das ist ganz wichtig! Ersuche deine persönlichen Engel, den Erzengel Zachariel und Ormuz sowie deinen Schutzengel, dir immer wieder unter die Arme zu greifen und dir mit Zeichen und Hinweisen und ihrer liebevollen Energie zu helfen. Sie sind immer da und freuen sich, wenn sie dich unterstützen dürfen. Lebe deinen Alltag ausgewogen und in Harmonie – verbinde Körper, Geist und Seele.

MIRABELL (Mirabella, Mira, Miroslawa)
Erzengel Raphael, Engeleigenschaft von Turel

Zahlreiche Ableitungen sind denkbar, darunter: lateinisch *mira,* »Wunder«; slawisch *mir,* »Frieden«; spanisch *mira,* »schau«; Sanskrit bzw. Hindi *mira,* »Diamant«; vom Griechischen käme man auf »Schicksal«. Schließlich gibt es vielleicht einen Zusammenhang zur Myrre, einer eher bitteren Heilpflanze, die eine der Gaben der Heiligen Drei Könige nach Jesu Geburt waren.

Für dieses Leben hast du dir als sehr wichtiges Thema gewählt, deine Gefühle zu leben. Zuerst einmal solltest du sie jedoch zulassen, also aus deinem Inneren an die Oberfläche kommen lassen. Das ist sicher nicht so leicht, wie es sich vielleicht liest. Jedoch hast du alles hierher mitgebracht, um dieses Programm auch erfolgreich zu schaffen. Und du kannst dir Zeit lassen, denn du hast ja ein ganzes Leben dafür zur Verfügung. Also mach dir keinen Stress, aber bleib dran. Lass zu, dass sich alle ungeweinten Tränen endlich lösen dürfen, und: Schreie, singe und tanze! Löse alle alten Energien! Danach bist du bereit, neue und positive Menschen und Themen zu erleben.

MIREILLE
Erzengel Chamuel, Engeleigenschaft von Dabriel
Eine französische Form von Mirabella, einem italienischen Namen, der aus *mirabilis,* »wunderbar«, und *bella,* »die Schöne«, besteht.

Na, da hast du dir ja einiges an Arbeit für dieses Leben aufgetischt! Auf jeden Fall werden eine Menge Situationen auf dich zukommen, in denen du immer wieder Entscheidungen zu treffen hast. Dabei können dir Menschen aus deinem näheren Umfeld helfen. Du musst nicht immer alles allein bewältigen. Lass es zu, dass dir jemand unter die Arme greift. Auch in dieser Beziehung darfst du jetzt Augen und Ohren öffnen und in der Folge erkennen: Ich habe Hilfen aus dem geistigen Bereich (deine persönlichen Engel – Erzengel Chamuel, Dabriel und natürlich auch deine Seelenfamilie), aber auch hier auf Erden. Nimm sie an! Dann werden sich Themen und Aufgaben wie von selbst lösen!

MIRIAM (Mariam, Miryam, Marjam)
Erzengel Uriel, Engeleigenschaft von Baal
Eine andere Form des Namens, der bei uns als Maria am weitesten verbreitet ist. Zur Bedeutung siehe dort; wegen der eigenen Schwingung jedoch andere Engelenergien.

Du hast dich entschieden, Liebe und Harmonie in diese Welt zu bringen, also zuerst einmal zu dir und in deine Familie und zu Freunden und Kollegen. Möglicherweise empfindest du deinen Alltag und dein Umfeld als kalt und grau, eventuell hast du eine schwierige Kindheit hinter dir, die erst einmal verarbeitet gehört. Aber das sollte dich nicht von deinen Vorhaben und Zielen abbringen. Lass dich nicht irritieren: Du hast alles in dir, um Liebe zuzulassen und auch auszustreuen. Ersuche deine Engel, vor allem die von dir für dieses Leben gewählten Erzengel Uriel und Baal, dir auf diesem Weg zu helfen. Auch dein Schutzengel ist immer neben dir und reicht dir seine Hand. Er lächelt dir zu.

MONIKA (Monica, Monique, Mona)
Erzengel Gabriel, Engeleigenschaft von Haschmalim
Die heilige Monika war die Mutter des Kirchenvaters Augustinus. Die Herkunft des Namens ist nicht eindeutig geklärt. Infrage kommen eine Ableitung von griechisch *Monachos,* »Einsiedler«, von lateinisch *monere,* »erinnern«, »ermahnen«, oder aus dem Punischen, wo das Wort »Göttin« bedeuten würde.

Du hast dir diesen Namen ausgesucht (das waren nicht deine Eltern), um deine innere Stärke, deine Herz- und Seelenenergie zu leben. Das ist ein wichtiges Thema in diesem Erdenleben. Dabei ist es auch bedeutsam, wie du mit dir selbst und deinem Partner (oder allgemein deinen Mitmenschen) umgehst. Was sendest du aus an Gefühlen, Gedanken, Worten und Taten? Jeden Tag kannst du dich aufs Neue entscheiden, nur Positives zu leben. Es ist nicht leicht, aber Schritt für Schritt geht es ein Stück weiter auf diesem Weg. Wenn du deinen Partner bei der ersten Begegnung »erkannt« hast, dann bedanke dich bei deinen Engeln für dieses Geschenk. Denn dann darfst du eine karmische Beziehung leben, was bedeutet: Du kennst deinen Partner schon aus einigen früheren Leben.

MYRTA (Myrtha, Myrte)

Erzengel Metatron, Engeleigenschaft von Dubiel

Geht wohl auf die Pflanzengattung gleichen Namens zurück, einen immergrünen Strauch mit kleinen weißen Blüten. Die Myrte ist ein Symbol der Fruchtbarkeit und findet in Brautkränzen Verwendung. Man nutzt ihr ätherisches Öl zur Parfümherstellung; es heißt »Engelswasser«.

Für dieses Leben hast du dir als Grundthema vorgenommen, deine drei Frauen – also das kleine Kind, das Mädchen und die Frau in dir, in deiner Seele – zu leben. Das klingt jetzt einfacher, als es wirklich ist. Denn die drei Frauen in dir wollen erstmals wahrgenommen, aus dem inneren Gefängnis befreit und in deinen Alltag integriert sein. Das bedarf ständiger Beobachtung und ausdauernder Geduld. Natürlich hast du diese auch mitgebracht, sonst hättest du dir dieses Programm gar nicht ausgesucht. Nach und nach – im Laufe der Jahre – wirst du es auch gut erfüllen können, und es wird dir mit dir selbst immer besser gehen. Erzengel Metatron und Dubiel werden dir dabei helfen.

NADINE (Nadeschda)
Erzengel Raphael, Engeleigenschaft von Garuda
Eine französische Form des russischen Namens Nadeschda, der
»Hoffnung« bedeutet.

Glaube an das Gute, auch wenn es »unrealistisch« erscheint.
Das ist das Motto, das du dir selbst über dieses Erdenleben gestellt hast. Du hast dir vorgenommen, auf deine innere Stimme,
deine Intuition zu hören und dich von außen nicht ablenken
und verunsichern zu lassen. Vor allem bei deinen Entscheidungen wird dir dieses Programm sehr helfen – denn es wird
dir immer besser gelingen, auf dein Gefühl zu hören und den
»Kopf«, die Ratio auszuschalten. Lass dich nicht einschränken
oder durch ein (abwertendes) Lächeln aus deinem Umfeld verunsichern – du liegst schon richtig! Alles ist in dir und zeigt dir
den nächsten Schritt auf deinem Weg. Du wirst einen Sieg nach
dem anderen über dich selbst und alle Widrigkeiten erringen.
Bleib dir treu – du erreichst dein Ziel!

NADJA (Nadia)
Erzengel Metatron, Engeleigenschaft von Barachiel
Kurzform von Nadeschda; siehe unter Nadine.

Du hast für dieses Leben den Plan gemacht, hinter die Fassade zu schauen, und zwar in jeder Beziehung – bei Themen,
bei Menschen und bei allen übrigen Lebensbereichen. Das erfordert einige Übung, aber du hast diesbezüglich auch schon

viel Seelenpotenzial und altes Wissen mitgebracht. Dieser Weg ist nicht immer einfach oder angenehm, fallen doch eine Menge Masken. Vieles kommt an die Oberfläche, was nicht schön anzuschauen ist. Enttäuschungen und Entlarvungen sind vorprogrammiert, und die Wahrheit tut oft weh. Aber von Mal zu Mal wirst du stärker und kannst besser damit umgehen. Deine Engel werden dir die notwendige Kraft und Hilfe geben und dir den Weg etwas leichter machen.

NAOMI (Noemi, Naima)
Erzengel Zadkiel, Engeleigenschaft von Ariel

Naomi ist ein Vorname aus Japan, in dem die Worte für »ehrlich« und »schön« enthalten sind. Ähnlich klingt der hebräische Name Noemi, der die Bedeutung von »liebenswürdig« und »angenehm«, aber auch »schön« trägt. Der arabische Name Naima geht auf ein Wort für »Ruhe« zurück.

Mit diesem Namen hast du dir große Themen in diesem Leben vorgenommen: Schönheit und Liebe. Dabei ist natürlich neben der äußeren vor allem die innere (geistige und seelische) Schönheit gemeint. Du wirst sie an der Ausstrahlung der Menschen erkennen, die dich umgeben. Dabei darfst du dann die wahre, sehr tiefe Liebe für einen Menschen empfinden. Du wirst diese Gefühle in dir bewahren und als schöne Erinnerung in die nächsten Leben mitnehmen dürfen. Bei Bedarf kannst du diese starke Energie auch diesmal schon in dir wieder aktivieren. Du brauchst nur die Augen zu schließen und an diesen Menschen zu denken. Emotionen und tiefe Empfindungen werden spürbar. Hülle dich in diese wunderbare Energie ein und gib sie an andere Menschen weiter, wenn sie sie brauchen.

NATALIE (Natalja)

Erzengel Gabriel, Engeleigenschaft von Sammael

Der Name ist eine Verkürzung der lateinischen Worte *dies natalis* und bedeutet »die an Weihnachten Geborene«.

Du hast dir in diesem Leben vor allem vorgenommen, aktiv zu sein und auch bis ins hohe Alter hinein zu bleiben. Dabei hast du dir natürlich Elan und Beweglichkeit auf allen drei Ebenen (Körper, Geist und Seele) vorgestellt und wirst auch immer wieder gute Gelegenheiten und Impulse dafür bekommen. Zudem: Höre auf die Stimme der Natur, wenn sie dich ruft, und unterschätze nicht ihre wunderbar heilende und ausgleichende Energie. Mach Pausen und besuche an und an einen besonders schönen Platz, an dem du dich wohlfühlst. Entspann dich und lass dich fallen. Du brauchst das für deine Regeneration und Erholung und um dich wieder zu spüren. Deine Seele spricht zu dir, wenn du dafür offen und bereit bist.

NICOLE

Erzengel Chamuel, Engeleigenschaft von Cahetel

Vom Namen Nikolaus abgeleitet, so hieß einer der sieben ersten Diakone der Jerusalemer christlichen Gemeinde; bekannter ist jedoch der heilige Nikolaus von Myra, auf den Sankt Nikolaus und der »Weihnachtsmann« zurückgehen.

Mit diesem Namen hast du dir die Aufgabe ausgesucht, auch immer wieder die schönen Seiten dieses Lebens zu sehen. Du willst die Feste feiern, wie sie fallen, und solltest das auch machen – natürlich immer im für dich gesunden Rahmen, damit Körper, Geist und Seele auch gesund bleiben. Lass zwischendurch auch immer wieder »die Seele baumeln«. Schalte dein bewusstes Denken aus und genieße alles an geistiger Energie, was dir guttut. Integriere deine persönlichen Engel (vor allem Erzengel Chamuel und Cahetel sowie deinen Schutzengel) in deinen Alltag. Tu etwas für Körper, Geist und Seele. Du kannst dich auch einfach in die Kirche setzen und in dich hineinspüren. Mach die Augen zu, und lass dich fallen – du wirst Licht und Liebe in dir spüren! Spüre die Schönheit deiner Seele!

NINA
Erzengel Metatron, Engeleigenschaft von Ormuz
Kurzform, die von Namen stammt, die auf -ina enden, wie Katharina, Martina, Alina und so weiter. In der Quechua-Sprache der Anden heißt Nina »Feuer« und »Glut« und wird dort ebenfalls als weiblicher Vorname verwendet.

Was du dir für dieses Leben in erster Linie vorgenommen hast? Nachdem du (und nur du) dir diesen Namen gewählt hast, solltest du dein inneres Feuer leben – und davon hast du eine ganze Menge. Auch wenn du es bisher nicht wirklich wahrgenommen hast und es nur in dir »glimmt« – lass es auflodern und leuchten, nimm die Wärme deiner Seelenenergie, deine Herzkraft bewusst wahr. Mach nichts halbherzig, sondern nur, wenn du hundertprozentig davon überzeugt bist. Kämpfe für Gerechtigkeit, setze neue Ideen und Pläne durch! Du hast die Kraft und alles hierher mitgebracht, um das auch zu können. Glaube an dich, und lebe dein inneres Feuer – Erzengel Metatron und Ormuz werden neben dir sein!

NORMA
Erzengel Michael, Engeleigenschaft von Urim
Im Namen könnte man ein lateinisches Wort für »Maßstab«, »Regel« oder »Richtschnur«, eben eine »Norm« erkennen, obwohl diese Ableitung nicht gesichert ist. Berühmte Namensträgerinnen sind Marilyn Monroe, die eigentlich Norma Jean Baker hieß, die Priesterin Norma in der gleichnamigen Oper von Bellini, zudem gibt es eine italienische Stadt in Latium und ein besonderes Nudelgericht in Sizilien, »pasta alla norma«.

Als Thema Nummer eins hast du dir in diesem Leben Ordnung und Struktur vorgenommen. Das ist ein sehr anspruchsvolles Programm, denn es beinhaltet die Falle, dass du in starre oder eingeschränkte Sichtweisen oder Lebensphasen schlittern könntest. Du kannst das verhindern, indem du genau beobachtest, ob etwas noch flexibel genug ist oder bereits starr und eingefahren anmutet. Dabei darfst du alles klären, was sich so an Themen stellt. Deine persönlichen Engel – vor allem Erzengel Michael und Urim und natürlich dein Schutzengel – werden dir bei deinen Lernprogrammen immer und treu zur Seite stehen. Das wird dir helfen, die nächsten Schritte zu erkennen und auch zu gehen. Damit vermeidest du eingefahrene und begrenzte Strukturen, die deine Schritte verlangsamen. Du legst die Richtlinien und Regeln in deinem Leben fest – nur du!

ODETTE
Erzengel Sandalphon, Engeleigenschaft von Anafiel
Verkleinerungsform von Oda (siehe auch Ute und Uta). Der
Name ist aus dem althochdeutschen Wort für »Besitz« abgelei-
tet und bedeutet in etwa, »die das Erbe besitzt und beschützt«.

Für dieses Leben hast du dir das Hauptthema gewählt, zu
deiner Ursprungsenergie, also deiner Weiblichkeit, aber auch
allen Seelenpotenzialen zurückzukehren. Damit hast du dir die
anspruchsvollen Aufgabengebiete namens Echtheit und Wahr-
haftigkeit vorgenommen. Beide wollen also aktiv gelebt und in
deinen Alltag einbezogen werden. Aber mach nur keine Wis-
senschaft daraus. Denn alles, was du hier erreichen willst, ist
auch schon in dir und wartet nur darauf, aktiviert zu werden.
Nach und nach lernst du, deine Gefühle, Gedanken, Worte und
Taten authentisch auszudrücken und dich selbst voll und ganz
anzunehmen und zu leben. Du erkennst den Unterschied zwischen allem, was vorgetäuscht und oberflächlich ist, im Gegensatz zu allem Wahrhaftigen (zum Beispiel die wahre Liebe). Ein
tolles Programm, das da auf deinem Weg liegt, und alle Engel
helfen dir dabei!

OLGA (Olja, Olla)
Erzengel Jophiel, Engeleigenschaft von Indra
Eine ostslawische Form von Helga. Der Name wurde durch die
Großfürstin Olga von Kiew (881–869) bekannt.

Eleganz, Großzügigkeit und Toleranz, das sind deine hauptsächlichen Lebensthemen hier auf der Erde in diesem Körper und mit diesem Namen, den du dir bewusst dafür ausgesucht hast – und der natürlich auch ideal zu diesem Programm passt. Immer wieder, egal, welche Richtung du weitergehst und bevor du etwas definitiv entscheidest, solltest du zuerst einmal alles für dich abwägen und Gedanken und Gefühle ordnen. Informiere dich und fühle in dich hinein, ob du schon so weit bist und Kraft für die Umsetzung von Neuem hast. Wenn du dir nicht sicher bist, ersuche all deine persönlichen Engel, Erzengel Jophiel, Indra und deinen Schutzengel, dir eine Information für den nächsten Schritt zu geben. Und dann öffne dich dafür – denn du wirst sie erhalten!

OLIVIA
Erzengel Michael, Engeleigenschaft von Zuriel
Der Name geht auf das lateinische Wort *oliva*, »Olive«, »Olivenbaum« bzw. »Ölbaum« zurück.

Eines der schwersten Lernprogramme auf der Erde ist die Übung der Geduld. Und genau sie hast du dir für dieses Leben gewählt. Natürlich hast du aber auch alle Potenziale und Hilfen mitgebracht, um diese Aufgabe souverän zu meistern. Pass immer gut auf in deinem Alltag und frage dich: Muss heute wieder alles schnell gehen? Ist das so? Schau dir dein Leben mit all seinen Mühseligkeiten und Belastungen genau an. Wo bekommst du Druck und wo machst du ihn jemandem? Lebe Schritt für Schritt mehr Geduld und Ruhe in Kombination mit liebevoller Nachsicht und Gelassenheit. Das wird dir und deinen Mitmenschen sehr guttun! Ersuche auch alle deine Engel, dir dabei aktiv zu helfen!

OPHELIA

Erzengel Raphael, Engeleigenschaft von Baal

Aus dem Griechischen mit der Bedeutung »Bestand« bzw. »Hilfe«; zudem eine edle zartrosa-weiße Rosensorte.

Du hast dir für dieses Leben vorgenommen, auch einige kreative Pausen während deiner Arbeitsphasen einzulegen. Vergiss das niemals, denn du brauchst sie wirklich, um Seele, Geist und Körper wieder energetisch aufzuladen. Mach während dieser Zeiten arbeitsmäßig nur das Notwendigste. Vergönne dir eine Menge Freizeit und auch Spaß! Du hast es dir verdient. Genieße deine Wochenenden und deine Urlaube bewusst, und gönne dir richtige Auszeiten. Fühle dich frei und leicht – das hat sich deine Seele auch genau so vorgenommen. Du darfst und sollst das – und zwar unbedingt ohne schlechtes Gewissen! Bitte all deine Engel und Helfer aus dem geistigen Bereich um Unterstützung und Hilfe.

ORNELLA

Erzengel Haniel, Engeleigenschaft von Turiel

Ein Vorname aus Italien, der vor allem durch die Filmschauspielerin Ornella Muti weithin bekannt wurde.

Du hast dir vorgenommen, mit diesem Namen Körper, Geist und Seele in harmonischen Einklang und in ideale Balance zu bringen. Das klingt jetzt vielleicht schwieriger, als es wirklich für dich ist, denn du hast alle Fähigkeiten und Hilfen dazu mitgebracht, die du für die erfolgreiche Umsetzung brauchst. Denn mit dem Namen Ornella hast du dir diese Aufgabe vorgenommen und einige andere noch dazu. Lebe vor allem deine weibliche Intuition, dann kann eigentlich gar nichts schiefgehen. Denn du hast eine starke innere Stimme, eine sehr innige Verbindung mit dem geistigen Bereich, und all deine Helfer aus diesem Bereich warten nur darauf, dass du sie um Unterstützung bittest. Sie helfen dir.

PALOMA
Erzengel Chamuel, Engeleigenschaft von Abuliel
Der Name ist vom spanischen Wort für »Taube« entlehnt; ein weltberühmtes Lied heißt bekanntlich »La Paloma«.

Was du auf keinen Fall für dich in diesem Leben eingeplant hast, ist, gegen Windmühlen anzurennen und dich den Aufgaben, die du dir vorgenommen hast, zu verschließen. Du hast eine Menge altes Wissen aus früheren Leben dabei, und das will auch verwendet und angewandt werden. Spüre immer wieder in dich hinein, wenn sich schwierige oder belastende Lebensphasen stellen. Lass einfach alles los, und mach dir keinen Druck! Die Gedanken dürfen fließen, solange es wichtig ist. Nach und nach wird alles ruhig in dir, und du spürst deine Seele und damit auch alles Göttliche in dir. Bilder und Gefühle tauchen auf – das alles bist du! Erst dann kannst du alle Lernprogramme liebevoll umarmen, annehmen und mit der Lösung und Erfüllung beginnen. Du schaffst das!

PAMELA (Pam)
Erzengel Uriel, Engeleigenschaft von Domiel
Ein im 16. Jahrhundert vom englischen Dichter Sir Philip Sidney erfundener Name. Manche wollen darin die griechischen Worte *pan*, »alles«, und entweder melos, »Lied«, oder *melli,* »Honig« erkennen.

Liebe und Bescheidenheit gehen Hand in Hand. Das ist ein wichtiges Motto in diesem Erdenleben von dir. Stelle es über schwierige Herausforderungen, wenn sich Steine auf deinem Weg zeigen. Lass in deiner unmittelbaren Partnerschaft (mit deinem Partner, deinem Kind, einem Elternteil) alles hinter dir, was du so nicht mehr leben möchtest. Sprich alles aus, was dich belastet und hemmt, und setze neue Impulse und Aktivitäten. Du hast es in der Hand, jede Beziehung, die auf dich zukommt und mit der du dich befassen musst, so zu erschaffen und zu erleben, wie sie für beide Partner passend und positiv ist. Als Pamela hast du dir diese Aufgaben vorgenommen und alle Fähigkeiten, dies auch erfolgreich zu schaffen.

PATRICIA (Pat)
Erzengel Raphael, Engeleigenschaft von Hermesiel

Der Name kommt von einem lateinischen Wort für »die Edle« bzw. »die Patrizierin«.

Ich gebe meinen höchsten Idealen Raum, sich zu verwirklichen. Mit diesem Motto und als Patricia kannst du nur gewinnen. Du hast so viel Potenzial und Kraft in dieses Leben mitgebracht – das will natürlich auch gelebt werden. Immer wieder kannst du persönliche Grenzen erweitern. Wenn du das tust, steht jedes Mal ein Neubeginn vor der Tür – öffne sie! Du hast dir vorgenommen, diese Themen zu lösen, und in diesem Leben gibt es alle Möglichkeiten und neuen Chancen dafür. Wenn du den nächsten Schritt machst, wird es dir mental und seelisch richtig gut gehen, und du wirst innerlich »rund«. All deine Engel, vor allem der Erzengel Raphael und Hermesiel sowie deine Schutzengel, helfen dir und reichen dir ihre Hände. Es kann gar nicht schiefgehen! Glaube an dich und deine Helfer!

PAULA (Paola und andere Formen)
Erzengel Michael, Engeleigenschaft von Cabriel

Die weibliche Form zu Paul; sie bedeutet »die Kleine« oder »die Geringe«.

Lass dich in diesem Leben nur nicht »unterbuttern« – dieses Programm hast du schon in einem früheren Leben, also schon vor längerer Zeit, hinter dich gebracht. Stell dein Licht nicht unter den Scheffel, gib dich nicht mit weniger zufrieden, wenn dir mehr zusteht. Lebe deine Begabungen und Talente, stell dich mutig einer Konfrontation, wenn es wichtig ist. Gib nicht klein bei, kämpfe für deine Rechte. In dem Moment, in dem du das machst, wird sich alles positiv für dich fügen, denn all deine Engel, vor allem der Erzengel Michael und Cabriel und natürlich dein persönlicher Schutzengel, unterstützen dich nach besten Kräften. Sie sind immer bei dir, niemals werden sie dich im Stich lassen. Vergiss das nicht!

PENNY (Penelope)
Erzengel Chamuel, Engeleigenschaft von Jehudiam

Die Frau des Odysseus hieß Penelope; eine gängige Abkürzung dieses Namens ist Penny. Die Herkunft ist unklar; eventuell aus den griechischen Worten für »Gewebe« und »abschälen« gebildet.

Mit diesem Namen hast du eine Menge Geduld und Ausdauer in dieses Leben mitgenommen. Daher hast du dir auch ein paar anspruchsvolle Lebensthemen ausgesucht. Sie werden sich dir nach und nach zeigen. Du hast dir vorgenommen, auf deine innere Kraft und Stärke zu vertrauen, dein Seelenpotenzial, deine Herzenergie zu leben. Voraussetzung dafür ist, dass du zuerst einmal dich selbst liebevoll umarmen und annehmen kannst – mit all deinen kleinen »Fehlern« und Potenzialen, die du hierher mitgenommen hast. Erst dann kannst du alles, was in deinem Inneren schlummert auch im Außen – also im Alltag mit den anderen Menschen – aktivieren und leben. Trau dir neue Wege und Entscheidungen zu: Das Leben steckt voller Überraschungen! Erlaube sie dir.

PETRA
Erzengel Gabriel, Engeleigenschaft von Asmodel
Weibliche Form von Peter; der Name bedeutet »die fest wie ein Fels ist«. Namenstag ist das alte christliche Hochfest am 29. Juni »Peter und Paul«, er gilt auch für Petra.

Du hast dir vorgenommen, dir ein Leben voller Wunder und Glück zu schenken. Natürlich beinhaltet es auch einige Lernprogramme und hält nicht nur Höhen, sondern auch Tiefen für dich bereit. Das sollte dich jedoch nicht entmutigen oder verunsichern: Geh durch die Schwierigkeiten hindurch und meistere sie, denn du hast alles mit, um das auch positiv zu schaffen. Und dann nimm wieder die Wunder und die Schönheit dieser Erde wahr. Stecke andere Menschen mit deinem positiven Wesen und deiner guten Laune an. Du hast so viel Licht und Liebe in dir – bring sie nach Außen, und gehe verschwenderisch damit um. Du hast einen unerschöpflichen Vorrat davon. Lebe dein altes Wissen!

PHILIPPA
Erzengel Zadkiel, Engeleigenschaft von Favashi
Weibliche Form zu Philip, was im Griechischen »Freund der Pferde« bedeutet. Der Name geht auf makedonische Könige der Antike zurück, die berittene Truppen aufstellten.

Durch Liebe berührst du das Unendliche in dir selbst und im ganzen Leben. Auf keinen Fall möchtest du dich fallen oder endlos tief in der Traurigkeit versacken lassen. Du bist stärker, als du selbst glaubst. Mit diesem Namen hast du die Kraft und Eigenständigkeit mitbekommen, dass du dir in jeder Situation selbst helfen und sie bewältigen kannst. Auch wenn es dir phasenweise mental nicht gut geht, dann schau einmal, was du tun kannst. Vielleicht ist nur eine Stunde Ruhe oder ein Treffen mit einem lieben Menschen, ein Gespräch nötig. Möglicherweise brauchst du den Waldboden unter deinen Füßen oder etwas Bewegung an der frischen Luft. Zieh dich selbst raus, und lass trotzdem Hilfen, die sich anbieten, zu. Nimm dich an!

PHOEBE (Phöbe)
Erzengel Jophiel, Engeleigenschaft von Barman
Die griechische Mondgöttin hieß so; der Name bedeutet »die Helle« bzw. »die Leuchtende«.

Ich schenke mir selbst jeden Tag einige Momente der friedvollen Stille. Genau das hast du dir als Motto für dieses Erdenleben in diesem Körper und mit diesem Namen vorgenommen. Denn Phoebe hast du dir ausgesucht, deine Eltern haben nur deinen Wunsch aufgefangen und ausgeführt. Achte darauf, welche Themen in diesem Leben bereits »gegessen« sind. Denn auf einem toten Pferd kann man nicht reiten. Welches Thema in deinem Leben ist »tot«? Nur du erschaffst dir deine Wirklichkeit, dein Leben. Alles, was du nicht mit Hingabe leben und tun kannst, ist alte Energie, die du mitschleppst und die dich eine Menge Kraft kostet. Du erschaffst dir deinen Alltag, sonst niemand, daher übernimm die Verantwortung für dich und deine Lebensthemen.

PIA
Erzengel Raguel, Engeleigenschaft von Dina
Aus dem lateinischen Wort für »fromm« entstanden, also »die Fromme«, auch »die Tugendhafte«.

In erster Linie hast du dir für dieses Leben einen ausgewogenen und harmonischen Alltag vorgenommen. Auch wenn sich einige Höhen und Tiefen ankündigen, sie werden niemals so hoch oder tief gehen, wie es anfangs vielleicht ausschaut. Mithilfe deiner persönlichen Engel, vor allem dem Erzengel Raguel und Dina, wirst du Ausgeglichenheit und Balance in dein Leben bringen können. Ersuche auch deinen Schutzengel um Hilfe, er ist das ganze Leben neben dir und reicht dir die Hand, wenn du Unterstützung brauchst. Lass dich nicht von ängstlichen Menschen verunsichern – du bist ein starker und aktiver Mensch. Alles ist in dir, was du brauchst, um dein Programm erfolgreich zu meistern.

PILAR

Erzengel Chamuel, Engeleigenschaft von Abel
Der Name stammt aus dem Spanischen und bedeutet »die Säule« bzw. »der Pfeiler«.

Du hast mit diesem Namen in deinem Leben geplant, vor allem anderen zu helfen, die schwächer sind als du. Das ist dein Thema Nummer eins und sollte aktiv und immer wieder umgesetzt werden. Gelegenheiten wirst du genügend dafür bekommen. Wenn du diesen Weg konsequent und mit Liebe gehst, bekommst du als Geschenk die Unterscheidungsgabe, wer wirklich Hilfe braucht und wer dich nur ausnutzen will. Nach und nach wirst du dich gegenüber »Energieräubern«, also kraftraubenden Menschen, abzugrenzen lernen und deine Kraft optimal einsetzen können. Ein wunderbares Programm, das dich einen großen Schritt weiterbringt – alle Engel sind an deiner Seite und helfen mit.

PIROSCHKA

Erzengel Jophiel, Engeleigenschaft von Usiel
Der Name stammt aus Ungarn und bedeutet so viel wie »die kleine Rote« oder auch »Rotkäppchen«. Im deutschsprachigen Raum wurde er vor allem durch den Film von 1954 »Ich denke oft an Piroschka« mit Liselotte Pulver bekannt.

Die Engelbotschaft für dieses Erdenleben lautet: Sicherheit und Beständigkeit findest du tief in dir. Damit fordern dich deine Helfer aus dem geistigen Bereich auf, deine inneren, also die Seelenpotenziale zu leben. Davon hast du eine Menge mitgenommen und nun im Leben zur Verfügung. Also nutze sie für dich und dein Umfeld. Eine positive und lebendige Partnerschaft mit dir selbst ist die Voraussetzung, um all deine Träume zu verwirklichen. Immer wieder wird es Lebensphasen geben, in denen du neue Visionen und Pläne »aussenden« darfst. Du kannst sie dir ganz real vorstellen, sie visualisieren, sie notieren oder mit einer Vertrauensperson besprechen. Ab diesem Moment können sich Träume erfüllen!

PRISKA
Erzengel Haniel, Engeleigenschaft von Esrael
Der Name leitet sich von einem lateinischen Begriff ab, der als »die Ehrwürdige« oder »die Schöne« übertragen werden kann. Eigentlich bedeutet das lateinische *priscus* eher »nach alter Art« bzw. »altehrwürdig«.

Viel altes Wissen hast du in dieses Leben mitgenommen. Mit diesem Namen darfst du alles aktivieren und leben, was du in vergangenen Leben erworben hast. Einige Menschen werden deinen Rat und deine Zuwendung brauchen. Immer wieder gibt es auf deinem Lebensweg Begegnungen und Situationen, die du bereits geträumt oder vorher erahnt bzw. erspürt hast. Achte immer auf deine Träume und was du vor deinem inneren Auge siehst, denn das sind die Zeichen und Hinweise, die dir deine Engel geben. Vor allem der Erzengel Haniel und Esrael sind neben dir und begleiten dich in diesem Leben. Spirituelle Themen und Bereiche sind wichtig und maßgeblich für dich. Lebe sie.

RACHEL (Rahel)
Erzengel Michael, Engeleigenschaft von Bagdiel

Der Name geht auf die biblische Rachel zurück, die Lieblings-frau Jakobs, die mit ihrer Schwester Lea (die ebenfalls Jakobs Frau war), zu den Urmüttern Israels gehört, da Rachel dem Jakob Joseph und Benjamin gebar. Ob der Name wirklich mit »Mutterschaf« richtig übertragen wird, da Rachel Schafe hütete, als Jakob sie zum ersten Mal sah? Rachels Grab nördlich von Bethlehem gilt als eines der wichtigsten Heiligtümer des Juden-tums.

Nutze deine Zeit, sie ist vielleicht wie eine Sternschnuppe am Abendhimmel. Das ist das Lebensmotto für dich – genau dieses Thema hast du dir als wichtigstes vorgenommen. Immer wieder wirst du aufgefordert, alles bewusst zu leben, zu hinter-fragen, zu beobachten. Was dein engeres Umfeld betrifft: Denk an deinen Partner, deine Eltern, Geschwister, Kinder oder Freunde, spüre in dich hinein. Wie nimmst du diese Personen wahr? Was empfindest du für sie? Wer braucht dich gerade jetzt? Du bist mit deiner Familie sehr intensiv und stark auf der Seelenebene verbunden und weißt sofort, wenn dich jemand wirklich braucht oder sucht. Er wird sich bei dir melden, oder du spürst seine Energie auf der mentalen Ebene. Nimm dir Zeit für dich und alle, die du liebst.

RAMONA
Erzengel Gabriel, Engeleigenschaft von Verchiel

Weibliche Form zu Ramón, was von Raimund stammt. Im Namen sind althochdeutsche Begriffe für »Rat« bzw. »Entscheidung« sowie »Schutz« enthalten.

Alle Geschöpfe sind in einem feinen Netz des Lebens miteinander verbunden. Das weißt du natürlich schon, denn du hast ein großes Wissenspotenzial in dieses Leben mitgenommen. Als Ramona hast du dir diesen Leitspruch ausgesucht und wirst ihn hier auf der Erde auch umsetzen. Lass es nicht zu, dass Chaos und Unordnung deinen Alltag bestimmen. Entwickle eine klare Struktur, vermeide »schwammige« Kompromisse. Ersuche alle deine Engel, vor allem den Erzengel Gabriel und Verchiel um ihre Hilfe, Ordnung und Klarheit in dein Seelenleben zu bringen. Bitte deinen Schutzengel, mit deiner Seele Reisen zu unternehmen, während du schläfst. Dann kannst du im Traum einiges auflösen und erleben und brauchst es nicht im Wachbewusstsein tun. Lebe deinen Traum!

RAPHAELA
Erzengel Haniel, Engeleigenschaft von Samiel

Weiblich Form zu Raphael, dem Namen des Erzengels, der im Buch Tobit erscheint (nicht in der protestantischen Bibel enthalten). Der Name bedeutet »Gott heilt« bzw. »Gott heilt die Seele«.

Was du dir für dieses Leben vor allem anderen vorgenommen hast, steckt schon in dem Namen, den du dir dafür ausgesucht hast (und nur du) – das Thema Heilung. Du hast alle Fähigkeiten und Mittel, um auf der seelischen Ebene in diesem Leben einen großen Schritt weiterzugehen. Dabei möchtest du alte Themen und Verletzungen heilen und anschließend dein Seelenpotenzial erweitern und ausdehnen. Achte auf deinen Körper und auch auf deinen Geist, denn nur wenn du beides ausgewogen und gesund erhältst, fühlt sich auch deine Seele wirklich wohl und kann wachsen. Alle deine Engel, vor allem der Erzengel Haniel und Samiel, werden dich auf deinem Weg begleiten und dir immer helfen.

REGINA
Erzengel Haniel, Engeleigenschaft von Duma
Der Name bedeutet auf lateinisch »die Königin«.

Eigentlich wolltest du dir ja ein Wohlfühlleben aussuchen. Dann hast du es dir aber doch noch anders überlegt. Doch mit diesem Namen, den du dir mithilfe deiner Engel ausgesucht hast, wird es nicht allzu schwer, dieses jetzige Erdenleben. Natürlich kommen einige Herausforderungen und Einschränkungen auf dich zu, die du dir zu lösen vorgenommen hast. Wenn du deinen Alltag als belastend und mühsam empfindest, dann ersuche deine persönliche Engel, vor allem den Erzengel Haniel, Duma und deinen Schutzengel, die dir zur Seite gestellt wurden, um Unterstützung und Hilfe. Sie warten darauf, dass du sie aktivierst, nur so können sie dir auch ein wenig von deinen Belastungen abnehmen. Du musst dich nicht allein plagen.

REGULA
Erzengel Gabriel, Engeleigenschaft von Paschar
Ein typisch Schweizer Name, der entweder auf die männliche Form Regulus »kleiner Fürst« oder »König« zurückgeht oder auf das lateinische Wort für »Maß«, »Regel« oder »Muster«.

Das Thema Nummer eins, also das Hauptthema, das du dir vorgenommen hast, lautet: ordnen und strukturieren. Das klingt jetzt anstrengend und etwas fade, ist es aber nicht. Du hast dir eine Familie und einen Freundeskreis ausgesucht, die/der phasenweise etwas chaotisch anmutet. Es umgeben dich genau die Menschen, mit denen du dein Programm und deine Aufgaben erfüllen kannst. Bei Turbulenzen und Unklarheiten solltest du mit dir selbst immer wieder reden, in dich hineinhören. Das klingt vielleicht etwas seltsam, aber führe einen Dialog mit dir selbst, du wirst sehen: Das zeigt ganz neue Perspektiven und Ansätze. Bitte deine Engel, dir dabei zu helfen, deine Herzenergie zu spüren und bei aktuellen Themen neue Ansätze und Impulse zu finden. Du bist auf dem Weg zu dir!

REINKE
Erzengel Gabriel, Engeleigenschaft von Jehudiel
Geht vermutlich auf den männlichen Vornamen Reinhard zurück; dann wäre die Bedeutung etwa »reiner oder herzlicher, wahrer Rat«.

Einige interessante Themen warten in diesem Leben auf dich. Mit diesem Namen hast du dir vorgenommen, einiges abzuklären. Vor allem aber willst du hier Seele und Geist (und nicht nur deinen Körper) klar und rein halten. Dabei hilft dir Mutter Erde wie niemand sonst. Nimm dir in jeder Lebensphase immer wieder Zeit, um in die Natur zu gehen. Auch mitten in der Arbeitswoche oder während stressiger Freizeitaktivitäten. Geh durch den Park oder über eine Wiese, egal, ob es regnet oder schneit, und lass dich fallen, entspann dich. Gönn dir diese paar Minuten Zeit und spüre in dich hinein, wie sich deine innere Batterie wieder auflädt. Bewahre dieses Gefühl in deinem Herzen.

RENATE (Renata, Renée)
Erzengel Uriel, Engeleigenschaft von Derdekea
Aus dem lateinischen Begriff *renatus,* »die Wiedergeborene«.

Ich nehme jeden Tag als Chance zur Weiterentwicklung an. Du hast dir mit diesem Motto und deinem Namen für dieses Leben sehr viel vorgenommen, und es wird phasenweise auch sehr fordernd und anstrengend für dich sein. Denn du möchtest möglichst schnell ans Ziel kommen. Aber vergiss dabei nicht, auf dich zu achten und dir deine Kräfte wirklich gut einzuteilen. Du kannst nur erfolgreich sein, wenn du es schaffst, alles ausgewogener und ohne Druck zu leben. Fang jeden Tag mit einem liebevollen Gedanken an und beende ihn ebenso. Denn die Liebe ist die Basis und steht über allem. Ganz gleich, was du zu erledigen hast: Lass es zu, Hilfe von deinen Engeln, vor allem Erzengel Uriel und Derdekea sowie deinem Schutzengel, anzunehmen, dann wirst du einen großen Schritt weiterkommen. Liebe auch dich!

RICARDA
Erzengel Chamuel, Engeleigenschaft von Dabriel
Abgeleitet von Richard; bedeutet im Althochdeutschen »mächtig«, »stark« und »fest«.

Für dieses Leben hast du dir als Thema Nummer eins die Ehrlichkeit und absolute Offenheit vorgenommen. Du willst das in alle Lebensbereiche einbringen und nach und nach alle Schleier lüften, alle Masken fallen lassen. Es gelingt dir auch immer besser, alles ganz ehrlich und klar auszusprechen. Du schaffst den Spagat, offen und ehrlich zu sein und trotzdem die Menschen nicht vor den Kopf zu stoßen oder zu verletzen. Das ist gar nicht so einfach, aber du kannst das! In diesem Leben darfst du das alte Wissen aus den vorigen Leben umsetzen und deine Gedanken liebevoll und trotzdem klar formulieren. Höre immer wieder auf deine innere Stimme, sie bringt dir die Botschaften deiner Seele!

ROMANA
Erzengel Gabriel, Engeleigenschaft von Asrael
Wörtlich »die Römerin«. Romina würde übrigens »die kleine Römerin« bedeuten.

Wo die Liebe der Engel gespürt wird, werden alle Menschen zu Geschwistern. Das hast du dir als Leitsatz über dieses Leben gestellt. Ein großes Unternehmen, was du da in Angriff nimmst.

Aber deine Seele hat alles mitgebracht, um das auch umsetzen zu können. Du hast eine Menge von Chancen und Möglichkeiten. Schau dich in deinem näheren Umfeld genau um: Welche Menschen lässt du an dich heran, bei welchen baust du eine Mauer? Warum ist das so? Bist du mit diesen Menschen fertig, ist die Energie, die »Luft« draußen? Jeden Tag kannst du alles an Gefühlen und Gedanken ordnen, was schon länger ansteht. Aktiviere all deine Engel, vor allem Erzengel Gabriel und Asrael und auch deinen Schutzengel, sie sind neben dir und tragen dich ein Stückchen weiter.

ROSEMARIE (Rosmarie, Rosa, Rose, Rosi, Rosina)
Erzengel Raphael, Engeleigenschaft von Adonai
Aus den zwei Namen Rosa, »Rose«, und Maria (siehe dort) zusammengesetzt.

Dein Hauptthema in diesem Leben sind Familie und Freunde, natürlich auch Arbeitskollegen und in weiterer Folge alle Menschen, die dir im Laufe der Zeit begegnen. All deine Engel, vor allem der Erzengel Raphael und Adonai, aber natürlich auch dein persönlicher Schutzengel, helfen dir bei diesem Lebensprojekt. Deine Familie auf der Erde und auch im geistigen Bereich (Seelenfamilie) ist neben dir und gibt dir Schutz und Geborgenheit. Du hast dir nicht vorgenommen, allein zu arbeiten und zu leben. Immer wieder kommen neue Menschen und Situationen auf dich zu – lass sie zu dir, lass deine Seele mit jedem Lernprogramm wachsen. Geh Schritt für Schritt voran und nimm Liebe an, damit du sie auch an andere wieder weitergeben kannst. Liebe dich und alle Lebewesen!

RUTH (Rut)
Erzengel Haniel, Engeleigenschaft von Barah
Ein weiblicher Vorname aus dem Hebräischen, wo das Stammwort »Freund«, »Begleitung« und »Freundschaft« bedeutet. Im

Alten Testament erzählt das Buch Rut von einer Frau dieses Namens, die wegen einer Hungersnot aus Juda auswandern muss und erst später wieder zurückkehrt.

Mit diesem Namen hast du dir ein Leben voller Herausforderungen und der einen oder anderen Prüfung ausgesucht. Das ist auch vollkommen in Ordnung so, denn du hast ja auch alle Hilfen in dir und um dich her, damit du dieses anspruchsvolle Programm erfolgreich und gut schaffst. Dabei musst du dich natürlich nicht allein durchkämpfen – aktiviere all deine persönlichen Engel, vor allem deinen Schutzengel und den Erzengel Haniel, auch Barah. Sie werden sofort verstärkt helfen und dich unterstützen können. Lass dich nicht entmutigen und nimm zwischendurch auch die Schönheiten wahr, die dir Mutter Erde bietet. Immer wieder umgeben dich kleinere und größere Wunder – nimm sie an und schau bewusst hin. Das wird dir die Kraft geben für den nächsten Schritt!

SABINE (Sabina, Bine)
Erzengel Haniel, Engeleigenschaft von Fanuel

Der Name geht auf den alten Stamm der Sabiner zurück, weist also ursprünglich auf eine Frau aus diesem Stamm hin. Bekanntlich gab es den »Raub der Sabinerinnen« durch Römer, die Frauenmangel hatten.

Was du dir in erster Linie für dieses Leben vorgenommen hast? Dein Schutzengel sagt es dir: Bleib dir treu! Das ist über alle Maßen wichtig, denn nur wenn du keine falschen und kraftraubenden Kompromisse mehr eingehst, wirst du dich spüren. Mach immer wieder einen Neubeginn und befreie dich und deine Seele von alten und unnötigen Themen – vielleicht auch von Menschen –, die du nur noch mitschleppst und die dich energetisch schwächen und blockieren. Ersuche den Erzengel Haniel und Fanuel dir bei diesem schwierigen Lebensprogramm zu helfen. Sie werden dir Hinweise und Zeichen geben, im Schlaf, aber auch in deinem Alltag. Achte darauf! Nach und nach wirst du sie wahrnehmen können.

SABRINA
Erzengel Jophiel, Engeleigenschaft von Pasiel

Dieser Name hat nichts mit dem ähnlichen Namen Sabine zu tun, sondern ist das lateinische Wort für den englischen Fluss Severn. Er heißt so nach einer Legende von einer jungfräulichen Königstochter, die von ihrer Stiefmutter in seinem Wasser ertränkt wurde und seither als Nymphe dort wohnt. Sie gilt auch als Schutzpatronin von Jungfrauen in Not.

Du hast dir für dieses Leben vorgenommen, in Wohlstand zu leben, also auf jeder Ebene (seelisch, geistig und auch materiell) in die Fülle zu gehen. Solltest du in deiner Jugend mit Geldproblemen kämpfen, so kannst du im Laufe der Jahre Schritt für Schritt in eine finanziell gute Zukunft gehen. Wünsche dir nicht einen Lotto-Sechser, sondern stell dir vor, wofür du wie viel Geld brauchst. Erschaffe dir ein buntes und reales Bild. Übergib deinen persönlichen Engeln, vor allem Erzengel Jophiel und Pasiel, deinen Wunsch. Vertraue fest darauf, dass er sich erfüllt – und zwar ab jetzt! Glaube daran und sei es dir wert, dass du in diesem Leben alles hast, was du brauchst, und alles erreichst, was du dir vorgenommen hast. Dein Schutzengel ist an deiner Seite und hilft dir!

SAMANTHA (Samanta)
Erzengel Jophiel, Engeleigenschaft von Elia

Aus dem hebräischen Wort *simeat,* auch als weibliche Form zu Simon. Wörtlich »die Zuhörende« bzw. »die Gehorchende«.

Was du dir in diesem Leben mit diesem Namen in erster Linie vorgenommen hast? Deine eigene Meinung zu finden, frei zu entscheiden und unabhängig und selbstständig zu leben. Das ist ein großes Vorhaben, aber du hast in den vorigen Leben alles dafür vorbereitet und bist jetzt so weit. Daher wird es diesbezüglich kein Problem geben. Bleib dran und arbeite konsequent und geduldig – geh Schritt für Schritt mit diesem Thema weiter. Nach und nach wirst du dein Unterbewusstsein umpolen, und niemand kann dich mehr manipulieren oder über dich verfügen. Du wirst immer stärker und freier, und deine Engel freuen sich mit dir. Genieße dieses Leben, denn du darfst es als Abenteuer sehen!

SARAH (Sara, Zarah und andere Formen)
Erzengel Sandalphon, Engeleigenschaft von Ganesha

Abrahams Frau Sarai wurde von Gott in Sara bzw. Sarah umbenannt und zu einer »Erzmutter« Israels gemacht. Der Mondgott (bzw. die Mondgöttin) sowie die Venus hießen in manchen Sprachen des vorderasiatischen Raums Sahra oder Sarah und galten als »Herrin des Himmels«.

Mit diesem Namen hast du eine starke Ur-Frauenenergie in dieses Leben mitgebracht, und sie wird auch entsprechend von dir gelebt werden. Denn diese Kraft kannst du in vielen Bereichen und in allen Lebenslagen nutzen. Als ein wichtiges Lebensthema hast du dir Gerechtigkeit und Fairness vorgenommen. Wird zum Beispiel bei dir am Arbeitsplatz oder privat öfter getratscht, werden nicht anwesende Menschen bewertet, wird über sie geurteilt – sofort wirst du reagieren. Deine Engel – vor allem der Erzengel Sandalphon und Ganesha, aber auch dein Schutzengel – helfen dir, solche Situationen gerecht und liebevoll für dich und andere zu lösen. Ein wunderbares Leben, in dem du einige große Schritte vorwärts machen kannst und darfst.

SASKIA
Erzengel Sandalphon, Engeleigenschaft von Favashi

Der Name kann sowohl althochdeutsch »die Sächsin« bedeuten als auch eine Übernahme aus einer russischen Form von Alexandra (»die Beschützerin«) sein.

Ein starker und wunderbarer Name, den du (und nur du) dir da für dieses Leben ausgewählt hast. Und er passt natürlich auch optimal. Denn mit ihm kannst du immer wieder Altes abschließen und hinter dir lassen und in neue Energien und Themen »hüpfen«. Das wird dir großen Spaß machen, wenn du es erst richtig versuchst. Du weißt genau, wie und wo du auf deinem Lebensweg weitergehen möchtest. Öffne dich für Freunde und Lebensbegleiter, und lass Gefühle und auch Gespräche zu. Du bist keine Insel und nicht allein auf dieser Welt. Gib anderen eine Chance, dich zu erreichen. Integriere deine Engel, vor allem den Erzengel Sandalphon und Favashi, in deinen Alltag. Das hilft dir.

SENTA
Erzengel Zadkiel, Engeleigenschaft von Astarte
Man findet den Hinweis, Senta sei eine Kurzform von Kreszentia, die sich verselbstständigt habe.

Du hast dir als Hauptaufgabe in diesem Leben gestellt, ein Großreinemachen auf deiner Seelenebene durchzuführen. Das wirst du mit diesem Namen auch gut schaffen. Und natürlich mithilfe aller Engel – vor allem dem Erzengel Zadkiel und Astarte sowie deinem Schutzengel –, die dich jeden Tag begleiten. Beginnen kannst du mit einer Grundreinigung deiner Gefühle und Gedanken. Was gehört ausgesiebt und entfernt? Was ist negativ oder schwächt dich? Beobachte über einen längeren Zeitraum bewusst alle Gedanken und Gefühle – und du wirst dich wundern, wie schnell sich unnötige und alte Energien auflösen. Erst danach bist du wirklich offen für neue Energien voller Licht und Liebe. Deine Engel helfen.

SIBYLLE (Sybille, Sibel und andere Formen)
Erzengel Zadkiel, Engeleigenschaft von Baliel
Im antiken Griechenland wurden göttlich inspirierte Seherinnen Sibyllen genannt. Daraus entwickelte sich später der bekannte Vorname.

Mit diesem Namen hast du dir ein wunderbares Seelenprogramm vorgenommen. Es ist nicht notwendig, dass du in diesem Leben in die Hellsichtigkeit gehst, hellhören und hellfühlen ist genau so viel wert. Auf jeden Fall möchtest du im Laufe der Jahre dein Geist- und Seelenpotenzial wachsen lassen, es erweitern. Dazu wirst du eine Menge Chancen und Gelegenheiten bekommen. Deine Engel – vor allem der Erzengel Zadkiel und Baliel – werden dafür sorgen und dir Hinweise und Zeichen senden. Nach und nach wirst du sie auch wahr- und annehmen. Vergiss nicht, notwendige und wichtige Pausen einzulegen, auch die Seele braucht Freiräume und will »Urlaub« machen. Dein Schutzengel hilft dir.

SIGRID
Erzengel Jophiel, Engeleigenschaft von Duma
Der Name ist aus nordischen Worten für »Sieg« und »schön« gebildet.

Negative Kritik bringt dich nicht weiter. Vor allem, wenn du dich selbst niedermachst, blockierst du deine Seelenenergie. Du hast dir mit diesem Namen vorgenommen, die Eigenliebe zu leben und deine Wertigkeit wahrzunehmen. Das ist bestimmt nicht leicht, vor allem am Anfang dieses Weges, jedoch hast du alles hierher mitgebracht, um diese Aufgabe erfolgreich zu meistern. Ersuche deine persönlichen Engel, vor allem den Erzengel Jophiel und Duma, dir dabei zu helfen. Auch deine Schutzengel warten auf eine Aufforderung von dir. Sie alle werden dir helfen, festgefahrene Gewohnheiten oder Einschränkungen zu unterbrechen und aufzulösen. Glaube an dich, deine Fähigkeiten und an den göttlichen Funken in dir! Das ist wichtig.

SIGRUN (Siegrun)
Erzengel Gabriel, Engeleigenschaft von Ganesha
Der Name enthält zwei althochdeutsche Worte, für »Sieg« und für »Geheimnis« bzw. »Zauber«, *Rune*.

Du hast dir für dieses Leben vorgenommen, deine Ur-Weiblichkeit zu leben, also deine Frauenenergie wirklich zuzulassen, zu spüren und auch nach außen zu bringen. Das klingt einfach, ist es aber natürlich nicht in jeder Situation oder Lebenslage.

Doch es ist ein Thema, das du mit diesem Namen wirklich ganz unbeschwert und verstärkt leben darfst. So ist das auch in deinem Lebensplan, den du dir für dieses Erdenleben in diesem Körper ausgesucht hast, vorgesehen. Also nimm deinen Körper in jedem Alter liebevoll an, und mach dich in keiner Beziehung nieder. Erlaube dir eine gute Sexualität, egal, wie alt du bist, und bau dein Leben nach ethischen, nicht nach (anerzogenen und einschränkenden) moralischen Sichtweisen auf. Befreie deine innere Frau aus ihrem Gefängnis – es ist an der Zeit!

SILKE
Erzengel Jophiel, Engeleigenschaft von Zophiel
Man findet gleich drei Angaben zur möglichen Bedeutung: eine Form von Celia, das vom lateinischen Wort für »Himmel« stammt; Kosename für Cäcilia oder Kurzform von Gisela. Der Name ist vor allem im niederdeutschen Sprachraum beheimatet.

Des Menschen Wille ist sein Himmelreich. Das könnte über deinem derzeitigen Erdenleben stehen. Und so hast du dir das auch ausgesucht, denn du hast eine Menge vor in diesem Körper und mit diesem Namen. Viele Wünsche und Pläne, Ziele und Träume möchtest du verwirklichen. Aber hinterfrage dabei genau, was für dich wirklich wichtig ist, was deinem Körper, deinem Geist und deiner Seele guttut und was sich auf längere Sicht nicht so positiv auswirkt. Deine Engel – vor allem der Erzengel Jophiel und Zophiel sowie deine Schutzengel – werden dir helfen und dir bewusst machen, was dich wirklich glücklich und zufrieden macht und was du dir ersparen kannst. Hör genau hin!

SILVANA (Sylvana)
Erzengel Gabriel, Engeleigenschaft von Phaleg
Die Göttin bzw. Freundin des Waldes (lateinisch *silva*, »Wald«); eine Nebenform zu Silvia.

Du hast dir ein interessantes Hauptthema ausgesucht, du willst nämlich aus diesem Leben ein Abenteuer machen und neugierig alles erforschen, was dich interessiert. Du bist ein Kind der Natur und mit ihren Wesen auf du und du. Auch wenn dir das bis jetzt nicht bewusst ist – in dem Moment, in dem du dich für diese feinen Energien öffnest, wirst du sie auch wahrnehmen und Unglaubliches spüren und erleben dürfen. Also auf zu neuen Ufern! Ersuche deine persönlichen Engel, in diesem Leben der Erzengel Gabriel und Phaleg, natürlich aber auch dein Schutzengel, um ihre Hilfe und Unterstützung. Sie verstehen sich sehr gut mit den Naturgeistern, und du wirst noch mehr lernen können.

SIMONE
Erzengel Zachariel, Engeleigenschaft von Hadraniel
Weibliche Form zu Simeon bzw. Simon, das aus dem Hebräischen stammt und »Er (Gott) hat gehört« bedeutet.

Verschieb die Arbeit in deinem Herzen nicht, fang heute damit an. Das hast du dir in erster Linie für dieses Leben vorgenommen – denn deine Seele will wachsen. Voraussetzung ist, dass du dir das auch erlaubst. Nimm dich und deine Herzenergie wahr. Dann wirst du auch Geschenke bekommen. Das können Wegbegleiter und positive Menschen sein, wunderbare Erfahrungen und neue Energien. Nimm alles in Liebe an, denn deine Engel arbeiten aktiv mit dir und begleiten dich bei jedem Schritt. Die Liebe ist die Basis und steht über allem. Wenn du sie aussendest, bekommst du sie vielfach zurück. Ergreife die Initiative: Geh auf die Menschen zu und reich ihnen die Hand.

SOLVEIG (und andere Schreibweisen)
Erzengel Michael, Engeleigenschaft von Favashi
Ein Vorname aus dem Nordischen, wo er »Hausherrin« bzw. »Kraft des Hauses« bedeuten kann, aber auch »die Wächterin der Sonne« oder »Sonnenweg« und »Sonnenwind«.

Deine Wahrheit lebst du mehr, als dass du sie aussprechen musst. Dein vorrangiges Lebensthema, das du dir vorgenommen hast, ist es, dein inneres Potenzial zu leben. Du bist eine wunderbare Seele und trägst den göttlichen Funken in dir.

Nun – in diesem Erdenleben – ist es an der Zeit, dass dieser Funke in die materielle Außenwelt gebracht wird. Das kannst du, indem du von innen her strahlst und Licht und Liebe aussendest. Auch wenn du jetzt etwas ungläubig schaust: Genau das hast du dir vorgenommen und somit hast du auch die Fähigkeiten und jede Menge Gelegenheit und Möglichkeit dazu. Du darfst auf deinem Seelenweg einen großen Schritt weitergehen. Bitte all deine Engel, vor allem den Erzengel Michael und Favashi, dir dabei zu helfen.

SOPHIA (Sofia, Sophie)
Erzengel Zachariel, Engeleigenschaft von Usiel

Das griechische Wort bezeichnet »Weisheit« und in der Mystik auch die »Göttin der Weisheit« sowie den »weiblichen Heiligen Geist«. Es gibt mindestens zwei christliche Heilige dieses Namens, Sophia von Mailand aus dem zweiten und Sophia von Rom aus dem 3. Jahrhundert. Der 15. Mai ist der letzte Tag der sogenannten Eisheiligen und heißt »die kalte Sophie«. Man ruft die heilige Sophia gegen späten Frost an.

Mit diesem Namen hast du vor, deine innere Weisheit, dein altes Wissen, deine Ur-Frauenenergie zu leben. Ein umfassendes und weitreichendes, aber sehr interessantes Lebensprogramm, das du dir da vorgenommen hast. Und es beinhaltet einige Wunder und Seelenverbindungen. Natürlich liegen auch ein paar Steine auf diesem Weg, die du aber auf jeden Fall und sogar mit Leichtigkeit beseitigen wirst. Denn du hast eine Unmenge von Seelenkraft und Herzenergie hierher mitgebracht. Im Laufe dieses Lebens kannst du sie auch voll aktivieren und spüren. Deine Engel, die dich in diesem Leben begleiten, vor allem der Erzengel Zachariel und Usiel sowie deine Schutzengel, sind immer neben dir.

STEFANIE (Stefania)
Erzengel Jophiel, Engeleigenschaft von Schamschiel

In diesem Namen steckt ein altgriechisches Wort für »Kranz« und für »Krone«. Stephanus gilt als erster christlicher Märtyrer, der zwischen 36 und 40 n. Chr. gesteinigt wurde, weil er als einer der sieben Diakone der Jerusalemer Urgemeinde christliche Lehren öffentlich und eloquent vertrat, die vom dogmatischen Judentum abgelehnt wurden. Der zweite Weihnachtstag, der 26.12., wird deshalb auch als Stefani-Tag begangen.

Wo bist du Kontrast zum Nächsten, wo Ergänzung, wo Stütze? Ja, genau das ist dein Lebensprogramm, das du dir vorgenommen hast. Und dein Name passt da natürlich optimal hinein – also hast du sehr gut gewählt. Immer wieder wird es Situationen geben, in denen du mit unehrlichen Menschen, scheinbaren Erfolgen und unpassenden Aktivitäten konfrontiert bist. Schau hinter die Fassade von jedem und allem. Sei eindeutig und offen mit dem, was du denkst, sagst und tust. Dies ist ein Erdenleben, in dem du in ein anderes Bewusstsein und eine andere Energie mit dir selbst gehen kannst. Hör nach innen, von da kommen eine Menge Botschaften, die dir helfen werden. Deine Engel sind neben dir und schützen dich auf deinem Weg, auf dem du gut weiterkommen wirst.

SUSANNE
Erzengel Michael, Engeleigenschaft von Abdia

Ein Name, der aus einer alten Kultur und Sprache stammt, die im heutigen Südwesten des Irans zu Hause war. Er bedeutet »Lilie«, wie auch die noch jetzt existierende Stadt Susa im Iran.

Sanft, zart und lieblich wie eine Blume – so willst du dieses Leben Schritt für Schritt weitergehen und dabei die Schönheit und Wunder der Natur und unserer Erde wahrnehmen und genießen. Das hast du dir vorgenommen, und das darfst und sollst du auch leben. Denn es ist das Hauptthema in deinem derzeitigen Leben. Damit unterbrichst du vergangene Energien und alte Muster – nämlich zu funktionieren und alle Erwartungen deines Umfeldes zu erfüllen. Du wirst Situationen erleben, in denen du neu und stark reagieren wirst und dich wieder spürst. Du kehrst zu deiner Ur-Energie zurück und bist bei aller Zartheit ausgesprochen ausdauernd und zäh. Deine Engel begleiten dich auf deinem Weg.

SVENJA
Erzengel Raphael, Engeleigenschaft von Cassiel
Ein vor allem in Deutschland vorkommender Name, der sich als weibliche Form von Sven, »junger Mann«, im Altnordischen ableiten kann oder von einem althochdeutschen Wort für »Schwan«.

Heiter Raum um Raum durchschreiten, jede Stunde des Tages lichtvoll annehmen … Dieses Leben steht unter einem guten Stern. Mit diesem Namen hast du dir viel vorgenommen, jedoch steht auch der Glücksaspekt darüber. Einiges wird sich wie von selbst auflösen und manches zu deinen Gunsten fügen. Das darfst du voll und ganz zulassen und annehmen. Denn du hast dir das verdient, indem du in einigen vorherigen Leben viel vorbereitet und gearbeitet hast. Jetzt darfst du ernten, was du früher ausgesät hast. Du wirst alle Herausforderungen im privaten und im Arbeitsbereich optimal meistern. Neue Sichtweisen und Problemlösungen liegen auf deinem Weg. Nimm die Geschenke deiner Engel und die Früchte deiner Arbeit dankbar und vollkommen an! Genieße sie.

SWETLANA (Svetlana)
Erzengel Jophiel, Engeleigenschaft von Jehuel
Ein ostslawischer Vorname, der »die Helle«, »die Weiße« oder
»das Licht« bedeuten kann.

Viele mögen uns verlassen – unsere Engel nie. Welch ein
Trost! Das ist wirklich ein Trost für dich, denn mit diesem Namen hast du dir ein anspruchsvolles Leben vorgenommen, das
auch einige Prüfungen beinhaltet. Du hast aber natürlich auch
eine Menge Engel an deiner Seite, die dir dabei helfen – vor
allem Erzengel Jophiel und Jehuel, und nicht zu vergessen deine persönlichen Schutzengel, die immer neben dir sind. Einige
Themen, mit denen du dich schon über einige Leben »herumschlagen« musst, darfst du im Laufe der Jahre positiv auflösen.
Das erfordert Geduld und ein Loslassen von dir. Natürlich hast
du alles an Seelenpotenzial und Herzenergie in dir, das dir auch
hilft, deine Vorhaben erfolgreich zu beenden. Du wirst deinen
Weg optimal gehen!

SYLVIA (Silvia und andere Formen)
Erzengel Chamuel, Engeleigenschaft von Vretil
Einerseits ist wie beim Namen Silvana eine Ableitung zum lateinischen Wort »Wald« nahe liegend, und dann wäre die Bedeutung zum Beispiel auch »Königin des Waldes«, »Waldbe-
wohnerin« oder »Waldfee«. Oder es gibt eine Beziehung zum
griechischen Namen für »Luftwesen«, zu den Sylphen. Die Mutter von Romulus und Remus, den Begründern der Stadt Rom,
eine Königstochter, hieß Rhea Silvia.

Du hast dir für dieses Leben in erster Linie vorgenommen,
deine Seelenenergie zu leben. Immer wieder wirst du dazu Gelegenheiten bekommen, echte »Engel-Licht-Arbeit« zu leisten.
Mit diesem Namen hast du auch das notwendige Potenzial dafür mitgebracht. All deine Engel, vor allem Erzengel Chamuel
und Vretil, begleiten dich auf deinem interessanten Lebensweg,

der gepflastert ist mit Lernaufgaben, die du aber erfolgreich bewältigst. Nimm dir zwischendurch jedoch auch Zeit für Pausen und lass Körper, Geist und Seele zur Ruhe kommen. Schaff dir Rückzugsorte und Auszeiten, damit du dein Energiepotenzial wieder richtig aufladen kannst. Erst dann wirst du den nächsten Schritt machen können. Dein Schutzengel begleitet dich auf diesem Erdenweg.

TAMARA
Erzengel Uriel, Engeleigenschaft von Esrael
Der Name geht auf Begriffe zurück, die im Hebräischen, Aramäischen und Ägyptischen bekannt sind. Tamar war die Schwiegertochter von Judas, dem vierten Sohn Jakobs. Der Name kann »Palme« bedeuten, »das Leben« oder auch »die das Land liebt«.

Mit diesem Namen hast du dir für dieses Leben ein sehr interessantes und vor allem auch abwechslungsreiches Programm vorgenommen. Alle Engel sind an deiner Seite, wenn du mit kleineren oder größeren Lebensumstellungen oder -umbrüchen konfrontiert bist. Mit gleichbleibender Lebensfreude – egal, was sich so rundherum tut – und mit deiner dir eigenen unerschütterlichen Zuversicht wirst du deinen Weg jedoch sehr gut weitergehen. Denn du hast etwas sehr Wichtiges hierher mitgebracht: das Wissen, dass du gegen Lernprogramme und Veränderungen nicht ankämpfen, sondern diese umarmen sollst. Dann werden sie sich entsprechend auch schnell und gänzlich lösen. Das ist wahre Größe!

TATJANA (Tanja, Tania)
Erzengel Haniel, Engeleigenschaft von Galizur
Der Name stammt aus Russland. Unter Umständen weist er auf auf einen König der Sabiner hin, Tatius. Eine heilige Tatjana wird von der römischen, der griechischen und der russischen Kirche verehrt.

Ein liebendes Herz ist ein Schatz in einer gefühlskalten Welt. Sei ein solcher Schatz. Ja, genau das ist dein Lebensmotto, und du setzt es natürlich auch im Alltag um. Denn du hast dir dieses Programm für dein Erdenleben mit genau dem Körper und dem passenden Namen dazu ausgesucht. Lass inneren Frieden zu, und lebe ihn bewusst. Mach deinen Frieden mit allem, was dir in schlechter Erinnerung ist. Aktiviere dein Urvertrauen, damit du die Zuversicht wieder voll und ganz in dir spüren kannst. Es ist ein Leben, in das du auch deine Seelenfamilie, deine Familie im geistigen Bereich, einbeziehen kannst. Ersuche ein Mitglied davon, dir zu helfen, wieder dein seelisches Gleichgewicht zu finden. Es wird gemeinsam mit Erzengel Haniel und Galizur immer an deiner Seite sein und dir helfen.

THEKLA
Erzengel Gabriel, Engeleigenschaft von Sammael
Der Name leitet sich von einem griechischen Begriff ab, *Theokleia,* der »Ruhm Gottes« bzw. »Ehre sei Gott« bedeutet. Eine Frau dieses Namens war eine der ersten Jüngerinnen des Apostels Paulus.

Dein Lebensmotto heißt: Dein Wille geschehe. Damit legst du alles innerhalb und außerhalb von dir in die Hand Gottes oder der Göttin. Du lässt alle Themen und Aufgaben vertrauensvoll los und übergibst sie einer höheren Macht (egal, welche das für dich in diesem Leben ist). Mit Zuversicht und Urvertrauen wirst du dein Lebensprogramm gut hinbekommen und kannst dich über deine kleineren und größeren Erfolge freuen. Nach und nach lernst du, deine Gefühle zuzulassen und Beziehungen zu anderen Menschen auf eine positive Seelenebene zu stellen. Ersuche den Erzengel Gabriel, den Engel Sammael und deinen persönlichen Schutzengel um diesbezügliche Unterstützung – denn sie sind für all deine Lebensbereiche und -themen zuständig und immer neben dir.

THEODORA
Erzengel Haniel, Engeleigenschaft von Ormuz

Aus dem Griechischen mit der Bedeutung »Geschenk«, »Gabe Gottes«. Ein Name, der aus den gleichen Worten zusammengesetzt ist und das Gleiche bedeutet, ist Dorothea.

Was du dir für dieses Leben vorgenommen hast? Als Schwerpunkt, dass du es als Geschenk siehst und alle Chancen und Gelegenheiten zum Lernen und Wachsen nutzt. Alles, was du machst, soll von Begeisterung getragen sein, überall sollten deine Herzenergie und dein Seelenfeuer hineinfließen. Mach keine halben Sachen, keine falschen Kompromisse. Genieße alles, was dir das Leben und du selbst dir schenkst, bewusst. Nimm Geschenke von deinem Umfeld an, streue Liebe und Licht aus, beide werden tausendfach zu dir zurückkehren. Schau nicht auf den Schatten, sondern hin zum Licht. Ersuche deine persönlichen Engel, dir bei diesem wunderbaren Lebensprogramm beizustehen, sie werden sofort an deine Seite eilen!

THERESA (Theresia, Teresa)
Erzengel Zachariel, Engeleigenschaft von Neriah

Der Name geht auf ein griechisches Wort zurück, das unterschiedliche Bedeutungen haben kann: »die aus Thera kommt«, »die Erntearbeiterin«, »Sommer« und »die Jägerin«. Zwei berühmte Namensträgerinnen sind Theresa von Avila (1515–1582), die spanische Mystikerin und Kirchenlehrerin, und Maria Theresia (1717–1780), die österreichische Monarchin und einzige Frau der Habsburger-Dynastie, die als Herrscherin wirkte.

Denke, was gut ist und guttut, sprich, was freundschaftlich ist, handle liebevoll. Da hast du dir ja eine Menge vorgenommen, für dieses Leben. Aber bei deinem Potenzial, das du mitbringst, ist das auch in Ordnung so und durchaus gut zu schaffen. Dein vorrangiges Thema sind Menschen – in der Familie, im Freundeskreis, in der Arbeit und so weiter. Das ist das ideale Leben für Gruppenarbeit und gemeinsame Projekte. Dabei unterstützen dich deine persönlichen Engel (vor allem Erzengel Zachariel, Neriah und dein Schutzengel) sehr intensiv. Die Energie fließt nur so dahin, ohne dass du dich plagen oder extra anstrengen müsstest. Ideen und Impulse kommen wie von selbst, und du kannst Ziele anstreben, von denen du bisher nur geträumt hast. Du kehrst zu dir zurück.

TIZIANA (Tizia)
Erzengel Gabriel, Engeleigenschaft von Pronoia
Aus dem Lateinischen abgeleitet von einem Begriff, der »zur Familie des Titus gehörig« bedeutet.

Du hast dir für dieses Leben vorgenommen, zu deiner Ur-Energie zurückzukommen, diese zu spüren und deine Ur-Kraft bzw. Ur-Frau zu finden. Sie will nämlich gelebt und von dir wahrgenommen werden. Daher hast du dir auch den genau passenden Namen dafür ausgesucht (natürlich du – wer sonst? Deine Eltern haben die Energie von dir aufgefangen und dich dementsprechend benannt). Wenn du deine ursprüngliche Kraft finden willst, mach von Zeit zu Zeit Folgendes: Setz dich auf einen für dich passenden Kraftplatz, und schließe die Augen. Nimm Kontakt mit deiner Ur-Energie auf, die in dir schlummert und Teil deines Alltags sein will. Nach einigen Minuten wirst du sie spüren, lass sie zu! Vertrau auf deine Fähigkeiten und die Hilfe all deiner persönlichen Engel, die dich begleiten!

TOSCA
Erzengel Zadkiel, Engeleigenschaft von Ramiel
Der Name geht auf Puccinis berühmte Oper zurück, die 1900 uraufgeführt wurde und nicht Sagengestalten oder herrschaftliche Personen in den Mittelpunkt stellt, sondern das Leben, Lieben und Leiden »normaler« BürgerInnen.

Du hast dir vorgenommen, in diesem Leben primär deine Seelenenergie zu leben. Das ist ganz neu für dich, denn du erlebst das in dieser Form das erste Mal. Daher hast du dir diesen außergewöhnlichen Namen zu diesem Leben ausgesucht, denn er passt natürlich ideal zu deinen Lebensaufgaben. Du hast schon sehr viel gelernt in früheren Leben und darfst dies nun anwenden. Daher brauchst du auch nicht alles im Außen zu machen, sondern kannst es auf der geistigen Ebene »erledigen«. Wie? Zum Beispiel: Lehn dich zurück, und lass alles vor deinem geistigen Auge vorbeiziehen, was dich gerade beschäftigt. Alle Themen und Bereiche schaust du dir auf diese Weise an. Du wirst auf diese Weise zu Erkenntnissen und Lösungen kommen, die dir sehr weiterhelfen. Geh weiter – du erreichst dein Ziel!

TRUDI (Trudy)
Erzengel Haniel, Engeleigenschaft von Abuliel
Von Gertrud oder Vornamen, die auf -traud enden. Im Schweizer Raum und im Alpenland oft auch als eigenständiger Name gebräuchlich.

Dein suchendes Herz findet Liebe und Erfüllung im Licht der Engel. Dieses Motto hast du über deinen Lebensplan gestellt. Dein Name und dein Körper in diesem Leben passen genau und runden dieses Programm ideal ab (auch wenn du phasenweise daran zweifelst). Immer wieder hast du die Möglichkeit für gute Gespräche. Hierbei triffst du auf Menschen, die du schon von früheren Leben her kennst und mit denen du etwas aufzuarbeiten oder zu lösen hast. Das sind ab und zu intensive und fordernde Lernprogramme, die du dir selbst ausgesucht hast und auch erfolgreich schaffen wirst. Nutze diese »karmischen« Begegnungen für neue Möglichkeiten und Chancen. Mithilfe deiner Engel wirst du in diesem Erdenleben sehr viel bewegen.

U

ULRIKE (Ulla)
Erzengel Michael, Engeleigenschaft von Cahetel

Der Name setzt sich aus zwei althochdeutschen Worten zusammen, die »Besitz«, »Erbe« oder »Heimat« bedeuten sowie »reich«. Ulrike ist das Pendant zu Ulrich.

In diesem Leben kommt alles ans Licht, das hast du dir auch genau so vorgenommen. Denn du lässt es nicht mehr zu, dass getäuscht und getarnt wird. Die Masken fallen, und es wird nichts mehr zugedeckt – sei es ein Gefühl, ein Gedanke oder eine Aussage. Mithilfe all deiner Engel (vor allem Erzengel Michael und Cahatel sowie deiner Schutzengel) fallen die Schleier, und du kommst zu absoluter Offenheit und Ehrlichkeit. Dabei erhältst du immer wieder Hinweise und Zeichen, wie du dich auf allen drei Ebenen von Körper, Geist und Seele reinigen kannst. Nebenbei tauschst du alten »Müll« gegen neu aufgebaute Eigenliebe aus – ein Prozess, der dich zufrieden und glücklich machen wird! Du bist sehr gut unterwegs!

URSA (Ursina)
Erzengel Metatron, Engeleigenschaft von Och

Ähnlich wie Ursula; entweder als Kurzform oder als spezifischer Schweizer Vorname (siehe auch Urs). Die Sternenkonstellation des Großen Bären heißt auf lateinisch *ursa major*.

Zwei Grundthemen hast du dir für dieses Leben vorgenommen: Gelassenheit und Geduld. Das klingt sehr klar und einfach, ist aber eine komplexe Lebensaufgabe, die du dir da ausgesucht hast. All deine Engel (vor allem Erzengel Metatron und Och sowie dein persönlicher Schutzengel – du darfst ihm einen Namen geben) unterstützen dich dabei aktiv und verlässlich in jeder deiner Lebensphasen. Sie helfen dir auch, dein »altes Wissen«, das du in dieses Leben mitgenommen hast, zu aktivieren. Dadurch kannst du jeden Tag sehr intuitiv und bewusst erleben. Nimm dir immer wieder Zeit, um hinaus in Mutter Natur zu gehen. Dort kannst du bei Belastungen und Einschränkungen am schnellsten und intensivsten deine Herz- und Seelenenergie wieder aufladen.

URSULA (Uschi und andere Formen)
Erzengel Raphael, Engeleigenschaft von Muriel

Wörtlich »die kleine Bärin«, vom lateinischen Wort *ursus,* »Bär«. Jedoch auch eine eingedeutschte Form des keltischen Namens Artula, der ebenfalls auf den Stammbegriff für »Bär« zurückgeht. Die heilige Ursula ist Schutzpatronin von Köln und der Pariser Universität Sorbonne.

Ein interessantes und anspruchsvolles Lebensprogramm erwartet dich, und es wird noch intensiver. Denn: Je älter du wirst, umso mehr Energie und Bewegungsfreiheit hast du. Also empfinde die verschiedenen Lebensphasen nicht als ein nerviges Geduldsprogramm! Es hilft dir gar nichts, wenn du stöhnst und jammerst, denn du allein hast dir die Themen für dieses Erdenleben ausgesucht und auch alles mitgebracht, um sie gut zu absolvieren. Wenn du ungeduldig und ärgerlich wirst, komm zur Ruhe, schließe die Augen und schau einmal kurz hinter die Fassade. Was zeigt sich? Welche Gefühle und Gedanken kommen da hoch? Nach ein paar Minuten wird dir bewusst sein, was noch fehlt und wo es weitergeht. Bitte deine Engel, dich zu unterstützen und ein Stück zu tragen. Sie tun es.

UTA (Ute)

Erzengel Sandalphon, Engeleigenschaft von Verchiel

Hochdeutsche Form von Oda bzw. Uota, die im Nibelungenlied auftaucht. Im Wort ist ein alter Begriff für »Besitz« und »Erbe« enthalten. Verwandt ist der Vorname Otto. Ute heißt übrigens ein Indianervolk in Nordamerika.

Du hast dir für dieses Leben vorgenommen, die Zeit zu nutzen und eine Menge zu lernen. Dabei hast du jedes einzelne Thema auch genau geplant. Natürlich weißt du das jetzt bewusst nicht mehr. Aber deine Seele spürt, was auf deinem Weg liegt und was nicht. Mit diesem Namen hast du auch viel Kraft, ein unglaubliches Seelenpotenzial und viel Liebe und Licht in dir mitgenommen. Das alles wird dir auf deinem Weg hier helfen. Du darfst auch all deine Engel (vor allem natürlich deine persönlichen, nämlich den Erzengel Sandalphon und Verchiel, dazu deinen Schutzengel) bitten, dir den nächsten Schritt auf deinem Lebensweg zu zeigen. Wenn sie es dürfen, werden sie den Vorhang ein wenig wegziehen, und du siehst dein nächstes Ziel. Bleib zuversichtlich! Alles, was du willst, gelingt dir!

VALENTINA
Erzengel Uriel, Engeleigenschaft von Asrael
Vom lateinischen Wort für »gesund« und »kraftvoll«; deshalb auch »die Starke«.

Kämpfe nicht gegen »das Böse«. Wenn du im Licht bleibst, wird das Dunkle von selbst vergehen. Das ist das übergeordnete Motto in diesem deinen Leben. Lass dich nicht von Äußerlichkeiten und Ablenkungen täuschen – schau immer wieder in die andere Richtung, und lass wieder Glück und Sonne zu. Es gibt so unendlich viel Interessantes und Neues in deiner Umgebung. Du brauchst beim Einkaufen oder beim Weg in die Arbeit nur einmal eine andere Straße entlanggehen, schon wirst du unglaublich viel Unbekanntes entdecken. Wenn du dich von der Routine des Alltages befreist, ist wieder Platz für Lebensfreude und ein Gefühl der Freiheit! In schwierigen Lebensphasen liegt die Lösung in dir – höre auf deine innere Stimme. Sie ist das alte Wissen, das du hierher mitgebracht hast.

VALÉRIE (Valeria)
Erzengel Jophiel, Engeleigenschaft von Jeremiel
Bezeichnet eine Person aus dem römischen Geschlecht der Valerier. Eine Grundstimmung ist auch »stark« und »gesund« sowie »glorreich«.

Du bist eine starke und gesunde Seele und trägst den göttlichen Funken in dir. Das solltest du nie vergessen, wenn du gerade eine schwierige Lebensphase durchkämpfst. Alles ist in dir, was du brauchst, und mithilfe deiner Engel, vor allem dem Erzengel Jophiel und Jeremiel sowie deinem Schutzengel kannst du dieses Wissen für dich neu aktivieren und nutzen. Immer wieder bekommst du klare Botschaften von deinen Helfern. Sie zeigen dir über deine Seele oder von Außen etwas sehr klar: Du wirst spüren, sehen oder hören, was du definitiv abschließen und hinter dir lassen kannst. Es gibt etwas, das du über einen längeren Zeitraum vollendet hast. Ein Thema, das viel Kraft und Zeit gekostet hat. Du darfst es nun los- und hinter dir lassen! Gratulation! Du hast es geschafft und bist einen Schritt weiter!

VALESKA (Waleska, Valesca)
Erzengel Raphael, Engeleigenschaft von Seraphiel
Aus dem Slawischen stammende Variante zu Valeria bzw. Valérie.

Du hast dir ein bewegtes und interessantes Leben ausgesucht, in dem es phasenweise auch drunter und drüber gehen kann. Lass dich davon nicht durcheinanderbringen. Nimm dir ein wenig Zeit, und schließe die Augen. Spüre dich selbst, und bitte den Erzengel Raphael und Seraphiel sowie deinen persönlichen Schutzengel, dir in solchen Situationen Ausgewogenheit und Balance zu geben. Sie werden sofort zur Stelle sein und dir helfen. Probier es einfach – es hilft wirklich! Lass dir helfen, dann kommt wieder eine ruhige Zeit, und du kannst die Schönheiten und Annehmlichkeiten deines Lebens genießen und dich ausruhen. Sammle Kräfte und komm innerlich zur Ruhe – das hilft dir.

VANESSA
Erzengel Chamuel, Engeleigenschaft von Abdiel
Ein neuer englischer Name, den der Schriftsteller Jonathan Swift für eine Geschichte über seine heimliche Geliebte aus Bestandteilen ihres Namens gebildet hat.

Mit uns leben jene Augenblicke weiter, in denen wir Liebe leben. Die Liebe ist die Basis und steht über allem – das Motto hast du so in dieses Leben mitgenommen und möchtest es hier auch praktisch umsetzen. Arbeite daran, nimm deine Aufgaben wahr, aber vergiss dabei den Spaß und das Spiel nicht. Denn auch du hast dir vorgenommen, hier in erster Linie einmal glücklich zu sein und nicht nur im Hamsterrad des Alltags zu funktionieren. Ersuche den Erzengel Chamuel und Abdiel, dir Möglichkeiten und Menschen zu schicken, mit denen du dich entspannen und alles loslassen kannst, was dich gerade beschäftigt. Verwirkliche deine Visionen und Träume. Du wirst staunen, was dir so alles einfällt! Nimm dein Leben ernst, aber nicht tragisch!

VERA (Wera)
Erzengel Chamuel, Engeleigenschaft von Galizur

Der aus dem Russischen stammende Vorname Vera bedeutet »Glaube«, »Zuversicht« und »Vertrauen«. Auch die Bedeutung von »die Wahre« aus dem Lateinischen gehört hierher. In der Antike gab es den männlichen Namen Verus.

Alles, was du dir für dieses Leben vorgenommen hast, ist in deinem Namen enthalten. Du hast eine Menge an Seelenkraft und Herzensenergie hierher mitgebracht. Das wird dir sehr bei der Umsetzung deines Lebensplanes helfen. Als Vera kannst du einen tiefen Glauben leben – an dich und an alles aus dem geistigen Bereich, was dir hilft: Gott, die Heiligen und so weiter. Mit deiner Zuversicht wirst du dich nie entmutigen lassen und deine Aufgaben eine nach der anderen gut erledigen können. Mutig gehst du damit deinen Weg. Und mit Vertrauen aktivierst du dein eigentliches Urvertrauen in dir – eine ganz starke Kraft, die dich über einschränkende oder schwierige Lebensphasen hinweg trägt. Du bist einzigartig und stark!

VERENA (Vreni, Nena)
Erzengel Chamuel, Engeleigenschaft von Galizur

Verena ist eine zentrale Frauengestalt für die Schweiz, wo die heilige Verena von Zurzach besonders verehrt wird und die Schweizer Goldmünze, die eigentlich die Helvetia darstellt, nur »Vreneli« genannt wird. Zur Herkunft von Verena findet man lateinische Begriffe für »wahrhaft« und »gottesfürchtig«, aber auch das keltische Wort für »weiß« sowie »weise«.

Erlaube dir und anderen, auch wirklich dort zu sein, wo ihr jetzt gerade seid. Du hast dir vorgenommen, in diesem Leben mit deinem Körper und genau diesem Namen auf die Kleinigkeiten und die leisen Töne zu achten. Auch wenn dich der Alltag aufzufressen droht – lass dich nicht von dieser Energie bestimmen. Schau rund um dich, und erfreu dich an den positiven Details, die dich umgeben. Da gibt es sicherlich genug zu entdecken. Mach nur die Augen auf und ersuche den Erzengel Chamuel und Galizur sowie deinen persönlichen Schutzengel, wieder Lachen und Freude in deine Gedanken und in dein Herz zu bringen. In dem Moment, in dem du sie darum bittest, wirst du lächeln! Bewahre glückliche und harmonische Momente in deinem Herzen!

VERONIKA (Veronica, Ronja)
Erzengel Sandalphon, Engeleigenschaft von Orifiel

Der Name heißt »die Siegbringende«, vom mazedonischen Wort und Namen Berenike. Sehr bekannt ist die Frau namens Berenike bzw. lateinisch Veronika, die Jesus auf seinem Weg nach Golgatha mit einem Schweißtuch das Gesicht abgewischt haben soll, woraufhin sich sein Bildnis auf dem Tuch zeigte.

Ein Kernthema in diesem Leben ist die Kommunikation. Du hast dir vorgenommen, sehr vieles auf der verbalen Ebene zu klären und zu lösen. Immer wieder werden sich gute Gelegenheiten und einmalige Chancen dafür ergeben. Du kommst mit einer Menge Menschen zusammen – einige davon sind oder werden lebenslange Wegbegleiter, treue Seelenfreunde. Mit ihnen kannst du dich entspannen und es dir gut gehen lassen. Alles, was du aussprichst, ist sehr klar, dein Gegenüber versteht es. Wenn es um ein Herzensthema geht und du eine gute Basis mit einem Menschen hast, wird eine starke Herzenergie fließen, und du darfst einen Schritt weitergehen. Sprich alles offen aus!

VIKTORIA (Victoria, Vicky, Vic und andere Formen, auch Tori)

Erzengel Uriel, Engeleigenschaft von Samiel

Der lateinische Name der Siegesgöttin. Unter den zahlreichen Namensträgerinnen ragt vielleicht die englische Victoria von Hannover heraus, besser bekannt als englische Queen Victoria und indische Kaiserin (1819–1901).

Wie kannst du in diesem Leben verlieren? Bei diesem Namen, den du dir wohlweislich ausgesucht hast! Natürlich wirst du alles erreichen, was du dir vorgenommen hast, vorausgesetzt, du lässt los und machst dir keinen Druck! Alles, was du schaffen und erreichen willst, geht auch mit Leichtigkeit. Du kannst den Alltag als Kampf oder als positive Chance sehen. Du entscheidest, wie du den Ansatz dafür auswählst. Ersuche Erzengel Uriel (mit dem du am Boden bleibst) und Samiel (der die Liebe in dein Herz bringt), dass du Schritt für Schritt auf deinem Weg weiterkommst – im für dich optimalen Tempo. Auch dein Schutzengel hilft dir gern, wenn du ihn darum bittest. Er ist bei dir.

VIOLA (Violetta)

Erzengel Zadkiel, Engeleigenschaft von Barachiel

Im Lateinischen der Name für »Veilchen«, bedeutet aber auch »die Verletzte«. Es gibt zudem das Musikinstrument der Bratsche, gewissermaßen eine größere und tiefer gestimmte Geige, die man manchmal auch Viola nennt.

Lass Gutes in deinem Denken sein. Das ist dein vorrangiges Lebensmotto und danach solltst du dich richten. Geh immer vom Besten aus und fürchte nicht, dass Unglück und Verlust über dich hereinbrechen könnten. Du solltest dir deine Kräfte gut einteilen, sonst rutschst du mental ab und es geht dir auf der Seelenebene nicht gut. Wenn es irgendwie möglich ist, solltest du immer wieder kleine Pausen einschalten. Gewisse Unsicherheiten und Ängste lösen sich im Schlaf oder im Alphazustand auf. Gib dir die Möglichkeit zu dieser Unterbewusstseinsarbeit, die Erzengel Zadkiel und Barachiel tatkräftig unterstützen. Übergib diesen Engeln alles, was dich belastet und nicht schlafen lässt. Sie sind an deiner Seite und helfen dir, mit Zuversicht und Urvertrauen zu leben.

VIVIANE (Vivian, Viviana, Vivienne, auch Bibiana)
Erzengel Zachariel, Engeleigenschaft von Cassiel
Der Name geht auf ein etruskisches Wort für »lebendig« zurück; also »die Lebendige«.

Höre in dir den sanften Gesang und die zarte Musik der Engel. Du hast dir einige Themen für dieses Leben vorgenommen. Das übergeordnete ist, dass du wieder zu deiner Intuition zurückkehren willst. Du hast dir vorgenommen, verstärkt deine innere Stimme wahrzunehmen. Sie kennt die Antworten auf folgende Fragen: Was brauche ich und worauf kann ich verzichten? Was will ich wirklich in diesem Leben erreichen? Ersuche den Erzengel Zachariel und Cassiel, deine Seelenenergie voll und ganz aufleben und dich zum Wesen deiner Ur-Frau zurückkehren zu lassen. Sie wartet darauf und ist bereit. Mit Viviane hast du dir den idealen Namen dafür ausgesucht. Ersuche auch deinen persönlichen Schutzengel, dir seine Hand zu reichen. Lebe dich selbst!

WALTRAUD

(Waltraut, Traudl, Trudy, Wally und andere Formen)
Erzengel Michael, Engeleigenschaft von Advachiel
Im Namen ist das althochdeutsche Wort *Walstatt* enthalten, also ein Kampfplatz. Ursprünglich ist Waltraud eine starke Herrscherin oder sogar eine göttliche Gestalt, deren Walten Kämpfer vertraut haben.

Was du dir für dieses Leben vorgenommen hast, ist ein wunderbarer Seelenplan. Du willst mit diesem Namen Licht und Liebe auf die Welt, also in dein Umfeld bringen. Dabei aktivierst du verstärkt den göttlichen Funken, der in dir ist. Das Programm der Eigenliebe und gesunden Wertigkeit hast du hinter dir, jetzt geht es in die Praxisarbeit. Ein nicht ganz einfaches Leben, das du dir da ausgesucht hast. Aber es beinhaltet auch positive Überraschungen und Wunder, die sich dir nach und nach zeigen werden. Vergönne dir und anderen von Herzen alles Glück dieser Erde und noch viel mehr. Aktiviere Erzengel Michael und Advachiel, denn sie gehen in diesem Leben an deiner Seite. Erfülle deine Lernprogramme, und bleib innerlich voll Licht und Liebe.

WANDA (Vanda)

Erzengel Haniel, Engeleigenschaft von Gamaliel
Ein usprünglich polnischer Name, der wohl auf den Volksstamm der Wenden bzw. der Vandalen hinweist.

Immer wieder werden in diesem Leben Familienthemen auf dich zukommen. Denn das hast du dir als Programmschwerpunkt ausgesucht. Dabei geht es in Thematiken, die schon über Generationen in deiner Familie spruchreif sind. Mit geistig-seelischer Tiefenarbeit wirst du vieles auflösen und einigen Ahnen helfen können. Ein paar Mitglieder deiner Seelenfamilie im geistigen Bereich unterstützen dich dabei intensiv. Ersuche auch den Erzengel Haniel und Gamaliel sowie deinen persönlichen Schutzengel, dir bei diesem nicht so einfachen Vorhaben zu helfen. Sie sind an deiner Seite und unterstützen dich, wo es nur geht. Schritt für Schritt wirst du mit diesem starken Namen Erfolge verbuchen können. Bleib dran und glaub an dich – du bist eine sehr starke Frau!

WENKE (Wencke, Weneke)
Erzengel Jophiel, Engeleigenschaft von Dubiel
In diesem norwegischen Vornamen, der auch Entsprechungen im niederdeutschen und friesischen Sprachraum hat, findet sich ein altgermanischer Begriff für »wehren«, »schützen« und »verteidigen«.

Du hast dir vorgenommen, in diesem Leben vor allem zu ganz neuen Ufern aufzubrechen und das Beste, was in dir ist, zu spüren und zu leben. Mit diesem Namen hast du einen starken Schutz in dein Erdenleben mitgenommen und all deine Engel – vor allem der Erzengel Jophiel und Dubiel – werden ihre Hände über dich und deine Projekte halten. Sie werden dich vor falschen Illusionen und Täuschungen bewahren und dir den Weg zu innerer Ruhe, Harmonie und Zufriedenheit weisen. Kleine Geschenke im Außen, aber auch auf der Seelenebene runden ein wunderbares und interessantes Erdenleben ab, das du auch genießen und an dem du Spaß haben darfst. Du bist mutig und stark!

WIEBKE

(und andere Schreibweisen, auch Viveka)

Erzengel Raphael, Engeleigenschaft von Barbiel

Friesischer Name, in dem das Althochdeutsche *wig* mitschwingt, das »Kampf« bedeutet. Der in Skandinavien verbreitete Name meint also »die Kämpferin«.

Finde Halt und Trost, Liebe und Freude im Lichte deiner engelgleichen Seele. Du hast dir ein Leben voller Herausforderungen und kräfteraubender Aufgaben vorgenommen. Aber du hast hierher auch alles an Seelenenergie und Herzpotenzial mitgenommen, das dir bei der positiven Umsetzung hilft. Lass dich nicht entmutigen. Schau dir dein Programm genau an, denn du weißt ja bereits alles. Tief in dir ist dein altes Wissen, das dir weiterhelfen wird. Immer wieder begleiten dich Menschen, die dir viel Kraft und Liebe geben. Nimm dir ab und an etwas Zeit, um dich zu erholen und zur Ruhe zu kommen. Ersuche den Erzengel Raphael und Barbiel um ihre Hilfe.

WILHELMINA (Wilhelmine, Wilma)

Erzengel Zachariel, Engeleigenschaft von Abathur Muzania

In diesem Vornamen sind zwei althochdeutsche Begriffe für »Wille« und »Helm« noch deutlich zu erkennen. Die frühere Königin der Niederlande hieß Wilhelmina (1880–1962).

Du hast in diesem Leben alles, was du für deine seelische und geistige Weiterentwicklung brauchst. Mit diesem Namen hast du alle Voraussetzungen für ein ausgewogenes und harmonisches Erdenleben geschaffen. Sollten sich Existenzängste melden, so lass dich davon nicht verunsichern und täuschen. Denn du hast dir vorgenommen, dir in diesem Leben alles zu erfüllen, was du für ein positives Umfeld auf der materiellen Ebene brauchst. Nach und nach darfst und kannst du die Fülle bewusst wahrnehmen, die dich umgibt. Schau dich um: Was gibt es alles an Positivem in deinem Leben? Freunde, ein friedliches Umfeld, Familie, Tiere und Natur. Wahrscheinlich auch etwas Spaß und Freizeit. Und deine Arbeit – die finanzielle Unabhängigkeit. Deine Engel sind bei dir.

X, Y, Z

XENIA (Xenja, Oxana, auch Nena)
Erzengel Haniel, Engeleigenschaft von Cassiel

Im Namen sind die griechischen Worte für »Gastfreundschaft« und »Gastgeberin« sowie für »Fremde« enthalten. Fremde heißen in Griechenland *Xeni*. Der Name Xenia ist jedoch aus dem römischen Sprachgebrauch zu uns gekommen.

In diesem Leben willst du vor allem viele neue Themen und Menschen kennenlernen, dich immer wieder unbekannten Herausforderungen stellen. Das ist natürlich aufregend und auch sehr interessant. Dieses Erdenleben hält eine Menge Überraschungen und Begegnungen für dich bereit. Je gelassener und ruhiger du alles auf dich zukommen lässt, umso besser und schneller wirst du deine Lernaufgaben bewältigen. Zuversicht und Offenheit helfen dir, alte Muster und Ängste loszulassen. Ersuche den Erzengel Haniel, Cassiel und deinen persönlichen Schutzengel, dich auf diesem Weg zu begleiten und zu unterstützen, wenn Einschränkungen und Belastungen auftreten. Sie helfen dir gern.

YVETTE (Ivette)
Erzengel Zachariel, Engeleigenschaft von Ariel

Leitet sich vom französischen männlichen Vornamen Yves ab. Eine Quelle gibt die Eiche als Namensgeberin an; fast alle anderen jedoch die Eibe, aus der Bogen hergestellt wurden. Und dann ist Yvette »die Bogenschützin«.

Für dieses Leben hast du dir als Hauptthema vorgenommen, eine optimale Partnerschaft mit dir selbst zu leben. Mit diesem Namen bist du selbst zunächst erst einmal am wichtigsten. Das hat nichts mit destruktivem Egoismus, sondern mit Eigenliebe und Selbstwert zu tun, die einmal aktiviert und gelebt werden wollen. Deine Engel – vor allem der Erzengel Zachariel und Ariel – helfen dir, zu dir selbst zurückzufinden, zu deiner Ur-Frau und ursprünglichen Energie, deinem göttlichen Funken und allem Potenzial, was du in dir trägst. Du wirst den Mut finden, deine Einzigartigkeit zu erkennen. Erst wenn du eine liebevolle Partnerschaft mit dir selbst leben kannst, bist du bereit, diese auf einen passenden Partner zu erweitern. Denn dann erst kannst du selbstlose Liebe geben und nehmen.

YVONNE (Ivonne und Kurzformen)
Erzengel Sandalphon, Engeleigenschaft von Gamaliel

Es gibt viele Formen dieses Namens: im Bretonischen Erwan oder Youenn, im Polnischen Iwon und so weiter. Wie Yvette vom alten Wort für die Eibe, nämlich *iwo, iwa* oder *oiwa,* auch Yvonne ist somit »die Bogenschützin«.

Zwei Themen hast du dir als Schwerpunkt für dieses Leben ausgesucht: Sanftmut und Liebe. Mit Sanftmut ist aber nicht gemeint, dass du Opferrollen zulässt oder dich für andere verausgabst oder dich ausnutzen lässt. Vielmehr solltest du nach und nach deine Ansichten und Meinungen mit Gefühl und liebevoll, jedoch trotzdem klar und nachdrücklich vertreten und auch dahinterstehen. Erzengel Sandalphon und Gamaliel sowie alle persönlichen Schutzengel, die dich in diesem Leben begleiten, werden dich dabei liebevoll unterstützen. In Phasen der Belastung und bei Blockaden werden sie dich an der Hand nehmen und aus dieser Energie befreien. Die Liebe steht über allem und ist die Basis.

ZELDA

Erzengel Gabriel, Engeleigenschaft von Cosmiel

Entlehnt aus dem englischen Namen Griselda, der auf althochdeutsche Begriffe für »grau« und »heldenhaft« zurückgeht. Als Titel einer Videospielreihe »The Legend of Zelda« in unserer Zeit wieder bekannt geworden.

Höre auf die Sphärenmusik der Engel, die deine Seele erstrahlen lassen. Dieses Leben darfst du für immer neue Energien, Menschen und Themen nutzen. Denn mit diesem Namen hast du viel Energie und Kraft hierher mitgenommen, die du auch brauchen wirst. Hast du dir doch eine Menge vorgenommen. Aber damit ist nicht gemeint, dass du alles allein tun und durchkämpfen musst. Du hast sehr viele Hilfen rund um dich – Menschen, die dich begleiten, und deine Helfer aus dem geistigen Bereich. Darunter sind alle Engel (vor allem Erzengel Gabriel, Cosmiel und deine Schutzengel) sowie Mitglieder deiner Seelenfamilie, die dich gern auf deinem Weg unterstützen. Bleib zuversichtlich: Alles wird dir gelingen!

ZITA (Zitta, Cita und andere Formen, auch Felicitas)

Erzengel Uriel, Engeleigenschaft von Sophia

Kurzform von Felicitas, dann Gegenstück zu Felix in der Bedeutung von »das Glück«. Aber vielleicht auch aus einem italienischen Dialektwort für »junges Mädchen«. Zita von Bourbon und Parma hieß die letzte österreichische Kaiserin und Königin von Ungarn.

Das Grundthema in diesem Leben ist es, aktiv zu sein. Du sprühst förmlich vor guten Ideen, Unternehmungsgeist und neuen Energien. Denn all das hast du mitgenommen, um deine Lebensaufgaben auch erfüllen zu können. Mit diesem Namen willst du dich nicht »auf die faule Haut« legen oder ein beschauliches Leben führen. Da muss sich etwas tun und immer wieder Fröhlichkeit, Lachen und Aktion um dich sein. Du kannst alles in Angriff nehmen, was sich zeigt, mach es jedoch mit Bedacht und nicht Hals über Kopf. Vergiss nicht: Eile mit Weile! Erzengel Uriel, Sophia und dein persönlicher Schutzengel werden dir dabei helfen und dich vor unbedachten und übereilten Handlungen bewahren.

ZOE (Zoé)
Erzengel Michael, Engeleigenschaft von Vretil

Aus dem Griechischen, wo das Wort »Leben« bedeutet. Es gab eine byzantinische Kaiserin dieses Namens, die um 1000 lebte.

Dies ist ein Vorbereitungsleben, das du dir vorgenommen und ausgesucht hast. Das klingt jetzt etwas eigenartig, ist aber ganz einfach zu verstehen. Mit dem Namen Zoe hast du dir für dieses Leben vorgenommen, alle größeren Pläne und Vorhaben, die deine Seele umsetzen will, alle Schritte, die entscheidend sind, und neue Energien und Phasen erst einmal genau anzuschauen und vorzubereiten. Das heißt, du betrachtest diese Projekte in diesem Leben aus der Vogelperspektive und erlaubst dir, vorerst einmal Kraft zu sammeln, tief durchzuatmen und vollkommen zur inneren Ruhe zu kommen. Das brauchen dein Geist und deine Seele, um das notwendige Potenzial für die weitere Entwicklung aufzubauen. Vertrau auf deine Engel, sie werden dir helfen!

300 männliche Vornamen und ihre Engelbotschaft

In den folgenden Beschreibungen finden Sie nach dem Vornamen in Klammern jeweils weitere Schreibweisen bzw. Varianten. Danach folgt der Erzengel, der für Träger des jeweiligen Namens insbesondere »zuständig« ist, sowie eine weitere wichtige Engeleigenschaft. Weitere Erläuterungen dazu stehen unter dem entsprechenden Namen im Kapitel zu den Engeln und Erzengeln.

Als Nächstes finden sich Hinweise zum Ursprung und zur Bedeutung des Namens, soweit bekannt, und manchmal auch Beispiele bekannter Namensträger. Manche Hinweise sind kürzer, andere länger.

Schließlich kommt die Hauptsache, nämlich die Botschaft der Engel für den Lebensweg von Menschen, die diesen Namen tragen. Dass damit nicht alles über den Menschen und den Sinn seines Lebens gesagt werden kann, ist offensichtlich. Die Engelbotschaften weisen jedoch auf besondere Schwerpunkte hin, die die Betreffenden berücksichtigen sollten.

ABRAHAM (Ibrahim)
Erzengel Zachariel, Engeleigenschaft von Pronoia

Ursprünglich hieß der biblische Abraham Avram bzw. Abram; das heißt »der Herr ist erhaben«. Er wurde von Gott erwählt und umbenannt in Abraham, was »Vater der Vielen« bzw. »Vater des Volkes« heißt. Bekannter Namensträger war der amerikanische Präsident Abraham Lincoln.

Du hast dir für dieses Leben in erster Linie vorgenommen, alles aus eigener Kraft zu schaffen. Wenn du etwas wirklich willst und beharrlich dranbleibst, wird das auch funktionieren. Dabei darfst du einzigartige Ideen und Pläne verwirklichen. Trotzdem musst du nicht alles ganz allein machen. Integriere deine Helfer aus dem geistigen Bereich in deinen Alltag, vor allem Erzengel Zachariel und Pronoia. Auch wenn dir das anfangs ungewohnt und seltsam anmutet – auf längere Sicht werden dich deine Engel durch schwierige Lebensphasen begleiten und auch ein Stück tragen, wenn du es zulässt. Lebe immer dich selbst, bleib dir treu und sei authentisch – dann kann nichts schiefgehen, und du kommst Schritt für Schritt voran.

ACHIM
Erzengel Jophiel, Engeleigenschaft von Machidiel

Kurzform von Joachim, aber auch als eigener Vorname geläufig. Dieser Name stammt aus dem Hebräischen und bedeutet entweder »Jahve richtet auf« oder »von Jahve aufgezogen«.

Das ist ein ganz schön buntes, turbulentes und unruhiges Leben, das du dir gewählt hast. Mit diesem Namen wirst du aber auch alles schaffen, was so an Themen und Aufgaben auf deinem Weg liegt. Voraussetzung ist, dass du Chaos und Unruhe vermeidest und immer wieder gut deinen Alltag strukturierst. Lass dich nicht drängen, irritieren oder von anderen vereinnahmen. Ein Schritt nach dem anderen – so kommst du am besten voran. Lebe deinen Alltag bewusst und entscheide nach dem Gefühl: Was brauchst du wirklich und was kannst du weglegen oder hinter dir lassen? Befreie dich von unnötigem Ballast, von alten Themen, negativen Menschen und anstrengenden Freizeitbeschäftigungen. Tu vor allem auch etwas für Geist und Seele!

ADAM
Erzengel Raguel, Engeleigenschaft von Abathur Muzania
Das hebräische Wort für »Mensch« sowie für »Menschheit« ist in diesem Namen enthalten, in der Bedeutung »der erste Mensch«. Aber auch die Begriffe »Erdboden«, »Staub«, »Haut« und »Oberfläche« sind zu finden.

In erster Linie möchtest du in diesem Erdenleben einmal hinter die Fassade schauen – gleich, in welchem Bereich – und sofort erkennen wollen, was »echt« ist und was nicht. Du lässt dich deshalb nicht leicht täuschen und kannst einschränkende Irrtümer und unnötige Begrenzungen gut vermeiden. Du weißt genau, welcher Mensch, welches Thema oder welcher Bereich wichtig für dich ist und dir etwas bringt. Egal, ob auf körperlicher, geistiger oder seelischer Ebene: Lass nur das zu, was dir auch auf länger hin guttut und dich auf deinem Weg voranbringt. All deine Engel sind an deiner Seite, vor allem Erzengel Raguel und Muzania begleiten dich verstärkt und aktiv.

ADOLF
Erzengel Jophiel, Engeleigenschaft von Barbiel

Dieser inzwischen eher unselig belastete Name wird aus den althochdeutschen Worten *adal* und *wolf* hergeleitet und bedeutet »edler Wolf«.

In diesem Erdenleben hast du dir vorgenommen, immer wieder Neues zu erleben. Das bezieht sich auf sämtliche Bereiche und Themen, mit denen du konfrontiert bist. Dabei solltest du jedoch dein Tempo im Auge behalten und nicht durch deinen Alltag »rasen«. Halte zwischenzeitlich auch einmal inne, leg Pausen ein und schau dir alles noch einmal gut an, bevor du den nächsten Schritt machst oder etwas Neues beginnst. Nimm dir ausreichend Zeit, um eine klare und gute Struktur für die nächste Lebensphase zu finden und diese auch umzusetzen. Die Erzengel Jophiel und Barbiel und alle persönlichen Engel nehmen dich an der Hand und zeigen dir den Weg. Auch wenn du jetzt lächelst: Glaub einfach daran!

ADRIAN
Erzengel Jophiel, Engeleigenschaft von Dabriel

Manche meinen, dass in diesem Vornamen das lateinische Wort *hadrian,* »Mann aus der Hafenstadt Adria« steckt. Ein römischer Kaiser, sechs Päpste und ein britischer Heiliger hießen Hadrian.

Jophiel, Dabriel und all deine weiteren Engel begleiten dich jeden Tag in diesem Leben. Sie unterstützen dich dabei, vor allem Altlasten und Themen, die abgeschlossen sind, hinter dir zu lassen und deine Ängste und Zweifel zu überwinden, um notwendige Änderungen und wichtige Umbrüche zu schaffen. Du hast eine Menge Mut, Energie und das nötige Selbstvertrauen hierher mitgebracht, um dich an neue Bereiche und an wichtige Aufgaben zu wagen. Du wirst unglaubliche Erfahrungen machen und eine Menge positive Wegbegleiter an deiner

Seite haben. Bewahre dein Urvertrauen und die Zuversicht in dir. Sie sind die Schlüssel für neue Wege! Geh mutig Schritt für Schritt weiter – du kannst es!

ALBAN
Erzengel Metatron, Engeleigenschaft von Garuda

Ein spätrömischer und frühchristlicher Name, dessen Herkunft unbestimmt ist. Drei Varianten zur Deutung: Bewohner der Stadt Alba im Piemont; Angehöriger des illyrischen Stammes der Albaner; frisch Getaufter, der weiß trug. Ein Namensträger aus der jüngeren Vergangenheit ist der österreichische Komponist Alban Berg (1885–1935).

Du hast dir mit diesem Namen eine Menge vorgenommen. Vor allem solltest du jedoch eines wissen: Dir kann in diesem Leben nichts passieren. Du hast alles hierher mitgenommen, was du für die Umsetzung deiner Pläne und Ziele auch brauchst. Je offener und toleranter du mit dir und den Menschen in deinem Umfeld umgehst, umso erfolgreicher und entspannter kannst du deinen Weg gehen. Öffne dich für alles Positive, was das Leben dir zu bieten hat. Nimm Schönheit und Harmonie rund um dich wahr und lerne, dich so anzunehmen und zu lieben, wie du bist. Alle deine Engel sind an deiner Seite und helfen dir dabei. Gönne dir auch Entspannungspausen und Ruhezeiten, deine Seele braucht das.

ALBIN
Erzengel Metatron, Engeleigenschaft von Kadishim

Ein seltener Name, in dem entweder das lateinische Wort *albinus,* »der Weiße«, schwingt oder die althochdeutschen Worte *alb,* »Elfe«, und *wini,* »Freund«. Ein Angelsachse, der Bonifatius bei seiner Germanenmission begleitete, hieß Albin von Buraberg und wurde erster Bischof dieser damaligen Diözese.

In diesem Leben darfst und sollst du eine Menge Entscheidungen treffen. Das ist nicht immer einfach für dich, zeigen sich doch immer wieder mehrere Möglichkeiten als scheinbar gleich gut und wesentlich. Du hast jedoch mit diesem Namen eine Menge »altes Wissen« (deine innere männliche Weisheit, alles, was du bisher gelernt hast) mitgenommen und kannst das nun auch nutzen. Wenn du ein wenig in dich hineinhörst – also auf deine Seele, deine Intuition, dein Bauchgefühl –, wirst du auch sofort wissen, was wirklich wichtig für dich ist und was du dir von Herzen wünschst und erreichen willst. Vertraue dir und deinem Seelenpotenzial, und nutze es jeden Tag!

ALBRECHT
(Adalbert, Adalbrecht, Kurzform auch Albert)
Erzengel Zadkiel, Engeleigenschaft von Abdia
Ein seit dem Mittelalter im deutschen Sprachraum weit verbreiteter Name, der aus den althochdeutschen Worten für »edel« und »berühmt« oder »glänzend« gebildet wurde.

Es ist nicht alles Gold, was glänzt. Ein Ausspruch, der für dein Leben maßgebend und wichtig ist. Du hast dir mit diesem Namen vorgenommen, Hintergründe und Verborgenes freizulegen und klar zu sehen. Dieses Programm erfordert phasenweise Geduld und Ausdauer und verlangt einige Anstrengungen von dir, jedoch wirst du alles souverän erledigen und leisten. Denn du hast eine unglaubliche Kraft auf allen drei Ebenen – also Körper, Geist und Seele – mitgebracht, die du immer wieder aktivieren und nutzen kannst. Deine persönlichen Engel, vor allem Erzengel Zadkiel und Abdia, sind an deiner Seite und helfen dir auf deinem Lebensweg. Lebe dein Potenzial!

ALEXANDER (Alex, Alexej, Allessandro, arabisch: Iskender und andere Formen)

Erzengel Uriel, Engeleigenschaft von Sophia

Der makedonische König Alexander der Große (356–323 v. Chr.) stand mit seinem Namen Alexandros Pate; er bedeutet »Beschützer« oder wörtlich »der die fremden Männer abwehrt«.

Mit Lebensfreude und einem Lächeln auf den Lippen wirst du alle Anforderungen dieses Lebens bewältigen und gut schaffen. Erzengel Uriel und alle Engel halten ihre Hände schützend über dich. Du gibst dir immer wieder die Möglichkeit, aus dem Druck des Alltags auszubrechen und Spiel und Lachen zu leben. Wenn du die ersten zaghaften Schritte in diese Richtung machst, darfst du Projekte auf Eis legen, die dich nur Kraft kosten und dir Verdruss bereiten würden. Du kannst notwendige Prioritäten setzen. In der Folge spürst du deine Seelenkraft, und deine Herzenergie wird wieder frei fließen. Ersuche alle Engel, die du brauchst, dich an der Hand zu nehmen und bei diesem Programm gut zu führen.

ALFONS (Alfonso)

Erzengel Zadkiel, Engeleigenschaft von Indra

Ein Name, der vor allem auf der Iberischen Halbinsel verbreitet ist. Er bedeutet nach seinen beiden möglichen althochdeutschen Wurzeln entweder »der Edle, der bereit ist« oder »der für den Kampf Bereite«.

Du hast dir einen sehr starken Namen für dieses Leben ausgesucht. Mit ihm hast du eine Menge Kraft und Ausdauer hierher mitgebracht. Beide kannst du immer wieder nutzen, um deine Aufgaben und Herausforderungen auch gut zu erfüllen. Du hast dir vorgenommen, ein wichtiges Thema voll und ganz abzuschließen und hinter dir zu lassen und auf allen drei Ebenen (Körper, Geist und Seele) einen wesentlichen und starken Neubeginn zu machen. Erst dann kannst du dich selbst voll und ganz annehmen, so wie du bist. Du kommst zu deiner männlichen Urenergie zurück und kannst förmlich »Bäume ausreißen«. Glaub an dich: Du bist stark und schaffst alles!

ALFRED
Erzengel Jophiel, Engeleigenschaft von Ganesha

Ein Name aus dem Altenglischen. *Aelf* (elf), »Naturgeist«, und *raed*, »Rat(geber)«. Die Bedeutung reicht von »Elfenfürst« über »der von Elfen beraten wird« bis zu »der mithilfe der Elfen Rat gibt«.

Mit diesem Namen hast du dir für dein Leben in erster Linie ausgesucht, deine Wertigkeit zu leben – also einen positiven Egoismus. Das beinhaltet natürlich, dass du dich von anderen nicht niedermachen lässt und dein Licht nicht unter den Scheffel stellst. Immer wieder wirst du Gelegenheiten dazu haben, dich in eine sehr positive und schöne Richtung weiterzuentwickeln, die du dir so auch vorgenommen hast. Lass dich von Pessimisten und negativen Menschen in deinem Umfeld nicht verunsichern. Glaube an dich und deine Fähigkeiten und lass alle Hilfen zu, die du bekommst. Das bezieht sich nicht nur auf Begleiter hier auf der Erde, sondern auch auf deine Helfer aus dem geistigen Bereich!

ALAN (Allen, Alain)
Erzengel Michael, Engeleigenschaft von Abdiel

Ein Name aus dem Keltischen, wo er »Fels« bedeuten würde, oder eine Bezeichnung für einen Mann aus dem Volk der Alanen, die in der Nähe des Kaspischen Meeres siedelten.

Natürlich ist dieser Name kein Zufall, denn du selbst hast ihn dir für dein derzeitiges Erdenleben ausgewählt. Wie der Fels in der Brandung stehst du da und kannst einer Vielzahl Menschen in deinem familiären und beruflichen Umfeld helfen. Und dann gibt es auch immer wieder Freunde, die dich brauchen und sich auf dich verlassen können. Denn du hast alles hierher mitgenommen, um selbst schwierige Aufgaben und Vorhaben auch gut erfüllen zu können. Dein inneres Potenzial ist scheinbar unerschöpflich, und auch deine körperlichen Kräfte sind enorm. Vergiss dabei jedoch nicht, auf dich selbst zu achten, und gönne dir auch Erholungsphasen und Pausen – die brauchst du. Achte auf körperliche und seelische Nahrung und auf ausreichend Schlaf!

ALOIS (Aloys, Aloisius)
Erzengel Chamuel, Engeleigenschaft von Bagdiel

Der lateinische Name Aloisius ist eine Variante zu Ludwig. Man findet aber häufig die Ableitung von Alois als *alwis* oder *alwisi,* »allweise«. Möge der Namensträger sich selbst für die Bedeutung entscheiden, die für ihn persönlich stimmig ist.

Mit diesem Namen gehört es zu deinem Lebensprogramm, schon längst fällige Grenzen zu überwinden. Alles, was du nicht mehr brauchst oder was dir auf länger hin schadet, solltest du auch beenden oder gleich vermeiden. Lass dich nicht ausnutzen und geh nicht bis an die Grenzen deiner Kräfte. In erster Linie hast du dir vorgenommen, dass es dir gut geht in diesem Leben und du seine schönen Seiten auch sehen und genießen kannst. Immer wieder ein deutliches Nein, ein klares Abgrenzen, das ist ein großes und wichtiges Thema, das du nach und nach auch gut bewältigen wirst. Bleib dran, denn alle deine Engel, vor allem der Erzengel Chamuel (der für die Eigenliebe zuständig ist) und Bagdiel helfen dir dabei.

ALWIN (Albion, Adalwin)
Erzengel Zachariel, Engeleigenschaft von Sammael

Eine germanische Herleitung führt zu *albi,* »Elfe«, und *wini,* »Freund«; eine althochdeutsche *adal,* »edel«, und *wini,* »Freund«.

Also »der Elfenfreund« oder »der edle Freund«. Die langobardi-sche Namensform *Aloini* bedeutete »All-Freund«.

Mit diesem Namen hast du dir das Ziel gestellt, jeden Tag und in jeder Beziehung Toleranz und Gerechtigkeit zu leben. Mit aller Entschlossenheit wirst du jegliche Diffamierung und Lieblosigkeit in deinem Umfeld ansprechen und aufzulösen versuchen. Das ist kein einfaches Vorhaben, jedoch hast du alles zur Verfügung, um dein Ziel auch wirklich zu erreichen. Schritt für Schritt kommst du voran und erfüllst dabei deine Aufgaben und Pläne. Du hast viel Kraft und innere Zuversicht hierher mitgenommen, die du auch gut einsetzen und brauchen kannst. Lass dich nicht verunsichern, du bist auf dem richtigen Weg, nämlich deinem ganz eigenen, und all deine Engel gehen an deiner Seite!

AMADEUS
Erzengel Chamuel, Engeleigenschaft von Jehudiel
Aus den lateinischen Worten *ama* und *deus* gebildet, also »Lie-be Gott!«. Der berühmteste Namensträger ist bekanntlich Wolf-gang Amadeus Mozart (1756–1791), der übrigens kein Öster-reicher und schon gar kein Deutscher war, sondern Salzburger (denn in seiner Zeit gab es das selbstständige Fürsterzbistum Salzburg, dessen »Staatsbürger« er war und bis zu seinem Tode auch blieb.)

Was sollte dir mit diesem Namen schon passieren? Alles wird dir gelingen, was du dir vorgenommen hast. In dem Moment, in dem du etwas wirklich willst und auch für diesen Lebensweg brauchst, kannst du es tatsächlich in Angriff nehmen und für dich verwirklichen. Denn Blockaden und Grenzen gibt es nicht für dich – vorausgesetzt, du gehst liebevoll mit dir selbst und allen anderen Lebewesen in deinem Umfeld um. Optimismus und Zuversicht und ein unglaubliches Potenzial deiner Seele lassen dich phasenweise förmlich strahlen. Lass dieses Strahlen zu, deine Freunde, deine Familie und Arbeitskollegen werden es dir danken, und du wirst es tausendfach zurückbekommen! All deine Engel unterstützen dich.

AMBROS (Ambrosius)
Erzengel Michael, Engeleigenschaft von Kemuel
Dieser Name geht auf ein griechisches Wort für »unsterblich« zurück.

Ein harter Weg liegt hinter dir, und auch wenn dir das nicht bewusst ist – deine Seele erinnert sich noch gut an vergangene Prüfungen und bestandene Aufgaben. In diesem Leben darfst du ein wenig rasten und zur Ruhe kommen. Genieße die schönen Seiten, erlebe dich und andere als Geschenk. Es klingt vielleicht etwas seltsam, aber du hast dir wirklich ein »Entspannungsleben« verdient und auch so vorgenommen. Also vermeide kräfteraubende und sehr langfristige Projekte und lebe jeden Tag bewusst und auch mit Pausen. Du darfst dich erholen und genießen, vergiss das nicht, und erlaube es dir einfach. Auch wenn dich alle deswegen beneiden! Deine Engel sind neben dir und zeigen dir viele Möglichkeiten.

ANDREAS (Andi, André)
Erzengel Raphael, Engeleigenschaft von Barbiel
Andreas war einer der zwölf Apostel Jesu. Der Name leitet sich vom griechischen Wort *andreios* für »mannhaft«, »tapfer« und »tüchtig« ab. Der Apostel soll an einem besonderen Kreuz, das wie ein X aussah, gekreuzigt worden sein; deshalb spricht man heute vom »Andreaskreuz«. Wir finden es in den Flaggen von Schottland und Jersey.

Du hast dir vorgenommen, deine Kämpfe nicht allein auszutragen. Daher hast du dir für dieses Leben einige Menschen ausgesucht, die als Seelenfreunde neben dir gehen. Es sind Seelen, mit denen dich tiefe Gefühle und eine starke gemeinsame

Basis verbinden. Schicke diesen Menschen immer wieder eine Menge Liebe und Licht, indem du die Augen schließt und dir das bildlich vorstellst. Hülle die Menschen, die dir nahestehen, in diese Energie ein. Du wirst sie auch selbst tief in dir spüren und davon profitieren. Nicht jeder dieser Wegbegleiter wird bis an dein Lebensende neben dir sein – lass ihn los und von dannen ziehen, denn der nächste »Lebensmensch« wartet bereits auf ein Treffen mit dir. All deine Engel sind neben dir.

ANSELM
Erzengel Raphael, Engeleigenschaft von Kmiel

Ein alter deutscher Vorname, in dem die beiden Silben *ans,* »Gottheit«, und *helm,* »Schutz«, zu finden sind. Durch den Benediktinerpater Anselm Grün, der über zweihundert Bücher in einer Gesamtauflage von über fünfzehn Millionen verfasst hat, ist dieser Name auch heute geläufig.

Alles, was du nicht mehr brauchst und als Belastung empfindest, darfst du in diesem Erdenleben hinter dir lassen. Dafür hast du dir natürlich auch den genau passenden Namen ausgesucht. Er hilft dir, zu dir und deiner männlichen Urenergie zurückzukehren, dich zu spüren und auch ideal zu verwirklichen. Im Laufe deines Lebens darfst du immer wieder Ballast abwerfen: alte Themen, Energieräuber in deinem Umfeld und schwierige Herausforderungen. Und natürlich schaffst du das auch ganz souverän. Wer sollte dich schon aufhalten auf deinem Weg?! Nach und nach wird alles ausgewogener und harmonischer, und du kannst durchatmen. Genieße alles Positive und lass dir von deinen Engeln dabei helfen.

ANSGAR
Erzengel Chamuel, Engeleigenschaft von Maria

Ebenfalls ein altdeutscher Name, der meist mit dem Begriff »Götterspeer« übertragen wird.

Na, da hast du dir ja eine Menge Ziele für dieses Leben gesteckt! Aber du wirst sie natürlich auch alle gut erreichen, du wirst deine Vorhaben verwirklichen. Voraussetzung dafür ist jedoch, dass du nichts überstürzt, sondern immer wieder einen Gang zurückschaltest und zwischendurch innehältst. Diese Ruhephasen solltest du dafür nutzen, um dir klar zu werden, welcher Weg jetzt wirklich passt und wo der nächste Schritt gesetzt wird. Informiere dich, lass dir Zeit und verlangsame dein Tempo. Denn du hast nichts davon, wenn du vor dir oder anderen davonläufst und später noch einmal von vorn anfangen musst. Wenn du dir dann wirkich im Klaren bist, steht einem Neubeginn nichts mehr im Wege! Halte zuerst inne!

ANTON (Antonius, Toni)
Erzengel Uriel, Engeleigenschaft von Schamschiel

Dieser Name stammt aus dem Lateinischen und besagt zunächst lediglich, dass jemand aus dem Geschlecht der Antonier kommt. Ein berühmter Namensträger ist der christliche Ägypter Antonius der Große (251–356) gewesen, der als Begründer des Mönchswesens gilt. Auf diesen Einsiedler und Asketen gehen die ersten Mönchsregeln zurück.

All deine persönlichen Engel helfen dir immer wieder, dein Inneres Kind leben zu können. Es will frei sein, lachen und sich bewegen, es will spielen und unbeschwert sein. Jeden Tag deines Lebens kannst du deinen Schutzengel, der dich seit deiner Geburt begleitet, um Hilfe bitten. Er wird dich dabei unterstützen und dir eine Möglichkeit zeigen, dein Inneres Kind wieder zu befreien. Du wirst etwas finden, was dir entscheidend dabei hilft. Lass dich nicht von den Pflichten des Alltages niederdrücken. Suche dir Bereiche und Menschen aus, die du mit Spaß und Humor leben und erleben kannst. Erlaube dir mehr Frohsinn und eine positive Einstellung – dann wirst du immer auf der Sonnenseite des Lebens gehen dürfen.

ARMIN
Erzengel Uriel, Engeleigenschaft von Melchisedek

Der Name geht auf ein germanisches Wort für »groß« bzw. »gewaltig« zurück. Ein sächsischer Gott hieß *Irmin,* ein altdeutscher Begriff für »Adler« war *arn.* So findet man manchmal auch die Deutung des Namens als »Adlertöter«. Uns ist meistens der Name des Cheruskerfürsten Arminius geläufig, der 9 n. Chr. in der Varusschlacht die Römer besiegte.

Das Leben ist ein Abenteuer und sollte als solches gelebt werden – und nicht als Kampf. Das hast du dir mit diesem Namen in erster Linie einmal so vorgenommen. Also steh morgens nicht mit geballten Fäusten auf, sondern lass Probleme und Aufgaben vertrauensvoll los und fließen. Nur so können sich auf längere Sicht wirklich Erfolge und ein gutes Vorankommen einstellen. Wenn du lernst, nichts mehr zu erzwingen, sondern dein Urvertrauen zu leben, wirst du auch alles erreichen, was du willst und brauchst. Du kannst dein restliches Kraftpotenzial für Freizeit und Spaß verwenden und erhöhst auf Dauer deine Lebensqualität. All deine Engel, vor allem der Erzengel Uriel und Melchisedek, helfen dir dabei.

ARNE (Arno)
Erzengel Uriel, Engeleigenschaft von Cosmiel

Vor allem im nordischen Sprachraum ein beliebter Vorname, dessen erste Silbe *arn,* »Adler« oder »großer Vogel« bedeutet. Wohl verwandt mit den Namen Arnold und Arnulf.

Du hast dir für dieses Leben in erster Linie vorgenommen, dich bewusst klar auszudrücken und eine Menge Entscheidungen zu treffen. Wenn du dich einmal entschieden hast, dann schau nicht mehr zurück, sondern geh davon aus, dass es richtig und gut so war und ist. Lass dich nicht von anderen verunsichern und irritieren. Es passt, wenn du einen anderen Weg einschlägst – du wirst es nie jedem recht machen können. Vermeide falsche Kompromisse und ein Ausharmonisieren, denn das kostet dich Kraft und oftmals einen Umweg. Sei eindeutig und sicher: Wer soll die Entscheidungen treffen in deinem Leben? Natürlich nur du, und alle Engel und Helfer werden dich dabei unterstützen.

ARNOLD (Arndt, Arnd)
Erzengel Uriel, Engeleigenschaft von Adam

Im althochdeutschen Namen Arnwald, dem Vorläufer von Arnold und Arndt, erkennen wir die Bestandteile *arn,* »Adler«, und *wald,* »Wald« deutlich. Bekannter Träger ist der ehemalige Bodybuilder und derzeitige kalifornische Gouverneur, Arnold Schwarzenegger, der aus der Steiermark stammt.

Du hast ein unglaubliches Potenzial in dieses Leben mitgebracht. Deine Seelen- und Herzenergie sind wahrhaft unerschöpflich. Auch wenn immer wieder scheinbar unüberwindbare Hindernisse auftreten – lass dich nicht verunsichern! Lebe deine Kraft, und bleib dran! Sogar wenn ein spezieller Plan, ein von dir beabsichtigtes Projekt ganz und gar nicht nach Verwirklichung aussieht – du schaffst die Umsetzung auf jeden Fall! Mit Beharrlichkeit und Urvertrauen wirst du alles erreichen, was du dir von Herzen wünschst und was auf deinem Weg liegt. Beziehe den Erzengel Uriel, Adam und alle deine persönlichen Engel in deinen Alltag ein – der Erfolg ist vorprogrammiert!

ARNULF
Erzengel Haniel, Engeleigenschaft von Jehudiam

Auch in diesem Vornamen steht wie bei Arnold das alte Wort für Adler am Anfang, gefolgt von einer Silbe, die meistens von »Wolf« abgeleitet wird. *Ab* und *an* wurden im frühen Mittelalter die Namen Arnold und Arnulf übrigens als identisch und austauschbar verwendet.

Die Arbeit ist ganz wichtig in diesem Leben, du hast sie an die erste Stelle gesetzt. Aber vergiss darüber nicht, dich auch zu entspannen und Pausen zu machen, in denen du alle Annehmlichkeiten bewusst genießt. Ehrgeiz und Fleiß haben ihre Berechtigung, aber daneben sollte auch noch Platz für deine Seele und deinen Geist bleiben – mach einmal etwas Ungewöhnliches einfach aus »dem Bauch heraus«. Du hast neben deinen Fähigkeiten und Talenten, was Erfolg und Weiterentwicklung im Beruf betrifft, auch noch andere Potenziale in dieses Leben mitgenommen. Nutze sie, entscheide einfach mal spontan und erlaube dir einen ungewohnten Schritt – deine Engel warten darauf und helfen dir.

ARVED (Arvid und andere Formen)
Erzengel Zadkiel, Engeleigenschaft von Garuda
Ein skandinavischer Vorname, der wohl aus den Silben *arn,* »Adler«, und schwedisch *ved,* »Holz« gebildet wurde.

Für dieses Leben hast du dir in erster Linie vorgenommen, deine Einzigartigkeit zu erkennen und in jeder Situation einzusetzen. Dabei wirst du den vorgegebenen Rahmen – die Anweisungen und Einschränkungen deines Umfeldes – sprengen und einmalige und ungewöhnliche Lösungen und Wege finden. Lass dich von Kollegen, der Familie und Freunden nicht verunsichern – glaube an das, was du in dir hast. Wenn du deine inneren Fähigkeiten und dein altes Wissen, das du hierher mitgebracht hast, fließen lässt, werden sich ungeahnte und einmalige Möglichkeiten und Wege zeigen. Ersuche den Erzengel Zadkiel und Garuda, dir bei diesem Programm zu helfen, denn genau das hast du dir vorgenommen – es wird dich gut voranbringen!

ARON (Aaron)
Erzengel Chamuel, Engeleigenschaft von Ramiel
Der älteste Bruder Moses, der zum ersten jüdischen Hohepriester wurde, hieß so. Ableitungen des Namens aus dem Hebräischen bzw. dem Ägyptischen weisen auf »erleuchtet«, »Bergmensch« oder »großer Kämpfer« hin.

Das ist ein sehr starker Name, den du dir für dieses Leben gewählt hast. Damit kannst du natürlich auch eine Menge bewegen und erreichen, du darfst aus großen Kraftpotenzialen schöpfen. Immer wieder werden Steine auf diesem Lebensweg liegen, die fortgeschafft werden wollen, und du hast auch alles mit dabei, um dies innerhalb kürzester Zeit zu erledigen. Voraussetzung ist, dass du dich bei jedem neuen Projekt, bei jedem Problem, das sich dir zeigt, gut informierst, alles vorbereitest und auch konsequent dranbleibst. Dann werden sich die Wolken verziehen, du wirst Klarheit bekommen und den nächsten Schritt machen können. Der Erzengel Chamuel ist immer an deiner Seite!

ATTILA
Erzengel Jophiel, Engeleigenschaft von Curaniel
Dieses ursprüngliche gotische Wort heißt »Väterchen«. Der Hunnenkönig Attila ist sicher der bekannteste Namensträger (geboren 452). Er führte vom heutigen Ungarn aus Krieg gegen das West- und das Oströmische Reich.

Mit diesem außergewöhnlichen und kraftvollen Namen hast du dir ein interessantes Programm für dieses Leben ausgesucht. Immer wieder werden Themen aus dem Partnerschaftsbereich auftauchen. Einiges ist abzuschließen, aber es zeigt sich auch etliche Male ein Neubeginn. Du hast dir sicher nicht vorgenommen, dich hier auszuruhen, sondern bezüglich zwischenmenschlicher Beziehungen vieles voranzubringen und zu vollenden – das ist natürlich Arbeit. Je mehr du es schaffst, liebevoll loszulassen und eine Tür hinter dir zu schließen, umso leichter wirst du den nächsten Schritt in einen Neubeginn hinein machen können. Suche nicht nach der vollkommenen Partnerschaft, die gibt es nicht! Deine Engel helfen dir, dich selbst zu lieben.

AUGUST (Augustus)
Erzengel Jophiel, Engeleigenschaft von Israfel

Das lateinische Wort bedeutet »der Erhabene«. Dieser Ehrentitel war in Rom und Byzanz bis ins 7. Jahrhundert in Gebrauch. Erstmals wurde er 27 v. Chr. dem Kaiser Octavian verliehen.

»Einer trage des anderen Last.« Sollte es in deinem Alltagsleben auf und ab, drunter und drüber gehen, so bleib trotzdem ruhig und vertraue auf deine persönlichen Engel. Erzengel Jophiel und Israfel sowie dein Schutzengel sind an deiner Seite, um dich gut durch alle Höhen und Tiefen zu führen. Du wirst deine Grenzen erweitern und die Aufgaben, die du dir vorgenommen hast, auch erfolgreich erledigen. Mach die Augen zu, und spüre deine Engel! Du hast eine Menge Intuition und Seelenpotenzial in dir – hör auf deine innere Stimme, auf die himmlische Führung! Sie wird dir immer wieder den für dich passenden Weg weisen und den nächsten Schritt zeigen. So kannst du Steine aus dem Weg räumen und kommst gut voran.

AXEL
Erzengel Jophiel, Engeleigenschaft von Baruch

Dieser zunächst skandinavische Vorname geht auf den hebräischen Namen Absalom bzw. Abschalom zurück; *ab, abba,* »Vater«, *schalom,* »Frieden«. Man kann ihn als »Vater des Friedens« übertragen. So hieß der zweite Sohn des David.

Du hast dir diesen Namen natürlich selbst ausgesucht, und in ihm steckt dein Grundprogramm in diesem Leben. Du willst den Frieden in dir tragen und auch in deinem Umfeld, in jeder

Situation leben können und dürfen. Das ist ein anspruchsvolles Programm, das du dir da vorgenommen hast. Natürlich hast du alles dabei, um es auch erfolgreich erfüllen zu können. Wenn du es schaffst, keine halbherzigen Kompromisse einzugehen, sondern offen und ehrlich – dabei aber liebevoll – alles auszusprechen, bist du schon einen großen Schritt weiter. Lass dich nicht einschränken, suche aber immer wieder die Zusammenarbeit mit anderen, und gib dir und jedem Menschen die Chance, offen und ehrlich zu leben.

BALDUIN (Baldewin und andere Formen)
Erzengel Uriel, Engeleigenschaft von Irin

Balt, »kühn«, und *win,* »Freund«, bilden diesen eher seltenen Namen. Als französischer Name Baudoin ist er durch den belgischen König Baudoin I. bekannt (1930–1993), der mit Königin Fabiola verheiratet war. Zudem taucht er in den deutschen Filmtiteln des Komikers Louis de Funès auf.

Erzengel Uriel und Irin werden dir helfen, dein Lebensprogramm erfolgreich und positiv zu leben. Dabei hast du dir vorgenommen, Ungerechtigkeiten entgegenzuwirken und deine inneren und äußeren Grenzen zu erweitern. Ein umfangreiches und durchaus interessantes Programm, das du dir da ausgewählt hast. Einige »Lebensmenschen«, also lebenslange Weggefährten, und eine intakte Familie begleiten dich auf diesem Weg. Sollten Probleme auftauchen, die dir Verdruss bereiten, solltest du dich nicht irritieren lassen. Sie schauen meistens schlimmer und schwerwiegender aus, als sie es wirklich sind. Aktiviere all deine Engel, denn sie sind immer neben dir und helfen dir gern. Glaube daran.

BALDUR
Erzengel Zadkiel, Engeleigenschaft von Baliel

Der Name geht auf den altnordischen Gott Balder zurück, den Gott der Sonne, des Frühlings und der Güte und Gerechtigkeit.

Mit diesem Namen hast du eine »Waffe« für den Frieden und für die Gerechtigkeit, aber auch für Liebe und Harmonie in die Hand bekommen. Setze sie gut ein, dann hast du dein Leben wirklich selbst in der Hand. Wer außer dir sollte entscheiden? Wer kann deinen Alltag mit all seinen Höhen und Tiefen erschaffen – außer dir? Nur du kannst etwas ändern, es fängt immer bei dir selbst an. Nutze deine Möglichkeiten und alle Potenziale, die du in dieses Leben mitgenommen hast – und das sind sehr viele. Auch wenn es ab und zu drunter und drüber geht und du umzingelt von Streit und Disharmonie bist – lass dich nicht aus der Ruhe bringen, geh deinen Weg und ersuche den Erzengel Zadkiel, dich aktiv zu begleiten.

BALTHASAR (Balte)

Erzengel Uriel, Engeleigenschaft von Gasardiel

Geht auf den babylonisch-hebräischen Namen Belsazar zurück, der »Gott schütze sein Leben« oder auch »Gott schütze den König« bedeutet. Bekannt vor allem durch den Namen, den die westliche Christenheit einem der Drei Heiligen Könige zuspricht.

Natürlich hast du dir diesen wunderbaren biblischen Namen selbst ausgesucht und ihn deinen Eltern »eingegeben« – wer sonst?! Damit hast du dir eine wunderbare Hilfe gewählt: nämlich ein interessantes Lernprogramm, das sich quer durch dein Leben ziehen wird und verschiedenste Menschen, Themen und Bereiche streift. Erzengel Uriel sagt dir: »Je gelassener und zuversichtlicher du durch deinen Alltag gehst, je mehr du Urvertrauen leben und loslassen kannst, umso leichter und schneller wird dir alles zufallen, was du brauchst. Lehn dich immer wieder zurück, und entspanne dich, geh in einen seelischen Ruhezustand, lerne Entspannungstechniken. So kommst du Schritt für Schritt weiter und erreichst alle deine Ziele. Ich bin bei dir!«

BAPTIST
Erzengel Jophiel, Engeleigenschaft von Baal

Wörtlich bedeutet dieser Vorname, der aus dem Griechischen kommt, »der Täufer«. Man findet ihn fast nur in Verbindung mit Johann, zum Beispiel beim Fernsehmoderator Johannes Baptist Kerner.

Du hast dich für ein spannendes Erdenleben entschieden. Und mit diesem Namen wirst du es auch gut bewältigen. Voraussetzung dafür ist jedoch, dass du nicht im Chaos versinkst, dass du all deine Lebensbereiche gut ordnest und neue Strukturen findest. Mach nicht mehrere Projekte und Dinge gleichzeitig, geh einen Schritt nach dem andern, nur so wirst du auch gut weiterkommen. Vergiss dabei nicht, Spaß und Lebensfreude in deinen Alltag zu bringen und Pausen zu machen. Der Erzengel Jophiel ist auch für Lernen, Erfolg und Glück zuständig – er nimmt dich an der Hand und zeigt dir, wie du all das in dein Leben bringen und genießen kannst. Aktiviere deine Engel und ihre wunderbare Energie, sie sind immer an deiner Seite!

BARTHOLOMÄUS
Erzengel Jophiel, Engeleigenschaft von Labbiel

Ein Name aus dem Aramäischen, der »Sohn des Tholmai«, *Bar Tholmai,* bedeutet. Einer der zwölf Apostel Jesu wurde so genannt, nachdem er zum Jünger wurde. Er soll später in Persien, vielleicht auch in Indien gepredigt haben.

Mit diesem Namen hast du eine unglaubliche Lebensfreude und Energie hierher mitgebracht. Du bist ein lebensfroher und spontaner Mensch und erledigst deine Aufgaben und deinen Alltag mit Kraft und innerer Stärke. Dein Lernprogramm, das du dir in erster Linie vorgenommen hast, lautet: Ruhe und Geduld. Wenn du etwas Neues in Angriff nehmen willst, lehn dich vorher noch mal kurz zurück, komm innerlich zur Ruhe, und entspanne dich. Warte noch ein wenig ab und überlege, ob du wirklich alles bedacht und berücksichtigt hast. Sei vorsichtig mit vorschnellen Urteilen, Wertungen und verbalen Äußerungen deinen Mitmenschen gegenüber. Deine Engel werden dir helfen, das richtige Tempo und Ausgewogenheit zu finden.

BEAT
Erzengel Metatron, Engeleigenschaft von Cahetel
Ein Vorname, der besonders in der Schweiz weit verbreitet ist. Aus dem Lateinischen *beatus,* »der Glückselige« oder »der Glückliche« entstanden.

Ein anspruchsvolles Programm, das du dir in diesem Leben auch mit diesem Namen vorgenommen hast. Was dir in erster Linie bewusst werden sollte: Die Liebe steht über allem! Erst wenn du dich selbst liebevoll annehmen kannst, wirst du eine wunderbare Partnerschaft leben können. Daher wirst du in Beziehungen einige Male einen Neubeginn leben können, so hast du dir es eben vorgenommen. Auch wenn das phasenweise schmerzhaft und mühsam anmutet, musst du das nicht ganz allein schaffen. Ersuche all deine Engel, vor allem Metatron und Cahetel, dich aktiv und verstärkt zu unterstützen, sie warten auf diese Aufforderung von dir und eilen sofort an deine Seite. Du wirst ihre Unterstützung unmittelbar spüren.

BENEDIKT
Erzengel Michael, Engeleigenschaft von Machidiel
Ebenfalls aus dem Lateinischen; dort bedeutet *benedictus,* »der Gesegnete«, aus der Wortwurzel »gut über etwas bzw. jemanden sprechen«. Der heilige Benedikt von Nursia (480–547) ist der Begründer des europäischen Mönchstums. Sein Namenstag als Patron Europas wird am 11. Juli begangen.

Du hast ein tiefes seelisches Erkennen in dieses Erdenleben mitgebracht. Du weißt genau, was in deinem Alltag wirklich wichtig und entscheidend für dich ist. Du darfst eine Menge

Themen im zwischenmenschlichen Bereich und mit dir selbst klären. Es werden sich nach und nach Schleier auflösen und Wolken verziehen, die sich in deinem Ego gebildet haben. Gleich, in welchem Bereich: Du wirst immer wieder erfolgreich sein, wenn du es schaffst, Kampf und Druck auf dich und andere aufzugeben. Mit Urvertrauen und einer heiteren Gelassenheit fällt dir der Erfolg förmlich zu – es ist alles in dir, was du brauchst, höre auf deine innere Stimme! Ersuche Erzengel Michael, Machidiel und deine Engel, dich auf deinem Weg zu begleiten.

BENJAMIN
Erzengel Chamuel, Engeleigenschaft von Zophiel

Der Name geht auf einen Begriff für »Sohn des Südens« zurück, bevor er in der jüdischen Bibel als Name des jüngsten der zwölf Söhne Jakobs auftauchte. Im Hebräischen bedeutet der Name vor allem »Sohn der rechten Hand« bzw. »Glückskind« und »Sohn der Tröstung«. Oft wird damit auch einfach »der Jüngste« gemeint.

Mit diesem Namen kann ja gar nichts schiefgehen. Gleich, wie dein Alltag gerade ausschaut, du wirst natürlich alles gut hinbekommen, deine Ziele erreichen und deine Pläne erfolgreich umsetzen können. Du hast dir vorgenommen, einen großen Schritt weiterzukommen und bist auf dem besten Weg dahin. Lernprogramme und interessante Begegnungen warten auf dich, und du hast alles in der Hand, um einen Läuterungsprozess mit einer wunderbaren Weiterentwicklung zu schaffen. In dem Moment, in dem du aus eigener Kraft aktiv wirst und deinen Alltag selbst erschaffst, werden Blockaden und scheinbare Mauern fallen. Lebe dein Potenzial, und ersuche den Erzengel Chamuel und Zophiel, dich dabei zu unterstützen. Sie tun es gern!

BENNO
Erzengel Chamuel, Engeleigenschaft von Isaak

Ähnlich wie Bernhard enthält dieser Name die Bedeutung von »stark« und »mutig« nach einem alten Wort für »Bär«. Benno ist demnach keine Kurzform von Benedikt; es geht vielmehr auf den altdeutschen Namen Berno zurück.

Dieses Leben kannst du dir vorstellen wie das Besteigen eines Berges. Du bist am Weg bergauf und siehst nicht wirklich alles, denn es ist noch verborgen von Steinen oder Wolken. Wenn du jedoch Schritt für Schritt machst – mit aller Entschlossenheit – und deine Kraft und deine Möglichkeiten gut nutzt, wird dieser Aufstieg leichter sein, als du phasenweise denkst. Immer wieder wird sich die Sonne zeigen und damit Wärme und Freude in deinen Alltag bringen. Mit diesem Namen hast du dir ein anspruchsvolles Leben vorgenommen – und du hast alles in dir, um es auch gut zu schaffen. Lass dir von deinen Engeln, vor allem dem Erzengel Chamuel und Isaak, helfen. Sie dürfen dich ein Stückchen tragen – nimm ihre Unterstützung dankbar an!

BERNHARD (Bernd, Berndt und andere Formen)
Erzengel Haniel, Engeleigenschaft von Bagdial

Ein traditioneller deutscher Name, der auf die althochdeutschen Worte *bero*, »Bär«, und *hart*, »stark«, »mutig« zurückgeht.

Das Leben, das du dir – auch mit diesem Namen – ausgesucht hast, steckt voller Überraschungen und unvorhergesehener Wendungen. Je entspannter und offener du deinen Alltag erlebst, umso mehr wird sich alles zum Positiven hin bewegen. Impulse und Hinweise liegen auf deinem Weg, und nach und nach wirst du sie sehen und verstehen können. Neue Perspektiven, Menschen und Themen eröffnen sich dir – lebe dein Interesse, deine Neugier! Ersuche den Erzengel Haniel und Bagdiel, dir den nächsten Schritt zu zeigen und dich aus eventueller Bequemlichkeit oder einem unpassenden Stillstand zu holen. Sei niemals zufrieden mit deinem geistigen und seelischen Wissen – lerne weiter! Sei immer offen für die Zeichen rund um dich!

BERTHOLD (Bert und andere Formen)
Erzengel Jophiel, Engeleigenschaft von Dagiel
Ein »glänzender Herrscher« wurde ursprünglich mit diesem Namen bezeichnet. Aus dem Althochdeutschen *beraht*, »glänzend« oder »strahlend«, und *waltan*, »walten«, »herrschen«.

Mit diesem Namen darfst du in diesem Erdenleben die »Leichtigkeit des Seins« genießen und spüren. Wenn du authentisch lebst – also dir selbst treu bleibst und nichts gegen dein Gefühl unternimmst –, wird sich alles immer positiv entwickeln. Du hast ein unglaubliches inneres Potenzial an Herz- und Seelenenergie mitgebracht, das auch gelebt und ins Außen gebracht werden will. Also erweitere deine Grenzen – öffne dich für alles, was dich im spirituellen Bereich anspricht. Ersuche deine Engel, vor allem den Erzengel Jophiel und Dagiel, dich an der Hand zu nehmen und dir neue Wege und Möglichkeiten dafür zu zeigen. Sie warten darauf, von dir angesprochen zu werden, und freuen sich darauf, noch näher bei dir zu sein.

BERTRAM (Bertrand)
Erzengel Gabriel, Engeleigenschaft von Jeremiel
Die erste Silbe entspricht jener bei Berthold, die zweite Silbe könnte von *hraban*, »Rabe« stammen.

Du hast dir für dieses Leben in erster Linie Unabhängigkeit und Eigenständigkeit vorgenommen. Wer sollte Entscheidungen für dein Leben treffen außer du selbst? Du spürst es, wenn ein anderer Weg wichtig und notwendig ist, und nur du allein kannst etwas beenden oder neu beginnen, was deinen Alltag und deine Lebensthemen anbelangt. Lass dich von anderen nicht unterdrücken, bevormunden oder in die Pflicht nehmen – befreie dich von anerzogenen Verhaltensmustern und Einschränkungen, die schon lange nicht mehr passen. Schau neben deinem Körper auch auf deinen Geist und deine Seele, und gib ihnen immer wieder Nahrung. Du bist stark und gerecht – lebe es mithilfe von all deinen Engeln, die dich begleiten.

BIRGER
Erzengel Chamuel, Engeleigenschaft von Hadraniel
Ein Name aus Skandinavien, der »Helfer« oder »Beschützer« bedeutet. Der deutsche Begriff »etwas bergen« ist verwandt.

Ein wunderbares Erdenleben, das du dir da ausgesucht hast! Und dieser Name unterstützt dich natürlich dabei. In erster Linie hast du dir vorgenommen, zu dir selbst zurückzukehren, deine inneren Werte, dein Seelenpotenzial zu erweitern und zu leben. Wer bist du, was willst du, was trägst du in dir und wo gehst du hin? Auf diese Fragen willst du in diesem Leben Antworten finden. Also halte dich nicht zu sehr mit überwiegend finanziellen und materiellen Bereichen auf; tu in dieser Beziehung nur, was unbedingt notwendig ist. Auch wenn es anfangs unter Umständen etwas simpel klingt: Du darfst deine Engel aktivieren, auch deinen Schutzengel und natürlich Erzengel Chamuel und Hadraniel. Lass deine Helfer aus dem geistigen Bereich bewusst und aktiv zu!

BJÖRN
Erzengel Uriel, Engeleigenschaft von Jehudiam
Skandinavische bzw. isländische Worte für Bär bzw. »Brauner« standen Pate für diesen immer beliebteren Namen.

Du stehst wirklich wie ein starker Bär unerschütterlich auf beiden Beinen in diesem Erdenleben. Dabei hast du dir vorgenommen, nicht nur deine Kraft, sondern auch deine innere Stimme, deine Sensibilität, dein Seelenpotenzial zu leben. Das klingt vielleicht etwas ungewöhnlich für dich, doch das hast du sogar schon gespürt und erlebt. In dem Moment, in dem du deine innere Stimme zulässt und auf sie hörst, geschehen unglaubliche Dinge in deinem Leben. Also flüchte nicht in unnötige Beschäftigungen oder Reisen, denn alles ist in dir, was du für dieses Leben brauchst. Du wirst Hinweise und Informationen aus dem geistigen Bereich immer besser für dich nutzen können, und sie werden dich einen großen Schritt weiterbringen – höre in dich hinein!

BODO

Erzengel Gabriel, Engeleigenschaft von Gasardiel
Nicht die Ableitung zum Wort »Bote« trifft hier zu, sondern das altsächsische Wort *bodo,* »Gebieter«.

Mit diesem Namen hast du für deinen Lebensplan gewählt, einiges im zwischenmenschlichen Bereich zu lösen und immer wieder mit Themen daraus konfrontiert zu sein. Ein Programm, das voller Herausforderungen und Prüfungen steckt und sicherlich kein Urlaubs- oder Erholungstrip ist! Du solltest deinen Alltag jedoch nicht als Kampf sehen. Vergiss nicht: Du bist nicht allein. Immer wieder begleiten dich Freunde und Seelenfreunde und helfen dir über Klippen und Steine hinweg. Einiges wird sich wie von selbst auflösen – denn deine Engel, vor allem der Erzengel Gabriel und Gasardiel, wachen immer über dich und halten ihre Hände über schwierige und anstrengende Projekte und Zeiten. Lebe deine Kraft, und integriere deine Engel!

BORIS

Erzengel Chamuel, Engeleigenschaft von Kadishim
Wir finden zwei Hinweise zur Herkunft und Bedeutung: Einmal kann Boris als Kurzform zu Borislaw in den slawischen Sprachen »ruhmreicher Kämpfer« bedeuten. Oder der Name hat sich nach dem frühen zentralasiatischen Stammesführer Bogoris gebildet.

Eine Menge Kraft und Aktivität hast du hierher mitgebracht. Mit diesem Namen kannst du beides auch gut leben, jedoch hast du dir vorgenommen, in diesem Leben das Thema Geduld an erste Stelle zu setzen. Das ist natürlich eine Herausforderung, und es werden sich dementsprechend immer wieder Menschen und Themen zeigen, die dich einen Schritt weiterbringen. Voraussetzung ist, dass du an dich und deine Fähigkeiten glaubst und auch dein inneres Urvertrauen wieder aktivierst. Vor allem im partnerschaftlichen Bereich, also mit dir selbst, der Partnerin, deinem Kind, aber auch mit Kollegen und Freunden, solltest du liebevolle Geduld und Nachsicht, Toleranz und Ausdauer üben. Erzengel Chamuel und Kadishim werden dir dabei helfen.

BRIAN
Erzengel Sandalphon, Engeleigenschaft von Indra

Das keltische Wort *bryn,* »Hügel«, ist hier die Wurzel des Namens. In der keltischen Mythologie taucht eine Sagengestalt namens Brian auf, die vielleicht einer Gottheit nachgebildet wurde. Neben »Hügel« bedeutet das Ursprungswort auch »der Erhabene«.

Mit diesem Namen hast du dir ein interessantes und aufregendes Erdenleben ausgewählt. Es bietet so viele Möglichkeiten! So kraftvoll und ideenreich, wie du bist, kannst du natürlich noch viel mehr daraus machen als andere. Jedoch solltest du dich nicht verzetteln, also fünf Sachen auf einmal machen, sondern dich immer wieder für Prioritäten entscheiden. Dabei solltest du auf deine innere Stimme hören – was ist wirklich wichtig für dich? Brauchst du das oder ist etwas anderes momentan positiver und besser für dich? Stürz dich nicht in mehrere Themen gleichzeitig, sondern mach lieber eine Sache hundertprozentig. Erzengel Sandalphon und Indra helfen dir, bei einer Sache zu bleiben.

BRUNO

Erzengel Uriel, Engeleigenschaft von Melchisedek

Ein klassischer deutscher Name, jedoch vom ursprünglichen *Brun* latinisiert zu Bruno. Zur Bedeutung gibt es zwei Alternativangebote: Brünne, »Brustschutz«, oder Brun, (Braun-) »Bär«.

Du bist ein wunderbarer und starker Mann. Mit deiner Kraft und unglaublichen Energie kannst du in diesem Leben auch eine Menge erreichen und bewirken. Mit diesem Namen hast du dir vorgenommen, voll und ganz deine Unabhängigkeit und Selbstständigkeit zu leben. Wenn du etwas vorhast oder entschieden hast, dann sei eindeutig! Sprich es auch aus, und sende unmissverständliche Signale an dein Umfeld aus. Wenn du dich zwischen zwei oder mehreren Themen oder Bereichen entscheiden musst: Lehn dich vorher kurz zurück und höre auf dein Bauchgefühl – unterschätze es nicht! Ersuche auch deine Engel, vor allem den Erzengel Uriel und Melchisedek, um Unterstützung und Hilfe bei allfälligen Entscheidungen.

BURGHARD

(Burkhart, Burchard und andere Schreibweisen)

Erzengel Zachariel, Engeleigenschaft von Barah

Wir finden *burg*, »Schutz«, und *harti*, »stark«. Also ist der Träger dieses Namens kräftig und bereit zu schützen – oder soll so werden.

Mit diesem Namen hast du in erster Linie eingeplant, dich selbst vor allem zu schützen, was dir in diesem Erdenleben schaden könnte. Natürlich bezieht sich das auf deinen Körper, aber auch auf deinen Geist und deine Seele. Du darfst eine Menge Erfahrungen machen auf diesem Weg, und du hast einige Abenteuer vor dir – genieße und lebe sie. Hinterfrage jedoch dabei immer, ob dir eine bestimmte Sache oder Aktivität wirklich etwas bringt. Kannst du dich am nächsten Tag noch im

Spiegel anschauen? Hast du deine Würde und die deiner Mitmenschen gewahrt, oder geht es in eine andere Richtung? Du wirst mithilfe deiner Engel, vor allem dem Erzengel Zachariel und Barah, die richtigen Entscheidungen für dich treffen!

CHRISTIAN (Chris, Kristian und andere Formen)
Erzengel Chamuel, Engeleigenschaft von Haschmalim
»Anhänger Christi« bedeutet dieser Name, der aus dem lateinischen *christianus* stammt. Die griechische Wurzel dieses Wortes, *christos,* wiederum bedeutet »der Gesalbte«.

Ein wunderbares Lebensprogramm wartet auf dich – immer wieder wirst du wegweisenden Menschen und Themen begegnen, die dir die nächsten Schritte zeigen. Wenn du es schaffst, dich zwischendurch auch einmal zu entspannen, und lernst, eine heitere Gelassenheit zu spüren, wirst du fröhlich und erfolgreich alles meistern. Mit diesem Namen kann auch gar nichts schiefgehen. Sei dir dessen bewusst, was du in dir trägst und was davon auch in deinen Alltag einfließen möchte. Alles, was du in den bisherigen Leben gelernt hast, darfst du in diesem nutzen und anwenden. Lass neben nährenden starken männlichen Freunden auch positive Frauen in dein Leben – und nimm die Hilfe all deiner Engel dankbar an.

CHRISTOPH (Christof, Kristof und andere Formen)
Erzengel Gabriel, Engeleigenschaft von Kmiel
Der griechische Begriff *christophorus,* »Träger des Christus«, stand bei diesem Namen Pate. Der heilige Christophorus ist bekanntlich Schutzpatron der Schiffer und Flößer sowie der Autofahrer und eigentlich aller Reisenden. Er zählt zu den vierzehn Nothelfern.

Mit diesem starken Namen hast du eine Menge an Urvertrauen und Sicherheit in dieses Leben mitgenommen. Einige Probleme und Themen werden damit mit Leichtigkeit und wie nebenbei gelöst. Immer wieder darfst du alte und unpassende Energien und Problematiken hinter dir lassen, abgelaufene Beziehungen beenden. Vertraue auf dich und deine Gabe, alles gefühlsmäßig zu erfassen und auch positiv umzusetzen. Du darfst dir Träume erfüllen, Ziele erreichen und Pläne verwirklichen – denn du hast es dir verdient! Alle Beschränkungen und Einengungen darfst du auflösen, sämtliche Ketten sprengen! Ein wunderbares Leben, das getragen ist von der liebevollen Energie deiner Engel. Genieße es!

CLEMENS (Klemens)
Erzengel Michael, Engeleigenschaft von Turel

Der Name wird von einem lateinischen Begriff abgeleitet, der »mild«, »gnädig« oder »sanftmütig« bedeutet. Es soll ihn schon in der Zeit vor dem Christentum gegeben haben.

Für dieses Leben hast du dir in erster Linie vorgenommen, es als Abenteuer zu leben. Du darfst alles versuchen und ausprobieren, was dich interessiert. Mit diesem Namen gibt es eine Menge von Neuanfängen – mit Menschen, Aufgaben und Energien. Es ist deine freie Entscheidung, die über allem steht. Nur du sagst, wie und wohin dein Alltag dich führt, wer sonst? Mit deiner einzigartigen Energie weißt du auch genau, was du willst und wie du es erlangst. Deine Engel – vor allem der Erzengel Michael und Turel – halten die Hand über dich und alle positiven Aktivitäten, an jedem Tag aufs Neue. Denn du hast ein untrügliches Gespür dafür, was dir guttut und was dir schadet. Vertraue weiterhin auf deine Intuition – wer soll dich aufhalten?!

COLIN

Erzengel Michael, Engeleigenschaft der Dakini

Eine englische und französische Verkürzung des Namens Nikolaus; siehe auch dort.

Das ist ein Lebensprogramm, das alles beinhaltet: Einerseits darfst du alles beenden, was dich nur noch belastet oder einschränkt, andererseits hast du dir auch vorgenommen, dir und jedem anderen in Liebe zu begegnen, Toleranz und Vergebung zu lernen und aktiv in deinen Alltag zu integrieren. Mit diesem Namen hast du dir wahrlich etwas Anspruchsvolles ausgesucht, aber natürlich auch alle Voraussetzungen und Potenziale mitgebracht, um es nach und nach auch zu erfüllen. Der Erzengel Michael und die Dakini werden dich nach besten Kräften dabei unterstützen, wenn du sie darum bittest. Erst dann können sie sich voll und ganz in deinen Alltag einbringen, und du wirst sie neben dir spüren.

CORNELIUS

Erzengel Haniel, Engeleigenschaft von Abel

Der Name weist ursprünglich auf einen Mann aus dem altrömischen Geschlecht der Cornelier hin. Durch den heiliggesprochenen Papst Cornelius (251–253), dessen Reliquien in St. Severin in Köln und in Kornelimünster bei Aachen aufbewahrt werden, wurde der Name auch im deutschsprachigen Raum populär.

Im Laufe dieses Lebens darfst du die Energie des »nährenden Mannes« – also eines positiven männlichen Menschen – aktivieren und in jede Handlung einfließen lassen. Das hast du dir auch so vorgenommen und der von dir gewählte Name hilft dir dabei entscheidend. Auch wenn es etwas seltsam klingt: Deine alte Weisheit (also alles in den vorangegangenen Leben Erlernte) will nun angewandt und von dir gelebt werden. Lass dich nicht von deinem Umfeld irritieren. Geh nach deinem Gefühl, und auch wenn sich Probleme und etwaige Verstrickungen zeigen: Du selbst hast alles in der Hand und auch die Möglichkeit, es zu lösen und zu einem positiven Ende zu bringen. Vertraue auf die Hilfe all deiner Engel, die neben dir sind.

DANIEL
Erzengel Michael, Engeleigenschaft von Suriel

Ein Name, der in mehreren semitischen Sprachen auftaucht und allgemein als »Gott ist mein Richter« oder »Gott sei mein Richter« übertragen wird. Bekanntlich gibt es im Alten Testament ein Buch des Propheten Daniel.

Eines Tages wirst du ohnehin »springen« müssen – in deine eigene Wahrheit: Tu es also jetzt! Nimm dir dieses Motto zu Herzen. Denn in diesem Leben tauchen immer wieder sehr anstrengende Arbeitsphasen in deinem Alltag auf. Nimm dir dann ab und an Zeit für Entspannung und Ruhepausen. Leg alles weg, lass alles los, was dich beschäftigt, belastet oder irritiert. Du solltest zwischenzeitlich deine Gedanken wie Segelflugzeuge durch die Luft fliegen lassen und leichte und unbeschwerte Tage genießen. Dadurch wird sich einiges klären, was sich vorher als Problem gezeigt hat. Entspann dich, und lass Träume zu! Geh in die Natur, und lass alles Schwierige und Einschränkende wegfließen. All deine Engel unterstützen dich dabei.

DAVID
Erzengel Zachariel, Engeleigenschaft von Iao

Der König David von Juda und Israel gilt als Stammvater Jesu. Zwei Evangelien führen eine Ahnenliste Jesu an, die auf David zurückgehen. Nach den Namen Moses und Abraham wird David als dritthäufigster Name in der Bibel erwähnt, nämlich über eintausend Male. Die Bedeutung ist »der Geliebte Gottes« bzw. »Liebling Gottes«.

Du hast unglaublich viel in dieses Erdenleben mitgebracht. Nutze deine bisherigen Erfahrungen und alles, was du in vorherigen Leben gesammelt hast, auch wirklich. Mit diesem Namen darfst du alles fließend zu dir kommen lassen. Dein Leben sollte nicht Kämpfe, sondern Erlebnisse und aufregende Lernprogramme beinhalten. Geduld und Vertrauen sind dabei die Energien, die du in dir trägst und die dir als Schlüssel dienen. Damit kannst du alles erreichen, was du dir vorgenommen hast, aber auch alle Pläne umsetzen, dir Wünsche mühelos und mit Leichtigkeit erfüllen, du kannst Ziele erreichen, von denen du bisher nur träumen konntest. Also glaub an dich und deine Fähigkeiten und ersuche deine Engel, dir dabei zu helfen, nichts zu erzwingen, sondern loszulassen.

DENNIS
Erzengel Jophiel, Engeleigenschaft von Hadraniel
Dieser inzwischen auch bei uns beliebte englische und amerikanische Vorname leitet sich vermutlich von Dionysos, dem griechischen Gott des Weines und der Fruchtbarkeit ab. Der heilige Denis ist Schutzpatron von Paris und als heiliger Dionysos auch einer der Nothelfer. Der Film »Dennis the Menace« machte den Namen ebenfalls weiter bekannt.

Du hast dir für dieses Leben in erster Linie vorgenommen, deine Seelenpotenziale auszubauen und zu erweitern. Geistige und seelische Erfahrungen sollten im Vordergrund stehen, auch wenn dir das phasenweise etwas seltsam vorkommt und du dich mit diesem Programm nur schwer anfreunden kannst. Erlaube deinen geistigen Gaben, sich zu entfalten und dich, dein Umfeld, die ganze Welt mit anderen Augen zu sehen. Bitte deine Engel, vor allem den Erzengel Jophiel und Hadraniel, dir dabei zu helfen. Nach und nach wirst du hinter die Dinge, hinter deren Fassade schauen können und dich wundern, was sich an alten Mustern und Gewohnheiten ändert und auflöst. Nimm diese Chance wahr und nutze sie – für dich!

DEREK (auch Dirk)
Erzengel Zadkiel, Engeleigenschaft von Hermesiel
Eine englische Form des gotischen Namens Theodorich, aus dem sich später auch der Name Dietrich entwickelt hat. Darin sind alte Begriffe für »Volk«, »mächtig« und »reich« enthalten. Kann auch ein Nachname sein, wie zum Beispiel bei Bo Derek.

Mit diesem Namen kannst du in deinem Leben sehr vieles verbinden – vor allem was Körper, Geist und Seele anbelangt. Das hast du dir als erstes und wichtigstes Lebensprogramm vorgenommen, und es werden immer wieder Hinweise und Zeichen kommen, die dir das in Erinnerung rufen. Ignoriere diese »Tipps aus dem geistigen Bereich« nicht. Lass es zu, dass dir der Erzengel Zadkiel helfen darf – er ist für deine seelische Entwicklung zuständig und kann dich dabei aktiv unterstützen. Körper und Geist wollen auch beachtet werden. Je ausgewogener und harmonischer du das hinbekommst, umso besser wird es dir gehen. Höre auf deine innere Stimme – sie zeigt dir den nächsten Schritt.

DETLEV (Detlef)
Erzengel Zadkiel, Engeleigenschaft von Cabriel
Aus dem Althochdeutschen *diot,* »Volk«, und *leiba,* »Nachkomme« gebildet. Bedeutung etwa »Sohn des Volkes«.

Das ist ein starkes Erdenleben, das du dir da ausgesucht hast, mit allem, was du so brauchst – und das ist sehr viel. Dementsprechend hast du dir natürlich auch das Umfeld wie Partner, Familie, Freunde dazu ausgewählt – ergänzt durch die idealen Lernprogramme und passende Herausforderungen. Lass dich nicht irritieren und zweifle nicht an dir: Du schaffst das alles und recht souverän! Denn du trägst so viel Liebe und Licht in dir, und beides will gelebt werden. Also bitte den Erzengel Zadkiel und Cabriel, dir dabei zu helfen. Dann brauchst du auch nicht alles allein zu machen. Denn du sollst ja auch noch Spaß und Lachen in deinen Alltag integrieren, nicht nur Arbeit und Pflichten. Gönn dir auch das immer wieder!

DIETER
Erzengel Raphael, Engeleigenschaft von Muriel
Sonderform von Dietrich, die jedoch als eigenständiger Vorname eine andere Schwingung als Dietrich und ähnliche Vornamen mit der Vorsilbe »Diet-« trägt.

Du hast dir für dieses Leben vorgenommen, alles mit Achtsamkeit und in kleinen Schritten zu erledigen. Also immer mit der Ruhe! Nimm dir auch ausreichend Zeit für deine Aufgaben und Ziele. Der Erzengel Raphael und Muriel, aber auch dein Schutzengel helfen dir, wahre innere Harmonie und beständiges Glück zu erreichen. Denn du bist nicht der Typ für Strohfeuer oder extreme Höhenflüge, und das ist auch gut so – so ersparst du dir den sonst vorprogrammierten tiefen Fall. Lebe und genieße die Glücksmomente, die dir das Leben hier auf der Erde immer wieder bietet, und arbeite daran, eine tiefe innere Harmonie und Zufriedenheit zu erreichen. Immer wieder werden dir Menschen begegnen, die dich auf diesem Weg aktiv begleiten.

DIETMAR (Detmar, Dittmar und andere Formen)
Erzengel Raphael, Engeleigenschaft von Maria
Als Wurzel finden wir das althochdeutsche Wort *diot*, »Volk«, sowie *mari*, »sagenhaft«, »berühmt«, der Begriff »die Mär« stammt auch daher. Vielleicht also »der im Volk berühmt ist«.

Was hast du dir mit diesem Namen in erster Linie als Aufgabe gestellt? Deine Engel sagen es dir: Ehrlich zu sein! Das fängt natürlich bei dir selbst an. Nur wenn du dich nicht anlügst, Unangenehmes und anstehende Konfrontationen zudeckst oder in Überaktivität flüchtest, wirst du auch zu anderen Menschen aufrichtig sein können. Steh zu deinen Ansichten und lerne, Nein zu sagen. Das ist ganz wichtig, und jeder wird akzeptieren, was du wirklich mit Überzeugung aussprichst. Triff deine Entscheidungen und lass es nicht zu, dass andere über dich verfügen oder dich überbeanspruchen. Ersuche all deine Engel, vor allem den Erzengel Raphael und auch Maria, dir bei diesem anspruchsvollen Lebensprogramm zu helfen.

DIETRAM
Erzengel Raphael, Engeleigenschaft von Samiel
Vielleicht aus *diot,* »Volk«, und *hraban,* »Rabe«, entstanden. Der Rabe galt als Vogel, der Weisheit besitzt und Omen überbringt.

Mit diesem Namen hast du dir viel Bewegung, Unabhängigkeit und auch Freiheit vorgenommen. Nutze alle Möglichkeiten für kleinere und größere Reisen. Du wirst bis ins Alter hinein immer neugierig sein und dazulernen dürfen. Es ist ein wunderbares und schönes Lebensprogramm mit interessanten Themen, das du dir da ausgesucht hast. Natürlich beinhaltet es auch einige Steine, die aus dem Weg geräumt werden wollen, aber das schaffst du mit Leichtigkeit! Wenn du auch noch deinen persönlichen Schutzengel sowie Erzengel Raphael und Samiel in deinen Alltag integrierst – was soll dir dann noch passieren? Du gehst zielstrebig und unaufhaltsam deinen Weg. Weiter so!

DIETRICH
Erzengel Zachariel, Engeleigenschaft von Barbiel
Der »Mächtige im Volke« oder »der Herrscher des Volkes« nach den alten Begriffen *diot,* »Volk«, und *rihhi,* »reich«, »mächtig«. Berühmte Namensträger waren Dietrich von Bern, ein Königssohn aus Verona (= Bern!), der in zahlreichen Sagen des Mittel-

alters und auch im Nibelungenlied auftaucht, sowie der evangelische Theologe und Widerstandskämpfer Dietrich Bonhoeffer (1906–1945).

Thema Nummer eins in diesem Erdenleben ist bei dir die Familie. Das heißt jetzt nicht, dass du unbedingt eigene Kinder haben oder heiraten musst. Familie beinhaltet ja auch all deine Ahnen und deine Seelenfamilie im geistigen Bereich. Wenn du durch schwierige Zeiten gehst, ist immer ein Mitglied dieser Familie an deiner Seite, um dir zu helfen. Neben deinen Engeln, vor allem Erzengel Zachariel und Barbiel, können dich diese verwandten Seelen am besten und stärksten unterstützen. Lass diese Hilfe zu, dann wird alles leichter, und einiges wird sich wie von selbst auflösen. Wenn du eine eigene menschliche Familie hast, dann genieße alles Schöne und Positive im Alltag ganz bewusst. Jeder Moment davon ist kostbar!

DIMITRI
Erzengel Haniel, Engeleigenschaft von Muriel
Vor allem in Ländern verbreitet, in denen das orthodoxe Christentum vorherrscht; nach dem Märtyrer der Ostkirche, dem heiligen Dimitrius von Thessaloniki. Der Name selbst geht auf Demetrios, einen Sohn der griechischen Mutter- und Fruchtbarkeitsgöttin Demeter zurück.

Du hast dir für dieses Leben vorgenommen, aus dem Vollen zu schöpfen, also seine Fülle zu genießen. Wenn du es schaffst, dein Urvertrauen zu dir und deinem inneren Wissen zu leben, hast du alles, was du brauchst, und noch mehr. Zweifle nicht an deinen Fähigkeiten und den Möglichkeiten, die sich dir immer wieder bieten. Mach Ohren und Augen auf, und nutze die Chancen, in jeder Beziehung zu wachsen. Dabei bezieht sich das natürlich nicht nur auf die materielle, sondern auch auf die geistige und seelische Ebene. Integriere den Erzengel Haniel und Muriel sowie deinen persönlichen Schutzengel in dieses

Lebensprogramm, dann wird es sich umso leichter erfüllen, und du wirst alles erreichen, was du dir als Ziel gesetzt hast.

DOMINIK (Dominique)
Erzengel Chamuel, Engeleigenschaft von Irin

Abgeleitet vom lateinischen Begriff *dominicus,* »der zum Herrn gehört« bzw. »dem Herrn geweiht« (mit »Herr« ist natürlich Gott gemeint). Der heilige Dominikus (1170–1221) war der Gründer des Dominikanerordens.

Du hast dir für dieses Leben eine Vielzahl von Aufgaben gestellt. Dein persönlicher Schutzengel sagt dir: »Alles, was du sorgfältig und genau vorbereitest, kommt auch gut in Schwung. Dann darfst du dich wieder ein wenig zurücklehnen und durchatmen. Es ist nicht notwendig, dass du glaubst, dich plagen und dir etwas erkämpfen zu müssen. Lass los – ein mühsames Thema wird sich wie von selbst zum Guten wenden.« Ersuche auch Erzengel Chamuel und Irin um Hilfe, sie sind an deiner Seite! Bei allen Programmen und Vorhaben werden sie dich aktiv unterstützen. So steht einer Verwirklichung nichts im Wege. Geh unbeirrt und mutig weiter auf deinem Weg!

DONALD
Erzengel Chamuel, Engeleigenschaft von Curaniel

Ein Vorname, der aus dem Englischen kommt und auch bei uns beliebt ist. Er geht auf einen keltischen Ausdruck für »Weltenherrscher« zurück.

Da hast du dir ja einen wirklich heiteren Namen ausgesucht für dieses Erdenleben! Denn du selbst hast deinen Eltern diesen Namen »eingeflüstert«, weil du mit ihm eine gute Voraussetzung mehr zur Verfügung hast, um deine Herausforderungen und Lernaufgaben in diesem Leben auch positiv zu meistern. Du bist stark, widerstandsfähig und ziemlich zäh. Wenn du etwas wirklich willst, wirst du es auch bekommen. Jedoch solltest du dir vor Entscheidungen ausreichend Zeit zum Überlegen und In-dich-Hineinspüren« nehmen. Frage dich: Brauche ich das wirklich, ist es wichtig oder sagt mir das mein Kopf, mein Ego? Mithilfe deiner Engel wirst du die für dich passenden Schritte gehen können.

EBERHARD (Eberhart, Ewert und andere Formen)
Erzengel Haniel, Engeleigenschaft von Isaak
Die Bedeutung ist »hart oder stark wie ein Eber«. Im Hochadel Würtembergs war dies ein beliebter Vorname.

Zielstrebig, selbstbewusst und ausdauernd gehst du deinen Weg. Du hast viel positive männliche Energie in dieses Leben mitgebracht, jedoch hast du dir auch vorgenommen, deine »weibliche« Seite – also die Gefühlsebene – zu leben. Und vergiss nicht, auf dein Inneres Kind zu achten, den kleinen Jungen, der zwischendurch auch spielen und Spaß haben will. Unterbrich deine Anforderungen des Alltags mit kreativen Pausen, oder geh auch mal in die Natur. Erlaube deinen Engeln, vor allem Erzengel Haniel und Isaak, immer an deiner Seite zu sein. Du kannst davon nur profitieren. Lass es einfach zu!

ECKEHARD (Eckhard, Ekkehart, Eckehart, auch Edzard und andere Formen)
Erzengel Zachariel, Engeleigenschaft von Machidiel
Wir finden die althochdeutschen Wort *ecka,* »Schwert« (oder auch »Spitze« bzw. »Klinge«), und *harti,* »stark«, »hart«. So bezeichnete der Name jemanden, der gut mit dem Schwert umgehen konnte. Berühmter Namensträger ist Meister Eckhart (1260–1328), wohl der bedeutendste mittelalterliche Philosoph und Mystiker, Theologe und spirituelle Weisheitslehrer im deutschsprachigen Raum.

»Reden ist Silber, Schweigen ist Gold.« Dieser Spruch passt sehr gut für dein derzeitiges Leben auf der Erde. Auch wenn du immer wieder nicht so positive Reaktionen von deinem Umfeld ertragen musst, die auf deine Person abzielen: Es geht dir mit dir selbst trotzdem gut. Lass dich nicht verunsichern oder provozieren. Bemühe dich, trotz allem positiv zu reagieren – und das natürlich auch in Gedanken. Bevor du etwas aussprichst, überlege dir gut, ob das auch wirklich das ist, was du sagen willst. Begib dich nicht auf die Ebene von Menschen, die eine Prüfung für dich darstellen! Bitte all deine Engel, dass sie dir helfen, mit dir und allen anderen würde- und achtungsvoll umzugehen. Das ist es, was dich auf Dauer wirklich weiterbringt!

EDGAR (Eddie, Ed)
Erzengel Chamuel, Engeleigenschaft von Hamaliel

Ein Name aus dem angelsächsischen Raum, in dem *ead,* »Besitz«, »Vermögen«, und *gar,* »Ger«, »Speer«, enthalten ist. Also jemand, der sein Eigentum mit dem Speer schützt.

Eine Menge Kraft, Energie und eine einzigartige Power hast du hierher mitgebracht. Und mit diesem Namen rundet sich das ganze Programm harmonisch ab. Du weißt also genau, was du willst. Was jedoch noch nicht deine Stärke ist: geduldig auszuharren und zu warten, bis du etwas bekommst. Du willst es immer selbst aus eigener Kraft schaffen. Das ist aber auf Dauer zu anstrengend. Teil dir deine Kräfte gut ein, und erlaube dir zwischendurch auch Ruhe und Pausen. Leg den Kopf zurück, schließe die Augen, und schalte einfach ein paar Minuten ab. Es gibt tolle Übungen, die dir helfen, vollkommen loszulassen und dich zu entspannen. Wenn du sie mit deiner Energie verbindest, kannst du Berge versetzen! Probier es einfach!

EDMUND (Eddie, Ed)

Erzengel Michael, Engeleigenschaft von Jehuel

Manche Forscher sehen hier einen althochdeutschen Namen, andere einen angelsächsischen. Die erste Silbe leitet sich wohl von *ead*, »Besitz« ab, die zweite mag »Schutz« bedeuten.

In diesem Leben darfst du so richtig glücklich sein – also auch Höhenflüge erleben. Solange du danach wieder auf den Boden kommst, ist das vollkommen okay. Lass dich in solchen Phasen von deinem näheren Umfeld, der Familie, Kollegen, Freunden, nicht einschränken oder herunterziehen. Lebe dein Glück und deine Freude, denn da ist eine Menge Herz- und Seelenenergie von dir dabei. Pflicht und Alltag holen dich zwar wieder ein, trotzdem bleibt das schöne Gefühl des Glücks und der Leichtigkeit. Bitte deine Engel, vor allem den Erzengel Michael und Jehuel, dir dabei zu helfen, deine innere Heiterkeit und Unbeschwertheit zu bewahren. Sie sind an deiner Seite und unterstützen dich gern, zusammen mit deinem persönlichen Schutzengel.

EDUARD (Edward)

Erzengel Uriel, Engeleigenschaft von Dabriel

Auch hier finden wir als erste Silbe ein altes Wort für »Vermögen«, »Besitz« oder »Schatz« und in der zweiten Silbe den Begriff »Schutz« (im Englischen kennt man noch heute das Wort *warden*, »Hüter«).

Was du dir für dieses Leben vorgenommen hast? Mit diesem Namen darfst du junge Menschen oder Kinder in dein Leben einbeziehen. Da könnte sich vom Arbeitsbereich bis hin zur Familie ein weiter Bogen spannen. Natürlich ist damit auch dein Inneres Kind gemeint, der kleine Junge in dir. Du hast unglaublich viel Wissen hierher mitgebracht und kannst und sollst das an Jüngere weitergeben. Vergrabe deine Fähigkeiten und deine Talente nicht in dir, lass sie heraus und sich entfalten.

Alles, was du deinem Umfeld davon gibst, wird hundertfach zu dir zurückkehren. Teile dein Wissen mit anderen, vor allem mit jüngeren Menschen. Erzengel Uriel und Dabriel sind an deiner Seite und werden dir dabei aktiv helfen.

EDWIN
Erzengel Raphael, Engeleigenschaft von Adonai
Erneut ist *ead,* »Besitz« Kern der ersten Silbe, und *wini,* »Freund« bildet die zweite Silbe.

Ja, allerhand hast du dir vorgenommen für dieses Erdenleben. Und mit dem Namen Edwin hast du dir eine starke Energie als Unterstützung mitgebracht. Diese wirst du auch brauchen, denn eine Menge Aufgaben und Herausforderungen hast du zwar hinter dir, aber viele warten auch noch auf dich. Je optimistischer und positiver du diese Lernaufgaben sehen kannst, umso leichter und schneller wirst du sie auch bewältigen. Lass dich nicht in Zweifel und Ungeduld fallen, verliere nicht den Mut und geh hoch erhobenen Kopfes Schritt für Schritt auf deinem Weg weiter. Für jeden Erfolg wirst du doppelt belohnt, und deine Engel freuen sich mit dir. Vor allem der Erzengel Raphael und Adonai unterstützen dich bei deinen Aufgaben.

EGBERT (Bert)
Erzengel Uriel, Engeleigenschaft von Bat Kol
Wir finden die Worte *egge,* »Schwertschneide«, und *bert,* »Glanz« in diesem Namen. König Egbert von Wessex (770–839) gründete den ersten englischen Gesamtstaat.

Mit diesem außergewöhnlichen Namen hast du dir viel Hilfe in dieses Leben mitgebracht. Vor allem hast du dir vorgenommen, zu allen Lebewesen freundlich zu sein und zu helfen, wo du helfen kannst. Das bezieht sich nicht nur auf die Menschen in deinem Umfeld, sondern auch auf Tiere und Pflanzen. Das kann sich auch auf der beruflichen Ebene auswirken. Wenn du einen Beruf gewählt hast, für den das nicht so passt, so bezieht sich dieses Thema auf den privaten Bereich oder auf ein Hobby, das du aus der Berufung heraus lebst, also mit deiner ganzen Seelen- und Herzenergie. Jedes Lebewesen, dem du hilfst, wird sich bei dir auf seine ganz eigene Art und Weise bedanken – handle gerecht und liebevoll!

EGON
Erzengel Gabriel, Engeleigenschaft von Nabu
Kurzform von Eckehard bzw. Nebenform zum mittelalterlichen Namen Egino. Wegen der ganz anderen Namensschwingung gesondert erfasst.

Dieses Leben darfst du als Abenteuer erfahren, und dementsprechend beinhaltet es auch eine Menge von Entscheidungen, die du treffen darfst. Das äußert sich in kleineren und größeren Lebensfragen und Themen. Je mehr du in dir ruhst, je bedachter du handelst, umso besser werden deine Entscheidungen ausfallen und sich in weiterer Folge auch auswirken. Lass dich nicht drängen oder bevormunden. Nimm dir die Zeit, um in dich hineinzuspüren, um zur Ruhe zu kommen – erst dann mach den nächsten Schritt auf deinem Weg. All deine Engel, vor allem der Erzengel Gabriel und Nabu, helfen dir jeden Tag und sind immer neben dir. Erlaube ihnen, dich zu unterstützen, sie warten auf deine Einladung und Zustimmung.

EIKE
Erzengel Uriel, Engeleigenschaft von Cahetel
Die friesische bzw. niederdeutsche Kurzform von Eckehard; ebenfalls mit einer ganz eigenen Namensschwingung.
Als »nährender« Mann gibst du eine Menge von dir und hast alle diesbezüglichen Blockaden und Ängste bereits hinter dir. Mit diesem Namen darfst du deine Sensitivität und alle Gefühle leben – ohne Wenn und Aber. In dem Moment, wo du dich für

etwas entscheidest und es aussprichst, wird es von deinem Umfeld auch genauso angenommen werden. Denn die Menschen um dich spüren, dass du wirklich authentisch bist und nur dich lebst. Es war ein weiter Weg bis hierher, jetzt darfst du ihn gehen und all deine Engel, die dich begleiten, freuen sich darüber. Lass dich nicht verunsichern und setze Schritt vor Schritt. Wer soll dich aufhalten? Gerecht, mutig und zielstrebig gehst du deinen Weg – mach weiter so!

EINAR
Erzengel Jophiel, Engeleigenschaft von Teiael
Ein Name aus Island, der aus den Silben *einn,* »allein«, »einzeln«, und *arr,* »Herr« gebildet wird, mit der Bedeutung »Alleinherr« oder »Einzelkämpfer«.

Dein Name bedeutet Einzelkämpfer. Das heißt natürlich nicht, dass du in diesem Leben als solcher bestehen musst oder alles allein machen sollst. Im Gegenteil: Du hast so viele Hilfen rund um dich, die du zulassen und nutzen kannst. Immer wieder werden Menschen in deinem näheren Umfeld, in der Familie, dem Freundes- und Kollegenkreis, sich freuen, wenn du sie brauchst. Und auch deine Engel, vor allem der Erzengel Jophiel, Teiael und dein persönlicher Schutzengel, sind neben dir und tragen dich ein Stück, wenn es gerade anstrengend und schwierig wird in deinem Alltag. In Stressphasen solltest du dich zurücklehnen, die Augen schließen und entspannen. Finde Wege und Möglichkeiten, um immer wieder solche Regenerations- und Ruhezeiten bewusst zu erleben. Du brauchst sie!

ELIAS
Erzengel Uriel, Engeleigenschaft von Daniel
»Mein Gott ist Jahwe« bedeutet dieser hebräische Name, den der Prophet Elias trug, der gegen den damaligen Baalskult kämpfte. Elias soll bekanntlich nicht normal gestorben, sondern in die

Himmel entrückt und dort zum Erzengel Sandolphon verwandelt worden sein.

Für dieses Leben hast du dir in erster Linie vorgenommen, dir eine Menge Wünsche zu erfüllen, aber auch einige Themen zum endgültigen Abschluss zu bringen. Alles, was du dir von Herzen wünschst, wird sich auch erfüllen, du hast die Umsetzung all deiner Pläne und Träume in deiner Hand. Dein persönlicher Schutzengel lehrt dich, wie du alte und vergangene Themen und Aufgaben vollenden und hinter dir lassen kannst. Er macht dir klar, was schon erledigt und was noch zu machen ist. Durch ihn kannst du Prioritäten in jedem Lebensbereich setzen, die Voraussetzung für eine klare Struktur in deinem Alltag sind. Erst dann kannst du deine neuen Pläne und Ziele in Angriff nehmen.

ELMAR (Elmo)
Erzengel Chamuel, Engeleigenschaft von Urim
Eine Kurzform des altdeutschen Namens Adelmar, in dem *adal,* »edel«, und *mari,* »berühmt«, stecken.

Mit diesem Namen hast du eine Menge an positiver Männlichkeit in dieses Leben mitgebracht und darfst und kannst diese auch wirklich kraftvoll leben. Dabei hast du dir jedoch auch vorgenommen, deine Kraft gut einzuteilen. Dazu gehört, dass du hinterfragst, was für dich wichtig ist und was nicht. Du spürst, mit wem du wann wie viel Zeit verbringen kannst und willst. Lass dich nicht zwangsverpflichten oder in alte Energien zwängen. Unterbrich alte Muster und beende »tote« Freundschaften oder Partnerschaften. Es wird sich nicht jeder darüber freuen, aber dir wird es danach besser gehen. Erst wenn du Altes beendet hast, kannst du Neues beginnen. All deine Engel, vor allem der Erzengel Chamuel und Urim, helfen dir dabei.

ELTON
Erzengel Zachariel, Engeleigenschaft von Cassiel

Ein Name aus dem Englischen, der ursprünglich wohl aus *Ella's town*, also »Ellas Stadt« entstand. Bekannte Namensträger sind der Popsänger Elton John und der deutsche Fernsehmoderator Elton.

In erster Linie hast du dir für dieses Leben vorgenommen, es als Spiel zu betrachten, und dafür werden sich auch entsprechend viele Gelegenheiten ergeben. Mit deiner eigenen unbekümmerten Leichtigkeit, einem Schuss Urvertrauen und einer Menge Charme darfst du durch deinen Alltag »tanzen«. Wenn du es nicht übertreibst und Pflichten und Verantwortung nicht vernachlässigst, wird das auch so bleiben. Viele neue Ideen, Themen und Menschen warten auf dich, und du darfst dich auf diese positiven Begegnungen und Erfahrungen freuen. Wer soll dir schon widerstehen? Wenn du lachst, geht die Sonne auf. Bewahre dir deine innere Heiterkeit und dein Lächeln – sie öffnen dir Tür und Tor. Deine Engel sind bei dir!

EMIL
Erzengel Uriel, Engeleigenschaft von Abuliel

Der Name geht auf den römischen Geschlechternamen Aemilius zurück, der zunächst in Vergessenheit geriet, aber durch einen Erziehungsroman von Jean-Jacques Rousseau »Émile oder Über die Erziehung« ab 1762 wieder sehr populär wurde. Durch Kästners Geschichte von »Emil und die Detektive« wurde er ab 1929 erneut bekannt.

Ein interessanter Name, den du dir da ausgewählt hast. Mit ihm kannst du in diesem Leben die unsichtbaren Bereiche erforschen, also alles, was wir mit unseren Augen auf der materiellen Ebene nicht sehen können. Mit deinem alten Wissen, das du hierher mitgebracht hast, wirst du Geheimnisse lüften und hinter die Fassade von Menschen und Situationen sehen können. Von Geheimwissen über Spiritualität – alles auf der Seelenebene wird dich anziehen und interessieren. Und du kannst dabei große Schritte weitergehen. Und es wird dich immer mehr faszinieren, was du da entdeckst und aufdeckst. All deine Engel, vor allem der Erzengel Uriel und Abuliel, helfen dir dabei – und sorgen natürlich auch dafür, dass du immer gut beschützt bist.

ENNO
Erzengel Uriel, Engeleigenschaft von Nachiel
Eine norddeutsche Kurzform von Einhard bzw. Eginhard (eine andere Kurzform kann Egon sein). Im Namen sind alte Worte für »Schwert« und »stark« enthalten.

Enno ist ein ausgesprochen kraftvoller Name, in dem eine Menge Aktivität steckt. Und genau deswegen hast du ihn dir für dieses Erdenleben auch ausgesucht. Also nutze diese Energie und lass alles hinter dir, was du nicht mehr brauchst. Beginne Neues – du hast es in der Hand. Nimm dir, was du brauchst und was dir Freude macht. Solange du niemandem schadest (auch dir selbst nicht) und in der Liebe bleibst, kann es nur positiv sein. Stell dein Licht nicht unter den Scheffel – du hast viel Kraft und Potenzial in dir. Beides will heraus, und du darfst es nutzen. Beklage dich nicht, wenn es nicht so läuft, wie du willst, sondern handle! Wer sonst könnte oder sollte das für dich tun? All deine Engel, vor allem Erzengel Uriel und Nachiel, unterstützen dich.

ENZO (Enzio)
Erzengel Chamuel, Engeleigenschaft von Anael
Ein italienischer und lateinamerikanischer Vorname, der aus Enrico abgeleitet ist oder manchmal als Kurzform zu Vincenzo oder Lorenzo verwandt wird. Entspricht dem deutschen Heinz von Heinrich, »reicher Herrscher«.

Mit diesem Namen, den du dir (wer sonst?) ausgewählt hast, kann es dir nur gut gehen. Wenn dem nicht so ist, machst du etwas noch nicht so, wie du es dir eigentlich vorgenommen hast. Denn auf keinen Fall liegt es auf deinem Weg in diesem Leben, dass es dir finanziell oder in einer anderen Beziehung so richtig schlecht geht. Im Gegenteil! Wenn also in einem Lebensbereich Mangel herrscht, solltest du hinterfragen, ob du dir selbst etwas vielleicht gar nicht gönnst. Der Mangel kann sich auflösen, wenn du seine Ursache erkannt hast. Du hast alles an Möglichkeiten und innerem Wissen hierher mitgebracht, um deine Pläne und Ziele zu erreichen. Lass dich nicht von äußeren Illusionen verunsichern, glaub an deine innere Stärke und Handlungsfähigkeit. Du machst das, und alle Engel helfen!

EPHRAIM
Erzengel Haniel, Engeleigenschaft von Verchiel

Name eines israelischen Stammes; das Wort bedeutet »doppelt fruchtbar«. Vielen bekannt ist sicher der israelische Satiriker und Bestsellerautor Ephraim Kishon (1924–2005).

In erster Linie hast du dir für dieses Leben vorgenommen, die Menschen, die dir etwas bedeuten, zu verstehen. Das wird nicht immer leicht sein, aber du bist ein geduldiger und gerechter Mann und weißt dich zurückzunehmen. In deinem Familien- und Freundeskreis wird es immer wieder Personen geben, die deinen Rat und deine Hilfe brauchen. Vergiss dabei aber nicht, auf dich selbst zu achten, und nimm dir auch für dich ausreichend Zeit und Pausen. Sonst läufst du durchs Hamsterrad des Alltags und schadest Körper, Geist und Seele. Vergiss nicht, Spiel und Spaß, kreative Pausen oder auch Bewegung in der Natur einzubauen. Erst wenn deine Batterien wieder aufgeladen sind, kannst du einem anderen helfen. Erzengel Haniel und Verchiel helfen dir.

ERASMUS
Erzengel Chamuel, Engeleigenschaft von Cosmiel

Dieser bei uns eher seltene Name ist in den Niederlanden und Skandinavien geläufiger. Er geht auf ein griechisches Wort zurück und bedeutet »der Liebenswürdige«. Der heilige Erasmus zählt zu den vierzehn Nothelfern. Berühmter Namensträger war Erasmus von Rotterdam (etwa 1465–1536), ein bedeutender Gelehrter und Humanist. Er war übrigens der uneheliche Sohn eines Priesters und dessen Haushälterin – trotz des Zölibatsgebots.

Es steckt so viel Liebe in dir! Und mit diesem Namen hast du auch die Möglichkeit, sie an dein Umfeld verschwenderisch zu verteilen – deswegen hast du ja genau deinen Namen für dieses Leben ausgewählt. Du hast dir vorgenommen, dich und alle Lebewesen in Liebe anzunehmen. Das ist natürlich ein schwieriges Programm, aber Schritt für Schritt wirst du auf diesem Weg weiterkommen. All deine Engel, vor allem dein persönlicher Schutzengel, Erzengel Chamuel und Cosmiel, werden dich dabei voll und ganz unterstützen, wenn du sie darum bittest. Geh auch in die Natur und spüre die Liebe aller Lebewesen, die du siehst und die dich dort umgeben. Öffne dein Herz für die allumfassende Liebe Gottes oder woran du glaubst.

ERHARD (Erhart, Ehrhard)
Erzengel Michael, Engeleigenschaft von Baliel

Ein klassischer deutscher Vorname (und Nachname, wie zum Beispiel der Komiker Heinz Erhard und der Wirtschaftskanzler Ludwig Erhard zeigen). In diesem Namen stecken Begriffe für »Ehre« und »Stärke«, *era,* »Ansehen«, *hard,* »hart«. Man findet eine Vorform dieses Namens auch im Sanskrit, wo *aryahrd* »Herz bzw. Liebling der Gebildeten« bedeutet.

Eine Menge Kraft steckt in dir, aber auch Reste von Verletztheit und Wut. Du hast dir mit diesem Namen für dein Erdenleben als wichtiges Thema unter anderem die Versöhnung vorgenommen. Natürlich ist es dabei der erste Schritt, dich mit dir selbst zu versöhnen, dir alles, was deiner Meinung nach ein Fehler war, zu verzeihen. Erst dann solltest du dir den zwischenmenschlichen Bereich mit entsprechenden Themen vornehmen. Ein anspruchsvolles, nicht ganz einfaches Programm, das du dir da ausgesucht hast. Natürlich hast du aber auch alles dafür mitgebracht, um es gut zu schaffen. All deine Engel, vor allem der Erzengel Michael und Baliel, werden dich nach besten Kräften dabei unterstützen. Denn sie lieben dich so, wie du bist.

ERICH (Erik, Eric)
Erzengel Zachariel, Engeleigenschaft von Hasiel

Ein Vorname, dessen Wortwurzel recht deutlich ist: »Ehre« und »reich«, althochdeutsch *era* und *rikr*. Eine weitere Bedeutung wäre »Edelmann«.

Du hast dir in erster Linie für dieses Leben vorgenommen, die Energie des »reinen Herzens« zu aktivieren und zu nutzen. Das klingt vielleicht ungewöhnlich, ist aber definitiv dein Programm und liegt auf deinem Weg. Schau dich immer wieder um: Vielleicht lächelt dir ein Kind zu oder siehst du in den Augen eines alten Menschen Klarheit und Verstehen? Du wirst den für dich passenden Hinweis bekommen. Öffne dich für den göttlichen Ursprung tief in dir: deine reine und klare Herzenergie. Lebe sie! Lass den Jungen in dir an deiner Seite mit dir mitgehen – seine liebevolle Begleitung, sein Urvertrauen und seine Fröhlichkeit werden dir helfen, immer wieder einen großen Schritt auf deinem Lebensweg weiterzukommen.

ERNST (Ernesto, Ernest, Erno)
Erzengel Michael, Engeleigenschaft von Adam

Das alte Wort *ernust* bedeutete »ernsthaft« und »entschlossen«. Ein interessanter Namensträger ist Herzog Ernst der Fromme von Sachsen-Altenburg-Gotha (1601–1675). Er begründete früh die Schulpflicht für Kinder, richtete Gymnasien ein, ließ Waisenhäuser erbauen und reformierte das Justizwesen.

Was du dir in diesem Leben vorgenommen hast? Sicherlich nicht einen Dauerkampf – weder mit dir noch mit anderen Menschen, Themen oder Herausforderungen. Ersuche den Erzengel Michael und Adam, sowie alle deine persönlichen Engel, dir zu helfen, das Leben als ein Abenteuer zu sehen. Schau dir die einzelnen Tage an wie einen Film, löse dich mental und emotional immer wieder aus dem Dauerdruck heraus, klinke dich aus, wenn es zu heftig wird. Nimm dir schon morgens vor, den Tag spielerisch und heiter zu verbringen und nicht im mühsamen Einerlei. Lass dich nicht entmutigen und lebe deine innere Kraft, die du hierher mitgenommen hast. Lerne zu spielen und zu lachen – das ist ganz wichtig für dich!

ERWIN
Erzengel Michael, Engeleigenschaft von Maria

Es gibt mehrere Ableitungen: das keltische Wort *eirin* bedeutet »Friede« und auch »Westen«, im Altdeutschen finden wir *heri*, »Heer«, und *wini*, »Freund«.

Als Thema Nummer eins hast du dir für dieses Leben die Aufgabe gestellt, inneren Frieden, Ausgewogenheit und Harmonie in dir zu finden. Du willst dich mit dir selbst wohlfühlen. Das geht jedoch nur, wenn du falsche Kompromisse und nur scheinbare Harmonie vermeidest, wenn du also nicht nur im Außen lebst. Voraussetzung dafür ist, dass du nichts »schluckst«, sondern es sofort ansprichst, wenn etwas nicht stimmig ist. Deine Meinung ist wichtig und sollte auch gehört werden. Geh Konfrontationen und produktiven Diskussionen nicht aus dem Weg – sie sind wichtig und bringen dich weiter. Erst dann, wenn alles ausgesprochen ist, wirst du innerlich »rund« sein. Deine Engel sind an deiner Seite und helfen dir bei diesem Thema.

EUGEN (Eugene, Owen, Jewgenij und andere Formen)
Erzengel Chamuel, Engeleigenschaft von Israfel

Das griechische Wort *eugenios*, »wohlgeboren« bzw. »von edler Abstammung« stand bei diesem Namen Pate.

Als Ziel in diesem Leben hast du dir vorgenommen, Ruhe und Ausdauer zu verinnerlichen und auch auszustrahlen. Erzengel Chamuel und Israfael sind an deiner Seite und nehmen dich an der Hand, wenn du flüchten willst: vor langwierigen und »nervigen« Beziehungen, Aufgaben und Themen. All deine Engel zeigen dir, wie du dich trotzdem entspannen kannst und – gleich, wie belastet du bist – diese Zeit als Gewinn sehen darfst. Als Hilfe dafür hast du eine Menge Geduld und langen Atem mitgebracht, viel Kraft und die Gewissheit, dass du alles schaffst, wenn du es wirklich willst. Nach und nach lernst du, falschen und unnötigen Verdruss loszulassen und mehr die männliche Seite, das innere Potenzial zu leben. Du bist stark und kannst es!

EWALD
Erzengel Michael, Engeleigenschaft von Derdekea

Die althochdeutschen Begriffe *ewa*, »Recht«, »Ordnung«, und *waltan*, »walten«, »herrschen«, bilden die Wurzel. Dieser Name bezeichnete also ursprünglich einen Hüter des Gesetzes.

Auch wenn du dich vielleicht nicht erinnern kannst: In den letzten Leben hast du so viel hinter dich gebracht, dass du jetzt ein »Entspannungsleben« erfahren darfst. Das heißt natürlich nicht, dass es keine Aufgaben oder kleinere Steine auf diesem Weg gibt, jedoch sind auch Ruhephasen und glückliche Lebenszeiten vorgesehen. Wenn es gerade stressig oder unruhig ist, dann nimm dir Zeit, dich zu spüren und deine innere Stimme zu aktivieren. Wenn du deine Seelenenergie freisetzen kannst, weißt du sofort, was zu tun ist, und es wird dir besser gehen. Mit diesem Namen darfst du dich ein wenig ausruhen und durchschnaufen. Du sammelst so Kraft für die nächsten Herausforderungen, die auf dich warten. Deine Engel sind immer neben dir!

FABIAN (Fabius, Fabio)
Erzengel Zadkiel, Engeleigenschaft von Orifiel

Aus dem Lateinischen, entsprechend eines römisches Geschlechts der Fabier. *Faba* heißt übrigens auch »Bohne«. Die
Ableitung von *fabis,* »edel«, ist umstritten.

Du hast dir für dieses Erdenleben in erster Linie vorgenommen, deine eigenen Themen, Vorhaben und Angelegenheiten
zu erledigen. Also sei achtsam, und lass dich von deinen Mitmenschen nicht vereinnahmen – du bist nicht verpflichtet, deren Erwartungen und Wünsche zu erfüllen. Grenze dich ab –
all deine Engel werden dir dabei helfen. Schau auf dich und lebe
einen gesunden Egoismus. Funktioniere nicht nach den Vorstellungen anderer! Das würde dir niemand danken, im Gegenteil. Viele Bereiche warten auf dich, die noch von dir in Angriff
genommen und erledigt werden wollen, also teil dir deine Kräfte gut ein – du hast eine Menge davon mitgebracht. Erzengel
Zadkiel und Orifiel sind an deiner Seite und helfen dir!

FALK (Falko, Falco)
Erzengel Chamuel, Engeleigenschaft von Nathanael

Man sieht es diesem Vornamen noch an, dass der Name des
Greifvogels, der Falke, althochdeutsch *falco,* enthalten ist.

Unterschätze dich nicht! Du hast so viele Fähigkeiten und
Möglichkeiten in dieses Leben mitgebracht. Mit diesem Namen
darfst du dich verstärkt mit dem Thema Heilung befassen. Und

das fängt bei dir selbst an. Lass es zu, dass du alte Wunden und Verletzungen auf der Seelenebene wahrnehmen und in weiterer Folge ausheilen kannst. Neue Horizonte und eine Unmenge von Chancen und unentdeckten Wegen erwarten dich, denn das ist ein spannendes und aufregendes Leben! Einige Menschen werden dich begleiten und an deiner Seite gehen, und vielen Menschen darfst du helfen. Ersuche Erzengel Chamuel und Nathanael, dir bei deinen Entwicklungsschritten beizustehen. Sie sind immer bei dir und helfen dir gern!

FELIX
Erzengel Uriel, Engeleigenschaft von Och

Die lateinische Wurzel *felix* bzw. *felicis* bedeutet »glücklich«, »vom Glück begünstigt« und »erfolgreich«. Es gibt das schöne Wort *tu felix Austria nube,* »Du heirate, glückliches Österreich«, das sich darauf bezieht, dass Österreich sein Ländereien oft durch Heiratspolitik, nicht durch Kriegszüge, ausdehnen konnte.

In diesem Leben wird es für dich immer wieder Situationen geben, in denen du durch andere Menschen besonders auf der verbalen Ebene angegriffen und verletzt wirst. Das empfindest du zu Recht als Zumutung und als negativ. Du hast dir aber als Thema Nummer eins vorgenommen, diese Aufgabe erfolgreich und nach und nach aufzulösen. Das ist ein wichtiges Lernprogramm, das du dir selbst ausgesucht hast, auch wenn dir das nicht mehr bewusst ist. Immer wieder kannst du in dieser Beziehung einen Sieg über dich selbst erringen. Bitte all deine Engel, dich vor allem in dieser Hinsicht besonders zu schützen und dir Wege und Möglichkeiten zu zeigen, in deiner Mitte und ausgeglichen zu bleiben. Von Mal zu Mal wird es leichter und weniger belastend für dich werden – du kommst voran!

FERDINAND (Ferdi und andere Formen)

Erzengel Haniel, Engeleigenschaft von Neriah

Vormals ein gotischer Name, der dann über Spanien und die Habsburger auch in die deutschsprachigen Länder gelangte. In ihm finden wir *frith,* »Schutz«, »Sicherheit«, und *nanth,* »Kühnheit«. Also geht es um einen »mutigen Beschützer«.

Was du dir in erster Linie für dieses Leben vorgenommen hast? Auf jeden Fall, eine Menge zu lernen. Dabei hast du natürlich alle Potenziale und Voraussetzungen dafür mitgenommen, um dieses Lebensprogramm auch erfüllen zu können. Lass dich nicht entmutigen, wenn es schwierigere Phasen gibt – du hast alles in dir, um auch diese mit Leichtigkeit und erfolgreich zu bewältigen. Schritt für Schritt wirst du deinen Weg gehen und dabei auf allen drei Ebenen (körperlich, geistig und seelisch) wachsen und dich gut weiterentwickeln. Die Engel, vor allem der Erzengel Haniel und Neriah, begleiten dich und nehmen dich an der Hand, wenn du stolperst. Geh mutig, aufrecht und zuversichtlich weiter – du schaffst alles, was du dir vorgenommen hast!

FLORIAN

Erzengel Zadkiel, Engeleigenschaft von Dabriel

Der Name entstand aus einem lateinischen Wort für »blühen« (deshalb spricht man von der »Flora«). Die Bedeutung umfasst jedoch auch »prächtig«, »mächtig« und »strahlend«. Der heilige Florian gehört zu den vierzehn Nothelfern und fungiert als Schutzpatron gegen Feuer und Hochwasser sowie der Feuerwehr allgemein, und er ist sogar für Bierbrauer, Seifensieder und Schornsteinfeger zuständig.

Da hast du dir einen wunderbaren und sehr starken Namen ausgesucht. Was soll dir damit schon passieren?! Du wirst natürlich unaufhaltsam und unerschütterlich dein Leben hier auf der Erde meistern. Dabei darfst du sehr viel bewegen – vor allem in dir und in deinem näheren Umfeld, also bei den Themen

Familie und Freunde. Das hast du dir nämlich vor allem für dieses Leben vorgenommen: da zu sein, wenn dich die Menschen, die du liebst und schätzt, brauchen. Wie ein Fels in der Brandung stehst du dann da und gibst alles, was du kannst. Als Belohnung bekommst du eine Menge Achtung, Anerkennung und natürlich auch viel Liebe zurück. Bitte deine Engel, vor allem den Erzengel Zadkiel und Dabriel, immer an deiner Seite zu bleiben.

FRANK
Erzengel Zadkiel, Engeleigenschaft von Gasardiel
Entstanden sowohl als Ableitung vom Volksstamm der Franken, als auch aus einem alten deutsche Eigenschaftswort *frank,* das zugleich »frei« meint. Die Franken waren »Freie«; man spricht auch heute noch davon, einen Brief zu frankieren oder frei zu machen.

Diesen Namen hast du dir ausgesucht und deinen Eltern »eingeflüstert« (nur du, wer sonst?!), damit du endlich einmal ein Leben in Unabhängigkeit und Freiheit erfahren kannst. Dabei darfst du alles auflösen und hinter dir lassen, was nicht mehr passt. Jegliche alte und »tote« Energie kannst du abstreifen wie eine alte Haut. Du wirst dich immer wieder neu erfahren dürfen. Ein wunderbares Leben, das du dir da vorgenommen hast, mit außerordentlich spannenden Aufgaben und Erlebnissen. Lass dich darauf ein, vor allem auf der Seelenebene, die bis jetzt vielleicht etwas im Schatten gestanden hat. Es ist das passende Leben mit den richtigen Zeiten und idealen Chancen für neue Menschen, Themen und Erfahrungen. Deine Engel sind dabei.

FRANZ (Franziskus)
Erzengel Jophiel, Engeleigenschaft von Barman
Eigentlich steckt auch im Vornamen Franz die Wurzel *frank,* »frei«, auch »mutig«. Allerdings wurde diese Herkunft über-

lagert durch den Namen Francesco bzw. Franziskus, von dem Franz nun als eine selbstständige Kurzform auftritt. Francesco leitet sich eigentlich von einem italienischen Begriff für »kleiner Franzose« ab. Berühmtester Namensträger – wie immer die Ableitung stimmen mag – ist zweifellos der heilige Franziskus von Assisi (etwa 1181–1226), Reformator von Kirche und Glauben und Ordensgründer der Franziskaner.

»Wohlan denn, Herz, nimm Abschied und gesunde.« Diesen Satz von Hesse hast du dir in diesem Leben als Grund- und zentrales Thema vorgenommen. Du willst einige Altlasten vollkommen hinter dir lassen und mit vielem abschließen. Da ist eine Menge Arbeit, die auf dich wartet und immer wieder einen großen Kraftaufwand von dir erfordert. Wichtig dabei ist jedoch, dass du dir täglich eine Stunde für dich allein nimmst und diese auch für dich nutzt. Nimm sie dir, um »ins Feuer zu starren«, wieder Luft zu bekommen oder etwas für dich zu machen, was dir Spaß macht. Überlege dir gut, was du mit dieser Stunde anfängst, und nutze sie optimal für dich! Danach wirst du wieder ausreichend Energie und Kraft haben, um die nächste Aufgabe in deinem Alltag in Angriff zu nehmen.

FRIEDRICH (Frieder)
Erzengel Uriel, Engeleigenschaft von Abuliel

Klassischer deutscher Vorname, gebildet aus althochdeutsch *frid*, »Frieden«, und *rihhi*, »reich« bzw. »mächtig«. Damit soll also ein »Friedensfürst« benannt werden.

Stärke und Ausgewogenheit – das sind die Grundthemen, die du dir für dieses Erdenleben gewählt hast. Das ist natürlich nicht immer so einfach, wie es klingt, aber du hast alles im Innen und Außen mitgenommen, um dein persönliches Lebensprogramm auch gut und erfolgreich zu schaffen. Wichtig ist, dass du – egal, wie chaotisch dein Umfeld gerade ist und welche Aufgaben und Problematiken sich gerade für dich stellen – innerlich ruhig und ausgeglichen bleibst. Bitte all deine Engel, dir dabei zu helfen und dich aktiv zu unterstützen. In dem Moment, in dem du das aussprichst, eilen sie an deine Seite und können noch mehr für dich tun. Und auch Erzengel Uriel und Abuliel sind immer neben dir!

FRITZ
Erzengel Uriel, Engeleigenschaft von Nathanael
Eigenständige Kurzform von Friedrich mit einer ebenfalls eigenen Schwingung. König Friedrich II. von Preußen (1712–1786), sonst als »Friedrich der Große« bekannt, wurde gern auch »der alte Fritz« genannt.

Dieser Name – auch wenn er einfach klingt – enthält ein unglaubliches Potenzial. Nämlich genau jenes, das du für dieses Leben als Unterstützung brauchst. Achte vor allem anderen auf deine Gedanken, auf deine innere Stimme. Das hast du dir definitiv so vorgenommen, nämlich die unbewusste Ebene in dir verstärkt zu leben. Dazu gehören natürlich auch alle Träume, jedes Gefühl und alles »Unsichtbare« in deinem Umfeld. Unterschätze weder dich noch diese Dinge, und belächle diese Themen nicht. Immer wieder wirst du Impulse und Hinweise von deinen Engeln – vor allem von Erzengel Uriel und Nathanael – bekommen, die dich auf diesem Weg begleiten und dir helfen. Höre auf deinen »Bauch«, auf deine innere Stimme! Sie weist dich auf den nächsten Schritt hin.

GABRIEL

Erzengel Haniel, Engeleigenschaft von Paschar

»Gott ist meine Stärke«. Mehr zu diesem Namen, der ja auch auf den Erzengel Gabriel weist, dessen Energie ebenso mitschwingt, auf Seite 26.

Dein Hauptthema in diesem Leben ist die Eigenliebe. Auch wenn du es nicht glaubst: Das hast du dir vorgenommen – denn du allein hast dir dein Lebensprogramm ausgesucht, auch wenn dir das so jetzt nicht bewusst ist. Gerade wenn es Phasen gibt, in denen du dich nicht so wohl oder glücklich fühlst: Bitte deine Engel, dir zu helfen, und bitte auch all deine männlichen Vorfahren, die in den geistigen Ebenen sind. Sofort werden einige, die dafür zuständig sind und es auch dürfen, hinter dir stehen und dich ein Stück weiterführen. Arbeite, falls möglich, jeden Tag an deiner Liebe zu dir selbst, umarme dich, nimm dich wirklich an – mit allen positiven und »negativen« Seiten, mit allen »Fehlern« und Einschränkungen. Lebe einen »positiven Egoismus«!

GEBHARD

Erzengel Uriel, Engeleigenschaft von Jehudiel

Ein Name aus dem Althochdeutschen mit den Bestandteilen *geba,* »Gabe«, und *harti,* »fest«; also etwa »der entschlossene Geber« oder »der gebefreudige Mann«.

In den vorigen Leben hast du so viel vorbereitet und eine Menge an Themen und Aufgaben positiv erledigt. Mit diesem Namen hast du dir für dein jetziges Erdenleben ein wunderbares und sehr schönes Programm ausgesucht. In erster Linie darfst du dich an allem Positiven erfreuen und alle Geschenke dankbar annehmen, die hier auf dich warten und die du dir auch verdient hast. Achte auf ein ausgewogenes Geben und Nehmen, das ist wichtig für dich – und das Thema Eigenliebe. Öffne die Augen für die Schönheit der Natur, für wunderbare Kleinigkeiten und Seelengaben – nimm die Liebe deiner Mitmenschen an und öffne dich für ihre Gefühle. Freude, Lachen und Fröhlichkeit sollten immer einen Platz in deinem Alltag haben – die Engel helfen dir!

GEORG
Erzengel Gabriel, Engeleigenschaft von Iao

Die griechische Wurzel weist auf *ge,* »Erde« (wie in »Geographie«), und *ergon,* »Arbeit« hin. Ein Georg war also ein »Erdbearbeiter« oder eben ein Landwirt.

Ein wunderbarer und starker Name, den du dir da ausgesucht hast! Und natürlich passt er ideal zu allem, was du dir für dieses Erdenleben vorgenommen hast. Als Georg darfst du dir all deine Wünsche erfüllen. Das klingt jetzt unwahrscheinlich und fast abgehoben, aber genau so hast du das geplant und dementsprechend alles dafür mitgebracht, um das auch leben zu können. In dem Moment, in dem du wirklich an dich und deine Fähigkeiten glaubst und etwas von Herzen willst, wird es sich auch erfüllen. Dabei solltest du vorher schon hinterfragen, ob dieser Bereich auch auf deinem Weg liegt oder dein Ego dir eventuell etwas vorgegaukelt hat. Vertraue deinen Engeln, vor allem dem Erzengel Gabriel und Iao, sie sind bei dir!

GERALD (Gerold, Gerwald)

Erzengel Zadkiel, Engeleigenschaft von Domiel

Wir finden die altdeutschen Worte *ger,* »Speer«, und *waltan,* »herrschen«. Ursprünglich also ein Mann, der geschickt mit dem Speer umgehen konnte.

Was du dir für dieses Leben vorgenommen hast? In erster Linie einmal, dich nicht permanent zu überfordern, sei es körperlich, geistig oder seelisch. Teile dir immer von Neuem deine Kraft gut ein. Ersuche all deine Engel gleich morgens, dir dabei zu helfen, dass du rücksichtsvoll und nicht zu hart mit dir umgehst und dich auch von anderen nicht zu viel in die Pflicht nehmen lässt. Opfere dich nicht auf, auch nicht für Freunde oder Kollegen. Sie würden es dir nicht danken und dir nicht helfen, wenn du überfordert bist. Denn nur du entscheidest darüber, wie es dir jetzt gerade geht! Mach ausreichend kreative Pausen, sammle immer wieder Kraft zwischen den Aufgaben deines Alltages. Tu es!

GERHARD (Gerhardt, Gerd)

Erzengel Uriel, Engeleigenschaft von Barachiel

Auch hier ist die erste Silbe eine Ableitung zum althochdeutschen Wort für »Speer« und die zweite signalisiert noch gut erkennbar »Stärke« bzw. »Härte«.

Du hast dir für dieses Leben vorgenommen, besonders gut auf deinen Körper zu achten, es aber auch zu schaffen, Körper, Geist und Seele optimal zu verbinden. Da hast du eine Menge an Arbeit vor dir – du wirst sie aber mithilfe deiner Fähigkeiten und Potenziale auch super schaffen. Lass dich nicht verunsichern und vergiss über deine geistige und seelische Arbeit nicht die Erde und die Genüsse, die sie bietet. Achte auf eine ausgewogene und gute Ernährung und genieße diese auch, genau so wie alles, was dir auf der seelischen Ebene hilft. Geh in die Natur und vergiss Sport und körperliche Betätigung nicht. Du brauchst das, um dich wieder richtig zu erden und am Boden zu bleiben.

GERNOT
Erzengel Haniel, Engeleigenschaft von Hamaliel

Über die Bedeutung der ersten Silbe sind sich die Forscher einig: *ger,* »Speer«. Bei der zweiten Silbe findet man den Hinweis auf *khnoton,* »schwingen« bzw. »kämpfen«, und die Angabe *not,* »Begierde«. Ein Gernot taucht als Bruder des Burgunderkönigs Gunther im Nibelungenlied auf.

Dein Lebensplan für dieses Erdenleben beinhaltet ganz sicher nicht, dass du in Sorgen und Mühseligkeiten des Alltags versinkst. Du bist stark und hast eine unglaubliche Kraft in dir, die gelöst und gelebt werden möchte. Lass sie also zu und fördere es aktiv, dein inneres (Seelen-)Potenzial zu leben, auch wenn dir das anfangs ungewohnt und etwas seltsam vorkommt. In dem Moment, in dem du damit beginnst, werden sich einige Probleme und Belastungen wie von selbst lösen, und du wirst über manche Fügung staunen dürfen. Ersuche deine Engel, vor allem den Erzengel Haniel und Hamaliel, dir bei diesem anspruchsvollen und interessanten Programm zu helfen – sie sind immer an deiner Seite und warten auf deine Aufforderung, um aktiv dabei zu sein!

GERRIT
Erzengel Jophiel, Engeleigenschaft von Dagiel

Eine holländische und norddeutsche Form von Gerhard mit einer eigenen Schwingung.

Dieser Name beinhaltet eine unglaubliche Kraft, vor allem auf der seelischen Ebene. Aus diesem Grund hast du ihn dir auch ausgesucht (ja, du – wer sonst?!), um Schritt für Schritt dieses Lebensprogramm erfüllen zu können. In erster Linie hast du dir vorgenommen, dich seelisch weiterzuentwickeln.

Dabei darfst du nach und nach definitiv an Wunder glauben und diese auch erfahren. Das bezieht sich auf einige wunderbare Lösungen, unverhoffte Geschenke und göttliche (universelle) Erfahrungen. Auch wenn du jetzt lächelst – öffne dich für diese Aufgaben und lass kein »geht nicht« zu. Es geht alles, wenn du nur daran glaubst und es auch wirklich willst. Deine Engel, vor allem der Erzengel Jophiel und Dagiel, sind an deiner Seite!

GIDEON (Gidon)
Erzengel Zachariel, Engeleigenschaft von Labbiel
Der Name geht auf einen Richter zurück, der im Alten Testament auftaucht (Buch der Richter, 6,11 bis 8,35). Der Name bedeutet »Holzfäller«.

Du hast dir für dieses Erdenleben vor allem zwei Hauptthemen ausgesucht: die Gerechtigkeit dir sowie allen anderen Lebewesen gegenüber zu leben und dich hier auf der Erde wirklich wohlzufühlen. In erster Linie bezieht sich das natürlich auf dich und deine drei Ebenen Körper, Geist und Seele, die verbunden und beachtet sein wollen. Erst danach sind auch die Menschen rund um dich wichtig. Denn nur wenn du mit dir selbst »rund« bist, also innerliche Harmonie erreicht hast, kannst du diese auch an andere weitergeben. Ersuche deine Engel, vor allem den Erzengel Zachariel und Labbiel, dass sie dir bei diesem anspruchsvollen Lebensprogramm helfen und dir immer den Weg zeigen!

GORDON
Erzengel Michael, Engeleigenschaft von Abdia
Der Name bezeichnete einen schottischen Clan und eine deutsche Adelsfamilie. Er wurde dann auch als Vorname gebräuchlich. Er bedeutet schottisch »großer Hügel«.

Was du dir vor allem für dieses Leben vorgenommen hast, ist, eine unbeschwerte Leichtigkeit zu erreichen. Das beinhaltet auch, dass du alles loslässt, was dich belastet und dir Probleme macht. Erst wenn du den Kopf frei hast, kann die Energie wirklich fließen, und es können sich Lösungen und erste Ansätze zur Konfliktbewältigung zeigen. Mit diesem Namen hast du eine große Hilfe dafür mitgebracht, und natürlich hast du auch alles in dir, um sämtliche Lebensaufgaben, die auf deinem Weg liegen, souverän zu meistern. Ersuche deine persönlichen Engel, vor allem den Erzengel Michael und Abdia, dir bei diesem interessanten und herausfordernden Programm zu helfen. Sie sind immer für dich da und freuen sich, wenn du sie um Unterstützung bittest.

GÖTZ
Erzengel Haniel, Engeleigenschaft von Garuda
Eine Kurzform von Gottfried, doch längst ein eigenständiger Name. Der Ritter Götz von Berlichingen (1480–1562) mit seiner umstrittenen Rolle in den sogenannten Bauernkriegen war Vorbild für Goethes gleichnamiges Schauspiel.

Du bist ein starker und wunderbarer Mann und hast eine Menge Fähigkeiten und Wissen in dieses Leben hier auf der Erde mitgebracht. Das darfst du natürlich auch umsetzen und anwenden. Doch beachte dabei, dass du außer der körperlichen Betätigung und deiner Arbeit mit all ihren Pflichten auch noch Geist und Seele hast. Beide wollen von dir wahrgenommen werden und auch Nahrung bekommen. Also vernachlässige deine »unsichtbaren« und unbewussten Bereiche nicht. Lass Gefühle und deine innere Stimme zu und achte auf inneren Frieden, Wohlbefinden und seelisches Wachstum. Das hast du dir genau so vorgenommen, und all deine persönlichen Engel, vor allem der Erzengel Haniel und Garuda, helfen dir dabei.

GOTTFRIED

Erzengel Gabriel, Engeleigenschaft von Kemuel

Got, »Gott«, und *fridu,* »Schutz« bzw. »Frieden« sind die Bestandteile dieses Namens. So soll der Träger Gottes Schutz genießen oder bringen bzw. göttlichen Frieden stiften oder halten.

Was soll dir mit diesem Namen schon passieren?! Du hast ihn dir ja bewusst ausgesucht, um in diesem Leben hier eine Menge lernen zu können und Unmengen von Informationen zu sammeln. Dabei darfst du es genießen, dein Wissen zu erweitern, denn du hast so viele Interessen. Setze jedoch Prioritäten, um dich nicht zu überfordern, und arbeite ein Thema nach dem anderen ab. Nur so profitierst du wirklich von allen Chancen und Gelegenheiten, deine Horizonte zu erweitern. Alles, was du in diesem Leben lernst, darfst du in späteren Leben an andere weitergeben. Ersuche deine persönlichen Engel, vor allem den Erzengel Gabriel und Kemuel, dich noch intensiver auf deinem persönlichen Weg zu führen.

GREGOR

Erzengel Uriel, Engeleigenschaft von Neriah

Abgeleitet vom griechischen Wort *gregoreo,* »auf der Hut« bzw. »wachsam sein«. Dreizehn Päpste und neun Heilige trugen diesen Namen. Papst Gregor der Große (540–604) wurde zum Kirchenlehrer ernannt; nach Papst Gregor XIII. (1502–1585) heißt die von diesem durchgeführte Kalenderreform »Gregorianischer Kalender«.

Dieser Name (den nur du allein dir ausgesucht hast) trägt eine Menge altes Wissen und wunderbare Energie in sich. Mit ihm kannst du das geplante Programm in diesem Leben noch besser und leichter erfüllen. In erster Linie willst du hier glücklich sein und immer wieder Neues erleben. Auch wenn das anfänglich etwas schwierig und mühsam anmutet, auf länger hin wird es dir immer leichter fallen, Neuanfänge zuzulassen. Diese beziehen sich natürlich nicht nur auf das Außen, wie auf Umzüge, Arbeitsstellen- und Berufswechsel, neue Menschen und Themen, sondern auch auf die geistige Ebene, also auf deine Ansichten und Gedanken, und auf die seelische Ebene mit Gefühlen und Energien. Ein aufregendes und interessantes Leben, bei dem alle deine Engel neben dir sind!

GUIDO
Erzengel Raphael, Engeleigenschaft von Nabu

Der Name wurde aus dem ursprünglich germanischen Namen Withold im romanischen Sprachraum zu Guido. In Withold finden wir wid bzw. *widu*, »Wald«, und *hold*, »Kerl« bzw. »Mann« (diese Silbe steckt auch im Begriff »Unhold«).

Ein interessanter und energetisch starker Name, den du dir als Hilfe in dieses Erdenleben mitgebracht hast. Und du hast dir so viel vorgenommen – eine Menge neue Erfahrungen und Themen werden sich dir stellen, und du darfst ihnen voller Zuversicht und Vertrauen begegnen. Lass dich nicht von kleinen Rückschlägen oder unvermuteten Blockaden entmutigen. Das sind die Steine auf deinem Weg, die du mithilfe all deiner persönlichen Engel – vor allem dem Erzengel Raphael und Nabu – mit Leichtigkeit ausräumen wirst. Glaube in erster Linie an dich und an deine Stärke und alle Fähigkeiten, die du mitgebracht hast. Was soll dir dann noch passieren? Schritt für Schritt wirst du gut weiterkommen und viel erreichen.

GUNTRAM
Erzengel Zachariel, Engeleigenschaft von Anafiel

Aus den altdeutschen Silben *gund* für »Kampf« und *hraban* für »Rabe« gebildet.

Wenn du erst einmal losmarschierst, was oder wer soll sich dir da noch in den Weg stellen? Mit Guntram hast du so viel

Durchsetzungsvermögen und Kraft hier in dieses Leben mitgebracht, dass du förmlich unaufhaltsam deinen Weg gehst und alles wie nebenbei erledigst, was du dir so vorgenommen hast. Aber vergiss dabei nicht notwendige und kreative oder einfach regenerierende Pausen. Nimm dir immer wieder kurze Auszeiten, um ein wenig Überblick und Abstand zu allen Aktivitäten zu bekommen. Nur so wirst du auch immer genau wissen, wo und wann es wie weitergeht und welcher der optimale nächste Schritt ist. Erlaube deinen Engeln, vor allem dem Erzengel Zachariel und Anafiel, dir dabei zu helfen, und lass es zu, dass sie an deiner Seite bleiben.

GÜNTHER (Günter, Gunther, Gunnar)
Erzengel Haniel, Engeleigenschaft von Melchisedek
Ein klassischer Name, in dem die althochdeutschen Worte *gund,* »Kampf«, »Krieg«, und *heri,* »Heer« bzw. »Volk«, stecken. Der tatsächlich existierende burgundische König Gundahar aus dem 4. Jahrhundert diente dem Nibelungenlied als Vorlage für den dort als eine Hauptperson agierenden König Gunther.

Dein essenzielles Lebensthema ist, das Erdendasein mit all seinen Schönheiten und Vorteilen zu genießen und die Wunder rund um dich her wahrzunehmen. Öffne deine Seele und dein Herz und nimm dich und alles Positive an. Das Leben ist doch wunderbar, oder? Nicht? Schau dich einmal um! Du bist ein ganz besonderer Mensch und mit allen Möglichkeiten und Fähigkeiten ausgestattet, die du brauchst, um heiter und erfolgreich durch dieses Leben marschieren zu können. Immer wieder geht es dir so richtig gut, und deine Engel nehmen dich an der Hand und zeigen dir den nächsten Schritt. Auch in schwierigeren Phasen mit Problemen und Aufgaben – bleib innerlich heiter und gelöst!

GUSTAV (Gustaf)
Erzengel Jophiel, Engeleigenschaft von Dina

Dieser Name kam aus Skandinavien zu uns. Er bedeutet ursprünglich »Stütze der Goten« aus *gautr,* »Gote«, und *stafr,* »Stütze«. Eine andere Erklärung bietet für die erste Silbe die Ableitung *gudhr,* »Kampf«, womit dieser Mann dann eine Stütze im Kampfe gewesen wäre.

Nein, als Kampf siehst du dieses Erdenleben eigentlich nicht, und das ist auch gut so. Denn du hast ein unglaublich vielfältiges Potenzial hierher mitgebracht, das du auch gut nutzen und anwenden kannst. Dabei bezieht sich das nicht nur auf deine körperlichen, sondern natürlich auch auf all deine geistigen und seelischen Potenziale. Immer wieder darfst du anderen die Hand reichen, sie stützen und ihnen helfen. Dabei solltest du es dem anderen überlassen, ob er deine Hand auch annimmt. Du hast dir eine wahrhaft göttliche Aufgabe in diesem Leben vorgenommen und alles dabei, um sie auch zu erfüllen. All deine Engel, vor allem der Erzengel Jophiel und Dina, helfen dir dabei und freuen sich über jeden kleinen und größeren Erfolg von dir.

HAJO
Erzengel Jophiel, Engeleigenschaft von Usiel
Dies kann sowohl ein alter Vorname aus dem Friesischen sein, abgeleitet aus einem altdeutschen Wort für »hag«, eine Einhegung, als auch die Kurzform von Hans-Josef oder Hans-Joachim.

Ein interessanter Name, den du dir in dieses Leben mitgebracht hast. Natürlich hast du ihn dir ausgesucht, wer sonst? Denn er beinhaltet eine wunderbare Energie, die du für deine Lebensaufgaben hier verwenden kannst. In erster Linie solltest du dich selbst nicht unterschätzen, vor allem bezüglich deiner seelischen und geistigen Fähigkeiten. Denn du hast dir vorgenommen, verstärkt diese Ebenen zu leben, und es werden sich viele Chancen und Gelegenheiten dafür ergeben. Also lass diese Bereiche zu, denn deine Seele will wachsen und für die nächsten Leben einiges an Neuem mitnehmen. Öffne dich für die Hilfe deiner Engel, vor allem von Erzengel Jophiel und Usiel – sie freuen sich, wenn du es ihnen erlaubst, neben dir zu sein.

HANNO
Erzengel Jophiel, Engeleigenschaft von Baruch
So hieß der Elefant, den der portugiesische König Emanuel 1514 dem neu gewählten Papst Leo X. zur Krönung, die damals noch üblich war, schenkte. Hanno ist sowohl ein eigenständiger Name, dessen Herkunft nicht genau nachvollzogen werden

kann, als auch eine Kurzform von Johannes. Manche meinen auch, er sei eine Ableitung von Hannibal.

Was du dir für dieses Leben vorgenommen hast? In erster Linie, dass es dir wirklich gut geht und du erkennst, dass du auch das Beste verdienst. Und wirklich das Beste! Gib dich nicht mit falschen Kompromissen zufrieden, stell dein Licht nicht unter den Scheffel. Du bist ein wunderbarer und starker Mann, auch auf seelischer und geistiger Ebene, du verdienst alles Positive und sämtliche Geschenke, die sich dir bieten. Nimm sie an und genieße dieses Erdendasein. Du hast es dir früher schon erarbeitet und darfst jetzt ernten, was du ausgesät hast. Wähle dabei nur Themen und Menschen, die dir auch guttun und dich reifen und weiter wachsen lassen. Deine Engel, vor allem der Erzengel Jophiel und Baruch, helfen dir, denn sie lieben dich.

HANS (Hannes, Hanns)
Erzengel Jophiel, Engeleigenschaft von Nachiel
Eine eigenständige Form von Johannes und einer der im gesamten deutschen Sprachraum am weitesten verbreiteten Vornamen. Häufig auch in Verbindung mit anderen Vornamen, wie Hans-Dietrich und andere mehr. Zur Bedeutung siehe bei Johannes.

Mit diesem Namen hast du dir für dein derzeitiges Erdenleben vorgenommen, die Gefühlsebene zu leben. Also solltest du deine Gefühle wahrnehmen und zulassen. Das wird sich auch in jedem anderen Bereich positiv auswirken und deinen Alltag mit neuen Energien und wunderbaren Erfahrungen füllen. Natürlich bist du ein ganzer Kerl und strotzt nur so vor Kraft und Aktivität. Ergänze deine männliche Seite mit dem »weiblichen« Anteil, der auch in dir ist und gelebt werden will. Ersuche deine Engel, vor allem den Erzengel Jophiel und Nachiel, dir neue Wege und Möglichkeiten in dieser Beziehung zu zeigen, und achte auf ihre Botschaften und Hinweise. Du kannst damit nur gewinnen – also lass deine und die Gefühle anderer zu!

HARALD
Erzengel Zachariel, Engeleigenschaft von Adonai

Ein Name aus dem skandinavischen Sprachraum, den viele Könige in Dänemark und Norwegen trugen. Das Wort geht auf Begriffe für »Herr« und »verwalten« zurück und entspricht damit auch der Wortherkunft des Vornamens Walter.

Gleich, was du in diesem Leben erfahren und erledigen möchtest, es kann dir nichts Schlimmes passieren, denn du stehst unter einem besonderen Schutz. All deine Helfer aus dem geistigen Bereich und auch einige Mitglieder deiner Seelenfamilie halten die Hand über dich und bewahren dich vor Unheil und Einschränkungen auf jeder der drei Ebenen (Körper, Geist und Seele). Natürlich hast du dir das auch genau so vorgenommen und die Voraussetzungen dafür früher schon erarbeitet. Jetzt darfst du diesen Schutz voll und ganz in Anspruch nehmen und genießen. Liebe, Kraft und Zielstrebigkeit sind die wichtigsten Themen in deinem Leben, und du bist sehr gut unterwegs. Deine Familie und deine Freunde spüren deine wunderbare Energie und bleiben an deiner Seite.

HARMEN (Harm, Harmans)
Erzengel Metatron, Engeleigenschaft von Haschmalim

Die friesische Form von Hermann; in den Niederlanden ein beliebter Vorname.

Mit diesem Namen hast du dir eine wunderbare Energie in dein Erdenleben mitgenommen. Sensitivität und eine gute Intuition sind darin enthalten, und diese brauchst du auch für deine Lebensthemen. Herz- und Seelenkraft werden sich nach und nach weiter entfalten, und du wirst dich mit dir selbst immer wohler fühlen, wenn du deine inneren Potenziale auch zulässt und nutzt. Voraussetzung dafür ist, dass du Prioritäten in deinem Alltag schaffst und dich weder verzettelst noch verausgabst. Teile dir deine Zeit gut ein, gib deine Kraft nur für Projekte und

Menschen, an denen dir auch wirklich etwas liegt. Deine Engel, vor allem der Erzengel Metatron und Haschmalim, sind immer an deiner Seite und unterstützen dich voll und ganz.

HARRY
Erzengel Raguel, Engeleigenschaft von Daniel
Kurzform des englischen Namens Henry, aber auch der Namen Harold bzw. Harald. Bekannte Namensträger unserer Zeit sind zum Beispiel der Sänger Harry Belafonte, der Sportreporter Harry Valérien und der englische Prinz Harry, der eigentlich Henry heißt.

Das ist ein ereignisreiches und interessantes, um nicht zu sagen spannendes Leben, das du dir da ausgesucht hast. Natürlich ist das auch der genau passende Name dafür. Neben deinen Pflichten und Aufgaben, die du dir auf der materiellen Ebene im Alltag vorgenommen hast, möchtest du auch noch, dass sich dein Geist und deine Seele weiterentwickeln können. Dafür wirst du Hinweise und Impulse bekommen, die dich zu den passenden Menschen und Themen führen. Nimm diese Tipps aus dem geistigen Bereich wahr und an und ersuche all deine Engel, vor allem den Erzengel Raguel und Daniel, dir auf diesem Weg optimal zu helfen. Sie stehen hinter dir und unterstützen dich überall, wo sie es können und dürfen. Nach und nach spürst du sie.

HARTMUT (und andere Schreibweisen)
Erzengel Haniel, Engeleigenschaft von Isaak
Ein klassischer deutscher Vorname, in dem die Bedeutung von »entschlossen«, »stark« und »fest«, *hart,* und »Mut«, »Geist« sowie »Sinn«, *mut,* vereinigt sind.

Mit diesem Namen hast du eine unglaublich starke und wundervolle Energie in dieses Leben mitgebracht, die dir hilft, deine Aufgaben zu erfüllen. Thema Nummer eins ist dabei, dass du deine eigene Wirklichkeit erzeugen und erschaffen willst. Das hast du dir genau so vorgenommen und alles dafür Notwendige mitgebracht. Du lernst mithilfe deiner Gaben, dir deinen Alltag so zu erschaffen und zu gestalten, dass er für dich genau passt und dich Schritt für Schritt auf diesem Lebensweg weiterbringt. Lerne, deine dir angeborenen Gaben optimal zu nutzen, und vergönne dir zwischendurch auch Ruhe- und Entspannungsphasen. Deine Engel, vor allem der Erzengel Haniel und Isaak, sind bei dir und helfen dir, das zu schaffen.

HARTWIG (Hertwig)
Erzengel Uriel, Engeleigenschaft von Curaniel
Ähnlich wie Hartmut, aber die zweite Silbe stammt hier aus einem altdeutschen Wort für »Kampf« oder »Krieg«.

Du hast dir dieses Leben ausgesucht, um eine Menge zu lernen. Dabei darfst du dich auch immer wieder irren, »Fehler« machen oder eine Weile stehen bleiben. Denn dieses Leben ist ein Abenteuer voller neuer Erfahrungen und Entscheidungen. Dabei ist wichtig, dass du dich zuerst einmal überhaupt für etwas entscheidest – ob es dann wirklich optimal und passend ist, ist sekundär. Du darfst deine Programme immer wieder neu durchlaufen, und wenn du etwas wiederholen willst, ist es auch okay. Du triffst deine Wahl, und du bestimmst, wie, wann und wohin du gehst – und auch dein Tempo. Wichtig ist, dass du dich immer wieder neu orientierst und entscheidest. Deine Engel, vor allem der Erzengel Uriel und Curaniel, greifen dir dabei helfend unter die Arme.

HASSAN
Erzengel Zadkiel, Engeleigenschaft von Och
Aus dem Arabischen stammend bedeutet dieser Name »schön« und auch »gut«. Dieser Mensch soll also »der Schöne« bzw. »der Gute« sein oder werden.

Was du dir für dieses Leben vorgenommen hast? In erster Linie, dass es dir gut geht und du alles hast, was du brauchst. Sollten dich Zweifel quälen und sollte Unzufriedenheit im Alltag dominieren, so hinterfrage, was du dir selbst nicht gönnst oder erlaubst. Vergleiche dich nicht mit anderen Menschen, orientiere dich nach deiner inneren Stimme. Denn alles, was dir wirklich hilft, kennst du bereits und hast du auch in dir. Wenn du dir Liebe erwartest, so sei bereit, diese auch zu geben. Erst dann wirst du sie auch zurückbekommen. Leg Ängste und Einschränkungen auf der geistigen Ebene weg – erst wenn du zuversichtlich und mit Vertrauen deinen Alltag füllst, kommt alles zu dir, was du wirklich brauchst und was dich glücklich macht. Glaube daran!

HAUG (Hauk, Hauke, Hug)
Erzengel Chamuel, Engeleigenschaft von Nachiel

Geht vermutlich auf einen altdeutschen Begriff für »Gedanke«, »Geist« und »Gesinnung« zurück. Meist wird vermutet, dass dieser Vorname eine Sonderform zu Hugo sei. Unter Umständen geht er jedoch auf ein Wort für »Hügel« zurück.

Du bist ein Glückskind! Bist du nicht dieser Meinung? Dann wird es Zeit, es anzunehmen und zuzulassen. Denn mit diesem Namen hast du ein unglaubliches Potenzial in dieses Erdenleben mitgebracht, das in dir schlummert und aufgeweckt werden möchte. Solltest du unter Alltagslasten und Pflichten förmlich zusammenbrechen, so durchtrenne dieses alte Muster, und klinke dich aus dieser Energie aus. Mach eine Pause, komm zu dir zurück, und spüre wieder dich – das hast du dir auch genau so vorgenommen. Erst dann können Menschen und Bereiche in dein Leben kommen, die dir Spaß und dich glücklich machen. Freude, Lachen und Fröhlichkeit – das möchtest du leben! Vergiss dabei nicht, auch noch ein wenig zu spielen! Deine Engel freuen sich.

HEIKO

Erzengel Gabriel, Engeleigenschaft von Dagiel

Eine norddeutsche Ableitung von Heinrich; siehe dort.

Du bist ein starker Mann mit vielen positiven Seiten und einer guten Ausstrahlung. Das spürt dein Umfeld natürlich, und wer kann deinem Charme schon widerstehen, wenn du ihn spielen lässt. Dabei hast du dir mit diesem Namen für dieses Erdenleben in erster Linie vorgenommen, dich zu leben, also immer und überall authentisch zu sein. Das ist eine wunderbare und nicht zu unterschätzende Aufgabe, die du dir da selbst gestellt hast. Akzeptiere dabei aber immer liebevoll deinen momentanen Stand der Entwicklung und überfordere dich nicht. Du bist ein Mensch und darfst auch einmal Pause machen oder einen Schritt zurückgehen. Vermeide Perfektionismus und zu viel Ehrgeiz – deine Engel unterstützen dich jederzeit dabei!

HEIMO (Heim)

Erzengel Uriel, Engeleigenschaft von Suriel

Ursprünglich wohl eine Kurzform von altertümlichen Namen wie Heimbrecht, Heimrad und Heimfried, aber längst ein eigenständiger Vorname. Deutlich zu erkennen die Wortherkunft »Heim«. Vor allem in Österreich durchaus noch gebräuchlich.

Was du dir für dieses Leben vorgenommen hast? Als übergeordnetes Thema möchtest du mit deiner Seelenenergie weiterkommen und ein paar Punkte für die nächsten Leben sammeln. Das klingt jetzt vielleicht etwas ungewohnt, wenn nicht sogar seltsam, aber das ist dein Weg. Er beinhaltet ein achtsames Umgehen mit jedem Gedanken, jedem Wort und jedem Gefühl – natürlich auch jeder Aktivität, die von dir ausgeht. Ein anspruchsvolles Programm, das du (und nur du) dir da ausgesucht hast. Du hast aber auch alles hierher mitgebracht, um es erfolgreich zu bewältigen. Deine Engel, vor allem der Erzengel Uriel und Suriel, helfen dir dabei.

HEINER (Henner, Heinar, Hein)
Erzengel Jophiel, Engeleigenschaft von Jeremiel
Eine weitere eigenständige Form von Heinrich; siehe dort.

Du hast dir wieder ein Leben hier auf der Erde ausgesucht, einem der schönsten Planeten. Natürlich hat das auch seinen Preis, denn mit unserem einschränkenden Körper haben wir Schmerzen, Krankheiten, Unwohlsein in der Kälte und anderes in Kauf zu nehmen. Du hast dir mit diesem Namen vorgenommen, hinter die Fassade zu schauen, also auch die unsichtbaren Dinge wahrzunehmen und auf diesem Weg einen großen Schritt weiterzukommen. Und du hast alles dabei, um das auch erfolgreich zu schaffen. Lass dich von den äußeren Illusionen dieses Menschseins nicht irritieren und ablenken, und nimm Gefühle, Energien und Schwingungen in dir und rund um dich her wahr. All deine persönlichen Engel werden dir dabei unter die Arme greifen.

HEINRICH (Heinz)
Erzengel Zadkiel, Engeleigenschaft von Hermesiel
Ein Name, den zahlreiche deutsche Könige und Kaiser trugen. Er folgt dem ursprünglichen Namen Heimrich nach, der auf die Worte »Heim«, »Heimat« und »Wohnstätte« und auf die Begriffe »mächtig« und »reich« zurückgeht und demnach »Herr im Hause« bedeutet. Auch in anderen Sprachen in der jeweiligen Schreibweise sehr beliebt und verbreitet: Henri, Henry, Enrico, Henrik und so weiter.

Du hast dir ein sehr interessantes Lebensprogramm vorgenommen. Das fordert zwar einige Ausdauer und viel Aktivität, jedoch hast du eine Menge Mut, Kraft und Entschlossenheit hierher mitgenommen, die dir bei der Verwirklichung deiner Ziele und Pläne helfen. Immer wieder darfst du auch in jeder Beziehung so richtig »ausmisten« – wirf alles hinaus, was dich blockiert, nicht mehr zu dir passt oder dich einengt. Lass Gefühle, Gedanken, aber auch alte Energien und Verletzungen hinter dir, die du in der gerade aktuellen Lebensphase nicht mehr brauchst. Du darfst das – wer soll es dir verbieten und wer sollte hier für dich entscheiden? Nur du, sonst niemand. In diesem Leben kehrst du zu deiner Kraft zurück! Bedanke dich bei deinen Engeln, die immer neben dir sind.

HELGE
Erzengel Raphael, Engeleigenschaft von Kemuel

Ein Name, der auf nordische Begriffe für »heil« und »gesund« zurückgeht und auch »der Heilige« bedeuten kann. Der slawische Name Oleg entspricht diesem Vornamen. Helga ist die weibliche Form zu Helge.

Achte immer gut auf deine Gedanken, vor allem die, die du dir selbst gegenüber hegst. Das hast du dir für dieses Leben als ganz wichtigen Ansatz vorgenommen. Die Voraussetzung für einen guten Umgang mit dir ist, dass du dir selbst immer wieder positive Gedanken schickst und dich nicht mit negativen abwertest. Wie willst du dich im Spiegel anlächeln können, wenn du dich nicht magst? Wenn du verunsichert und unzufrieden bist, dann sag zu deinem Spiegelbild: »Ich bin ein wunderbarer und wertvoller Mensch. Ich liebe mich sehr.« Verinnerliche diese Aussage nach und nach. Wenn dir das gelungen ist, wirst du alles ausstrahlen, was dir und anderen hilft. Und es wird hundertfach zu dir zurückkehren. Deine Engel unterstützen dich sehr aktiv dabei.

HELMUT (Helmuth, Hellmut und andere Schreibweisen)
Erzengel Zadkiel, Engeleigenschaft von Pronoia

Möglicherweise stehen bei diesem Namen die altdeutschen Worte *heil* und *mut* Pate, was zusammen genommen etwa »von gesunder Gesinnung« bedeuten würde. Die erste Silbe Hel- könnte jedoch auch ganz anders abgeleitet werden. Einige Varianten sind: von »Helm«; von Helios, dem griechischen Sonnengott; Hel, der germanischen Hölle; von »hell« als Gegensatz zu dunkel. Helmut wäre dann also ein Mann, der die rechte Gesinnung hat, um mit den genannten Eigenschaften umzugehen.

Für dein jetziges Erdenleben hast du dir mit diesem Namen vorgenommen, mutig und zuversichtlich deinen Weg zu gehen und nach und nach dein Ego auszuschalten. Immer wieder wirst du an die Grenzen deiner Geduld gehen, wenn sich etwas nicht so entwickelt, wie und wann du es gerade gern hättest. Erst wenn du alles loslässt und vertrauensvoll fließen lässt, kann sich das erfüllen, was du wirklich von deinem Unterbewusstsein her willst und für deine Entwicklung brauchst. In diesem Lernprogramm spielen neben deinem Körper natürlich auch Geist und Seele eine wichtige Rolle und wollen in diesem Leben integriert und beachtet sein. Deine Engel, vor allem der Erzengel Zadkiel und Pronoia, helfen dir dabei.

HENNING
Erzengel Gabriel, Engeleigenschaft von Advachiel
Eine vor allem nieder- und norddeutsche Variante sowohl zu Johannes als auch zu Heinrich; siehe jeweils dort.

Was du in diesem Leben erreichen möchtest? Natürlich Glück, Wohlstand und Zufriedenheit. Hast du das derzeit nicht? Dann ist es vielleicht notwendig, dein Unterbewusstsein umzupolen und zu schauen, wo die Blockaden in dir liegen. Das klingt einfach, erfordert jedoch auch neue Lernprogramme. Schließlich hast du dir diesen Bereich als Thema Nummer eins für dieses Leben vorgenommen. Demzufolge hast du natürlich auch alles hierher mitgebracht, was dir hilft, dieses Programm erfolgreich zu absolvieren. Also aktiviere all deine Engel, vor allem den Erzengel Gabriel und Advachiel, denn sie sind der Schlüssel zu deiner Seele. Bring Ordnung in deine Gedanken und eine neue Struktur in deinen Alltag – das ist der erste Schritt in eine gute Richtung!

HERMANN (Herrmann und andere Formen)
Erzengel Zadkiel, Engeleigenschaft von Ormuz

Ein sozusagen klassischer deutscher Name, der auf den Cheruskerfürsten und Bezwinger der Römer, Arminius, zurückgeht. Der Name wird aus den Worten »Heer« und »Mann« gebildet und bedeutet damit »Kämpfer« oder »Krieger«.

Zweifle nicht an dir! Du solltest dir immer wieder vor Augen halten: Du kannst viel mehr, als du dir wirklich zutraust. Du schaffst alles, wenn du es nur wirklich willst. Lass dich von deinem Umfeld nicht verunsichern. Du hast dir etwas sehr Wichtiges in dieses Leben mitgebracht, das dir helfen wird: Geduld, Ausdauer und einen langen Atem! Wenn du diese guten Eigenschaften noch durch Zuversicht und Selbstvertrauen ergänzt, was soll dann noch schiefgehen?! All deine Engel unterstützen dich bei deinen Vorhaben. Dabei darfst du auch ungewöhnliche und ungewohnte neue Schritte machen, du wirst dich wundern, was dir das Leben zu bieten hat und welche neuen Seiten du entdeckst! Geh mutig und entschlossen deinen Weg – es kann dir nichts passieren!

HILMAR
Erzengel Zachariel, Engeleigenschaft von Vretil

Eine Ableitung von Hildemar, der *hiltia*, »Kampf«, und *mari*, »berühmt« enthält. Dieser Name ist auch in den nordischen Ländern bekannt.

Gönn dir alles, was dich glücklich macht! Das dürfen auch eine erfüllte Liebe und eine Menge Geld sein. Da ist nichts Negatives daran, vorausgesetzt, du teilst dein Glück und gibst von deinem materiellen Wohlstand etwas an Ärmere ab. Du hast dir für dieses Leben mit diesem Namen sicherlich nicht vorgenommen, im Mangel zu leben – gleich, ob körperlich, geistig oder seelisch. Sollten noch Einschränkungen oder Blockaden vorhanden sein, gestehe dir selbst alles Glück und allen Reichtum dieser Welt zu – und jedem anderen neben dir ebenfalls. Löse alles, was mit Neid und Missgunst erfüllt ist, vollkommen auf. Mithilfe all deiner Engel, vor allem dem Erzengel Zachariel und Vretil, wird dein Leben immer positiver!

HINDERK (Hinnerk)
Erzengel Chamuel, Engeleigenschaft von Isaak
Eine niederdeutsche Variante zu Heinrich, die im Norden recht bekannt ist.

Mit diesem Namen darfst du ein glückliches und zufriedenes Erdendasein führen. Sollte dies nicht der Fall sein, ist ein Teil in dir (oder mehrere) isoliert, also von dir nicht angenommen. Wenn das so ist, dann arbeite zuerst an der Eigenliebe – das ist ein großes Thema und ein anspruchsvolles Programm, das du dir aber für dieses Leben hier vorgenommen hast. Sag dir immer wieder: »Ich liebe mich. Ich liebe mich von ganzem Herzen.« Erst wenn dieser Satz in deinem Unterbewusstsein verankert ist, wirst du auch andere Menschen annehmen und wirklich lieben können. Ersuche deine Engel, vor allem den Erzengel Chamuel und Isaak, aber auch deinen persönlichen Schutzengel, dich in schwierigen Lebensphasen ein Stück zu tragen.

HOIMAR
Erzengel Gabriel, Engeleigenschaft von Ariel
Ein friesischer Name, dessen Bedeutung nicht gesichert ist; man findet den Hinweis auf »Verstand« sowie »berühmt«. Das würde für einen bekannten Namensträger beides zutreffen, für den populärwissenschaftlichen Schriftsteller und Moderator Hoimar von Dithfurth, der mit seinem Buch »So lasst uns denn ein Apfelbäumchen pflanzen« neue geistige Wege beschrieb.

Was du dir in erster Linie für dein derzeitiges Leben hier auf der Erde vorgenommen hast, ist: Gerechtigkeit. Wenn du es schaffst, erst einmal dir gegenüber wirklich gerecht zu sein, wenn du innere Harmonie und Ausgewogenheit findest, dann kannst du einen Schritt weitergehen und dies auch auf dein Umfeld ausdehnen. Genau so hast du dir das auch vorgenommen und alles mitgebracht, um deinen Plan erfolgreich umzusetzen und dein geistiges Lebensziel zu erreichen. Nach und nach bekommst du eine Menge positive Energie von rundherum zurück und darfst neue Menschen und Themen annehmen und die nächsten Schritte genießen. Deine Engel, vor allem der Erzengel Gabriel und Ariel, sind immer neben dir und stehen dir zur Seite.

HOLGER
Erzengel Zachariel, Engeleigenschaft von Zuriel

Dieser nordische Name geht auf *holm,* »Insel«, und *geirr,* »Speer«, zurück und wurde früher Holmger geschrieben. Er bedeutet »Kämpfer von der Insel« oder auch »treuer Speerkämpfer«.

Mit diesem Namen hast du dir ein anspruchsvolles Programm und auf keinen Fall ein »Erholungsleben« hier auf der Erde eingeplant. Denn dieser Vorname beinhaltet das Vorhaben, dich immer wieder neu zu entscheiden. Halbherzige Kompromisse, Zusagen oder ein unpassendes Ausharmonisieren sind also nicht vorgesehen. Du darfst alles aussprechen, was dir wichtig ist und was du auch wirklich so denkst, spürst und meinst. Niemand wird dir deswegen böse sein. Unstimmigkeiten wird es geben, wenn du dich nicht festlegen willst und mit deiner Meinung hinter dem Berg hältst. Also: hoch erhobenen Hauptes mutig voran, so sollst du durch deinen Alltag marschieren – all deine Engel werden dir dabei helfen!

HORST
Erzengel Raphael, Engeleigenschaft von Nathanael
Ein Horst ist uns zunächst als Nest eines Greifvogels bekannt und deshalb spricht man auch von einem Fliegerhorst. Ursprünglich war damit neben dem Nest wohl auch ein Waldstück bzw. ein Gebüsch gemeint.

Es kommt immer auf die innere Einstellung an! Genau das könnte dein Motto für dieses Leben sein, das du mit diesem Namen über alles stellst. Denn als Horst kannst du dich entweder in eine Opfer- und die Leidensrolle zurückziehen oder dein Leben selbst in die Hand nehmen und aktiv werden. Ein Lernprogramm, das nicht einfach, aber auf jeden Fall sehr interessant ist: Denn in diesem Leben kannst du herumexperimentieren, reisen, Abenteuer erleben, kreativ sein, dich handwerklich oder sportlich betätigen. Egal, was, Hauptsache du bist aktiv. Gib nichts aus der Hand, was du selbst zu deiner Zufriedenheit erledigen und umsetzen kannst – erschaffe deinen Alltag mit allem, was du brauchst! Deine Engel, vor allem der Erzengel Raphael und Nathanael, helfen dir.

HUBERT (Hubertus)
Erzengel Chamuel, Engeleigenschaft von Barah
»Von glänzendem Verstand« bzw. »von strahlender Gesinnung« bedeutet dieser Vorname. Bekanntlich gibt es einen St. Hubertus, die latinisierte Form von Hubert, als Schutzpatron der Jäger. Der Namensgeber war Bischof von Lüttich und Apostel der Ardennen am Anfang des 8. Jahrhunderts.

Na, da hast du dir ja ein intensives Erdenleben vorgenommen! Für Pausen und Ausruhen wird nicht viel Zeit bleiben. Aber das hast du dir ja so auch gar nicht vorgestellt, im Gegenteil! Am liebsten würdest du im Vorbeirennen möglichst viel lernen und alles erleben, was dich interessiert. Das darfst du auch, aber im passenden Tempo und eines nach dem anderen.

Fang nicht fünf Themen auf einmal an, konzentriere dich immer auf einen Lebensbereich. Nur so kannst du gut weiterkommen auf deinem Weg und darfst das erworbene Wissen dann auch an andere weitergeben. Denn auch das hast du dir vorgenommen. Deine Engel, vor allem der Erzengel Chamuel und Barah, bremsen dich, wenn du zu schnell unterwegs bist.

HUGO (Hugh)

Erzengel Raphael, Engeleigenschaft von Cabriel

Dieser Vorname enthält die gleiche erste Silbe wie Hubert, also den Hinweis auf Geist und Verstand. Der österreichische Schriftsteller Hugo von Hofmannsthal, Mitbegründer der Salzburger Festspiele, und der beliebte englische Schauspieler Hugh Grant gehören zu den bekannten Namensträgern.

Betrachte dieses Leben als Auftrag – also als Berufung. Spüre in dich hinein, was du noch verwirklichen und erreichen möchtest. Was davon ist wirklich wichtig, was ist nur eine Illusion im Außen? Du hast eine Menge Seelenpotenzial hierher mitgebracht und als Hugo kannst du es auch freilegen und nutzen. Also konzentriere dich auf Menschen, Themen und Lebensbereiche, bei denen dein »Herzblut«, deine Seelenenergie fließt. Du hast eine starke Intuition, höre auf sie. Immer wieder bekommst du Hinweise und Zeichen von deinen Helfern aus dem geistigen Bereich, die dir helfen, den nächsten Schritt zu sehen. Ersuche auch deine persönlichen Engel, vor allem den Erzengel Raphael und Cabriel, dir bei diesem Lebensthema zu helfen.

IGNAZ (Ignatius)
Erzengel Haniel, Engeleigenschaft von Sammael

Der lateinische Begriff *ignis,* »Feuer«, stand Pate. So bedeutet der Name »der Feurige«. Bekannt ist vor allem Ignatius von Loyola, der Begründer des Jesuiten-Ordens.

Das Leben ist ein Geben und ein Nehmen. Das gilt für jeden Bereich und für alle Menschen. Jedoch steht es bei dir als Thema Nummer eins über diesem Erdenleben und wurde auch genau so von dir ausgewählt (inklusive deinem Namen). Mit deiner starken und wunderbaren Energie und einer Menge inneren Potenzials, das du in dieses Leben mitgebracht hast, wirst du diesen Weg auch positiv und sehr erfolgreich gehen können. Mit Feingefühl, Gerechtigkeit und Eigenliebe wirst du deine Schritte machen. Höre auf deine innere Stimme, und integriere auch deine persönlichen Engel, vor allem den Erzengel Haniel und Sammael, in deinen Alltag. Das wird dir helfen, um unaufhaltsam und voller Vertrauen deinen Weg zu gehen.

IGOR
Erzengel Uriel, Engeleigenschaft von Paschar

Die russisch-slawische Variante zum skandinavischen Namen Ingvar, der von den vor allen schwedischen Warägern im 9. Jahrhundert in das Gebiet von Russland, der Ukraine und den Karpaten kam. Die Bedeutung ist entweder »Gotteskrieger« oder »Gottesverteidiger«.

Was du dir für dieses Leben vorgenommen hast? Sicherlich nicht, dass du materiell oder in irgendeiner anderen Beziehung im Mangel lebst. Sollte dies der Fall sein, mach dir bewusst, dass du das so nicht leben wolltest und es auch gar nicht notwendig ist. Vergönne dir selbst ausreichend Geld, Liebe, Wohlbefinden und so weiter. Ersuche all deine persönlichen Engel, vor allem den Erzengel Uriel und Paschar, alte und unpassende Muster in dir aufzulösen und dir zu helfen, dich selbst liebevoll anzunehmen. Du weißt doch sicher: 95 Prozent sitzen im Unterbewusstsein, also fang dort an, etwas zu verändern. Du hast es in der Hand, sonst niemand. Alle deine Helfer unterstützen dich, machen musst du es jedoch selbst. Dann bist du allerdings wieder ein Stück weiter!

ILJA (Illja und andere, auch Elias)
Erzengel Chamuel, Engeleigenschaft von Hasiel
Slawische Form von Elias (siehe dort). Die Bedeutung ist »Der Ewige ist mein Gott.«

Lebensfreude, Liebe, Heiterkeit, Spaß und Spielen – das hast du dir für dieses Leben und mit genau diesem Namen vorgenommen. Das klappt wohl noch nicht ganz, oder doch? Falls nicht: Zuerst musst du es dir auch erlauben, sonst können diese positiven Energien nicht in deinen Alltag kommen. Wenn du morgens aufstehst, dann geh nicht als Kämpfer in den Tag, sondern als Abenteurer. Denn genau das ist das Leben – ein Abenteuer. Du darfst alles testen, versuchen und die unmöglichsten Experimente machen. Kopf hoch! Zuversichtlich und stark einen Schritt weiter – und Schritt für Schritt wirst du vorankommen. Natürlich auch mithilfe deiner Engel, vor allem dem Erzengel Chamuel und Hasiel – und deinem starken Schutzengel!

INGMAR (Ingemar)
Erzengel Raphael, Engeleigenschaft von Teiael

Ingwio bzw. Yngvi war eine germanische Stammesgottheit. Die zweite Silbe *mar* bedeutet »berühmt«, weil man über einen Menschen oder eine Sache viel spricht, und *mar* ist ja eine Form von Märchen.

Mit diesem Namen hast du dir für dein Erdenleben vorgenommen, in erster Linie erst einmal auf dich zu schauen. Kümmere dich nicht um die Fehler und Einschränkungen anderer, sondern achte darauf, dass du Schritt für Schritt gut vorankommst. Lass es nicht zu, dass dich Mitmenschen mit ihrer negativen Energie erreichen oder beeinflussen, bleib in deiner Mitte, und strahle möglichst viel Liebe, Freude und Positives aus. Es wird vielfach zu dir zurückkehren. Wenn dich etwas ärgert oder bedrückt – lass deine Gefühle zu, und schau sie dir genau an. Erst dann kannst du das Ganze auch weglegen oder aufarbeiten. Ersuche deine Engel, vor allem den Erzengel Raphael und Teiael, dir bei diesem anspruchsvollen Programm zu helfen.

INGOLF (Ingo)
Erzengel Zadkiel, Engeleigenschaft von Suriel

Ein Name aus dem Altdeutschen, in dem die erste Silbe auf die unter Ingmar erwähnte Gottheit hinweist und sich in der zweiten das Wort »Wolf« verbirgt.

Mit diesem Namen hast du eine wunderbare Energie und viel männliches Urwissen in dieses Leben mitgebracht. Du darfst es als »nährender« Mann auch an all deine Mitmenschen und überhaupt alle Lebewesen weitergeben. Du hast dir das ja auch genau so vorgenommen. Hilfe geben und auch annehmen ist ein wichtiges Thema in deinem Alltag. Solltest du das beruflich nicht umsetzen können, wird es unglaublich viele Möglichkeiten im privaten Bereich dafür geben. Lass die anderen lächeln, und geh deinen Weg – du bist stark genug, um deine Seelenenergie ins Außen zu bringen und deine Berufung zu leben. Ersuche auch deine persönlichen Engel, vor allem den Erzengel Zadkiel und Suriel, dir auf deinem Weg immer beizustehen.

ISAAK (Isaac)
Erzengel Haniel, Engeleigenschaft von Advachiel

So hieß der zweite Sohn Abrahams, der zu einem der »Erzväter« Israels wurde. Das hebräische Wort, aus dem der Name gebildet wurde, hat mit »lachen« zu tun. So wird Isaak gern als »Gott möge lächeln« gedeutet.

Dein inneres Wissen ist unbegrenzt und wirklich beachtlich – du bringst es in dieses Leben mit. Dabei wirst du vieles verstehen, was dir bisher nicht klar war, und es werden sich eine Menge Schleier lüften. Dein Umfeld wird dich nicht immer verstehen, aber das ist nicht wichtig. Lass dich nicht von vorgefassten Meinungen irritieren oder verunsichern, du liegst mit deiner Intuition völlig richtig und erfasst vieles auf der Gefühlsebene. Befass dich nicht mit Dingen und Themen, die du nicht mehr brauchst, konzentriere dich auf wirklich wichtige Bereiche in deinem Leben, und lass dich nicht bremsen. Deine Engel, vor allem der Erzengel Haniel und Advachiel, zudem auch dein persönlicher Schutzengel, freuen sich über jeden Erfolg von dir.

ISMAEL (Ishmael, Ismail)
Erzengel Haniel, Engeleigenschaft von Derdekea

Neben Isaak ein weiterer Sohn Abrahams, den dieser mit Hagar, der Magd seiner Frau Sara, zeugte. Ismael ist der Stammvater der zwölf arabischen Stämme. Auf Hebräisch bedeutet der Name »Gott hört« oder »Gott erhört dich«.

Wehre dicht nicht gegen Belastungen und Ärgernisse in deinem Alltag. Das sind alles Lernprogramme, die du dir genau so für dieses Erdenleben vorgenommen hast. Je mehr du dagegen ankämpfst, umso schwieriger wirst du dich damit tun. Also vertraue auf deine Fähigkeiten, werde innerlich ruhig – und dann mach den ersten Schritt. In dem Moment, in dem du so an die Dinge herangehst, wird sich die Problematik auch schon zu lösen beginnen. Es wird dir immer öfter gelingen, eine gelassene Ruhe zu erreichen, und Schritt für Schritt wirst du mit deinem Seelenprogramm gut weiterkommen. Und genau das hast du dir auch vorgenommen. Bedanke dich bei deinen Engeln, vor allem beim Erzengel Haniel und Derdekea, für ihre liebevolle Unterstützung!

IWAN (Ivan)
Erzengel Uriel, Engeleigenschaft von Ganesha

Die russische Form des Vornamens Johannes. Im Zuge des Zweiten Weltkrieges und auch noch danach wurden Russland und russische Soldaten pauschal als »Iwan« bezeichnet. Bulgarische und vor allem russische Herrscher trugen oft diesen Namen, so Großfürst Iwan der Große und Zar Iwan der Schreckliche. Ivica ist eine kroatische Variante zu Iwan; Ivana die weibliche Form. Iwan ist in Russland so häufig wie Johannes und Varianten dazu im deutschen und John im englischen Sprachraum.

Du hast dir für dieses Leben vorgenommen, alles ausgewogen und in Maßen zu leben. Daher wird dir auch alles, was du übertreibst, egal, auf welcher Ebene – körperlich, geistig oder seelisch – nicht guttun. Ausgewogenheit ist dein wichtigstes Lernprogramm in diesem Erdenleben. Immer wieder darfst du auch Bilanz ziehen und solltest dich fragen: Wo genieße ich in Maßen, wo übertreibe ich es? In welchem Bereich lebe ich Ausgewogenheit und Harmonie, wo hingegen herrschen Chaos oder Sucht? Ersuche deine persönlichen Engel, insbesondere Erzengel Uriel und Ganesha sowie deine Schutzengel, dir Botschaften und Impulse zu geben, die dich zu einem gesunden und glücklichen Lebensstil führen.

JAKOB (Jacob, Jakobus, Jack)
Erzengel Uriel, Engeleigenschaft von Pasiel

Ein biblischer Name, den der jüngste der drei Stammväter Israels trug. Vor allem auf Jakobus den Älteren, Apostel und Bruder Jesu sowie Vorsteher der Jerusalemer Urgemeinde nach Jesu Tod, geht die Beliebtheit des Namens im christlichen Kulturraum zurück. Heutzutage findet man diesen Vornamen sowohl im jüdischen als auch im christlichen und im islamischen Raum. Der Name geht, so die derzeitige Forschung, nicht auf »Ferse« zurück, sondern auf einen hebräischen Begriff für »Gott beschützt« bzw. »Gott möge schützen«.

Als Thema Nummer eins hast du dir für dieses Leben vorgenommen, »sanft, aber bestimmt« deine Gefühle und Gedanken aussprechen zu können. Du erfüllst damit alle Pläne und Ziele, die auf deinem Lebensweg liegen und wahrgenommen werden wollen. Natürlich sind sie für dich absolut vorgesehen und auch erreichbar. Deine persönlichen Engel – der Erzengel Uriel und Pasiel – strahlen eine wunderbare Lichtenergie aus, die du für dich nutzen kannst. Voraussetzung dafür ist, dass du deinen Ärger nach und nach in liebevolle Nachsicht verwandelst. Damit ist jedoch nicht gemeint, dass du zu viel zulassen oder dich klein machen sollst – sondern vielmehr deine ganz eigene spezielle Art findest, um Herzensangelegenheiten deutlich und klar, aber mit Liebe und Toleranz dem anderen gegenüber auszusprechen und umzusetzen.

JAN
Erzengel Zachariel, Engeleigenschaft von Barbiel

Eine norddeutsche, niederländische und auch sowohl polnische als auch tschechische und sorbische Variante zu Johannes. Entstanden ist sie im niederdeutsch-friesischen Sprachraum (siehe auch Johannes).

Das ist ein anspruchsvolles und aufregendes Leben, das du dir vorgenommen und ausgesucht hast. Und mit diesem Namen hast du eine große energetische Hilfe hierher mitgenommen. Einige Steine liegen auf deinem Weg, aber du hast alle Mittel und Möglichkeiten, um sie aus dem Weg zu räumen. Nimm die Herausforderungen und Probleme, die sich dir zeigen, an. Auch wenn es phasenweise mühsam und anstrengend ist in deinem Alltag – du wächst mit jeder Aufgabe. Vor allem Geist und Seele dürfen sich extrem weiterentwickeln. Du hast schon gewusst, was du für dieses Leben wählst, auch wenn du es jetzt nicht glauben kannst. Ersuche all deine Engel, vor allem den Erzengel Zachariel und Barbiel, dir immer wieder zu helfen.

JAROSLAW
Erzengel Chamuel, Engeleigenschaft von Orifiel

Ein slawischer Vorname, der aus Worten für »mutig« und »ruhmreich« gebildet wird. Ein bekannter Namensträger ist Jaroslaw Kaczynski, der frühere Ministerpräsident Polens und Zwillingsbruder des polnischen Präsidenten, der bei einem Flugzeugunglück ums Leben kam.

Du hast eine Menge Power in dieses Leben mitgebracht und willst eine Menge erreichen. Du hast dir aber nicht vorgenommen, dich zu überfordern und überehrgeizig zu sein. Schau auch auf die angenehmen und schönen Seiten des Lebens hier auf der Erde und lerne zu genießen. Gib dein Bestes, aber strebe nicht nach Perfektionismus. Damit tust du dir und auch anderen nichts Gutes. Deine persönlichen Engel, vor allem der Erzengel Chamuel und Orifiel, werden dir helfen, ein gesundes Maß von Streben und Pausieren zu halten und einen ausgewogenen und harmonischen Alltag zu leben. Nimm dir immer wieder auch Zeit, um dir selbst etwas Gutes zu tun, dir etwas zu vergönnen. Das ist wichtig und wird dir in jeder Beziehung etwas bringen.

JASON (Iason)
Erzengel Haniel, Engeleigenschaft der Dakini
Die griechischen Sagen erzählen von einem Jason, der auf der Fahrt der Argonauten mit Medeas Hilfe das Goldene Vlies raubte (das ihm allerdings – so sind die griechischen Mythen eben – kein dauerhaftes Glück brachte). Der Name selbst ist jedoch sehr Glück verheißend. Er bedeutet nämlich »der Heilende«.

Du hast dir ein anspruchsvolles, um nicht zu sagen, anstrengendes Leben ausgesucht, das eine Menge an Lernprogrammen beinhaltet. Lass dich nicht entmutigen und ziele innere Gelassenheit an. Du kannst das, denn du hast viele Fähigkeiten und innere Potenziale hierher mitgebracht, um Eigenliebe zu leben. Damit löst du die schwierigsten Aufgaben und wirst dich selbst nicht überfordern. Glaube an dich, deine Kraft, und bleib zuversichtlich. Bitte all deine Engel, vor allem den Erzengel Haniel und die Dakini, dir jeden Tag aufs Neue beizustehen und aktiv zu helfen. Sie warten auf deine Aufforderung und freuen sich, wenn sie näher bei dir sein dürfen. Glaube an deine Seelenkraft – du bist stark und schaffst es!

JENS
Erzengel Jophiel, Engeleigenschaft von Bat Kol
Stammt aus dem Dänischen und ist, obwohl eine Variante zu Johannes, längst zu einem sehr beliebten eigenständigen Vornamen geworden (siehe auch Johannes).

Was du dir für dieses Leben ausgesucht hast? Mit diesem Namen willst du in erster Linie glücklich und gelöst sein. Jegliche Ketten und Einschränkungen sind für dieses Leben nicht vorgesehen. Blockaden werden schnellstens gelöst – du darfst dich wirklich wie ein Vogel (mental und seelisch) in die Luft erheben und alles von einem höheren Standpunkt aus betrachten. Luftschlösser sind natürlich davon ausgenommen, denn du bist sehr gut geerdet. Lass alle positiven Themen und Menschen zu dir, lass auch Liebe zu und verschenke sie ebenso reichhaltig. Du hast so viel in dir, was du weitergeben kannst. Deine Mitmenschen freuen sich über deinen Optimismus und alles Positive, was sie von dir bekommen. Glaube an dich!

JEREMIAS (Jeremy)
Erzengel Uriel, Engeleigenschaft von Zophiel
Der hebräische Ursprung weist auf die Bedeutung »den Jahwe erhöht« hin. Jeremias war einer der vier großen Propheten des Alten Testaments.

Für dieses Leben hast du dir in erster Linie vorgenommen, Kontakt mit deiner Seele aufzunehmen und dich selbst zu finden. Das schaffst du, wenn du dich zwischendurch immer wieder zurückziehst und in die vollkommene Ruhe gehst. Wenn du alle Ablenkungen und äußeren Einflüsse abschaltest, kommst du zu dir zurück. Und das liegt als ein großes Thema auf deinem Weg in diesem aktuellen Erdenleben. Nach und nach weißt du, wer du bist, was du willst und wohin dich dein Weg führt. All deine Engel, vor allem der Erzengel Uriel und Zophiel helfen dir und bleiben an deiner Seite, auch wenn du sie nicht siehst und spürst. Sie sind neben dir und lieben dich. Halte immer wieder inne und höre in dich hinein – du findest zu dir zurück!

JESUS

Erzengel Zadkiel, Engeleigenschaft von Iao

Ein Vorname, der im antiken Judentum weit verbreitet war, in seiner Form Jeschu, Jeschua bzw. Jehoschua. Die arabische Form dazu ist Isa oder Issa; die latinisierte Variante ist Josua. Unter den Juden kam nach der Entstehung des Christentums dieser Vorname fast ganz aus dem Gebrauch, weil Juden in Jesus von Nazareth nicht den Messias sehen. Der Name Jesus bedeutet, abgeleitet aus aramäischen und hebräischen Wurzeln, »Jahwe errettet« und »Jahwe erfüllt«. In Spanien ist Jesus auch heute noch als Vorname durchaus gebräuchlich.

Aufrecht und stark gehst du deinen Weg – wie könnte es mit diesem wunderbaren und wohl energetisch positivsten Namen auch anders sein? Mit ihm hast du aber auch einen anspruchsvollen und nicht ganz einfach umzusetzenden Auftrag, eine Berufung, in dieses Leben hierher mitgebracht. Du hast dir nämlich vorgenommen, die Liebe über alles zu stellen – also über jedes Gefühl, jeden Gedanken, jedes Wort und jede Tat. Wenn du es schaffst, dich selbst liebevoll zu umarmen und voll und ganz anzunehmen, hast du den ersten Schritt bereits geschafft. Dann kannst du daran arbeiten, jedem Lebewesen in deinem Umfeld mit Liebe zu begegnen. Ersuche all deine Engel, vor allem den Erzengel Zadkiel und Iao, aber natürlich auch Jesus Christus, dir zu helfen, dein Lebens- und Seelenziel zu erreichen. Sie sind bei dir.

JOACHIM (Jochen)

Erzengel Uriel, Engeleigenschaft von Anael

»Jahwe wird aufrichten« ist die Bedeutung dieses Vornamens. Er taucht als Sohn des Königs Jojakim von Juda unter dem Namen Jojachin im Alten Testament auf. Der Großvater Jesu aus dem Hause David soll laut katholischer und orthodoxer Kirchentradition Jojakim geheißen haben.

Erzwingen kannst du gar nichts in diesem Leben. Das hast du dir so auch nicht vorgenommen. Du hast mit diesem Namen vor allem ein längerfristiges Ziel: dich vertrauensvoll fallen zu lassen und in dir alles zu spüren, was wirklich wichtig und passend für dich ist. Denn in dem Moment, in dem du in dein männliches Urwissen und Urvertrauen gehen kannst, wirst du alles erreichen, was du dir auch tatsächlich vorgenommen hast und was auf deinem Lebensweg liegt. Lass dich von Äußerlichkeiten und scheinbaren Blockaden nicht verunsichern und aufhalten. Schritt für Schritt wirst du gut weiterkommen, wenn du auf all deine Helfer aus dem geistigen Bereich, vor allem den Erzengel Uriel und Anael und deinen persönlichen Schutzengel, hörst.

JOCHEN
Erzengel Haniel, Engeleigenschaft von Sophia
Eine Kurzform bzw. Variante zu Joachim (siehe dort); die jedoch als eigenständiger Name auftritt und deshalb auch eine eigene Engelbotschaft hat.

Was du dir für dieses Leben hier auf der Erde vorgenommen hast? Sicherlich nicht, dass du perfekt bist oder wirst. Das wirst du als Mensch hier auch keinesfalls schaffen, also versuche es erst gar nicht. Denn frustrierende Rückschläge und Enttäuschungen wären damit vorprogrammiert. Erlaube dir auch menschliche Irrtümer und »Fehler«, denn du bist ja hier, um zu lernen. Lerne wieder zu spielen und zu lachen – das hast du dir in erster Linie als wichtiges Lebensthema vorgenommen, und das darfst du auch genau so in deinen Alltag integrieren. Mach Pausen, und erhole dich – klinke dich phasenweise aus dem »Leistungswahnsinn« und dem Hamsterrad aus, in dem du dich befindest. Deine Engel helfen dir, wieder Lebensfreude zu empfinden.

JÖRG (Jürg)

Erzengel Zadkiel, Engeleigenschaft von Asmodel

Eine selbstständige Kurzform und Variante zu Georg (ähnlich wie Jürgen). Die Ursprungsbedeutung ist »Landmann« oder »der die Erde bearbeitet«.

Mit diesem Namen hast du dir in erster Linie und als Hauptthema für dein derzeitiges Erdenleben vorgenommen, mit dir selbst immer stärker verbunden zu sein, also dich wirklich zu spüren, zu deinem Selbst zurückzufinden. Das klingt einfacher, als es tatsächlich ist, jedoch hast du alles hierher mitgebracht, um dieses interessante Programm auch gut zu schaffen. Lass dich nicht von deinem Umfeld (vor allem von Menschen im Familien- und Freundeskreis) verunsichern. Du hast ein unglaubliches Potenzial in dir, das sich auf deine Seelenenergie und Gefühlsebene bezieht. Lass diese Fähigkeiten und Möglichkeiten in dir zu und ersuche auch all deine Engel, vor allem den Erzengel Zadkiel und Asmodel, dir dabei zu helfen. Sie sind bei dir.

JOHANN (Johannes, John)

Erzengel Chamuel, Engeleigenschaft von Urim

Aus dem hebräischen Namen Jochanan auf dem Umweg über eine Latinisierung entstanden, mit der Bedeutung »Jahwe ist gnädig«. Im christlichen Kulturraum gibt es zwei wichtige Namensträger, nämlich Johannes den Täufer und den Apostel Johannes, dem das Johannes-Evangelium zugeschrieben wird. Dessen Symbol ist der Adler.

Du bist ein starker und mutiger Mann, unerschütterlich und aufrecht gehst du deinen Weg. Wunderbare Fähigkeiten und Energien hast du auf die Erde in dieses Leben mitgebracht, und du darfst diese auch für all deine Aufgaben leben. Dabei hast du dir mit diesem Namen auch vorgenommen, hier eine Menge zu verändern. Das fängt bei dir selbst an – du darfst laufend an neuen Entwicklungen in dir selbst arbeiten und deine Seelenenergie wachsen lassen. Das schaffst du ganz gut, und nach und nach wirst du auch in deinem Umfeld einiges bewirken. Mit viel Geduld und Liebe vermittelst du den Menschen rund um dich her neue Wege und Möglichkeiten. Ihre Dankbarkeit wird als Liebe und wunderbare Energie zu dir zurückkommen. Weiter so!

JONATHAN
Erzengel Gabriel, Engeleigenschaft von Jehuel
»Gott hat (ihn) gegeben«« ist die Bedeutng des hebräischen Namens Jeho-nathan, der Pate stand.

Du entscheidest – und nur du – wie und wohin dich dein Weg führt. Denn du erschaffst dein Leben und gehst deinen Weg Schritt für Schritt. Natürlich sind deine Engel an deiner Seite, vor allem der Erzengel Gabriel und Jehuel unterstützen dich sehr aktiv. Mit diesem Namen kannst du nur erfolgreich weiterkommen und dich gut weiterentwickeln. Lass alle Potenziale in deinem Inneren (also die Möglichkeiten deiner Seele und deines Geistes) zu und stell dein Licht nicht unter den Scheffel. Geh nach deinem Gefühl, denn du hast eine unglaubliche alte Weisheit, eine starke Intuition, hierher mitgebracht, die du jeden Tag aufs Neue für dich anwenden und nutzen kannst. Wunder und Geschenke liegen auf deinem Weg!

JOSEF (Joseph)
Erzengel Chamuel, Engeleigenschaft von Dubiel
»Möge Gott hinzufügen« oder »Jahwe gibt« bedeutet dieser beliebte Name. Der Traumdeuter Josef, Sohn des Jakob, taucht im Alten Testament auf; Josef heißt der (Zieh-)Vater Hesu; ebenso heißt ein Bruder Jesu; Josef von Arimathäa, jüdischer Würdenträger und Anhänger Jesu, spielt eine geheimnisumwitterte Rolle nach Jesu Kreuzigung, da er den Leichnam in seinen Garten schaffen lassen darf.

Mit diesem Namen hast du dir vorgenommen, Geist und Seele wachsen zu lassen. Jedoch darfst du darüber deinen Körper nicht vergessen. Gib ihm hier auf der Erde alles, was er braucht, dann wird er dir immer gut dienen, und du wirst dir ärgere Krankheiten und Einschränkungen ersparen. Achte auf Ernährung, Bewegung und Ausflüge in die Natur. Das ist wirklich wichtig für dich, und das hast du dir als wesentliches Lebensthema auch genau so vorgenommen. Ersuche all deine Engel, vor allem den Erzengel Chamuel und Dubiel, dass sie dir helfen, absolute Eigenliebe zu entwickeln und dich voll und ganz annehmen zu können. Sie sind an deiner Seite und helfen dir in dem Moment, in dem du sie direkt ansprichst und es ihnen erlaubst.

JOST (Joost, Jobst und andere Formen)
Erzengel Chamuel, Engeleigenschaft von Neriah
Geht auf den alten Vornamen Jodok zurück, der vermutlich aus dem Keltischen stammt und möglicherweise »Kämpfer«, »Krieger« oder »Herr« bedeutete.

Was du dir für dieses Erdenleben hier vorgenommen hast? Vor allem, dass du alte Energien und Themen hinter dir lässt und vollkommen abschließen darfst und kannst. Damit befreist du dich von altem Ballast, und einige Lasten werden spürbar von deinen Schultern fallen. Das ist ein wunderbares Lebensprogramm, das du dir da ausgesucht und vorgenommen hast (natürlich du – wer sonst?). All deine Engel, vor allem der Erzengel Chamuel und Neriah werden dir dabei verstärkt helfen, wenn du es zulässt. Blick nach vorne und lass Vergangenes hinter dir – schau nicht mehr zurück, dreh dich nicht um. Es ist schade um deine Kraft und um die Zeit, die du dafür brauchst. Immer wieder öffnen sich neue Türen mit positiven Chancen für dich.

JOSUA (Joschua)
Erzengel Zadkiel, Engeleigenschaft von Baal

Aus dem Hebräischen mit der Bedeutung »Gott hilft«. Im Alten Testament finden wir Joshua als Nachfolger des Moses, der die Israeliten ins gelobte Land führt. In der griechischen Übersetzung alter hebräischer Schriften wurde Josua bzw. Joschua als »Jesus« übersetzt.

Du hast dir für dieses Leben in erster Linie vorgenommen, Geist, Körper und Seele gut zu verbinden. Du bist der Herr über diese drei Bereiche von dir, wer sonst? Also hast es auch du in der Hand, dein Leben neu und wunderbar zu gestalten und mit allem zu füllen, was du brauchst und was auch in deinem Lebensplan enthalten ist. Das spürst und weißt du mit diesem starken Namen genau. Du gehst unaufhaltsam und zuversichtlich deinen Weg. Wer sollte dich bremsen oder aufhalten? All deine Engel, vor allem der Erzengel Zadkiel und Baal, sind immer neben dir und helfen dir, alle Steine aus dem Weg zu räumen. Glaube an dich, deine Kraft und deine Fähigkeiten und an die stete Hilfe aus dem geistigen Bereich. Dann wirst du gut vorankommen!

JULIAN
Erzengel Haniel, Engeleigenschaft von Kadishim

Variante zum lateinischen Julius. Der Name besagte, dass jemand zum römischen Geschlecht der Julier gehörte. Einige römische Kaiser hießen so.

Mit diesem Namen hast du dir für dieses Erdenleben ein anspruchsvolles und nicht immer einfaches Programm vorgenommen. Sei dir dessen bewusst, dass nur du dir all deine Lernaufgaben hier ausgesucht hast, und mach keinen anderen dafür verantwortlich, wenn es dir gerade nicht so gut geht oder sich der Alltag schwierig gestaltet. Lehn dich in solch einer Phase zurück und komm innerlich zur Ruhe. Spüre wieder dich, deine Seele, deine innere Stimme, die immer zu dir spricht. Lass das zu, denn es wird dir helfen und dich einen Schritt Richtung Licht und Zuversicht führen. Ersuche auch deine Engel, vor allem den Erzengel Haniel und Kadishim, dir immer wieder zu zeigen, wo und wie es optimal für dich weitergeht. Sie helfen dir, wenn du es zulässt.

JULIUS (Iulius)
Erzengel Raphael, Engeleigenschaft von Indra

Der wohl berühmteste Träger dieses Namens war der römische Feldherr und Kaiser Gaius Iulius Caesar. Ihm zu Ehren, so heißt es, wurde der siebte Monat des Jahres benannt. Das Geschlecht der Julier, nach dem dieser Vorname entstand, führte seinen Stammbaum immerhin auf Äneas zurück, einen Sohn der Göttin Aphrodite.

Deine persönlichen Engel, insbesondere Erzengel Raphael, Indra und dein Schutzengel, haben für dieses Leben folgende Botschaft an dich: »Befass dich mit dir und deinen Vorfahren. Verbinde dich mit deinen männlichen Ahnen, um ihre Energie zu aktivieren. Wenn du Zeit hast, geh ab und zu auf den Friedhof zu deinem Familiengrab oder stell dir das vor. Beobachte dich und deine Gefühle. Was kommt an Gedanken und Themen an die Oberfläche? Bedanke dich bei deinen Ahnen für ihre Hilfe und ihre Energie. Und ersuche sie in schwierigen Lebensphasen um ihre Unterstützung – sie werden dir helfen, die Steine aus dem Weg zu räumen! Glaub einfach daran – auch wenn es momentan etwas seltsam für dich klingt.«

JÜRGEN (Jürg)
Erzengel Zadkiel, Engeleigenschaft von Zuriel

Eine Nebenform zu Georg (siehe auch dort). Zwischen 1940 und 1960 beliebt, oft in Verbindung mit einem weiteren Vornamen, zum Beispiel Hans-Jürgen.

So viel Neues hast du dir für dieses Leben vorgenommen, und mit diesem Namen darfst du es auch tatsächlich erleben. Denn dieses Erdenleben besteht in erster Linie aus Lernen. Sei offen und neugierig und öffne dich für alles, was dich interessiert. Du darfst reisen und Menschen und Länder kennenlernen. Dabei musst du gar nicht mit deinem Körper dorthin fahren oder fliegen, du kannst all das auch auf der geistigen und seelischen Ebene erfahren. Das klingt jetzt vielleicht etwas seltsam, aber probier es einfach einmal aus – »Die wahren Abenteuer sind im Kopf«, und natürlich auch in deinem Herzen und deiner Seelenkraft. Ersuche deine Engel, mit dir mitzufliegen, sie werden sich über deine Einladung sehr freuen!

KAI (Kay)
Erzengel Uriel, Engeleigenschaft von Phaleg

Die Herkunft dieses Namens ist unklar; vielleicht ist er eine norddeutsche Form eines früheren keltischen Namens, der »Speerträger« bedeutete. Oder das alte friesische Wort *Kempe*, »Kämpfer« ist der Ursprung. Schließlich wird auch noch die Ableitung von *Cajetanus*, »Mann aus der Stadt Cajeta« überlegt. Der Name wird sowohl für Jungen wie für Mädchen vergeben, deshalb verlangen zumindest deutsche Behörden einen zweiten Vornamen.

Erkennen wir, dass jeder Mensch eine leuchtende Seele ist. Das hast du dir als wichtigstes Lebensthema vorgenommen. Deine Engel sagen dir: »In erster Linie möchtest du erkennen, dass du eine leuchtende Seele bist, also den göttlichen Funken in dir trägst. In diesem Leben willst und kannst du Mauern niederreißen, die dich von dir selbst und anderen trennen.« Bitte deine persönlichen Engel, die dir an die Seite gestellt sind und dich begleiten, dir zu helfen, dich selbst und andere zu spüren und auch zu verstehen. Nach und nach heilst du damit deine Seele von alten Verletzungen und Einschränkungen und kannst das auch auf deine Menschen im näheren und weiteren Umfeld ausweiten.

KARL (Carl, Charles, Carlo)
Erzengel Haniel, Engeleigenschaft von Daniel

Der Name geht auf das altdeutsche Wort *karal* bzw. *charal* zurück, das sowohl »Ehemann« als auch »freier Mann« bedeutet. Karl Martell, Vorläufer von Karl dem Großen, dem sicher berühmtesten »Karl«, sowie der seliggesprochene Kaiser Karl von Österreich (1887–1922) zählen zu den bekannten Namensträgern. Auch der polnische Papst Johannes Paul II. hieß bürgerlich *Karol,* die polnische Form von Karl.

Eines Tages musst du in deine eigene Wahrheit springen – tu es doch gleich jetzt! In diesem Leben tauchen immer wieder sehr anstrengende Arbeitsphasen in deinem Alltag auf. Nimm dir also Zeit für Entspannung und Ruhepausen. Leg alles weg, lass alles los, was dich beschäftigt, belastet oder irritiert. Du solltest zwischenzeitlich deine Gedanken wie Schmetterlinge durch die Luft fliegen lassen und leichte und unbeschwerte Tage genießen. Dadurch wird sich einiges klären, was sich vorher als Problem gezeigt hat. Entspann dich, und lass dich fallen! Erzengel Haniel und Daniel unterstützen dich mit vereinten Kräften.

KARSTEN (Carsten)
Erzengel Uriel, Engeleigenschaft von Dina

Eine plattdeutsche sowie eine nordische Form von Christian. Beide Namen, die sich aus »Christus« herleiten, bedeuten so viel wie »in Christus fest«.

Du hast dir ein wunderbares und interessantes Leben hier auf der Erde ausgesucht und alle inneren Potenziale mitgebracht, um es auch erfolgreich meistern zu können. Dabei hast du dir in erster Linie vorgenommen – das verrät dieser Name –, dir deine Welt im Innen (Seele) und im Außen (in der Materie) zu erschaffen. Du kannst das – glaube an dich und deine Fähigkeiten. Alles, was du brauchst, kannst du auch erreichen. Alles, was du dir an Themen, Menschen und Aufgaben ausgesucht hast, passt in deinen Lebensplan und wird von dir gelebt. Sei dankbar für alle Hilfen, die du von deinem Umfeld, von der Familie, den Freunden und Kollegen, und aus der geistigen Welt, deiner Seelenfamilie, vor allem aber von deinen Engeln bekommst.

KASPAR (Caspar)
Erzengel Haniel, Engeleigenschaft von Baruch

Einer der Drei Heiligen Könige aus dem Morgenland soll so geheißen haben. Ein äthiopisch-arabisch-persisches Wort, *Kasbah,* verweist sowohl auf den geschützten Teil des Stadtkerns als auch auf »Schatzmeister« hin. Das geheimnisumwitterte Findelkind Kaspar Hauser, vielleicht ein verstoßener Sohn aus einem Fürstenhaus, hat uns den Namen in neuerer Zeit eingeprägt.

Du weißt genau, was du willst, und wirst auch alle Pläne umsetzen und alle Ziele erreichen, die du dir in diesem Leben gesteckt hast. Dabei solltest du aber über deinen Pflichten und Anforderungen des Erdenalltags nicht Lebensfreude, Spaß und heitere Pausen vergessen. Jeder Tag sollte mit Lächeln und Spielen erfüllt sein, denn das Leben ist ein Abenteuer, in dem du deine für dich ganz speziellen Erfahrungen machen darfst. Also lass dich nicht in das Hamsterrad des Funktionierens einspannen, befreie dich von allzu engen Strukturen und straffen Vorgaben. Du darfst und kannst das, denn mit diesem Namen hast du dir auch eine Menge Spaß vorgenommen. Ersuche deine Engel, dir bei diesem Thema zu helfen.

KEVIN
Erzengel Michael, Engeleigenschaft von Asmodel

Der Name stammt aus dem irisch-gälischen Sprachraum, wo er zunächst Coemgen hieß. Das bedeutet »von Geburt an hübsch« bzw. »anmutig«. Bei uns inzwischen sehr beliebt.

Was du dir für dieses Leben vorgenommen hast? Sicherlich nicht, oberflächlich und desinteressiert »dahinzudümpeln«. Im Gegenteil! Mit deinem inneren Seelen- und Geistespotenzial und deinen guten körperlichen Voraussetzungen darfst du immer und überall den Dingen auf den Grund gehen. Das kann in der Natur sein (auch wörtlich, zum Beispiel beim Tauchen), bezieht sich aber natürlich primär auf deine Seele und deinen Geist. Wenn du ein wenig an der Oberfläche kratzt, werden sich neue Perspektiven und unerwartete Möglichkeiten zeigen. Menschen werden die Masken fallen lassen, und du darfst dich mit geheimen oder einfach unerforschten Themen befassen. Sei offen, und behalte dir deine kindliche Neugierde. Deine Engel sind an deiner Seite.

KIM
Erzengel Zachariel, Engeleigenschaft von Astarte
Eigentlich eine russisch-skandinavische Kurzform zu Joachim. Im englischen Sprachraum eine Kurzform zu Kimberley (weiblich) und Kimball (männlich). Kim wird aber auch für Mädchen vergeben (Beispiele sind die Filmschauspielerinnen Kim Novak, Kim Basinger und Kim Catrall). Deshalb fordern die Behörden meist einen zweiten eindeutigen Vornamen dazu. Im koreanischen ist »Kim« der häufigste Familienname und leitet sich aus einem chinesischen Wort für »Gold« ab.

Du hast dir vorgenommen, in diesem Erdenleben zu lernen, deine Gefühle zuzulassen und zu leben. Damit aktivierst du verstärkt deine intuitive männliche Seite, die in einigen bisherigen Leben sehr vernachlässigt wurde. Fühlen statt denken, spüren statt handeln, das hast du dir zur Devise gemacht. Kein leichtes Programm, aber auf jeden Fall wirst du es gut schaffen, wenn du es ernsthaft und von Herzen willst. Auf deinem Weg zur Meisterschaft helfen dir alle Engel, die dir zur Verfügung und zur Seite stehen – in erster Linie natürlich der Erzengel

Zachariel, Astarte und dein persönlicher Schutzengel. Wenn du diesem einen Namen gibst, wird die Verbindung noch enger, und er kann dir noch besser helfen. Tu es!

KLAUS (Claus)
Erzengel Chamuel, Engeleigenschaft von Galizur

Die meisten Forscher meinen, dass Klaus eine Kurzform zu Nikolaus ist (siehe auch dort); aber auch die Ansicht, es sei eine Ableitung von Claudia, wird vertreten. Der Schweizer Nationalheilige aus Sachseln im Kanton Obwalden wird fast immer »Bruder Klaus« genannt, obzwar er Niklaus von Flüe hieß (1417–1487). Der Name Klaus taucht auch in vielen Liedern und Filmen auf.

Eine Menge an Aufgaben und Herausforderungen erwartet dich in diesem von dir gewählten Erdenleben. Natürlich hast du dir auch den dafür genau passenden Namen ausgesucht. Viele Bereiche und Themen, die bisher in Disharmonie gelebt wurden, wirst du Schritt für Schritt in ausgewogene Harmonie bringen dürfen und können. Denn genau das hast du dir für dieses Leben hier vorgenommen und natürlich alle notwendigen Fähigkeiten und Potenziale dafür mitgebracht. Was soll dir da schon groß passieren?! Es kann eigentlich nur gut gehen, vor allem, wenn du deine persönlichen Engel, den Erzengel Chamuel (der dir die Eigenliebe und die Liebe zu allen Lebewesen bringt) und Galizur mit ins Boot holst. Sie sind immer bei dir.

KNUT
Erzengel Haniel, Engeleigenschaft von Cassiel

Ein norddeutscher und nordischer Vorname, der sich vielleicht von *chnuz,* »waghalsig«, oder aber von *chnot,* »frei« bzw. »adelig« ableitet. Aber auch das schwedische Wort *knot,* »Knoten«, im Sinne von Familienzusammenhalt, kommt als Ursprung infrage.

Thema Nummer eins in diesem Leben ist es für dich, einen Überblick zu bekommen. Das bezieht sich vor allem auf Themen, die du bisher mental und seelisch nicht erfasst und demzufolge auch nicht verstanden hast. Du kannst davon ausgehen, dass alles, was du ablehnst und nicht magst, eigentlich von dir noch nicht in seiner Aussage oder Bedeutung verstanden wurde. Und genau das ist das Kernthema in diesem Leben, das du dir selbst so vorgenommen und ausgesucht hast. Da liegen natürlich eine Menge Steine und scheinbare Blockaden auf deinem Weg, die du aber wirklich als Geschenke sehen solltest. Nicht leicht, aber nach und nach wirst du auch deren Sinn erkennen. All deine persönlichen Engel gehen mit dir und helfen dir.

KONSTANTIN
Erzengel Michael, Engeleigenschaft von Pasiel

Das lateinische Wort *constans,* »beständig«, »standhaft« ist Pate. Unter Kaiser Konstantin dem Großen (288–377) wurde das Christentum im Römischen Reich anerkannt, und so fand auch dessen Name große Verbreitung.

Mit diesem starken und alten Namen hast du eine wunderbare und charismatische Ausstrahlung in dieses Erdenleben mitgebracht. Diese darfst du auch leben, du darfst seine Wirkung anwenden. Du solltest dabei aber nicht vergessen, dass du dir vorgenommen hast, in diesem Leben wirklich in die Tiefe zu gehen – und das betrifft auch die Seelen- und Gefühlsebene. Auch wenn dir das jetzt nicht wirklich Freude macht: Genauso hast du dir das vorgenommen, das willst du lernen hier auf der Erde. Liebe, Freude, Dankbarkeit und ein inneres Strahlen wirst du nach und nach spüren, wenn du wirklich und ernsthaft daran arbeitest und Gefühle, Menschen und die Liebe zu dir lässt. Deine Engel werden bei jedem Erfolg lächeln.

KONRAD (Conrad)

Erzengel Raphael, Engeleigenschaft von Duma

Hier haben wir den »kühnen Ratgeber«. *Kon,* »kühn«, »mutig«, *rath,* »Rat«. Bald zahllose Fürsten, Bischöfe, Herzöge, Könige und Kaiser trugen diesen Namen.

Was du dir für dieses Leben vorgenommen hast? Mit diesem Namen darfst du alles machen, worauf du Lust hast, solange du dir nicht schadest und eine gesunde Ausgewogenheit lebst. Dazu gehört natürlich auch die Verbindung von Körper, Geist und Seele, ein wichtiges und komplexes Thema, das du hier erfüllen willst. Dass es nicht immer leicht ist, hast du sicherlich schon gemerkt. Wenn du jedoch bewusst auf jeden Gedanken, jedes Wort, jede Tat und jedes Gefühl achtest und jedes davon auch wirklich wahrnimmst, bist du schon einen großen Schritt weiter. All deine Engel, vor allem der Erzengel Raphael – der ja der große Heiler ist – und Duma, werden an deiner Seite sein und dich immer treu und liebevoll begleiten.

KORBINIAN (Corbinian)

Erzengel Zadkiel, Engeleigenschaft von Och

Ein vor allem im süddeutschen und österreichischen Raum bekannter Vorname, der sich vom lateinischen *corvus,* »Rabe«, und dem germanischen *hraban,* »Rabe« ableitet. Der christliche Missionar und erste Bischof von Freising (bei München) war der später heiliggesprochene Korbinian (etwa 675 bis etwa 730).

In diesem Leben hast du eine Fülle von Möglichkeiten und neuen Chancen. Lass dich jedoch nicht von Äußerlichkeiten ablenken, sondern konzentriere dich auf deine inneren Bereiche, auf Geist und Seele. Das hast du dir auch genauso vorgenommen für dein aktuelles Erdenleben. Du hast ein großes Seelen- und Lichtpotenzial hierher mitgebracht, das gezeigt und gelebt werden will. Auch wenn du jetzt lächelst: Du darfst

Gefühle und gute Energie, alles Liebevolle und Helle in dir aus-
streuen und verschwenderisch verschenken. Tausendfach wird
es zu dir zurückkehren, auch wenn du dir das im Moment noch
nicht vorstellen kannst. Deine Engel, vor allem der Erzengel
Zadkiel und Och, helfen dir bei diesem wunderbaren Lebensprogramm.

KURT (Kurd, Curd, Cord)
Erzengel Jophiel, Engeleigenschaft von Kmiel

Ein früher sehr verbreiteter, klassischer deutsche Vorname, der
entweder eine verselbstständigte Form von Konrad ist (siehe
auch dort) oder sich von Kunibert ableitet, und dann »kühn«
bzw. »strahlend« bedeuten würde.

Auch wenn du es phasenweise sein möchtest: Du bist nicht
hierhergekommen, um dich zu isolieren und den »einsamen
Wolf« zu geben. Das ist absolut nicht dein aktuelles Lebensprogramm. Für dieses Erdenleben hast du dir vorgenommen,
aus dir heraus zu gehen und Menschen zu dir zu lassen. Das
fällt dir anfangs sicherlich sehr schwer, jedoch wird es von Mal
zu Mal leichter sein. All deine Engel, vor allem der Erzengel
Jophiel und Kmiel, sind an deiner Seite und unterstützen dich
immer. Öffne dich für neue Energien, Themen und vor allem
Menschen. Damit brauchst du dann auch nicht alles allein zu
erledigen und deinen Alltag als Kampf sehen, sondern darfst
Hilfe und Unterstützung auch von deinem Umfeld annehmen.

LARS (Lasse)

Erzengel Chamuel, Engeleigenschaft von Turel

Dieser Vorname aus dem skandinavischen Sprachraum ist eine Kurzform bzw. Variante zu Laurentius, das sich wohl auf einen alten Ort namens Laurentum in der Nähe von Rom bezieht. Lars ist jedoch für sich auch ein antiker etruskischer Name, dessen Herkunft indes ungeklärt bleibt. Siehe auch Lorenz.

Auch wenn dir das vielleicht noch nicht bewusst ist. Du bist mit dem Vorsatz in dieses Leben gekommen, eine Menge alte Verletzungen zu heilen, hinter dir zu lassen und gestärkt und mit neuen Seelenanteilen zurück in den geistigen Bereich zu gehen. Das ist natürlich ein steiniger Weg mit einigen Fallen und Stricken. Jedoch hast du alles an innerem Potenzial und einen starken Geist und Körper mitgebracht, um dein Ziel auch erfolgreich zu erreichen. Schau dir alles bewusst an, was dich beunruhigt, dir wehtut oder dich traurig macht. Verdränge keine Gefühle und lass Botschaften aus deinem Unterbewusstsein zu. Aktiviere deine Intuition. All deine persönlichen Engel freuen sich über jeden kleinen Schritt, den du weitergehst.

LEIF (Lev)

Erzengel Zachariel, Engeleigenschaft von Phaleg

Ein ursprünglich skandinavischer Vorname, der »Erbe« oder »Nachkomme« bedeutet. Der wohl berühmteste war Leif Eriksson, der Mann aus Island, der um 1000 Amerika entdeckte und an der Küste besiedeln ließ, lange vor Christopher Kolumbus.

Natürlich bist du ein ganzer Mann mit all seiner Kraft und starken Energie. Und du hast auch einen wunderbaren Körper und Geist hierher mitgebracht. Aber auch deine Seelenebene will gelebt werden – das hast du dir auch für das aktuelle Erdenleben vorgenommen und als Aufgabe ausgewählt (ja, du, wer wohl sonst?!). Wenn du dich schwertust, deine Seele zu spüren oder ihre Energie zuzulassen, dann geh in die Natur, und nimm dir ausreichend Zeit, um dort zur Ruhe zu kommen. Du wirst dich wundern, was du alles siehst und hörst, vor allem aber, was dir bewusst wird. Mutter Erde mit all ihren Pflanzen und Lebewesen ist der größte und stärkste Heiler für uns Menschen. Nutze ihre Hilfe, und lass die liebevolle Energie unserer Schöpfung zu.

LEO
Erzengel Chamuel, Engeleigenschaft von Samiel

Ganz offensichtlich bedeutet dieser Name »Löwe«, abgeleitet aus dem latenischen Wort *leo*. Dreizehn Päpste trugen bisher diesen symbolträchtigen Namen.

Dein Schutzengel arbeitet mit dem Erzengel Chamuel und dem Engel Samiel zusammen, und alle drei unterstützen dich nach besten Kräften in diesem Leben. Du hast dir viel vorgenommen, und einiges wirst du dir erarbeiten, ein wenig auch erkämpfen müssen. Das erfordert Ausdauer, Mut und viel Geduld – alles Qualitäten, die du auch in dir hast und jederzeit aktivieren kannst. Wenn du dich wirklich bemühst, werden sich sämtliche Blockaden lösen und alle Steine auf deinem Weg auch beseitigen lassen. Lass dich von deinem Umfeld nicht verunsichern – du bist eine starke und alte Seele, die viel Liebe und Licht in sich trägt. Lass es nach außen strahlen! Deine Engel helfen dir.

LEONHARD (Lennert und andere Formen)
Erzengel Jophiel, Engeleigenschaft von Derdekea

Auch hier erkennen wir unschwer den »Löwen« in der ersten Silbe, und altdeutsch *hard*, »fest« oder »stark« bzw. »hart« in der zweiten. Der heilige Leonhard ist unter anderem der Schutzpatron der Pferde, weshalb es im katholischen Raum Leonardiritte gibt. Berühmtester Träger ist sicher das italienische Universalgenie Leonardo da Vinci.

Du hast dir ein straffes und anspruchsvolles Programm mit vielen Aufgaben und Herausforderungen für dieses Erdenleben hier ausgesucht. Eine Menge Ängste, Sorgen und Einschränkungen werden sich zeigen und wollen von dir in Angriff genommen und gelöst werden. Natürlich hast du auch die notwendige Kraft und alle Fähigkeiten in dir mitgebracht, um dieses Programm positiv zu erledigen. Dabei eilst du von Aufgabe zu Aufgabe, von Thema zu Thema. Nimm dir zwischendurch auch immer wieder eine Auszeit, um zu dir zu kommen und deine inneren »Batterien« wieder aufzuladen. Auch dein Körper braucht zwischenzeitlich Ruhephasen. Deine Engel, vor allem der Erzengel Jophiel und Derdekea, sind immer neben dir!

LEONID (Leonidas, Kurzform Leon)
Erzengel Zachariel, Engeleigenschaft von Irin

Vom griechischen Begriff für »der Löwengleiche« entlehnt. In unserer Zeit ist dieser Vorname vor allem durch Leonid Breschnew, Parteichef der KPdSU und Partner eines ersten zarten politischen Frühlings zwischen Ost und West, bekannt geworden.

Bis zu diesem Leben konntest du einigen Themen ganz gut ausweichen, oder du hast sie erfolgreich verdrängt. Das war auch in Ordnung so. Für dieses Leben hast du dir jedoch in erster Linie vorgenommen, dich genau diesen alten und mühsamen Themen zu stellen und sie ernsthaft in Angriff zu nehmen. Wenn du das machst, und noch dazu mit einer großen Portion Zuversicht und Optimismus, werden sie sich umso schneller auflösen können. Deine Engel, vor allem der Erzengel Zachariel und Irin sowie natürlich dein ganz persönlicher Schutzengel, sind immer neben dir und freuen sich über jeden erfolgreichen Schritt, den du machst. Bleib dran: Du hast eine unglaubliche Kraft in dir und ungeahnte Fähigkeiten, die sich noch zeigen werden!

LEOPOLD (Luitpold)

Erzengel Michael, Engeleigenschaft von Vretil

Aus dem altdeutschen Namen Liutbald entstanden, in dem die Begriffe *liut,* »Volk«, und *bald,* »kühn«, »mutig« enthalten sind. Der heilige Leopold, Markgraf von Österreich (1075–1136), der das Augustiner-Chorherrenstift Klosterneuburg erbauen und die Zistenzienserabteil Heiligenkreuz gründen ließ, ist der Schutzpatron Österreichs. Der gestrenge Vater von Mozart hieß auch Leopold.

Die Liebe steht über allem und ist auch das Fundament. Das sollte dein wichtigster Leitsatz in diesem Erdenleben sein. Denn genau das wird sich rundherum und mit den verschiedensten Themen für dich zeigen und sich dir als Aufgabe stellen. Auch wenn du nicht gerade begeistert bist: Geh dir und allen anderen Lebewesen gegenüber in die Liebe und bemühe dich, alles mit Herz- und Seelenenergie, dem alten männlichen Wissen zu machen. Du hast Unmengen davon hierher mitgebracht, und es wird dir bei der Bewältigung deiner Aufgaben von Nutzen sein. Ersuche auch deine Engel, vor allem den Erzengel Michael und Vretil, dir bei diesem anstrengenden Programm immer zur Seite zu stehen und dich ein Stück zu tragen.

LEVI (Levin)

Erzengel Chamuel, Engeleigenschaft von Teiael

Levi bezeichnet den dritten Sohn Jakobs und Stammvater der Leviten, einer der zwölf Stämme Israels, aber auch einen Apostel Jesu namens Levi, den man manchmal mit dem Evangelisten Matthäus gleichsetzt. Das hebräische Wort *levi* bedeutet »anhänglich« und »dem Bund (Israels mit Jahwe) zugetan«.

Was du in erster Linie in diesem Leben haben willst: Spaß und Lebensfreude. Das glaubst du nicht? Dann hast du dein Lebensprogramm noch nicht wirklich zugelassen und in deinen Alltag integriert. Dein Inneres Kind, der kleine Junge in dir, möchte spielen und lachen und Schabernack treiben. Und er darf es auch – wenn du es ihm erlaubst. Nimm ihn an der Hand und lass ihn an deinem Leben teilhaben. Das klingt jetzt etwas seltsam, aber ist wirklich wichtig für dich, da du dir vor allem dieses Thema für das aktuelle Leben auf der Erde vorgenommen hast. Also – raus aus den Pflichten, setze Prioritäten und lass Spaß und Lachen wieder zu dir. All deine Engel, vor allem der Erzengel Chamuel und Teiael, sind sehr glücklich darüber.

LIONEL (Lyonel)
Erzengel Chamuel, Engeleigenschaft von Dabriel

Der Name bedeutet »kleiner Löwe«, abgeleitet vom lateinischen Wort *leo*. Bekannte Namensträger waren der Jazzmusiker Lionel Hampton und der Maler Lyonel Feiniger.

Mit diesem Namen hast du eine große Kraft und eine wunderbare Seelenenergie in dieses Erdenleben mitgebracht. Du solltest dies natürlich auch nutzen, in jeder Situation, vor allem in belastenden und problematischen Lebensphasen. Je entspannter und gelassener du an eine Herausforderung, ein Lernprogramm, herangehst, umso leichter und vollkommener wird und darf es sich auch lösen. Du wirst von Erfolg zu Erfolg eilen und dich mit dir und allen anderen Lebewesen in deinem Umfeld immer wohler und glücklicher fühlen. Vertrau dabei auch auf die Hilfe und Anwesenheit deiner Helfer aus dem geistigen Bereich, vor allem dem Erzengel Chamuel (einem Engel der Liebe) und Dabriel. Sie sind immer an deiner Seite.

LORENZ (Lorentz, Laurenz, Loris, Lorin, Lawrence und andere Formen)

Erzengel Gabriel, Engeleigenschaft von Abdiel

Der italienische Ortsname Laurentum stand Pate, nicht das Wort *laurus,* »Lorbeer«, wie vielfach vermutet wird.

Ein anspruchsvolles und anstrengendes Lebensprogramm, das du dir da ausgesucht hast – ja, du, wer denn sonst?! Aber es beinhaltet neben größeren Aufgaben und Lernschritten natürlich auch Geschenke und Belohnungen, wenn du sie zulässt und annimmst. Daher solltest du in erster Linie einmal dich selbst wirklich mögen und lieben, erst dann wirst du dein ganzes Potenzial leben und nutzen können. Und da hast du eine Menge davon mitgebracht. Unterschätze dich und deine (vor allem) unbewussten Fähigkeiten nicht. Geh nicht nur nach dem, was du auf der materiellen Ebene siehst. Höre auch nach innen, auf deine Intuition, deine innere Stimme. Sie zeigt dir den nächsten Schritt. Deine persönlichen Engel begleiten dich jeden Tag.

LOTHAR

Erzengel Uriel, Engeleigenschaft von Zophiel

Ein Name aus dem Altdeutschen, wo er Chllotar geschrieben wurde, mit der Bedeutung altdeutsch *hlut,* »laut« und »Lärm«, und *heri,* »Heer« sowie »Krieger«. Wir finden den Namen unter den Merowingern, einem frankischen Herrschergeschlecht, das von den Karolingern (Karl von Martell, Kaiser Karl der Große) verdrängt wurde. Auch im französischen Gebiet von Lothringen erkennen wir diesen Namen.

Wenn du keinen Lottoschein ausfüllst, wirst du auch nicht gewinnen in diesem Leben. Das ist sinnbildlich gemeint und nicht unbedingt auf der materiellen oder der Geldebene zu verstehen. Wenn du etwas empfangen willst, solltest du es dir zumindest wünschen oder auch eine Bestellung abgeben. Wenn du willst, dass dich die anderen Menschen verstehen, solltest du auch etwas aussprechen oder gefühlsmäßig von dir hergeben. Das ist ein Grundthema, das du dir in dieses Leben mitgebracht hast. Zieh dich nicht zu viel zurück, sondern öffne dich für alle positiven Energien und Menschen in deinem Umfeld. Bitte auch deine Engel, vor allem den Erzengel Uriel und Zophiel, um ihre Unterstützung. Sie werden sofort zur Stelle sein!

LUDGER (Luitger, Lüders, Lüer)
Erzengel Jophiel, Engeleigenschaft von Anafiel

In Westfalen und im Oldenburger Land kommt der Name häufiger vor. Er leitet sich aus altdeutsch *luit*, »Leute«, »Volk«, und *ger* »Speer«, ab. So wäre ein solcher Mann also ein »Speer des Volkes« gewesen. Viele kennen den Namen heutzutage vermutlich vor allem durch den deutschen Springreiter Ludger Beerbaum.

Welche Ängste hast du in dieses Leben mitgebracht? Keine? Dann schau noch einmal genau hin, und spüre in dich hinein. Was wurde bisher verdrängt und darf nicht an die Oberfläche kommen? Eine Menge alte Muster, Altlasten und Einengungen (eben Ängste und Blockaden) wollen in diesem Leben von dir wahrgenommen und gelöst werden. Und du hast an Fähigkeiten und Handwerkzeug alles dabei, um dieses Programm auch erfolgreich zu bewältigen. Lass deine Gefühle zu, vor allem die negativen, und schau sie dir genau an. Wenn du das tust, werden sie sofort kleiner werden, und du darfst mit dem Lösen beginnen. Ersuche auch deine Engel, vor allem den Erzengel Jophiel und Anafiel, verstärkt und aktiv dabei zu helfen.

LUDWIG
Erzengel Jophiel, Engeleigenschaft von Fanuel

»Berühmt durch Kampf« besagt dieser Vorname, nach den altdeutschen Worten *hluth,* »berühmt«, und *wig,* »Kampf«. Kaiser Ludwig der Bayer und vor allem die beiden bayerischen Könige Ludwig I., Neuerer und Förderer von Industrie, Kunst und

Kultur, der seine Liebschaften in einer »Schönheitengalerie« verewigen ließ, sowie König Ludwig II., Wagner-Opernfan und Bauherr von Neuschwanstein, Linderhof und Herrenchiemsee, der unter ungeklärten Umständen ertrank, zählen zu den berühmten Namensträgern.

Du hast dir für dieses Leben als sehr wichtiges Thema vorgenommen, dein inneres – in den bisherigen Leben erworbenes – Wissen zu leben und noch weiter anwachsen zu lassen. Dabei darfst du deine persönlichen Engel mithelfen lassen. Viele Botschaften werden zu dir kommen, und nach und nach wirst du ihre Bedeutung verstehen. Auch wenn sich manche Lebensphasen etwas chaotisch und anstrengend anfühlen – sie schauen schwieriger aus, als sie dann letzten Endes sind. Öffne dich für dein altes Wissen, das in dir schlummert und dir neue Türen und Bereiche öffnen kann. Als Geschenk bekommst du immer wieder Phasen von innerer Gelöstheit und Ausgeglichenheit – Glück und Freiheit!

LUIS (Louis)
Erzengel Uriel, Engeleigenschaft von Isaak

Eine romanisierte Variante zu Ludwig; siehe dort. Der Südtiroler Bergführer und Filmemacher Luis Trenker und der schwarze amerikanische Trompeter Louis Armstrong sind bekannte Namensträger dieses inzwischen längst eigenständigen Namens.

Einen schönen Namen hast du dir da ausgesucht für dieses Leben (ja, du, wer sollte ihn wohl sonst für dich ausgewählt haben?!). Schön im Sinne einer sehr starken und wunderbaren Energie und einem großen Potenzial. Das alles darfst du für deine Aufgaben und Lernprogramme in Anspruch nehmen. Und da gibt es eine ganze Menge, was auf deinem Lebensweg liegt – und natürlich auch Steine, die weggeräumt werden wollen. Erlaube dir hin und wieder auch einen »Fehler« und eine Pause, du brauchst nicht wie ein Wahnsinniger durch dieses Leben zu rasen. Nimm dir Zeit für kreative und erholsame Pausen, die du für Körper, Geist und Seele nutzt. Ersuche deine Engel, vor allem den Erzengel Uriel und Isaak, dich zu unterstützen.

LUKAS
Erzengel Chamuel, Engeleigenschaft von Seraphiel
Einer der vier Evangelisten, dessen Symbol der Stier ist, hieß so. Zwei Ableitungen finden wir zu diesem Vornamen. Im Griechischen bedeutet *leucos* »hell« oder »weiß«, und Lukas wäre »der ins Licht Hineingeborene«. Wenn der Name vom lateinischen Lucanus stammt, wäre es ein Mann, der aus der süditalienischen Landschaft von Lukanien kommt.

Du hast dir für dieses Leben in erster Linie vorgenommen glücklich zu sein. Dass es auch Lernprogramme und kleinere und größere Aufgaben für dich bereithält, war dir klar. Du hast sie dir auch genau so selbst ausgesucht. Kein Grund also, um im bodenlosen Morast von Leid und Klagen zu versinken. Das klingt jetzt natürlich etwas übertrieben, aber Schmerzen und Leiden in dem Sinn hast du dir sicherlich nicht ausgesucht und nicht vorgesehen in deinem aktuellen Erdenleben. Denn du hast alles hierher mitgebracht, um dir selbst immer wieder helfen zu können. Du brauchst auch nicht alles allein zu tun. Deine Familie im Hier und im geistigen Bereich und all deine Engel, vor allem der Erzengel Chamuel und Seraphiel, helfen dir immer wieder.

LUTZ
Erzengel Gabriel, Engeleigenschaft der Dakini
Eine längst selbstständige Ableitung von Ludwig; siehe auch dort.

Immer wieder wird es in diesem aktuellen Erdenleben Lebensphasen geben, in denen du von vorn anfangen kannst. Sieh dies in erster Linie als eine neue Chance und wunderbare Gelegenheit. Du bist ja hier, um eine Menge zu lernen und dich weiterzuentwickeln. Das geht natürlich nur, wenn du auch in Bewegung bist und bleibst. Also klammere dich nicht an Menschen und Themen aus der Vergangenheit, halte dich nicht an unpassenden und toten Energien fest, sondern schau nach vorn und orientiere dich an passenden Hinweisen und Zeichen. Es kann dir hier nichts passieren, was du nicht schon kennst. Also lass all deine Helfer, vor allem deine persönlichen Engel, wie den Erzengel Gabriel und die Dakini, in deinen Alltag und zu dir.

M

MANFRED
Erzengel Gabriel, Engeleigenschaft von Cabriel
Ein klassischer deutscher Name aus dem Alamannischen, ursprünglich Manfried, in dem wir die Silben *man*, »Mann« bzw. »Mensch«, und *fridu*, »Frieden«, vorfinden. Dies ist von der Schwingung des Namens her also ein »Mensch des Friedens« (oder könnte und sollte es sein).

Mit diesem Namen hast du eine Unmenge an altem männlichem Wissen in dieses Leben mitgebracht und darfst es in jeder Situation anwenden. Egal, ob es dir gerade nicht so gut geht oder du eine Hoch-Zeit erlebst, in deinem Inneren weißt du genau, was zu tun ist. Also nimm dir zwischendurch immer wieder Zeit, um auf deine innere Stimme zu hören und deine Seelenenergie zu spüren. Feiere, lache und sei fröhlich – nimm die Schönheit der Welt mit all ihren Geschenken an. Du hast es dir verdient und darfst es dir hier und jetzt wirklich erlauben. Ersuche auch deine Engel, vor allem den Erzengel Gabriel und Cabriel, aber auch deinen persönlichen Schutzengel, immer an deiner Seite zu sein und dich aktiv und liebevoll zu begleiten.

MANUEL
Erzengel Chamuel, Engeleigenschaft von Fanuel

Eine Kurzform von Emmanuel bzw. Immanuel, die jedoch ein eigenständiger Vorname ist. In der hebräischen Ursprungsform Immanuel ist die Aussage »Gott sei mit uns« enthalten.

Als Lebensthema Nummer eins hast du dir vorgenommen, mit diesem Namen männliche Durchsetzungskraft, aber auch Geduld und viel Gefühl zu leben. Das bedeutet jedoch nicht, dass du dich immer hintanstellen sollst. Du hast nämlich eine Menge Kraft und Zähigkeit in dieses Leben mitgebracht – beide helfen dir ganz entscheidend bei deinen nicht ganz einfachen Lebensaufgaben. Immer wieder wirst du an die Grenzen gehen – auf allen drei Ebenen (also körperlich, geistig und seelisch). Wenn das passiert, dann unterbrich ganz bewusst diese Spirale und nimm dir eine kurze Auszeit. Das darfst du, und es ist sogar wichtig, damit du wieder zu dir zurückkommen, dich spüren kannst. Erlaube dir Pausen und Erholungsphasen – mute dir nicht zu viel zu und teil dir deine Kraft gut ein!

MARC (Mark)
Erzengel Raguel, Engeleigenschaft von Hasiel

Ein altrömischer Name, vermutlich Marcitus oder ähnlich, der vor allem im französischen und katalanischen sowie walisischen Sprachraum verbreitet ist; inzwischen jedoch auch bei uns. Der Maler Marc Chagall war ein bekannter Träger dieses Namens.

In erster Linie willst du in diesem Erdenleben lernen, es Tag für Tag bewusst zu erleben – mit all seinen positiven und beschwerlichen Seiten. Das hast du dir genauso vorgenommen, und mit diesem von dir gewählten Namen ist dieses Vorhaben auch wirklich gut zu erfüllen. Dabei wirst du immer bewusster und achtsamer bezüglich all der Gedanken, Gefühle und Worte sein, die du aussendest. Auch dein Tun, deine Aktivitäten wirst du nach und nach sehr bewusst wahrnehmen können. Dadurch kommst du einen großen Schritt weiter auf deinem Weg. All deine Engel, vor allem der Erzengel Raguel und Hasiel, helfen dir bei diesem interessanten und anspruchsvollen Programm. Bleib dran, denn du bist wirklich gut unterwegs!

MARCEL
Erzengel Zadkiel, Engeleigenschaft von Anael
Entweder eine Ableitung von *Marcellus,* »der Kriegerische«, oder eine Verkleinerung von Markus (siehe dort). Der Schutzpatron von Paris heißt Marcellus, nach einem Bischof aus dem 5. Jahrhundert.

Mit diesem Namen darfst du dein ganzes Leben mit Offenheit und Neugierde anpacken und diese Qualitäten in deinen Alltag integrieren. Denn eine Menge neuer Aufgaben, Menschen und positiver Veränderungen warten hier auf dich. Je offener und positiver du dies alles zulässt, umso spannender und interessanter wird sich dein Alltag gestalten. Du hast so vieles in dir – eine Menge an Kraft und wunderbarer Energie! Nutze das auch wirklich für dich. Schau dich immer wieder um: Was wartet noch auf dich und welche Möglichkeiten und Chancen siehst du? Öffne deine Seele, deinen Geist und auch deinen Körper für neue Erfahrungen und Entwicklungsschritte. All deine Engel sind an deiner Seite und freuen sich über jede positive Veränderung, die du erlebst.

MARIO (Marius)
Erzengel Chamuel, Engeleigenschaft von Gamaliel
Zwei mögliche Ursprünge sind der römische Kriegsgott Mars und ein lateinisches Wort für »männlich«. Der amerikanische Tenor Mario Lanza und der deutsche Schauspieler Mario Adorf sind bekannter Namensträger.

Das Lebensthema mit der Nummer eins in diesem Leben lautet für dich: Sei fröhlich und lass Lachen und Lebensfreude zu! Bringe in jeden einzelnen Tag auch Sonne und Licht, denn du hast dir nicht vorgenommen, in Pflichten und Sorgen zu versinken. Sollte das jetzt aber überwiegend der Fall sein, so unterbrich dieses alte Muster, das so nicht mehr passt und dich nur noch blockiert und Umwege gehen lässt. Bitte all deine Engel, vor allem den Erzengel Chamuel und Gamaliel, dir zu dieser heiteren und ermutigenden Lebensart zu verhelfen. Nach und nach wirst du es schaffen, das Leben mit all seinen Herausforderungen und mühsamen Aufgaben gelassener und von der heiteren Seite zu betrachten. Das ist der erste große Schritt für dich.

MARKUS (Marcus)
Erzengel Zadkiel, Engeleigenschaft von Israfel
Einerseits kommt in diesem Namen der römische Kriegsgott Mars zu Ehren, zudem Menschen, die in »dessen« Monat März geboren sind, andererseits ist der Name, durch den Evangelisten Markus, dessen Symbol der Löwe ist, christlich geprägt.

Heilung hast du dir vor allem hier auf der Erde vorgenommen – und dieses Thema wird sich durch dein ganzes Leben ziehen. Hadere nicht mit Einschränkungen – egal, welcher Art, ob körperlich, geistig oder seelisch. Du und nur du hast dir genau diese Aufgaben und Lernprogramme ausgesucht und dir vorgenommen, sie auch erfolgreich zu meistern. Das schaffst du natürlich auch – und dein Name hilft dir dabei. Denn du hast alles in dir, um dieses Lebensprogramm positiv zu gehen – Schritt für Schritt. All deine Engel, vor allem der Erzengel Zadkiel und Israfel und natürlich auch dein persönlicher Schutzengel, helfen dir dabei und sind immer an deiner Seite, auch wenn du ihre Anwesenheit oft nicht bewusst spürst.

MARLON
Erzengel Haniel, Engeleigenschaft von Zuriel

Es bleibt unklar, ob sich hinter diesem Namen eine Ableitung von Merlin, dem sagenumwobenen Zauberer und Weisheitslehrer zu König Artus Zeiten, verbirgt, oder eine Ableitung von einem keltischen Wort für »kleiner Falke«. Zu den bekannteren Namensträgern zählen der verstorbene Schauspieler Marlon Brando; die weibliche Form Marlo trägt die esoterische Autorin Marlo Morgan.

Nachdem du dir solche Unmengen an Aufgaben und Möglichkeiten für dieses Leben vorgenommen hast, solltest du deinen Alltag immer wieder gut strukturieren und ordnen. Dabei ist es für dich wichtig, das Wesentliche im Auge zu behalten. Lass nicht zu, dass Chaos und Wirrwarr deinen Alltag füllen – falls notwendig, nimm dir ein wenig Zeit, setz dich hin, und schreib dir alles gerade Wesentliche auf. Versuche, positive und effiziente Strukturen und Pläne zu finden und diese auch Schritt für Schritt umzusetzen. Dabei darfst du die verschiedensten Aufgaben und Themen in Angriff nehmen, jedoch eines nach dem anderen und nicht alles auf einmal. Nimm dir zwischendurch auch immer mal ein wenig Zeit für dich selbst und für regenerative Pausen. Das ist wichtig für dich!

MARTIN (Koseform in der Schweiz: Tinu)
Erzengel Haniel, Engeleigenschaft von Verchiel

Der lateinische Ursprungsname, Martinus, weist auf einen »Sohn des Mars« bzw. jemanden hin, der kriegerisch ist. Im englischen und im französischen Sprachraum ein sehr häufiger Nachname. Bekannt ist der heilige Martin, Bischof von Tours, der seinen Mantel zerschnitt, um ihn mit einem frierenden Bettler zu teilen, dann der Reformator Martin Luther und in unserer Zeit der schwarze Bürgerrechtler Martin Luther King. Der Gedenktag Martins, bei uns der 11. November, wird von allen christlichen

Konfessionen beachtet. Martin stellte die gelebte Nachfolge Jesu Christi ins Zentrum seines Lebens und seiner Lehren.

Du hast dir für dieses Leben in erster Linie vorgenommen, dich selbst zu leben, also so authentisch wie möglich zu sein. Immer wieder wirst du dich beobachten und hinterfragen müssen: Bleibe ich mir selbst wirklich treu? Übertreibe es aber nicht, und sei nicht zu kritisch oder zu streng dir gegenüber. Du darfst auch kleinere »Fehler« machen. Du bist ja hier als Mensch auf der Erde, um auch einiges zu lernen. Bitte deine persönlichen Engel, vor allem den Erzengel Haniel und Verchiel, um Hilfe. In schwierigen Zeiten werden sie dich ein Stück durch das Chaos tragen, das sich ab und zu vor allem im Gefühlsbereich zeigen kann. Dein Ziel ist, dich voll und ganz zu leben, so zu sein, wie du wirklich (im Inneren) bist. Sei also du selbst!

MATTHIAS (Mathias, Matthäus, Matthew und andere Formen)
Erzengel Michael, Engeleigenschaft von Esrael
Einer der vier Evangelisten hieß Matthäus, was unserem heutigen Vornamen Matthias entspricht. Sein Symbol ist der Mensch. Im ursprünglich hebräischen Namen findet sich die Bedeutung »von Jahwe gegeben«.

Einen kraftvollen und wunderbaren Namen hast du dir da ausgesucht, und ebenso ein inneres Potenzial hast du auch hierher mitgebracht. Lass dich von deinem Umfeld (vor allem von der Familie und Kollegen) nicht verunsichern: Du bist ein großartiger Mensch mit einer schönen Seele. Stell dein Licht nicht unter den Scheffel und nimm dich nicht immer zurück. Fordere ein, was dir zusteht, denn du hast dir vorgenommen, in diesem Leben das zu erreichen und zu bekommen, was du verdienst. Also gib nicht klein bei und gib dich nicht mit falschen Kompromissen zufrieden. All deine Engel, vor allem der Erzengel Michael und Esrael, sagen dir: »Du bist ein liebevolles und kreatives Kind Gottes, du hast den göttlichen Funken in dir – lebe ihn und liebe dich!«

MAXIMILIAN (Max)
Erzengel Haniel, Engeleigenschaft von Labbiel

Geht wohl auf den römischen Namen Maximinianus, »der Größte«, zurück. Unter den Habsburger und Wittelsbacher Herrschern war der Name beliebt. Ein bekannter Namensträger unserer Zeit war der Märytrer Maximilian Kolbe. Eine Quelle berichtet, dass Maximilian seit 1990 zu den beliebtesten Vornamen für Jungen gehöre.

Alte Muster und Belastungen sind dazu da, um gelöst und abgelegt zu werden. Und genau das hast du dir für dein aktuelles Leben hier auch vorgenommen. Denn das ist dein Hauptthema auf der Erde. Also besinne dich deiner individuellen und zahlreichen Fähigkeiten, die du hierher mitgebracht hast – es sind eine ganze Menge. Wenn du abgespannt und müde bist und nicht weiterweißt, atme tief durch, und lass neue Energien zu. All deine Engel, vor allem der Erzengel Haniel, Labbiel und natürlich auch dein persönlicher Schutzengel, sind immer neben dir und zeigen dir den nächsten Schritt auf diesem spannenden Lebensweg. Geh ihn, und empfinde ihn als Abenteuer – so kannst du nur gewinnen!

MEINHARD
Erzengel Zadkiel, Engeleigenschaft von Ramiel

Ein altdeutscher Name; von Meginhart, in dem wir die Silben *megin*, »vermögen«, »etwas kraftvoll können«, und *hard*, »fest« bzw. »stark«, finden. Die Bedeutung ist also etwa »der Mächtige«.

Auch wenn du manchmal das Gefühl hast, dass sich dieses Leben als Achterbahn zeigt, lass diese Energie nicht zu, sondern unterbrich deinen Alltagswahnsinn. Denn du hast alles an Kraft und Wissen in dir, das du gut für dich nutzen und jeden Tag aufs Neue anwenden kannst. Dabei bist du ja nicht allein. Jeden deiner Schritte begleiten dein Schutzengel und eine Menge anderer Engel, die du zum jeweiligen Zeitpunkt gerade brauchst. Lade deine Helfer aus dem geistigen Bereich bewusst ein, dir noch mehr zu helfen. Auch wenn du jetzt lächelst und es dir ein wenig seltsam vorkommt – sie warten auf deine Bitte, um noch aktiver sein zu können. Achte auf die liebevollen Botschaften und die Unterstützung deiner Engel!

MELCHIOR
Erzengel Jophiel, Engeleigenschaft von Dubiel
Einer der heiligen Könige bzw. der drei Weisen aus dem Morgenland, mit der Bedeutung »König des Lichts«. Die Ableitung aus dem Hebräischen ist *melech*, »König«, und *or*, »Licht«.

All deine Engel, vor allem der Erzengel Jophiel und Dubiel, sagen dir: »Du hast dir in erster Linie vorgenommen, den anderen Lebewesen rund um dich her zu helfen!« Dabei darfst du natürlich auch dich selbst nicht vergessen. Erst wenn es dir so richtig gut geht – im Innen (Geist, Seele) und im Außen (Körper) –, kannst du Menschen, Tieren und anderen Wesen deine Hilfe geben. Du trägst alles in dir, was du dafür brauchst, und kannst dein Wissen auch immer wieder gut aktivieren. Denn du willst in deinem aktuellen Erdenleben vor allem anderen die nährende männliche Seite in dir nach außen bringen und für dich und andere nutzen. Ein wunderbares und nicht ganz einfaches Lebensprogramm, das du nach und nach erfolgreich erfüllen kannst.

MICHAEL (Michel)
Erzengel Uriel, Engeleigenschaft von Bat Kol
Aus dem Hebräischen mir der Bedeutung »der wie Gott ist«. Der Erzengel Michael ist Schutzpatron des iraelitischen und des deutschen Volkes (man spricht vom »deutschen Michel«)

sowie der katholischen Kirche. Es gibt zahlreiche Michaelskirchen und Kraftorte, an denen der Erzengel Michael erschienen sein soll. Siehe auch Erzengel Michael auf Seite 36.

Du hast nicht nur den Erzengel Uriel an deiner Seite, sondern auch den Erzengel Michael mit deinem Namen in dieses Erdenleben mitgebracht. Damit hast du dir natürlich auch einiges vorgenommen. Es werden immer wieder Menschen und auch Tiere in deinem Leben auftauchen, die deine Hilfe und Unterstützung brauchen. Dieses Programm ist nicht immer leicht und fordert all deine Kräfte auf deinen drei Ebenen (körperlich, geistig und seelisch). Du schaffst das jedoch sehr gut, weil du mit hilflosen Lebewesen nicht mitleidest, sondern mitfühlst, also mit Seelenkraft und Verständnis auf den jeweiligen Hilfesuchenden reagieren kannst. Ein wunderbarer Weg, den du dir da ausgesucht hast!

MILAN
Erzengel Jophiel, Engeleigenschaft von Astarte

Vor allem im slawischen Sprachraum verbreitet. Der Name ist abgeleitet von *milo,* »angenehm«, »lieblich«, »liebevoll«.

Du weißt natürlich, dass das Leben, so wie es sich zeigt, eigentlich eine Illusion ist. Und du hast alles hierher mitgebracht, um hinter die Fassade zu schauen und diese Illusion für dich zu lösen. Das ist ein sehr anspruchsvolles Programm, das du dir vorgenommen und so ausgesucht hast. Jedoch trägst du unglaubliche Fähigkeiten in dir, die du aus früheren Leben mitgenommen hast. All deine Ahnen stehen hinter dir und unterstützen dich in jedem Augenblick deines Alltags. Sie helfen dir, die Schleier zu lüften und falsche Fassaden bröckeln zu lassen. Ersuche auch deine Engel, vor allem den Erzengel Jophiel und Astarte, dich aktiv zu unterstützen. Sie sind immer an deiner Seite und freuen sich über jeden Erfolg und jeden Schritt, den du vorangehst.

MORITZ (Maurice, Maurits, Maurizio, Morris und andere Formen)

Erzengel Zachariel, Engeleigenschaft von Usiel

Eine deutsche Ableitung von Mauritius, dem Namen eines meist als dunkelhäutig dargestellten Heiligen aus dem 3. Jahrhundert, der aus Ägypten stammte. Das griechische Wort *mauros* heißt »schwarz« bzw. »dunkel«. Unsere Begriffe »Mauren« (für die eher dunkelhäutigen Muslime, die im 7. Jahrhundert den Arabern bei der Besetzung von Teilen der Iberischen Halbinsel halfen) und »Mohr« (für Menschen aus Schwarzafrika) kommen daher.

In erster Linie willst du Prioritäten setzen und wirkliche Werte leben. Das ist ein wunderbares und natürlich auch sehr anspruchsvolles Programm. Mit diesem Namen und all deinen inneren Fähigkeiten und Potenzialen, die du hierher mitgebracht hast, wirst du es natürlich auch positiv erfüllen können. Voraussetzung dafür ist, dass du immer für neue Erfahrungen, Energien und Menschen offenbleibst. Das bezieht sich nicht nur auf die materielle Ebene, sondern natürlich auch auf die »andere Seite«, also den geistigen Bereich. Dort stehen eine Menge Helfer bereit, vor allem der Erzengel Zachariel und Usiel. Ein Wort von dir, und sie sind sofort an deiner Seite, um dich tatkräftig zu unterstützen.

NATHAN (Nathanael)
Erzengel Uriel, Engeleigenschaft von Orifiel

»Gott hat gegeben« bedeutet dieser Vorname aus dem Hebräischen. Nathan hieß ein Prophet, der König David dessen Ehebruch vorhielt (2. Sam 12; Ps 51). *Nathan der Weise* heißt ein berühmtes Schauspiel des Philosophen und Dichters Lessing, in dem dieser die Grundzüge eines Humanismus darstellt, der über Religionen und Volkszugehörigkeiten hinausgeht.

Du hast dir in diesem Leben vor allem vorgenommen, aktiv zu sein und auch bis ins hohe Alter hinein zu bleiben. Dazu gehören Elan, Unternehmungslust und Beweglichkeit auf allen drei Ebenen (Körper, Geist und Seele). Du wirst immer wieder gute Gelegenheiten und Impulse diesbezüglich bekommen. Zudem: Höre auf die Stimme der Natur, wenn sie dich ruft, und unterschätze nicht ihre wunderbar heilende und ausgleichende Energie. Mach Pausen und erlebe bewusst Kraftplätze und für dich positive Orte, an denen du dich wohlfühlst. Entspann dich, und lass dich fallen. Du brauchst das für deine Regeneration und Erholung und um dich wieder zu spüren. Deine Seele spricht zu dir, wenn du dafür offen und bereit bist.

NIKOLAUS (Nikolas, Niklas, Nico, Niko und andere Formen)
Erzengel Michael, Engeleigenschaft von Abel

So hieß einer der sieben ersten Diakone der christlichen Jerusalemer Urgemeinde; siehe Apostelgeschichte. Noch viel berühmter ist jedoch der Bischof Nikolaus, der Anfang des 4. Jahrhunderts in Myra wirkte. Nach ihm ist die beliebte Gestalt des Nikolaus entstanden. Im Wort finden sich die beiden griechischen Wörter *nikao* bzw. *nike,* »siegen«, und *laos,* »Volk«, also handelt es sich um einen »Sieg(er) des Volkes«.

Mit diesem Namen hast du für dein Leben eingeplant, auch immer wieder seine schönen Seiten zu sehen. Du willst die Feste feiern, wie sie fallen, und solltest das auch machen (natürlich immer im für dich gesunden Rahmen, damit Körper, Geist und Seele auch gesund bleiben). Lass zwischendurch auch immer wieder »die Seele baumeln«. Schalte dein bewusstes Denken aus und genieße alles an geistiger Energie, was dir guttut. Integriere deine persönlichen Engel, vor allem Erzengel Michael, Abel und deinen Schutzengel, in deinen Alltag. Tu etwas für dich. Mach die Augen zu, und lass dich fallen – du wirst Licht und Liebe in dir spüren! Erfahre die Schönheit deiner Seele!

NILS (Niels)
Erzengel Metatron, Engeleigenschaft von Favashi
Eine zunächst schwedische und dann in ganz Skandinavien verbreitete Abwandlung von Nikolaus. Bei uns ist dieser Vorname durch den Roman »Nils Holgersson« von Selma Lagerlöf weithin bekannt geworden.

Worauf wartest du noch? Halte dich nicht zurück in diesem Leben, sondern nutze alle deine Fähigkeiten, öffne dich, breite deine Flügel aus, und heb ab! Genau das hast du dir in dieser Form auch vorgenommen. Du möchtest Höhenflüge leben und trotzdem auf der Erde bleiben, und das schaffst du auch sehr gut, wenn du ethische und persönliche Grundregeln befolgst. Immer wieder darfst du etwas Neues erleben, spüren, Neuanfänge erfahren. Das ist aufregend, spannend und alles andere als langweilig. Natürlich solltest du dir deine Kräfte gut einteilen und auch ab und zu eine kleine Pause einplanen, um dich wieder »aufzutanken«: Jedoch regenerierst du sehr schnell und kannst schon bald weitermachen. All deine Engel helfen dir!

NOAH (Noach, Noé)
Erzengel Zadkiel, Engeleigenschaft von Ormuz
Ein biblischer Name, den der Mann trug, welcher der Überlieferung nach die Sintflut mit seiner Frau und drei Söhnen sowie allerlei Getier überlebte. Im Hebräischen und im Arabischen bedeutet dieser Name »Ruhe«.

Mit diesem Namen und all deinen wunderbaren Energien, die du hierher mitgebracht hast, kannst du eine Menge »ausmisten«. Das beginnt im Innen (Geist und Seele) mit vielen alten und nun nicht mehr passenden Gefühlen, Gedanken und so weiter. Und dann kann es im Außen (Körper und Materie) weitergehen – beispielsweise mit alten Essgewohnheiten und dem Entrümpeln in deinem Umfeld. Nimm für dieses anstrengende Lebensprogramm (denn dieses Thema wird sich durch viele Jahre ziehen) die Hilfe deiner Engel, vor allem von Erzengel Zadkiel und Ormuz, an. Sie gehen an deiner Seite und freuen sich, wenn sie dich noch aktiver unterstützen dürfen. Wirf alles ab, was dich einengt und blockiert.

NORBERT
Erzengel Zadkiel, Engeleigenschaft von Turel
Wir finden die germanischen Worte *nor*, »Norden«, und *beraht*, »strahlend«. Dieser Vorname bedeutet deshalb »Licht des Nordens«.

Mit diesem Namen hast du dir als Hauptthema vorgenommen, liebevoller mit dir selbst umzugehen und nicht zu streng zu sein. Erst wenn du über eigene »Fehler« oder Irrtümer lächeln und dir verzeihen kannst, wirst du mit anderen Menschen toleranter und milder umgehen können. Genau das liegt auf deinem Lebensweg und bildet das von dir gewählte Lebensprogramm. Auch wenn du jetzt nicht gerade begeistert bist – du hast dir das ausgesucht, niemand sonst. Selbstverständlich wirst du das auch gut schaffen und erfolgreich erfüllen. All deine Engel, vor allem der Erzengel Zadkiel und Turel, helfen dir. Und natürlich trägt auch dein persönlicher Schutzengel seinen Teil dazu bei. Lass ihn an deiner Seite gehen.

NORMANN (Norman)
Erzengel Gabriel, Engeleigenschaft von Domiel
Ähnlich gebildet wie Norbert, aber als zweite Silbe *man*, »Mann«; »der Mann aus dem Norden«. Zu den Normannen gehörten vor allem zwei Gruppen: Nordgermanen, die Raubzüge in den Süden unternahmen, und solche Germanen aus dem Norden, die sich in der Normandie niederließen und von dort aus Eroberungen anstrebten.

Ein wunderbares Leben, das du dir da ausgesucht hast. Natürlich beinhaltet es jede Menge von Herausforderungen, um nicht zu sagen: Steine auf dem Weg. Diese hast du dir jedoch selbst genau dort hingelegt, um sie dann auch wegräumen zu können. Das machst du nun – einen nach dem anderen. Sieh dein derzeitiges Erdenleben als Abenteuer an, denn es hält viele positive Überraschungen und Belohnungen für dich bereit, die sich in neuen Chancen und wunderbaren Menschen zeigen. Voraussetzung ist, dass du zuversichtlich und mit einem starken Urvertrauen diesen Weg gehst. All deine Engel, vor allem der Erzengel Gabriel und Domiel, unterstützen dich zu jeder Zeit. Lass sie bewusst zu, und nimm ihre liebevolle Energie immer wieder wahr.

OLAF (Olav, Oluf, Olof)
Erzengel Zadkiel, Engeleigenschaft von Baal
Ein Name aus dem skandinavischen Sprachraum, der in Norwegen ein beliebter Königsname war und ist. Die Bedeutung ist vermutlich »Nachkomme der Vorfahren« bzw. »Nachkomme des Urahns«. Als Wortstamm wird entweder *anleifr* oder *anulaifaz* angegeben. Einige vermuten, dass Olof eine Variante zu Oliver sei (oder umgekehrt).

Sicherlich gehört nicht zu deinem Programm, dich allein irgendwo zu vergraben. Familien- und Freundesthemen warten auf dich und wollen in Angriff genommen und gelöst werden. Das hast du dir auch genau so ausgesucht. Also: Auf zu neuen Ufern! Schau einmal bewusst um dich! Was gibt es da an neuen Themen und Menschen, die sich dir zeigen? Nichts? Dann schaust du nicht genau hin und bist noch nicht offen dafür. Lehn dich zurück, und komm innerlich zur Ruhe. Ersuche auch deine Engel, vor allem den Erzengel Zadkiel und Baal, dir zu helfen, dich für deine Aufgaben und Lernprogramme zu öffnen. Mit ihrer Hilfe wirst du Schritt für Schritt gut auf diesem interessanten Lebensweg vorankommen.

OLE
Erzengel Chamuel, Engeleigenschaft von Haschmalim
Manche meinen, dies sei eine Kurzform von Ulrich. Andere

sehen eine Nebenform zu Olaf. Im Plattdeutschen bedeutet »Ole« entweder »der Alte« oder »der Erstgeborene«. Ein bekannter Namensträger ist der Hamburger Bürgermeister Ole von Beust.

Ja, natürlich bist du ein ganzer Mann und als solcher auch mit viel Kraft und unglaublicher Energie ausgestattet. Jedoch solltest du dabei nicht vergessen, dass du dir für dieses Leben auch vorgenommen hast, die emotionale Ebene zu leben. Selbst wenn dich das jetzt nicht gerade begeistert – das hast du ja ohnehin schon längst gespürt, und es wird dir mit vielen Themen auch gleich besser gehen, wenn du diesen Bereich zulässt. Deine inneren Energien und Emotionen wollen an die Oberfläche und von dir wahrgenommen und gelebt werden. Erlaube dir, deine Gefühle zu spüren und sie auch anderen zu zeigen. Dein Umfeld wird nur positiv reagieren. Du kannst nichts verlieren, nur gewinnen, wenn du deine Gefühle lebst!

OLIVER (Olivier)

Erzengel Chamuel, Engeleigenschaft von Dubiel

Ein Ritter Karls des Großen, der im Rolandslied eine zentrale Rolle spielt, hieß Oliver. Der Name leitet sich vom lateinischen Wort *olivarius* ab, »Ölbaum« bzw. »Olivenbaumpflanzer« und damit »Hoffnunsgträger«. Manche Forscher überlegen, ob Oliver eine Nebenform zu Olaf sei (siehe dort). Sogar eine Ableitung vom altdeutschen *alfhari* steht im Raum, mit der Bedeutung »Elfenwesen« und »Heer« bzw. »Krieger«. Wie bei so vielem rund um die Entstehung und Bedeutung von Namen, bleiben etliche Fragen weiter offen.

Die Natur ist Thema Nummer eins in diesem Erdenleben, und genau das hast du dir auch als Schwerpunkt hier vorgenommen. Also solltest du diesen Bereich auch immer wieder in deinen Alltag integrieren. Denn deine drei Ebenen (Körper, Geist und Seele) brauchen die Urkräfte und die Heilenergie der Natur.

Mutter Erde mit all ihren wunderbaren Lebewesen, Pflanzen und Mineralien wartet auf dich. Nimm dir in deinen Pausen Zeit dafür. Und vergiss nicht, dass auch eine Menge von Naturwesen ihre Aufgaben haben. Du wirst sie spüren, wenn du die Augen schließt und dich mit deiner Seele verbindest. Du hast alles in dir, um die Natur wirklich zu erleben – ersuche auch deine Engel darum, dich auf deinen Ausflügen zu begleiten.

OSKAR (Oscar)
Erzengel Chamuel, Engeleigenschaft von Garuda
Der vermutlich keltisch-irische Name, der dem altdeutschen Ansgar verwandt ist, bedeutet wohl »Speer Gottes«. Ein Oscar taucht in der irischen Sagenwelt auf, in der sogenannten Ossian-Dichtung. Eine Hauptfigur in Günter Grass' Blechtrommel heißt Oskar Matzerath. In Schweden und Norwegen war es ein beliebter Herrschername.

Vor diesem Leben hast du eine Menge an Themen und alten Energien hinter dir gelassen und darfst nun ganz neu durchstarten. Umso mehr hast du dir auch für das aktuelle Erdenleben hier vorgenommen. Dein inneres Potenzial, das du mitgebracht hast, ist sehr umfangreich und wird dich auf deinem Weg weiterführen, wenn du es zulässt. Dabei verströmst du eine sehr liebevolle Energie und strahlst förmlich, was deine Mitmenschen natürlich spüren und als sehr schön empfinden. Du hast dir vorgenommen, einigen davon immer wieder zu helfen: als liebevoller und geduldiger Zuhörer und Berater. Davon profitieren viele Menschen. Doch teile dir deine Kräfte gut ein, und vergiss dabei nicht, auf dich selbst zu achten. All deine Engel begleiten dich – immer!

OTMAR (Ottmar)
Erzengel Zadkiel, Engeleigenschaft von Barachiel
Dieser allemannische Name bedeutet so viel wie »durch reiches

Erbe geachteter Mann«. Der heilige Otmar gründete im 8. Jahrhundert die Abtei St. Gallen. Bekannter Namensträger ist der Fußballtrainer Ottmar Hitzfeld.

Auch wenn dir das bisher nicht wirklich bewusst war: Du hast dir vorgenommen, in erster Linie hier nach der göttlichen Führung zu leben, die in dir ist. Licht und Liebe sollen deinen Weg erhellen, und dein inneres Licht kommt aus einem göttlichen Urvertrauen. Auch wenn dir das jetzt etwas seltsam, wenn nicht sogar fast lächerlich, vorkommt: Genau das hast du dir für dieses Erdenleben ausgesucht. Du willst und kannst hier dein Seelenpotenzial leben. Alles, was du bisher gelernt und erfahren hast, kann jetzt gut angewendet und genutzt werden. Ersuche all deine Engel, vor allem den Erzengel Zadkiel und Barachiel, dich auf deinem Weg zu unterstützen.

OTTO
Erzengel Uriel, Engeleigenschaft von Ariel

In diesem Vornamen ist die altdeutsche Silbe *od* bzw. *ot* enthalten, die »Besitz« bzw. »Erbgut« bedeutet. Sehr viele weltliche und kirchliche Herrscher und Fürsten trugen diesen Vornamen. Eine Verwandtschaft mit Otto sollen auch diese Namen haben: Udo, Odo, Othello, Ottfried, Ottmar und ähnliche Formen. Das ursprünglich sächsische Herrschergeschlecht der Ottonen leitete seinen Namen von Otto I. ab, der 962 zum Kaiser gekrönt wurde.

Du hast dir für dieses Leben als Aufgabe gestellt, die Zeit zu nutzen und eine Menge zu lernen. Dabei hast du dir jedes einzelne Thema auch genau so vorgenommen. Natürlich weißt du das jetzt bewusst nicht mehr. Aber deine Seele spürt, was auf deinem Weg liegt und was nicht. Mit diesem Namen hast du auch viel Kraft und ein unglaubliches Seelenpotenzial mitgenommen. Das alles wird dir auf deinem Weg hier helfen. Du darfst auch alle deine Engel darum bitten, vor allem natürlich deine persönlichen, nämlich den Erzengel Uriel und Ariel, dir den nächsten Schritt auf deinem Lebensweg zu zeigen. Wenn sie es dürfen, werden sie den Vorhang ein wenig wegziehen, und du siehst dein nächstes Ziel. Bleib zuversichtlich! Alles, was du willst, gelingt dir!

PANKRAZ (Pancraz, Pankratius)
Erzengel Haniel, Engeleigenschaft von Sammael

Aus dem Griechischen mit der Bedeutung »allmächtig« bzw. »Allsieger«. Ein christlicher Märtyrer aus dem 3. Jahrhundert ist Pate für diesen Vornamen, zahlreiche Kirchen und auch Stadtteile und Orte. Christus Pantokrator ist ein Typus der orthodoxen Ikonendarstellung, das Jesus als den Allherrscher zeigt.

»Sei achtsam mit dir und anderen!« Das geben dir deine Engel, vor allem der Erzengel Haniel und Sammael und auch dein persönlicher Schutzengel, als Leitsatz für dieses Erdenleben mit. Und natürlich werden sie auch alles tun, um dir dabei zu helfen, es umzusetzen. Voraussetzung dafür ist, dass du erst einmal dich selbst voll und ganz annimmst mit all deinen positiven und auch »menschlichen« Seiten. Dein Inneres Kind, das in dir schläft, will geweckt werden und an deiner Seite gehen dürfen. Dazu darfst du wieder das Spielen und Lachen lernen, das dir zwischenzeitlich etwas abhandengekommen ist. Integriere in jeden Tag einen Moment des Lächelns, erlaube dir einen Spaß und lass es zu, dass »kindliche Spielereien« dein Leben bereichern.

PASCAL (Pasqual)
Erzengel Michael, Engeleigenschaft von Cahetel

Aus dem griechischen Wort *paschalis* für das jüdische Pessah-Fest entstanden, bedeutet dieser Vorname »der zu Ostern Geborene«.

In erster Linie hast du dir für dieses Leben vorgenommen, eine Menge Träume und Pläne umzusetzen und deine Ziele zu erreichen. Ein sehr intensives und natürlich auch spannendes Programm, das du dir da ausgesucht hast. Mit diesem Namen hast du eine starke Energie und Kraft mitgenommen, die dir bei der Ausführung helfen wird. Und natürlich sind auch all deine Engel, vor allem der Erzengel Michael und Cahetel, an deiner Seite – und dein persönlicher Schutzengel natürlich ebenso. Sie alle wirken auf dich ein, um neue Energien und Kräfte in dir freizusetzen, mit denen du einen Plan nach dem anderen verwirklichen kannst. Vergiss nicht, auf Pausen zu achten. Nutze sie, um neue Menschen und Länder kennenzulernen. Auch das ist ein Thema von dir.

PATRICK (und andere Schreibweisen)
Erzengel Raphael, Engeleigenschaft von Ormuz

Das lateinische Wort *patricius,* »Patrizier«, »zum römischen Adel gehörig«, stand vermutlich Pate. Alternativ wird der irisch-gälische Name Padraig als Ursprung genannt. Der Schutzheilige von Irland ist der heilige Patrick (358–461), dessen Namenstag am 17. März als »grüner Festtag« begangen wird, weil sich alles grün kleidet oder grüne Kleeblätter, Fähnchen und so fort trägt.

Ich gebe meinen höchsten Idealen Raum, sich zu verwirklichen. Als Patrick kannst du nur gewinnen. Du hast so viel Potenzial und Kraft in dieses Leben mitgebracht – das will natürlich auch gelebt werden. Immer wieder kannst du persönliche Grenzen erweitern. Wenn du das tust, steht immer wieder ein Neubeginn vor der Tür – öffne sie! Du hast dir vorgenommen, einige Themen zu lösen, und in diesem Leben gibt es alle Möglichkeiten und neue Chancen dafür. Wenn du den nächsten Schritt machst, wird es dir mental und seelisch richtig gut gehen, und du wirst innerlich »rund«. All deine Engel, vor allem der Erzengel

Raphael und Ormuz, helfen dir und reichen dir ihre Hände. Es kann gar nicht schiefgehen! Glaub an dich und deine Helfer!

PAUL (Paulus, Pavel)
Erzengel Zadkiel, Engeleigenschaft von Urim

Der Name ist aus dem lateinischen Wort *paulus,* »klein« oder »gering«, entstanden. Bekanntlich wurde der Name durch den Saulus, der sich zum Christentum bekehrte und fortan Paulus nannte und dann als spätberufener Heiden-Apostel wirkte, in der christlichen Welt als beliebter Vorname verbreitet. Zahlreiche Päpste übernahmen ihn.

Lass dich in diesem Leben nur nicht unterbuttern – dieses Programm hast du schon in einem früheren Leben, also schon vor längerer Zeit, hinter dich gebracht. Stell dein Licht nicht unter den Scheffel, gib dich nicht mit weniger zufrieden, wenn dir mehr zusteht. Lebe deine Begabungen und Talente, stell dich mutig einer Konfrontation, wenn es wichtig ist. Gib nicht klein bei, kämpfe für deine Rechte. In dem Moment, in dem du das machst, wird sich alles positiv für dich fügen, denn all deine Engel, vor allem der Erzengel Zadkiel und Urim und natürlich dein persönlicher Schutzengel, unterstützen dich nach besten Kräften. Sie sind immer bei dir, niemals werden sie dich im Stich lassen. Vergiss das nicht!

PETER
Erzengel Chamuel, Engeleigenschaft von Anafiel

Das griechische Wort *petros,* »Fels«, »Felsbrocken«, ist Ursprung dieses Namens. Im Matthäus-Evangelium spricht Jesus mit dem Jünger Petrus davon: »Du bist *Petros* und auf *Petra* will ich meine Gemeinde bauen.« Über dem (vermeintlichen) Grab von Petrus, dem ersten Bischof von Rom, wurde der Petersdom errichtet.

Du hast dir vorgenommen, dir ein Leben voller Wunder und Glück zu schenken. Natürlich beinhaltet es auch einige Lernprogramme und hält nicht nur Höhen, sondern auch Tiefen für dich bereit. Das sollte dich jedoch nicht entmutigen oder verunsichern: Geh durch die Schwierigkeiten hindurch und meistere sie, denn du hast alles mitgebracht, um das zu schaffen. Und dann nimm wieder die Wunder und die Schönheit dieser Erde wahr. Stecke andere Menschen mit deinem positiven Wesen und deiner guten Laune an. Du hast so viel Licht und Leben in dir – bringe sie nach außen, geh verschwenderisch damit um, denn du hast einen unerschöpflichen Vorrat davon. Lebe dein altes Wissen für dich.

PHILIP (Philipp, Philippus und andere Formen)
Erzengel Haniel, Engeleigenschaft von Zuriel

Wir finden die griechischen Silben *philos,* »Freund«, und *hippos,* »Pferd«, als Ursprung dieses Vornamens, der somit »Pferdefreund« bedeutet. Der griechische Name wurde von Palästina aus von Christen durch den Apostel Philippus in Byzanz und dem Osten Europas verbreitet. Durch den französischen König Philippe I. (1052–1108) wurde er auch in Westeuropa bekannt.

Durch Liebe berührst du das Unendliche in dir selbst und im ganzen Leben. Was du dir für dieses Leben vorgenommen hast? Auf keinen Fall, dass du dich fallen oder endlos tief in der Passivität versacken lässt. Du bist stärker, als du selbst glaubst. Mit diesem Namen hast du die Kraft und Eigenständigkeit mitbekommen, dass du dir in jeder Situation selbst helfen und sie bewältigen kannst. Auch wenn es dir phasenweise mental nicht gut geht, dann schau einmal, was du tun kannst. Vielleicht ist nur eine Stunde Sport oder ein Treffen mit einem Freund, ein gutes Gespräch wichtig. Möglicherweise brauchst du den Waldboden unter deinen Füßen oder etwas Bewegung an der frischen Luft. Zieh dich raus, und lass zugleich Hilfen, die sich anbieten, zu – nimm dich an!

QUIRIN
Erzengel Gabriel, Engeleigenschaft von Indra

Ein seltener Name, der vor allem in Altbayern gebräuchlich war. Er geht auf das lateinische Wort *quiris,* »Speer« bzw. »Lanze«, zurück. Quirinus hieß ein römischer Kriegsgott.

Lass alle Ängste und Zweifel hinter dir, und befreie dich von einschränkenden Blockaden und kräfteraubenden Menschen. Genau so ist das Hauptthema in diesem Erdenleben und genau so von dir ausgesucht. Das klingt jetzt natürlich einfach, umfasst jedoch ein sehr anspruchsvolles und umfangreiches Programm. Du hast alles hierher mitgebracht, um es auch zu schaffen, und all deine Engel, vor allem der Erzengel Gabriel und Indra, helfen dir dabei. Es kommen immer wieder neue und wunderbare Herausforderungen auf dich zu, neue Chancen und Wege öffnen sich dir. Voraussetzung dafür ist, dass du dich öffnest und einengende Sichtweisen und alte Muster ablegst. Erst dann bist du offen für den nächsten Schritt!

RABAN (Rabanus)
Erzengel Sandalphon, Engeleigenschaft von Baal

Eine lateinische Form vom altdeutschen Wort *hraban,* »Rabe«. Ein Erzbischof von Mainz gleichen Namens ordnete im 9. Jahrhundert das Wissen seiner Zeit nach theologisch-religiösen Überlegungen. Der Rechtswissenschaftler Raban Graf von Westphalen ist ein zeitgenössischer Namensträger.

Immer wieder werden sich in diesem Leben Streitigkeiten und Konflikte zeigen – sie wollen von dir gelöst werden, im besten Fall mit liebevoller Energie und einer Menge Verständnis und Toleranz. Eine Herausforderung, die du dir da vorgenommen hast und ein schwieriges, selbst gewähltes Programm. Natürlich sind all deine Engel, vor allem der Erzengel Sandalphon und Baal sowie sämtliche Friedensengel, an deiner Seite und helfen dir immer wieder. Sie öffnen die Herzen aller bei diesen Unstimmigkeiten beteiligten Personen. Nach und nach kannst du geduldig und liebevoll Streitigkeiten schlichten und Ungerechtigkeiten vermeiden. Du hast den göttlichen Funken in dir und bist eine wunderbare Seele! Lebe deine Berufung!

RAFAEL (Raffael, Raphael)
Erzengel Gabriel, Engeleigenschaft von Turiel

Der Name geht zurück auf den Erzengel Raphael, der sich im Buch Tobit im Alten Testament selbst zu erkennen gibt. Er bedeutet »Gott heilt (die Seele)«. Drei bekannte Namensträger sind der italienische Renaissance-Maler Raffael, der tschechische Dirigent Rafael Kubelik und auch der holländische Fußballspieler Rafael van der Vaart. Siehe auch unter Erzengel Raphael auf Seite 41.

Was du dir für dieses Leben vor allem anderen vorgenommen hast, steckt ja schon in dem Namen, den du dir dafür ausgesucht hast (ja, du selbst!). Du hast alle Fähigkeiten und Mittel, um auf der seelischen Ebene in diesem Leben einen großen Schritt weiterzugehen. Dabei möchtest du alte Themen und Verletzungen heilen und anschließend dein Seelenpotenzial erweitern und ausdehnen. Achte auf deinen Körper und auch auf deinen Geist, denn nur wenn du beides ausgewogen und gesund erhältst, fühlt sich auch deine Seele wirklich wohl und kann wachsen. All deine Engel, vor allem der Erzengel Gabriel und Turiel, werden dich auf deinem Weg begleiten und dir immer helfen.

RAIMUND (Raimond, Reimund, Raymon, Ramon und andere Formen)
Erzengel Jophiel, Engeleigenschaft von Abuliel
Die germanischen Worte *regin* bzw. *ragin*, »Rat (der Götter)«, und *munt*, »Schutz«, bilden diesen Namen, der zunächst im südlichen Frankreich verbreitet war.

Alle Geschöpfe sind in einem feinen Netz des Lebens miteinander verbunden. Das weißt du natürlich schon, denn du hast ein großes Wissenspotenzial in dieses Leben mitgenommen. Mit Raimund hast du dir diesen Leitspruch ausgesucht und wirst ihn hier auf der Erde auch umsetzen. Lass es nicht zu, dass Chaos und Unordnung deinen Alltag bestimmen. Entwickle eine klare Struktur, vermeide »schwammige« Kompromisse. Ersuche all deine Engel um ihre Hilfe, in dein Seelenleben Ordnung und Klarheit zu bringen. Bitte deinen Schutzengel, in der Nacht neben dir zu sein. Dann kannst du im Traum einiges auflösen und erleben und brauchst es nicht im Wachbewusstsein tun. Lebe deine Potenziale!

RAINER (Rainier, Reiner, Ragnar, Régnier)
Erzengel Zachariel, Engeleigenschaft von Domiel

Dieser Name weist ursprünglich auf einen Heeres- oder Volksberater hin oder auf den »Rat der göttlichen Heerscharen«. In ihm finden wir wie in Raimund *regin* bzw. *ragin* mit der Bedeutung »Rat« sowie *heri,* »Heer«. Bekannte Namensträger waren der deutsche Dichter Rainer Maria Rilke, der Politiker Rainer Barzel und der Fürst Rainier von Monaco.

Das ist ja fast ein Wohlfühlleben, das du dir da ausgesucht hast. Natürlich hast du dir diese Pause auch verdient. Einige Herausforderungen warten auf dich, jedoch hast du das Ärgste schon hinter dir und darfst immer wieder kreative Pausen einlegen oder es dir so richtig gut gehen lassen. Das ist ein wunderbares Erdenleben, das so viele Geschenke und schöne Zeiten beinhaltet. Du hast dir in den vorigen Leben vieles erarbeitet und einige ganz schwierige Themen hinter dich gebracht. In deinem aktuellen Leben hier darfst du wirklich genießen und die Zeit auch für angenehme und schöne Dinge nutzen. Bedanke dich bei deinen Engeln, vor allem dem Erzengel Zachariel und Domiel, dass sie immer an deiner Seite sind.

RALF (Ralph)
Erzengel Jophiel, Engeleigenschaft von Hermesiel

Eine selbstständig gewordene Ableitung des alten Namens Radulf bzw. Radolf mit der Bedeutung *rat,* »Rat« und »Ratgeber«, und *wolf,* »Wolf«. Der Rennfahrer Ralf Schumacher und der Musikproduzent Ralph Siegel kommen uns in den Sinn.

Immer wieder wirst du Phasen und Tage erleben, die von mühsamen Energien und schwierigen Erfahrungen geprägt sind. Das hast du dir auch so vorgenommen für dieses Leben:

Denn in erster Linie willst du hier sehr viel lernen. Das erfordert natürlich auch eine Menge Kraft und verlangt dir starken Einsatz und Mut ab. All das hast du hierher mitgebracht und eine Menge altes Wissen, um dieses anspruchsvolle Programm auch positiv zu schaffen. All deine Engel, vor allem der Erzengel Jophiel und Hermesiel, werden dich immer wieder ein Stückchen tragen, wenn du erschöpfst und entmutigt bist. Kopf hoch und durch – mit Zuversicht und Urvertrauen wirst du deinen Weg Schritt für Schritt gut und unaufhaltsam gehen.

REIMAR
Erzengel Chamuel, Engeleigenschaft von Jehudiam
Auch hier findet sich wie bei Raimund und Reiner als erste Ursprungssilbe *regin* für »Rat« und »Berater«, in der zweiten verbirgt sich *mari,* ein altdeutsches Wort für »berühmt«. Der Name war im Mittelalter sehr beliebt.

Wenn das Leben nicht so läuft, wie du es dir erwartest, wenn sich deine Träume und Wünsche nicht erfüllen, dann halte einmal inne und hinterfrage die Hintergründe und deine Motivation. Suche und finde andere Möglichkeiten und Mittel, um dorthin zu gelangen, wo du hinwillst. Bevor du in dieses Leben hier auf der Erde gekommen bist, hast du gewusst, dass sich diese Themen und Problematiken stellen, dass all das auf deinem Weg liegt. Also hast du auch alles hierher mitgenommen, um damit umgehen und es auch positiv lösen zu können. Nur du hast es in der Hand (wer sonst?), etwas zu ändern und neue Entscheidungen zu treffen. All deine Engel, vor allem der Erzengel Chamuel und Jehudiam sowie dein persönlicher Schutzengel, helfen dir dabei.

REINHARD (Reinhart, Reinert)
Erzengel Zachariel, Engeleigenschaft von Asmodel
Ein klassischer deutscher Name, erneut mit der Vorsilbe *regin,* »Rat« oder »Ratgeber«, und *hard,* »stark«, »hart«.

Einige interessante Themen warten in diesem Leben auf dich. Mit diesem Namen hast du dir vorgenommen, einiges abzuklären. Vor allem aber willst du hier Seele und Geist (und nicht nur deinen Körper) optimal aktivieren. Dabei hilft dir Bewegung in der Natur. Nimm dir in jeder Lebensphase immer wieder Zeit, um ins Freie zu gehen. Auch mitten in der Arbeitswoche oder in mühsamen Stressphasen. Geh durch den Park oder über eine Wiese, egal, ob es regnet oder schneit, und lass dich fallen, entspann dich. Gönn dir diese paar Minuten, und spüre in dich hinein, wie sich deine innere »Batterie« wieder auflädt. Bewahre dir diese Kraft in dir!

REINHOLD (Reinold, Renaldo, Ronald)
Erzengel Michael, Engeleigenschaft von Cabriel

Dieselbe Vorsilbe wie bei Reinhard, und als zweite Silbe altdeutsch *waltan,* »walten« bzw. »herrschen«. Ein Reinhold waltet oder herrscht also mit gutem Rat.

Was du dir vorgenommen hast für dieses Leben? Es so zu gestalten, dass du es zufrieden und glücklich erfahren darfst. Denn du hast dir in erster Linie vorgenommen, innere Harmonie, Zufriedenheit und Glück zu leben. Das klingt natürlich einfacher, als es dann auch in der irdischen Realität ist. Wirkliche Ausgewogenheit und Zufriedenheit fangen in dir selbst an – in deiner Seele! Erst wenn du es geschafft hast, mit dir selbst im Reinen, also innerlich »rund« zu sein, wirst du dieses Glück auch im Außen (in der sogenannten Realität) leben können. All deine Engel, vor allem der Erzengel Michael und Cabriel, helfen dir bei diesem wunderbaren Programm, das eine Menge neue Chancen und Möglichkeiten für dich als Geschenke bereithält.

RENÉ
Erzengel Haniel, Engeleigenschaft von Favashi

Die französische Form des lateinischen Namens *Renatus,* der

»wiedergeboren« bedeutet. Heutzutage ein sehr beliebter Vorname, auch im deutschen Sprachraum.

Du hast dir für dieses Leben sehr viel vorgenommen, und es wird phasenweise auch sehr fordernd und anstrengend für dich sein. Denn du möchtest möglichst schnell ans Ziel kommen. Aber vergiss dabei nicht, auf dich zu achten und darauf, deine Kräfte wirklich gut einzuteilen. Du kannst nur wirklich erfolgreich sein, wenn du es schaffst, alles ausgewogen und ohne Druck zu leben. Fang jeden Tag mit einem liebevollen Gedanken an und beende ihn ebenso. Denn die Liebe ist die Basis und steht über allem. Gleich, was du zu erledigen hast: Lass es zu, Hilfe von deinen Engeln anzunehmen, dann wirst du einen großen Schritt weiterkommen. Lebe dich selbst!

RETO (Räto)
Erzengel Zadkiel, Engeleigenschaft von Garuda

Praktisch nur in der Schweiz verbreitet; dieser Name weist auf jemanden hin, der aus dem ursprünglichen rätoromanischen Siedlungsgebiet der Schweiz stammt, also auf einen »Räter«.

Ein tolles und aufregendes Leben, das du dir da ausgesucht hast. Es ist angefüllt mit neuen wunderbaren Erfahrungen und vielen Chancen in jeder Beziehung. Dabei sind auch noch einige »Lebensmenschen« an deiner Seite, die dich lange Zeit treu begleiten. Das alles sind Geschenke, die dir helfen, deinen Alltag mit all seinen Anforderungen und Pflichten optimal zu meistern. Und dabei darfst du auch noch ungewöhnliche Situationen und neue Energien erleben. Mit diesem Namen hast du eine ganz besondere Energie an deiner Seite und darfst Abenteuer auf allen drei Ebenen (also nicht nur körperlich, sondern auch seelisch und geistig) erleben. Danke deinen persönlichen Engeln, vor allem dem Erzengel Zadiel und Garuda, die neben dir sind.

RICHARD (Richart, Reichard, Ricardo und andere Formen)

Erzengel Michael, Engeleigenschaft von Dina

Ein traditioneller deutscher Name, der aus *rihhi,* »reich«, und *hard,* »stark«, »fest« gebildet wird. Er bedeutet deshalb so viel wie »der Starke und Reiche«. Namensträger waren zunächst vor allem englische Herrscher wie Richard Löwenherz. Der Name wurde durch Shakespeares Drama »Richard III.« auch in deutschen Landen verbreitet. Namensträger hier sind zum Beispiel der Komponist Richard Wagner und der ehemalige Bundespräsident Richard von Weizsäcker.

Für dieses Leben hast du dir als Thema Nummer eins die Ehrlichkeit und absolute Offenheit vorgenommen. Du willst sie in alle Lebensbereiche einbringen und nach und nach alle Schleier lüften, alle Masken fallen lassen. Es gelingt dir auch immer besser, alles ganz ehrlich und klar auszusprechen. Du schaffst den Spagat, offen und ehrlich zu sein und trotzdem die Menschen nicht vor den Kopf zu stoßen oder zu verletzen. Das ist gar nicht so einfach, aber du kannst das! In diesem Leben darfst du das alte Wissen aus den vorigen Leben umsetzen und deine Gedanken mit Gefühl und trotzdem klar formulieren. Höre immer wieder auf deine innere Stimme, das sind die Botschaften deiner Seele!

ROBERT (Rupert)

Erzengel Jophiel, Engeleigenschaft von Och

Das germanische Wort *hrod,* »Ruhm«, und das altdeutsche Wort *beraht,* »strahlend« und »stolz«, bilden diesen Vornamen. Robert ist eine normannische Variante zum germanischen Hrodberth. Als Adels- und Herrschername im französischen und englischen Raum beliebt; für den deutschen Sprachraum erst durch die Ritterdichtungen des 18. Jahrhunderts wiederentdeckt.

Ein Leben voller Herausforderungen und Lernprogramme hast du dir gewählt, und manchmal gehst du an die Grenzen deiner Kraft. Aber du solltest niemals vergessen, dass du alles dabeihast, um alle Anforderungen souverän zu schaffen. Mehr hast du dir nicht aufgeladen – dafür haben deine Helfer im geistigen Bereich schon gesorgt. Und natürlich brauchst du auch nicht alles allein zu machen. All deine Engel, vor allem der Erzengel Jophiel und Och, sind immer an deiner Seite und fangen dich auf, wenn du stolperst. Und dann warten noch einige positive neue Wegbegleiter auf dich, die sich auf länger hin als Geschenk herausstellen werden. Nimm alle Hilfen dankbar an, und öffne dich auch für die Unterstützung deiner Ahnen aus dem geistigen Bereich!

ROCHUS (Rocco, Roque und andere Formen)
Erzengel Haniel, Engeleigenschaft von Abel

Unklare Herkunft; vielleicht steckt das lateinische Wort für »Felsen« in diesem Namen, vielleicht aber auch ein Begriff für »(Kriegs-)Geschrei«.

Mit diesem Namen kannst du eine Menge an Aufgaben hier auf der Erde erledigen, die du dir vorgenommen hast. Dabei werden immer wieder Menschen auftauchen, die du schon von früher her, aus vergangenen Leben, kennst und mit denen dich sehr vieles verbindet. Gegenseitige Hilfe und Verstehen kennzeichnen diese Verbindungen, und miteinander kommt ihr Schritt für Schritt gut weiter. Dabei darfst du auch noch Spaß und Lebensfreude in deinen Alltag integrieren, denn auch das ist ein wichtiges Thema in diesem Leben. All deine Engel, vor allem der Erzengel Haniel, Abel und natürlich dein persönlicher Schutzengel, gehen immer neben dir und halten ihre Hände über dich. Was soll dir da noch passieren – du wirst geliebt und beschützt!

ROLAND
Erzengel Uriel, Engeleigenschaft von Maria

Das germanische *hroud,* »Ruhm«, und das altdeutsche *lant,* »wagemutig«, bilden diesen Namen, der übrigens dem Namen Rüdiger verwandt ist. Ein berühmtes Rolandslied entstand um 1100 und umfasst mehr als 4000 Verse. Darin wird der Kampf Karls des Großen gegen die Mauren beschrieben und die besondere Rolle des Helden Rolands, der im Kampf stirbt. Rolandsstatuen sollten die Freiheit und Unabhängigkeit von Städten versinnbildlichen, so zum Beispiel in Bremen, Magdeburg und Haldensleben.

Das übergeordnete Thema in diesem Leben und mit diesem Namen lautet: Entscheidungen treffen. Egal, was du dir auch vorgenommen hast, du kannst es nur erreichen, wenn du auch immer wieder für dich entscheidest und einen Schritt weitergehst. Dabei bekommst du natürlich eine Menge Hinweise und Zeichen von deinen geistigen Helfern, vor allem vom Erzengel Uriel und von der Gottesmutter Maria. Nimm diese Zeichen wahr, und erlaube es dir, deine Herz- und Seelenebene zu erfahren und zuzulassen. Auch wenn dir das jetzt etwas seltsam vorkommt: Du hast eine unglaubliche Intuition hierher mitgebracht, die auch gelebt werden will und dir dementsprechend helfen wird, wenn du sie wahrnimmst. Glaube daran und tu es!

ROLF
Erzengel Gabriel, Engeleigenschaft von Usiel

Eine eigenständige Kurzform von Rudolf; siehe auch dort.

In erster Linie hast du dir vorgenommen, in diesem Leben die allumfassende Liebe zu leben. Das ist ein wunderbares, aber nicht gerade einfaches Thema, das du dir gewählt hast. Jedoch hast du mit diesem Namen auch alles dabei, um hier Schritt für Schritt gut und erfolgreich weiterzukommen. Dabei helfen dir eine Menge Engel, vor allem der Erzengel Gabriel und Usiel. Wenn du es schaffst, in erster Linie einmal dich selbst liebevoll zu umarmen und dich ohne Wenn und Aber anzunehmen, ist das schon ein großer persönlicher Erfolg. Erst danach wirst du wirkliche Nächstenliebe erfahren und leben können. Glaube an dich und an deine seelischen Potenziale, du trägst den göttlichen Funken in dir – öffne dich für seine liebevolle Energie!

ROMAN
Erzengel Michael, Engeleigenschaft von Esrael

Ein Vorname, der sich vom Begriff *romanus,* »römisch« bzw. »der Römer« ableitet. Die weibliche Form kann übrigens sowohl Romana als auch Romina oder Ramona sein.

Dieses Erdenleben sollte nicht nur aus Pflichten und Lasten bestehen – diesen musst du dich ohnehin stellen. Jedoch solltest du auch an jedem Tag deines Lebens einen Moment innehalten und lächeln und dich für all die Chancen und positiven Möglichkeiten bedanken. Vor allem der Erzengel Michael und Esrael sind immer neben dir und begleiten dich bei jedem deiner Schritte. Nimm ihre Hilfe dankbar an, denn du brauchst nicht alles allein zu machen und deinen Alltag als Kampf zu sehen. Die Sonne scheint auch für dich, und es sind glückliche und unbeschwerte Lebensphasen vorgesehen. Nimm dir eine Auszeit, und lass dich von scheinbaren Rückschlägen oder irritierenden Blockaden nicht niederdrücken. Schüttle deine Lasten ab!

RÜDIGER (Roger)
Erzengel Michael, Engeleigenschaft von Bagdial

»Ruhmvoller Speerkämpfer« bedeutet dieser Name, der (wie Roland) aus *hruod,* »Ehre«, und *ger,* »Speer«, gebildet wird. Ein Rüdiger von Bechelaren, Gefolgsmann von König Etzel bzw. Attila aus dem Nibelungenlied, ist ein früher Namensträger.

In diesem Leben sind deine Führungsqualitäten gefragt. Das hast du dir als Programm Nummer eins auch genau so vorgenommen. Dabei bezieht sich dieses Thema nicht nur auf deine Berufswahl, sondern auch auf alles, was deine Herzenergie betrifft. Mit diesem Namen darfst du andere Menschen anleiten und ihnen anhand von dir selbst zeigen, wie man die eigene Seelenenergie lebt, also auch auf die innere Stimme, die Intuition hört. All deine Engel, vor allem der Erzengel Michael und Bagdial, helfen dir bei diesem schönen und bereichernden Lebensprogramm. Folge deiner Berufung, und lass dich nicht von äußeren Einflüssen und Reaktionen irritieren oder von deinem Weg abbringen. Lebe es!

RUDOLF (Rudolph)
Erzengel Raphael, Engeleigenschaft von Verchiel
Wie bei Rüdiger und Roland weist die Vorsilbe auf »Ehre« und »Ruhm« hin, die zweite auf eine Verkürzung von *wolf*, »Wolf«. Der Name war bei den Habsburger Herrschern beliebt. In der Schweiz spricht man Träger dieses Namens übrigens meist mit »Ruedi« an.

Es kann dir absolut gar nichts passieren in diesem Erdenleben. Du hast eine Unmenge von altem Wissen und Möglichkeiten hierher mitgenommen und bist immer gut beschützt von deinen Helfern aus dem geistigen Bereich. Dabei halten vor allem der Erzengel Raphael und Verchiel, aber auch dein persönlicher Schutzengel die Hände über dich. Alles, was du in diesem Leben wirklich und von Herzen willst, wird dir auch gelingen – du wirst es verwirklichen können. Glaube an dich, deine Kraft und deine Fähigkeiten. Dieses Leben ist voller neuer Erfahrungen und Abenteuer, und du hast dir noch eine Menge zu lernen vorgenommen. Wer soll dich aufhalten – stark und unbeirrbar gehst du deinen Weg! Deine Engel sind bei dir – weiter so!

RUPERT (Ruprecht)
Erzengel Zadkiel, Engeleigenschaft von Samiel

Im süddeutsch-bayerischen Gebiet wurde der Vorname Robert zu Rupert bzw. Ruprecht; siehe auch unter Robert.

Neue Ideen und Lebensbereiche warten auf dich, und wenn du es zulässt, wird alles aus dir heraussprudeln und sich hier in diesem Leben auch wirklich umsetzen lassen. Deine Vorstellungskraft ist enorm und alles, was du brauchst, um dieses Leben erfolgreich zu schaffen, trägst du in dir. Dabei hast du all deine Engel, vor allem den Erzengel Zadkiel und Samiel, an deiner Seite. Das kann nur positiv weitergehen und sich gut entwickeln. Du hast dir mit diesem Namen in erster Linie vorgenommen, deinen Weg zu gehen und dabei eine Menge Ideen und Pläne umzusetzen. Dabei darfst du aber auch ein paar Menschen mitnehmen, die dir wirklich wichtig sind und mit denen du gefühlsmäßig verbunden bist.

SAMUEL (Sam, Sammy)
Erzengel Raphael, Engeleigenschaft von Paschar.

Im Hebräischen bedeutet die Urform *schemuel* oder *schmuel* »der Name Gottes« oder »von Gott erbeten«. So hieß einer der Propheten des Alten Testaments, über den es heißt: »Und sie gab ihm den Namen Schmu'el, denn von Jahwe habe ich ihn erbeten.«

Was du dir in diesem Leben mit diesem Namen in erster Linie vorgenommen hast? Deine eigene Meinung zu finden, frei zu entscheiden und unabhängig und selbstständig zu leben. Das ist ein großes Vorhaben, aber du hast in den vorigen Leben alles dafür vorbereitet und bist jetzt so weit. Daher wird es diesbezüglich kein Problem geben. Bleib dran und arbeite konsequent und geduldig – geh Schritt für Schritt mit diesem Thema weiter. Nach und nach wirst du dein Unterbewusstsein umpolen, und niemand kann dich mehr manipulieren oder über dich verfügen. Du wirst immer stärker und freier, und deine Engel freuen sich mit dir – genieße dieses Leben, denn du darfst es als Abenteuer sehen!

SASCHA
Erzengel Zachariel, Engeleigenschaft von Duma

Eine russische Kurz- und Koseform des Vornamens Alexander.

Einen wunderbaren Körper hast du dir ausgesucht für dieses Leben, mit einer Menge Kraft und strotzend vor Gesundheit. Den brauchst du aber auch für all deine Aktivitäten, denn das sind eine Menge! Dabei solltest du jedoch auch deine Seele und deinen Geist nicht vergessen und auch diese in deinen Alltag integrieren und ihnen Nahrung geben. Mach zwischendurch immer wieder kreative Pausen oder bewege dich in der Natur – beides brauchst du für deine Herzenergie. Unterschätze diese zwei Bereiche nicht, denn auch das hast du dir vorgenommen, in dein Leben zu bringen. Du kannst in dieser Existenz optimale Gesundheit auf allen drei Ebenen erreichen, wenn du es wirklich willst und ernsthaft daran arbeitest. Öffne dich für neue Energien!

SEBASTIAN (Bastian)
Erzengel Zachariel, Engeleigenschaft von Jehudiel
Der Name geht auf die frühere griechische Stadt Sebaste in Kleinasien zurück, die heute Siva heißt. Im Ortsnamen ist das griechische Wort *sevastos* enthalten, das »erhaben« und »ehrwürdig« bedeutet. Der Name meinte also sowohl »der Mann aus Sebaste«, aber auch »der Erhabene« bzw. »der Ehrwürdige«.

Was du dir für dieses Leben in erster Linie vorgenommen hast? Vor allem Ausgewogenheit und Balance. Auf keinen Fall wolltest du einen Alltag voller Überlastung mit ständiger Arbeit und Pflichterfüllung. Eine gesunde Ernährung, ausreichend Schlaf und auch am Tag zwischendurch einmal eine längere Pause, das brauchst du, um immer wieder zu Kräften zu kommen. Powere dich nicht aus, höre auch auf deine innere Stimme, auf deine Intuition. Sie sagt dir, wie du harmonisch mit dir selbst umgehen kannst, und zeigt dir den nächsten Schritt. All deine Engel, vor allem der Erzengel Zachariel und Jehudiel sowie auch dein persönlicher Schutzengel, sind immer an deiner Seite und helfen dir, wenn du sie brauchst.

SERGE (Sergej, Sergio und andere Formen)
Erzengel Zadkiel, Engeleigenschaft von Dabriel

Abgeleitet vom etruskisch-italienischen Sergius, das dort ein ganzes Geschlecht bezeichnete. Berühmte Namensträger sind der französische Chansonnier Serge Gainsbourg und der russische Maler Serge Poliakoff.

Ein aufregendes und intensives Leben stellt sich dir. Und du selbst hast dir das genauso ausgesucht. Was jedoch nicht vorgesehen war, ist, dass du alles ganz allein machen musst. Natürlich kannst und sollst nur du deine Entscheidungen treffen, bei der Ausführung jedoch kannst du dir ruhig etwas Hilfe holen. Überlass deinen Engeln, vor allem dem Erzengel Zadkiel und Dabriel, ab und an auch einmal deine Ängste und Sorgen – wenn du sie darum bittest, sind sie sofort zur Stelle und nehmen dir einige Lasten ab. Auch wenn du das jetzt nicht so glaubst, versuch es einfach, du wirst dich wundern, wie gut und schnell das funktioniert. Immerhin warst du derjenige, der sich dieses Lebensprogramm gewählt hat – du schaffst das auch!

SEVERIN
Erzengel Michael, Engeleigenschaft von Favashi

In diesem Namen steckt das lateinische Wort *severus* für »ernst« und »streng«. Severus war der Name einer alten römischen Familie. Severin taucht sowohl als Vor- wie als Nachname auf.

In den vorigen Leben hast du eine Menge an Aufgaben und Herausforderungen hinter dich gebracht und auch vieles geordnet. Dieses »Guthaben« bringst du hierher in dieses Leben mit. Alle Erfahrungen und Potenziale werden dir im jetzigen Leben weiterhelfen. Damit ist die mühsame Kleinarbeit vorerst einmal vorbei, und du kannst nach und nach deine Horizonte erweitern und dich für neue Energien und Aufgaben öffnen. Das ist ein wunderbares und interessantes Lebensprogramm, und du wirst es später einmal richtig genießen können. Kleinere und größere Geschenke in Form von positiven Menschen und Erfolgen liegen auf deinem Weg. All deine Engel, vor allem der Erzengel Michael und Favashi, sind immer neben dir und unterstützen dich.

SIEGFRIED
Erzengel Jophiel, Engeleigenschaft von Asrael
Ein klassischer deutscher Name, der uns vor allem durch den Helden der Nibelungensage bekannt ist, als Siegfried der Drachentöter. Der Name wird aus altdeutsch *sigu,* »Sieg«, und *fridu,* »Friede« bzw. »Schutz« und »Sicherheit«, gebildet.

Dieses Leben sollte als Hauptthema Loslassen und Befreiung haben. Das hast du dir auch so vorgenommen, und demzufolge passen Überbelastung und das Aufladen von unnötigem Ballast absolut nicht zu deinem Lebensplan. Im Gegenteil: Nach und nach darfst du alles abwerfen und vollkommen lösen, was du nicht mehr brauchst und was in die Rubrik »Altlasten« fällt. Alte Muster bei Gefühlen, Gedanken und Worten, aber auch Taten, dürfen damit abgeschlossen werden. Neue Ideen und Wege zeigen sich. In dem Moment, in dem du eine alte Türe hinter dir schließt, wird sich eine neue öffnen. All deine Engel, vor allem der Erzengel Jophiel und Asrael und natürlich auch dein ganz persönlicher Schutzengel, werden dir dabei immer zur Seite stehen.

SIGURD
Erzengel Michael, Engeleigenschaft von Adonai
Ein skandinavischer Name, der Siegfried entspricht.

Du erschaffst dir deine Realität – nur du, wer wohl sonst? Daher ist auch niemand sonst schuld, wenn das Leben nicht so läuft, wie du es gern hättest oder es dir vorgestellt hast. Sei klar in deinen Entscheidungen – genau das hast du dir nämlich in erster Linie vorgenommen. Hinterfrage, was du willst und was du brauchst. Was tut dir gut und was schadet dir eher? Überprüfe deine Wünsche und Sehnsüchte, damit auch nur das in Erfüllung geht, was wirklich auf deinem Weg liegt. Folge deiner Intuition, dann wird sich auch materielle Fülle einstellen können. Bitte all deine persönlichen Engel, vor allem den Erzengel Michael und Adonai, dir bei diesem anspruchsvollen Lebensprogramm zu helfen. Sie sind immer bei dir.

SILVAN
Erzengel Michael, Engeleigenschaft von Fanuel
Der Name weist auf das lateinische Wort *silva,* »Wald«, hin. Silvanus war der römische Gott der Hirten und Wälder und wird mit Pan gleichgesetzt. Silvan könnte als »der aus dem Wald kommt« gedeutet werden.

Die Liebe steht über allem und ist die Basis. Das könnte der Leitspruch in deinem derzeitigen Erdenleben sein. Demzufolge wird alles »in die Hose gehen«, was nicht von Liebe getragen ist. Das ist natürlich ein sehr anspruchsvolles und komplexes Programm, das du als Lebensthema ausgewählt hast (und nur du – wer wohl sonst?!). Du hast aber auch alles hierher mitgebracht, um dieses Ziel zu erreichen, also auf jeder Ebene (körperlich, geistig und seelisch) mit Liebe zu wachsen und diese auch an jedes Lebewesen in deinem Umfeld weitergeben zu können. All deine Engel, vor allem der Erzengel Michael und Fanuel, helfen dir. Ersuche sie um Hilfe – sie sind immer da!

SILVIO (Silvius, Sylvius)
Erzengel Raphael, Engeleigenschaft von Pasiel
Eine Variante zu Silvan, aber auch ein ganz eigenständiger Name. Bekannter Träger ist der italienische Ministerpräsident und Milliardär Silvio Berlusconi. Silvius war der Beiname aller Könige des mythischen Reichs von Alba Longa, einem Vorläufer des römischen Reichs.

Für dieses Leben hast du dir in erster Linie vorgenommen, deine Kraft zu leben. Und du hast eine Menge davon mitgebracht. Mit diesem Namen darfst du all deine Energie auf der körperlichen, aber auch geistigen und seelischen Ebene, leben. Lass dich von deinem Umfeld nicht verunsichern oder entmutigen. Du weißt, was in dir ist und wie du das auch ins Außen bringen, also im Alltag leben kannst. All deine Aufgaben und Herausforderungen, die dir dieses Leben bringt, wirst du gut und erfolgreich meistern, wenn du deine Kraft und Energie in dir aktivierst. All deine Engel, vor allem der Erzengel Raphael und Pasiel, nicht zu vergessen auch noch dein persönlicher Schutzengel, stehen dir bei jeder deiner Unternehmungen bei.

SIMON (Simeon)
Erzengel Gabriel, Engeleigenschaft von Barah
Im Alten Testament ist Simeon einer der Stammväter der zwölf Stämme Israels; im Neuen Testament finden wir einen Israeliten namens Simon, der als Erster in Jesus den Messias erkennt. Das hebräische Wort im Namen kommt von »Gott hat gehört«, es bedeutet auch »hören«, »erhören« und »verstehen«.

Verschiebe die Arbeit in deinem Herzen nicht, fange heute damit an. Das hast du dir in erster Linie für dieses Leben vorgenommen – denn deine Seele will wachsen. Voraussetzung ist, dass du dir das auch erlaubst. Nimm dich und deine Herzenergie wahr. Dann wirst du auch Geschenke bekommen. Das können Wegbegleiter und positive Menschen sein, wunderbare Erfahrungen und neue Energien. Nimm alles offen an, denn deine Engel arbeiten aktiv mit dir und begleiten dich bei jedem Schritt. Die Liebe ist die Basis und steht über allem. Ergreife die Initiative: Geh auf die Menschen zu, und reich ihnen die Hand. Nimm dich und alle anderen Lebewesen voller Zuversicht an.

SIXTUS
Erzengel Uriel, Engeleigenschaft von Bagdial
Griechisch-lateinischer Ursprung in der Bedeutung »glatt« und »fein« sowie »der Sechste«. Einige Päpste legten sich diesen Namen zu.

Das übergeordnete Thema in diesem Leben ist: Abschied. Das klingt jetzt dramatischer und schwieriger, als es wirklich ist. Denn du darfst dich ja auch von einer Menge Belastungen und alten Energien verabschieden, die du für deine weitere Entwicklung nicht mehr brauchst. In diesem Fall ist das natürlich auch ein Gefühl der Befreiung und Lösung, das du als Geschenk bekommst. Ab und zu wirst du dich jedoch auch schwereren Herzens verabschieden und trennen müssen. Trauerarbeit und Gefühle aufarbeiten und all das hinter dir lassen – das ist das eigentliche Lernprogramm. All deine Engel, vor allem der Erzengel Uriel und Bagdial, werden dich sehr aktiv dabei unterstützen und dir auch immer wieder die Lebensfreude zurückbringen.

SÖNKE
Erzengel Zadkiel, Engeleigenschaft von Ganesha
Ein friesischer Begriff für »kleiner Sohn« oder »Söhnchen«. Hauptsächlich im Norden verbreitet.

Mit diesem Namen darfst du Entscheidungen treffen und ganz neue Wege gehen. Dabei kannst du auch keine Fehler machen, denn das Leben ist ein Abenteuer, und du darfst eine Menge erfahren und lernen. Wenn du dich für etwas entschieden hast, dann schau nicht mehr zurück, sondern blick nach vorn und mach die nächsten Schritte. Je vertrauensvoller und überzeugter du das tun kannst, umso klarer und erfolgreicher wird sich dein Alltag zeigen und gestalten. Nutze dein Bewusstsein, denn neue geistige Fähigkeiten offenbaren sich dir. Sei mutig und steh zu deinen Überzeugungen. Das alles sagen dir deine Engel, vor allem der Erzengel Zadkiel und Ganesha, aber natürlich auch dein persönlicher Schutzengel. Sie alle sind bei dir.

SÖREN
Erzengel Zadkiel, Engeleigenschaft von Favashi
Vor allem dänische Variante zu Severin, die in der Bedeutung dem deutschen Namen Ernst entspricht. Der dänische Philosoph und Theologe Sören Kierkegaard ist ein bekannter Namensträger, und Fußballfreunden wird auch Sören Lerby ein Begriff sein. Man findet auch oft die Schreibweise Søren.

Lebensthema Nummer eins, das du dir mit diesem Namen vorgenommen hast: Vertrauen. Zuerst einmal Vertrauen zu dir selbst und deinen eigenen Fähigkeiten, auch zu deinem Seelen- und Herzpotenzial – und das ist kein kleines! Erst wenn du dir und deinem inneren Potenzial wirklich voll und ganz vertraust, kannst du diese Energie auf dein näheres Umfeld ausdehnen. Einige Menschen, die dich über das ganze Leben hin begleiten, werden davon unglaublich profitieren, und es wird sich viel bewegen und verändern. All deine Engel, vor allem der Erzengel Zadkiel und Favashi, aber auch dein persönlicher Schutzengel, werden dir dabei helfen, dich nicht verunsichern und ablenken zu lassen und deinen Weg zu gehen.

STANISLAUS (Stanisław, Stan)
Erzengel Raphael, Engeleigenschaft von Astarte
Ein Name aus dem slawischen Sprachraum. Altslawisch *stani* bedeutet »Festigkeit« und »Härte«, *sława* bedeutet »Ehre« und »Ruhm«.

Was du dir vorgenommen hast für dein Leben? In erster Linie willst du alles in und außerhalb von dir heller machen – also mehr Licht und Liebe in dir und rund um dich zulassen. Damit ist vorprogrammiert, dass auch du heller = heiler wirst, und das äußert sich in einer unglaublich positiven Energie, die du ausstrahlst. Sämtliche Engel, die du für dieses interessante Lebensprogramm brauchst, begleiten dich dabei. Vor allem der Erzengel Raphael und Astarte sind immer neben dir und zeigen dir den nächsten Schritt. Nach und nach schaffst du es, dich auf allen drei Ebenen – körperlich, geistig und seelisch – immer besser zu fühlen und dein altes männliches Wissen, das du hierher mitgenommen hast, auch optimal zu nutzen. Bedanke dich bei allen Helfern aus dem geistigen Bereich!

STEFAN (Stephan, Steven; auch Etinne und Istvan)
Erzengel Haniel, Engeleigenschaft von Baliel

Der Name ist griechischen Ursprungs und bedeutet »der Bekränzte«. Heilige und Könige, Fürsten und Päpste haben diesen Namen getragen. Vor allem durch den heiligen Stephan, der einer der Diakone in der Urgemeinde von Jerusalem war und dort als erster Christ den Märtyrertod starb (etwa um 40 n. Chr.), wurde dieser Vorname sehr verbreitet und beliebt.

Wo bist du Kontrast zum Nächsten, wo Ergänzung, wo Stütze? Ja, genau das ist dein Lebensprogramm, das du dir vorgenommen hast. Und dein Name passt da natürlich optimal hinein – also hast du sehr gut gewählt. Immer wieder wird es Situationen geben, in denen du mit unehrlichen Menschen, scheinbaren Erfolgen und unpassenden Aktivitäten konfrontiert bist. Schau hinter die Fassade von jedem und allem. Sei eindeutig und offen mit dem, was du denkst, sagst und tust. Dies ist ein Erdenleben, in dem du in ein anderes Bewusstsein und eine andere Energie mit dir selbst gehen kannst. Höre nach innen, von dort kommen eine Menge Botschaften, die dir helfen werden. Deine Engel sind neben dir und schützen dich auf deinem Weg, auf dem du gut weiterkommen wirst.

SVEN
Erzengel Michael, Engeleigenschaft von Duma

Ein nordischer Name, in dem ein Wort für »Jüngling« bzw. »junger Mann« steckt. Der schwedische Entdecker und Forschungsreisende Sven Hedin sowie der deutsche Skispringer Sven Hannawald gehören zu den bekannten Namensträgern.

Dieses Leben steht unter einem guten Stern. Mit diesem Namen hast du dir viel vorgenommen, jedoch steht auch der Glücksaspekt darüber. Einiges wird sich wie von selbst auflösen und manches zu deinen Gunsten fügen. Das darfst du voll und ganz zulassen und annehmen. Denn du hast dir das verdient, indem du in einigen vorherigen Leben viel vorbereitet und gearbeitet hast. Jetzt darfst du ernten, was du früher ausgesät hast. Du wirst alle Herausforderungen im privaten und beruflichen Bereich optimal meistern. Neue Sichtweisen und Problemlösungen liegen auf deinem Weg. Nimm die Geschenke deiner Engel und die Früchte deiner Arbeit voller Dankbarkeit an! Genieße sie.

TANKRED
Erzengel Jophiel, Engeleigenschaft von Ganesha
Ein normannischer Name, der im Mittelalter weiter verbreitet
war. In ihm sind germanische Worte für »danken« und »raten«
enthalten. Heute eher im romanischen Sprachraum noch zu
finden.

Heilung hast du dir als Hauptthema in diesem Leben gewählt. Dieses Thema bezieht sich auf alle drei Ebenen – also die
körperliche, geistige und seelische. Alle drei Bereiche wollen
beachtet und ausgewogen gelebt werden. Mit diesem Namen
hast du alles hierher mitgebracht, um alle Aufgaben und Herausforderungen auch erfolgreich und gut zu schaffen. Dabei
hast du all deine Engel, vor allem den Erzengel Jophiel und Ganesha, an deiner Seite, die dich immer wieder ein Stück tragen,
wenn du erschöpft bist. Lass dich von scheinbaren Rückschlägen und schwierigen Lebensphasen nicht entmutigen, du hast
eine Menge an innerem Potenzial und Kraft auf jeder Ebene in
dieses Leben gebracht und nutzt sie optimal.

TASSILO (Thassilo, Tasso)
Erzengel Uriel, Engeleigenschaft von Zophiel
Ableitungen aus der westgermanischen, keltischen und althochdeutschen Sprache legen die Bedeutung von »glänzend
wie der Tag« nahe. Der gleichnamige bayerische Stammesher-
zog und Klostergründer wurde von Kaiser Karl dem Großen als

Konkurrent betrachtet und verbannt. Noch heute ist in Krems-münster, Österreich, der Tassilo-Kelch zu bewundern und im bayerischen Wessobrunn die Tassilo-Linde.

Was du dir für dieses Leben vorgenommen hast? Zum Bei-spiel und als erstes Thema: eine ausgewogene und positive Part-nerschaft zu leben. Das beginnt aber bei dir selbst. Erst wenn du dich mit all deinen Eigenheiten und so wie du wirklich bist annehmen und lieben kannst, wird sich eine ideale Zweierbezie-hung einstellen. Es hilft dir nichts, ungeduldig und mit Druck etwas erzwingen zu wollen. Erst wenn du dein Urvertrauen lebst und deine Seelenkraft aktivierst, kommst du mit diesem The-ma einen Schritt weiter. Natürlich kannst du es schaffen, sonst hättest du dir das erst gar nicht vorgenommen. All deine Engel, vor allem der Erzengel Uriel und Zophiel, werden dir bei dieser Herausforderung und anspruchsvollen Aufgabe helfen.

THADDÄUS
Erzengel Chamuel, Engeleigenschaft von Phaleg
Ein biblischer Name, den auch einer der Jünger Jesu trug, Judas Thaddäus. Dieser Vorname geht auf einen griechischen Begriff zurück, der »Lobpreisung« bedeutet.

Vergebung und Verzeihen ist ein Grundthema in diesem Erdenleben, das du selbst dir genau so ausgesucht hast. Dem-entsprechend hast du auch alle Fähigkeiten und Potenziale hier-her mitgebracht, um diesen Weg erfolgreich gehen zu können. Dabei solltest du zuerst alles Vergangene loslassen und damit beginnen, dir selbst zu verzeihen. Erst danach kannst du alles nach und nach vergeben und vergessen, was andere Menschen dir in vorigen oder im jetzigen Leben »angetan« haben. Denn du darfst nicht vergessen: Manche übernehmen diese negative Rolle auch aus Liebe zu dir, damit du einen Schritt weitergehen kannst. Ersuche all deine Engel, vor allem den Erzengel Cha-muel und Phaleg, dich auf diesem Weg aktiv zu begleiten.

THEOBALD (Theo)
Erzengel Uriel, Engeleigenschaft von Hadraniel

Eine Variante zu Dietbald, das aus den altdeutschen Worten *thiot* bzw. *diet*, »Volk« und »Menschen«, und *bald*, »kühn« hervorging.

Was du dir für dieses Leben vorgenommen hast? Mit diesem Namen darfst du deine Begeisterungsfähigkeit leben, also alles, was aus deinem Geist und deiner Seele an wunderbarer und liebevoller Energie kommt. Auch wenn du ein ganzer Mann bist: Du darfst Emotionen und Herzenergie voll und ganz ins Außen bringen. Niemand wird dich deswegen auslachen, wenn es aus vollster Überzeugung geschieht. Lebe deine Begeisterung auf jeder Ebene, und vergiss nicht, sie auch in neue Pläne und Wünsche einfließen zu lassen. Nur so lassen sich Träume und scheinbar unerreichbare Ziele auch verwirklichen. All deine Engel, vor allem der Erzengel Uriel und Hadraniel, begleiten dich und sind sofort neben dir, wenn du sie darum bittest.

THEODOR (Theo)
Erzengel Zachariel, Engeleigenschaft von Dagiel

Die griechischen Worte *theos*, »Gott«, und *doron*, »Gabe« standen Pate. Es ist die männliche Form zum Namen Dorothea und bedeutet wie dieser »Geschenk Gottes«. Zahlreiche byzantinische Kaiser, bulgarische Zaren und orthodoxe Patriarchen haben diesen Namen getragen.

Was du dir für dieses Leben vorgenommen hast? Als Schwerpunkt, dass du es als Geschenk siehst und alle Chancen und Gelegenheiten zum Lernen und Wachsen nutzt. Alles, was du machst, soll von Begeisterung getragen sein, überall sollten deine Herzenergie und dein Seelenfeuer hineinfließen. Mach keine halben Sachen, keine falschen Kompromisse. Genieße alles, was dir das Leben und du selbst dir selbst schenkst, bewusst. Nimm Gaben von deinem Umfeld an, sende Hilfe und Licht aus, beide werden tausendfach zu dir zurückkehren. Schau nicht auf den Schatten, sondern hin zum Licht. Ersuche deine persönlichen Engel, dir bei diesem wunderbaren Lebensprogramm beizustehen, sie werden sofort an deine Seite eilen!

THEOPHIL (Theo)
Erzengel Gabriel, Engeleigenschaft von Usiel
Wörtlich bedeutet dieser Vorname, der auf das Griechische zurückgeht, »Gottesfreund«.

Auch wenn du es phasenweise nicht glauben kannst: Dieses Leben hast du dir wirklich selbst ausgesucht und damit auch all seine Aufgaben und mühsamen Lernprogramme, die es beinhaltet. Daher lass dich nicht fallen oder von Ärger und Missmut bestimmen. Wenn sich der Alltag mühsam und zäh gestaltet, lebe deine innere Kraft und Ausdauer, denn davon hast du eine Menge hierher mitgebracht. Und noch eine Vielzahl anderer Fähigkeiten und Möglichkeiten, um Schritt für Schritt deinen Lebensplan erfolgreich zu erfüllen. Glaube an dich, und lass es dir zwischendurch auch immer wieder gut gehen. All deine Engel, vor allem der Erzengel Gabriel und Usiel, freuen sich, wenn du wieder eine Aufgabe geschafft hast.

THILO (Tilo)
Erzengel Gabriel, Engeleigenschaft von Schamschiel
Kurzform von Namen, die mit Diet- beginnen, also zum Beispiel Dietrich. Als Bedeutung schwingt deshalb mit, wie bei Dietrich, »reicher Mann im Volke« bzw. »Herrscher«.

Immer wieder wirst du in deinen derzeitigen Erdenleben Tage voller Unausgewogenheit und Chaos erleben. Lass dich nicht in diese destruktive Energie hineinziehen, denn genau das ist das Lernprogramm, das dahintersteckt. Du hast dir nämlich vorgenommen, immer wieder Pausen zu machen und tief durchzuatmen. Dabei schaust du dir die aktuelle Situation ganz genau an und erreichst einen Überblick, der dir einen Blick auf den nächsten Schritt ermöglicht. Du entscheidest, ob etwas verändert wird oder du eine andere Richtung einschlägst, wer sonst?! All deine Engel, vor allem der Erzengel Gabriel und Schamschiel, helfen dir bei diesem sehr intensiven Lebensprogramm, und dein persönlicher Schutzengel ist ebenfalls für dich da.

THOMAS (Tomas)
Erzengel Chamuel, Engeleigenschaft von Abdia

Thomas bezeichnet im Hebräischen »Zwillingsbruder«. Wir kennen den »ungläubigen Thomas«, der zunächst die Auferstehung Jesu anzweifelte und später zum Apostel Südindiens wurde, und Thomas von Aquin, den dominikanischen Kirchenlehrer und Gelehrten. Thomas ist nach wie vor einer der beliebtesten Vornamen.

Eine Menge Aktivität und Kraft hast du in dieses Leben mitgebracht. Jedoch hast du dir sicher nicht vorgenommen, diese für einen möglichst schnellen Durchmarsch zu verwenden, im Gegenteil. Mit diesem Namen möchtest du alle drei Ebenen – Körper, Geist und Seele – ideal verbinden und alle Energien spüren und nutzen. Nur wenn du bewusst und langsamer durch den Alltag gehst, wirst du neue Chancen und Möglichkeiten auch erkennen und ergreifen können. Nebenbei siehst du dann sogar die Schönheit von Mutter Erde und alles Positive, was sich dir zeigt. Nimm die Geschenke und Segnungen in deinem Umfeld an. All deine Engel, vor allem der Erzengel Chamuel (ein Engel der allumfassenden Liebe) und Abdia helfen dir dabei.

THORSTEN (Torsten)
Erzengel Raphael, Engeleigenschaft von Cassiel

Ein Name aus dem skandinavischen Sprachraum, der »Stein des Thor bedeutet«. Thor war der germanische Gott des Krieges und des Donners, auch Donar genannt.

Frieden, Zufriedenheit und Ausgewogenheit – das hast du dir in erster Linie für dieses Erdenleben vorgenommen. Ein anspruchsvolles und wunderbares Programm, das du erfüllen willst. Natürlich hast du dafür mit diesem Namen auch alle Voraussetzungen hierher mitgebracht, um es erfolgreich meistern zu können. All deine Engel, vor allem der Erzengel Raphael und Cassiel, eilen an deine Seite und helfen dir, wenn du sie darum bittest. Wenn du Frieden erreichen willst, brauchst du in dir eine liebevolle und harmonische Grundenergie. Erst wenn du in dir »rund« und ausgewogen bist, wird sich auch dein Umfeld solchermaßen gestalten und zeigen. Glaube an dich und deine Seelenkraft – du trägst den göttlichen Funken in dir!

THORGE (Torge)
Erzengel Haniel, Engeleigenschaft von Jehuel
Auch hier wie bei Thorsten erkennen wir in der ersten Silbe den Bezug zum Kriegsgott Thor; die zweite weist auf den *ger,* also »Speer«, hin.

Was du dir für dieses Leben vorgenommen hast? In erster Linie möchtest du hier auf der Erde so viel wie möglich lernen. Deswegen hast du dir auch die Erde mit dem (doch schweren und einschränkenden) Körper ausgesucht, denn mit ihm kannst du im übertragenen Sinne große Schritte weiter machen, auch was die seelische Entwicklung anbelangt. Mit diesem Namen darfst du dein früher erarbeitetes Wissen auch an andere weitergeben. Das sollst du sogar, denn es reicht nicht, wenn du es nur für dich nutzt. Also bist du auch ein nährender (und lehrender) Mann mit einem unglaublich schönen und reichen Seelenpotenzial. Ersuche deine persönlichen Engel, vor allem den Erzengel Haniel und Jehuel, dich bei jedem deiner Schritte zu begleiten. Sie machen es gern!

THORWALD
Erzengel Jophiel, Engeleigenschaft von Vretil

Nach den obigen ein drittes Beispiel für einen Vornamen, der mit Thor gebildet wird. *Wald* bedeutet so viel wie »walten« oder »herrschen«. Ein Thorwald waltet also mit der Kraft des Kriegs- und Donnergottes Thor.

In diesem Leben darfst du auch die Leichtigkeit leben. Das hast du dir nämlich als wesentliches Thema vorgenommen. Wieder die positive Kindlichkeit zu aktivieren und nicht nur Pflichten und Aufgaben zu erfüllen. Lass dein Inneres Kind zu, den Jungen in dir. Er wird dich an der Hand nehmen und dir wieder die wesentlichen Kleinigkeiten des Lebens zeigen. Sichtweisen und Blickpunkte werden sich verändern, und du wirst diese Energie positiv nutzen können. Einige Probleme werden sich nebenbei wie von selbst auflösen. Lass wieder Lachen und Spielen in deinen Alltag – du wirst es nicht bereuen. Es wird alles leichter. All deine Engel, vor allem der Erzengel Jophiel und Vretil, werden dich mit einem Lächeln begleiten.

TILLMAN (Tilmann)
Erzengel Raphael, Engeleigenschaft von Esrael

Die Wortherkunft von *thiuda*, »Volk«, und *man*, »Mann« bzw. »Mensch«, legt die Bedeutung »Mann aus dem Volk« nahe. Andere Deutungen schlagen vor: »Gefolgsmann«, »getreuer Mitstreiter« oder »Herrscher des Volkes«. Berühmter Namensträger war der mittelalterliche Bildschnitzer Tilman Riemenschneider.

Mit diesem Namen hast du dir für dieses Leben vorgenommen, alles zu genießen, was du an Positivem und an Geschenken bekommst. Also schütte dich nicht mit Pflichten und Aktivitäten zu, sondern nimm dir auch einmal Zeit für Angenehmes. Eine Menge Aufgaben warten auf dich, die du mit deiner unglaublichen Energie auch nach und nach gut hinbekommst. Jedoch solltest du auch die Pausen nicht vergessen. Teile dir deine Kraft gut ein und überfordere dich nicht. Mach dir selbst keinen Druck, sonst musst du dich umso mehr plagen und viel mehr Energie einsetzen, als wirklich notwendig wäre. All deine Engel, vor allem der Erzengel Raphael und Esrael, helfen dir, deine Aufgaben erfolgreich zu Ende zu führen!

TIM

Erzengel Zadkiel, Engeleigenschaft von Galizur

Je nach Ansicht entweder eine Kurzform zu Timotheus, altgriechisch etwa »der Gottesfürchtige«, oder zum germanischen Dietmar, »der im Volk berühmt ist«.

Viel Kraft und Energie hast du hierher mitgebracht und willst sie natürlich auch für all deine Lernprogramme nutzen. Dabei marschierst du stark und unerschütterlich und ziemlich flott durch deinen Alltag. Das ist alles sehr schön, jedoch hast du dir auch vorgenommen, auf andere Menschen Rücksicht zu nehmen und auf ihre Bedürfnisse und Gefühle einzugehen. Das ist natürlich nicht immer einfach, fordert es doch eine Menge Geduld und Ruhe von dir, aber das ist genau das, was du auch lernen willst in diesem Erdenleben. Also nimm dir immer wieder Zeit für einen wichtigen Menschen in deinem nahen Umfeld und nimm dich ein wenig zurück. Schritt für Schritt wirst du gut weiterkommen und deine Seele darf wachsen!

TITUS

Erzengel Michael, Engeleigenschaft von Sammael

Ein Titus war als Heidenchrist Schüler, Gefolgsmann und Helfer des Apostels Paulus. Wir wissen von einem römischen Kaiser namens Titus und vom Sabinerkönig Titus Tatius. Die Wortherkunft ist und bleibt jedoch leider unklar.

Du hast dir für dieses Leben vorgenommen, zu deiner Ur-Energie zurückzukommen, diese zu spüren und deine männliche Ur-Kraft zu finden. Sie will nämlich von dir wahrgenommen und gelebt werden. Daher hast du dir auch den genau passenden Namen dafür ausgesucht (natürlich du – wer sonst? Deine Eltern haben die Energie von dir aufgefangen und dich entsprechend genannt). Wenn du deine ursprüngliche Kraft finden willst, mach von Zeit zu Zeit Folgendes: Setz dich auf einen für dich passenden Kraftplatz, und schließe die Augen. Nimm Kontakt zu deiner Ur-Energie auf, die in dir schlummert und Teil deines Alltags sein will. Nach einigen Minuten wirst du sie spüren, lass sie zu! Vertrau auf deine Fähigkeiten!

TOBIAS
Erzengel Zadkiel, Engeleigenschaft von Ormuz
Das hebräische Wort *tobijjah* ist die Grundlage dieses Namens. Es bedeutet »Gott ist gut« und »Gott ist gnädig«. Das in der katholischen Bibel enthaltene Buch Tobit berichtet von Tobias, dem Sohn des Tobit, und der wundersamen Hilfe und Heilung, die der Erzengel Raphael der Familie schenkt.

Alles, was sich in diesem Erdenleben zeigt, hast du dir selbst auch genau so vorgenommen. Mit diesem Namen darfst du aus dem Vollen schöpfen. Eine Menge inneres Potenzial, viele Fähigkeiten und wunderbare Möglichkeiten hast du hierher mitgebracht. Dabei darfst du alle Lernaufgaben und Herausforderungen als neue Chancen sehen. Denn in dem Moment, in dem du eine Aufgabe annimmst, fängt sich diese auch schon zu lösen an. Immer wieder bekommst du hilfreiche Impulse von deinen geistigen Helfern, vor allem dem Erzengel Zadkiel und Ormuz, aber auch von deinem persönlichen Schutzengel. Nach und nach erkennst du die Hinweise und Zeichen deiner Engel, und sie freuen sich und sind immer neben dir.

TONY (Toni)

Erzengel Haniel, Engeleigenschaft von Neriah

Es handelt sich hier zwar um die Kurzform von Anthony bzw. Anton, aber Tony und Toni sind doch inzwischen oft ganz eigenständige Vornamen und nicht mehr nur Koseformen. Dahinter steht Antonius, ein römischer Geschlechtername.

Neben Ausgewogenheit und Gerechtigkeit möchtest du in diesem Leben auch deine innere Stimme, deine Intuition aktivieren – also nach deiner Eingebung entscheiden. Genau das hast du dir so vorgenommen und alles an innerem Potenzial dafür mitgebracht, um dieses Lebensprogramm auch optimal erfüllen zu können. Erlebe diese Zeit hier auf der Erde nicht als Achterbahn, sondern in Ausgewogenheit und innerem Gleichgewicht. Du hast das in der Hand und all deine Engel, vor allem der Erzengel Haniel und Neriah, werden dir dabei helfen, die innere und äußere Balance zu finden. Glaube an deinen göttlichen Funken und an deine wunderbare Seelenenergie – sie wird dir helfen, Schritt für Schritt weiterzukommen auf diesem spannenden Weg.

U

UDO
Erzengel Haniel, Engeleigenschaft von Och

Der Name geht auf einen alten Begriff für »Besitz« und »Erbe« zurück und könnte als »der Heimtverbundene« oder »der Bodenständige« gedeutet werden. Bekannte Namensträger sind der österreichische Chansonnier Udo Jürgens und der deutsche Fußballtrainer Udo Lattek.

Was du dir für dieses Leben in erster Linie vorgenommen hast? Mit diesem Namen kannst du vor allem eine Menge an Themen und unpassenden Energien und auch Menschen hinter dir lassen – also dich vollkommen von ihnen lösen. Das wird anfangs nicht leicht sein, denn dein Umfeld wird sich dagegen wehren. Aber lass dich nicht verunsichern und beirren, zieh deine Entscheidungen durch, wenn du sie einmal getroffen hast. Du darfst dir das erlauben, denn das ist dein Lern- und Lebensprogramm und Thema Nummer eins. Bekräftige deine Meinungen und Absichten, lass dich nicht unterkriegen, und mach dich nicht schwächer und kleiner, als du tatsächlich bist. Du bist eine wunderbare Seele und hast alle Engel neben dir.

ULF
Erzengel Chamuel, Engeleigenschaft von Pronoia

Der Name geht auf ein altes nordisches Wort für »Wolf« zurück. Der erste Astronaut aus der Bundesrepublik war Ulf Merbold.

In diesem Leben darfst du verstärkt dein altes männliches Wissen, also deine innere Seelenkraft und Weisheit aktivieren und leben. Das klingt jetzt vielleicht etwas seltsam für dich, aber genau das hast du dir als übergeordnetes Lebensmotto vorgenommen. Dementsprechend solltest du immer hinterfragen: Was brauche ich, und was kann ich mir ersparen? Was ist wirklich wichtig für mich, und was sagt mir nur mein Kopf, mein Ego? Was nützt mir in diesem Leben, und was vermeide ich besser? Nimm dir Zeit für diese Fragen und für ihre Antworten. All deine Engel, vor allem der Erzengel Chamuel (der Engel der Eigenliebe und Harmonie) und Pronoia, sind immer an deiner Seite – so wie dein persönlicher Schutzengel. Spüre sie!

ULRICH (Ullrich)
Erzengel Gabriel, Engeleigenschaft von Ramiel
Ein klassischer deutscher Vorname, der früher gern Erstgeborenen gegeben wurde, weil in seiner alten Form Uldarich die Begriffe für »Erbe« und »Herrscher« enthalten sind. Der deutsche Humanist Ulrich von Hutten und der schweizerische Reformator Ulrich Zwingli trugen maßgeblich zur Verbreitung des Namens bei.

In diesem Leben kommt alles ans Licht, das hast du dir auch genau so vorgenommen. Denn du lässt es nicht mehr zu, dass getäuscht und getarnt wird. Die Masken fallen, und es wird nichts mehr zugedeckt – sei es ein Gefühl, ein Gedanke oder eine Aussage. Mithilfe all deiner Engel (vor allem Erzengel Gabriel und Ramiel) fallen Masken und Schleier, und du kommst zu absoluter Offenheit und Ehrlichkeit. Dabei erhältst du immer wieder Hinweise, Tipps und Zeichen, wie du dich auf allen drei Ebenen (Körper, Geist und Seele) reinigen kannst. Nebenbei tauschst du alten »Müll« gegen neu aufgebaute Eigenliebe aus – ein Prozess, der dich zufrieden und glücklich machen wird! Du bist sehr gut unterwegs!

UMBERTO
Erzengel Raphael, Engeleigenschaft von Abuliel

Die italienische Form von Humbert, die im Süden weit verbreitet ist. Denken wir an Umberto Eco, der den Weltbestseller »Der Name der Rose« schrieb.

Ja, ich darf hier alles, was mir guttut, und ich bin hierher gekommen, um neue Erfahrungen zu machen und auch glücklich zu sein. Das sollte dein Motto sein, das über diesem Erdenleben steht. Alles andere ist nicht so wichtig. Mit diesem Namen hast du einen unglaublichen Wissendrang und eine gesunde Neugier mitgebracht, die dir helfen werden, alles zu erfahren und zu erleben, was du für deine Weiterentwicklung brauchst. All deine Engel, vor allem der Erzengel Raphael und Abuliel, sind immer neben dir und helfen dir bei diesem aufregenden Programm. Und vergiss nicht, dass du auch Glück, Zufriedenheit und Ausgeglichenheit erfahren darfst und willst. Achte immer gut auf dich selbst – auch das liegt auf deinem Weg.

URBAN
Erzengel Zachariel, Engeleigenschaft von Cahetel

Wir erkennen unschwer das lateinische Wort *urbanus* als Namensgeber, das »aus der Stadt« bzw. »Städter« bedeutet und sich natürlich zunächst auf Rom bezog. Acht Päpste haben sich Urban genannt. Der berühmte päpstliche Segen heißt bekanntlich *urbi et orbi*, »der Stadt und dem Erdkreis«.

Große Aufgaben und Schritte erwarten dich, und mit diesem von dir gewählten Namen wird es dir auch nicht schwerfallen, sie zu meistern. Voraussetzung dafür ist, dass du erstmals dich selbst und voll und ganz annehmen kannst – Eigenliebe ist hier das Schlüsselwort zum Erfolg. Das ist an sich schon ein sehr anspruchsvolles Thema und wird eine Zeit dauern, bis du es für dich löst. In dem Moment, in dem du das schaffst, werden sich neue Türen und Tore für dich öffnen, und du bist einen großen Schritt auf deinem Lebensweg weitergekommen. Dabei übernimmst du wie nebenbei die Verantwortung für dich und die Meisterschaft für dieses Erdenleben. All deine Engel, vor allem dein persönlicher Schutzengel, sind immer neben dir.

URS
Erzengel Sandalphon, Engeleigenschaft von Muriel
Wie bei Ursula und bei Ursina stand auch hier das lateinische Wort *ursus,* »Bär«, Pate. Vor allem in der Schweiz ist dies ein häufiger Vorname, da es dort einen heiligen Ursus gab, der im 4. Jahrhundert den Märtyrertod erlitt.

Zwei Grundthemen hast du dir für dieses Leben vorgenommen: Gelassenheit und Geduld. Das klingt sehr klar und einfach, ist aber eine komplexe Lebensaufgabe, die du dir da ausgesucht hast. All deine Engel, vor allem Erzengel Sandalphon und Muriel, unterstützen dich dabei aktiv und verlässlich in jeder deiner Lebensphasen. Sie helfen dir auch, dein »altes Wissen«, das du in dieses Leben mitgenommen hast, zu aktivieren. Dadurch kannst du jeden Tag sehr intuitiv und bewusst erleben. Nimm dir immer wieder Zeit, um hinaus in die Natur zu gehen oder Sport zu treiben. So kannst du bei Belastungen und Einschränkungen am schnellsten und intensivsten deine Herz- und Seelenenergie wieder aufladen.

UWE
Erzengel Haniel, Engeleigenschaft von Adam
Ob dieser Vorname eine Kurzform von Namen ist, die mit Ul- beginnen, oder aus dem Friesischen stammt und dem skandinavischen Namen Ove verwandt ist, bleibt ungeklärt. In Deutschland sicher der bekannteste Namensträger ist der Fußballer Uwe Seeler.

Was du dir für dieses Leben in erster Linie vorgenommen hast? Als Hauptthema innere Ruhe zu erreichen und dich nicht in chaotische Energien ziehen zu lassen. Das schaffst du mit dem von dir gewählten Namen auf eine ganz eigene und einzigartige Weise. Auch dein umfangreiches Seelenpotenzial, das du hierher mitgebracht hast, hilft dir. Immer, wenn es problematisch und eng für dich wird, kannst du einen Schritt zurückgehen, stehen bleiben und dir alles von weiter weg anschauen. Das hilft dir, einen Überblick zu bekommen. Erst dann gehst du den nächsten Schritt. All deine Engel, vor allem der Erzengel Haniel und Adam, helfen dir bei diesem wunderbaren Erdenprogramm und sind immer an deiner Seite.

VALENTIN
Erzengel Raphael, Engeleigenschaft von Verchiel

Das lateinische Wort *valere* bildet den Stamm dieses Namens. Es bedeutet »gesund, stark zu sein«, aber auch »Einfluss zu haben«. Der Name ist mehr im bayerischen Raum zu finden, auch als Nachname wie beim Tragikomiker Karl Valentin. Heute feiert Valentin als besonderer Tag der Liebenden und der Jugend am 14. Februar fröhliche Urständ – zunächst als Erfindung der amerikanischen Blumen-, Schokoladen- und Schmuckkartenindustrie, inzwischen auch schon längst bei uns.

Kämpfe nicht gegen »das Böse«. Wenn du im Licht bleibst, wird das Dunkel von selbst vergehen. Das ist das übergeordnete Motto in deinem Leben. Lass dich nicht von Äußerlichkeiten und Ablenkungsmanövern täuschen – schau immer wieder in die andere Richtung und lass Glück und Sonne zu. Es gibt so unendlich viel Interessantes und Neues in deiner Umgebung. Du brauchst auf dem Weg zur Arbeit nur einmal eine andere Straße zu nehmen, schon wirst du unglaublich viel Unbekanntes entdecken. Wenn du dich von der Routine des Alltags befreist, ist wieder Platz für Lebensfreude und ein Gefühl der Freiheit! In schwierigen Lebensphasen liegt die Lösung in dir – höre auf deine innere Stimme. Sie ist das alte Wissen, das du hierher mitgebracht hast.

VEIT
Erzengel Jophiel, Engeleigenschaft von Jeremiel

Der Vorname Veit ist eine Eindeutschung des lateinischen Vitus. Die Herkunft ist ungeklärt. Naheliegend und schön, wenn auch nicht gesichert, wäre, das lateinische *vita*, »Leben«, als Namensgeber zu betrachten. Vielleicht geht Veit auch auf ein altes deutsches Wort für »Wald« zurück. Der deutsche Bildhauer der Spätgotik, Veit Stoß, sowie der österreichische Schauspieler und Regisseur Veit Relin zählen zu den bekannten Namensträgern.

Du brauchst dich hier auf der Erde zu gar nichts zwingen. Lass alle Pflicht- und Druckprogramme einmal weg; die hast du dir sicherlich nicht vorgenommen für dieses Leben. Denn ein großes Thema für dich jetzt ist, dass du dir alles erfüllen darfst, was du für Körper, Geist und Seele wirklich brauchst. Dabei werden immer wieder alte Muster und unpassende Menschen auf dich zukommen, um dich zu irritieren. Lass das nicht zu – du hast es in der Hand, wer oder was in deinem Alltag Platz findet und wer oder was nicht. Du entscheidest, und zwar du allein. Nur deine persönlichen Engel, vor allem der Erzengel Jophiel und Jeremiel und natürlich auch dein Schutzengel, haben ein Wörtchen mitzureden, wenn du es ihnen erlaubst. Und sie freuen sich darüber!

VIKTOR (Victor)
Erzengel Uriel, Engeleigenschaft von Seraphiel

Abgeleitet vom lateinischen Wort für »der Sieger«. Herzöge und Könige aus Savoyen und Italien trugen oft diesen Namen.

Wie kannst du in diesem Leben verlieren? Bei diesem Namen, den du dir wohlweislich ausgesucht hast! Natürlich wirst du alles erreichen, was du dir vorgenommen hast, vorausgesetzt, du lässt los und machst dir keinen Druck! Alles, was du schaffen und erreichen willst, geht auch mit Leichtigkeit. Du kannst den Alltag als Kampf oder als positive Chance sehen.

Du allein entscheidest, wie du den Ansatz dafür auswählst. Er-suche Erzengel Uriel (mit dem du am Boden bleibst) und Sera-phiel (der die Toleranz in dein Herz bringt), dass du Schritt für Schritt weiterkommst auf deinem Weg – im für dich optimalen Tempo. Auch dein Schutzengel hilft dir gern, wenn du ihn dar-um bittest. Er ist immer bei dir.

VINZENZ
Erzengel Zadkiel, Engeleigenschaft von Abdiel
Vor allem im süddeutschen Sprachraum kommt dieser Name vor. Er leitet sich aus lateinisch *vincere,* »siegen«, ab.

Was das zentrale Thema in diesem Erdenleben ist? Grenzen erweitern und Grenzen setzen, das hast du dir mit diesem Na-men in erster Linie einmal vorgenommen. Dabei hast du un-glaubliche Möglichkeiten und neue Chancen, dieses Programm auch gut umzusetzen. Immer wieder werden sich Wege zeigen, wie du deine persönlichen Grenzen auf allen drei Ebenen – Körper, Geist und Seele – erweitern kannst. Gleichzeitig darfst du dich auch gegen alles abgrenzen, was dich blockiert, aufhält oder dir schadet. Du hast dein Leben in der Hand, und all deine Engel, vor allem der Erzengel Zadkiel und Abdiel, aber natür-lich auch dein persönlicher Schutzengel, eilen an deine Seite – in dem Moment, in dem du sie rufst.

VITUS
Erzengel Gabriel, Engeleigenschaft von Galizur
Die Herkunft ist ungeklärt. Nahe liegend, schön, aber leider nicht gesichert, wäre, das lateinische *vita,* »Leben«, als Grund-lage zu betrachten. Daneben wird ein anderes lateinisches Wort mit der Bedeutung »willig« als Ursprung genannt. Vitus ist ei-ner der vierzehn Nothelfer.

Für dieses Leben hast du vieles schon früher (in vergange-nen Leben) vorbereitet. Auch wenn das jetzt für dich etwas seltsam klingt: So ist es tatsächlich! Viel Seelenkraft und geistiges Potenzial hast du hierher mitgebracht, und mit diesem Namen kannst du all das auch gut aktivieren und für dich nutzen. Denn eine Menge Aufgaben und Herausforderungen warten auf dich. Achte jedoch darauf, dass du dir Zeit und Kraft gut einteilst und deinen Alltag strukturiert und geordnet lebst. Jegliches Chaos sowie innere oder äußere Unordnung werden dich auf deinem Weg aufhalten und dich viel Kraft kosten. Daher nimm dir Zeit für dein inneres Zuhause (deine Seele) – arbeite an deiner inneren Ausgewogenheit und Zufriedenheit.

VOLKER (Folker)
Erzengel Zachariel, Engeleigenschaft von Maria
Die beiden alten deutschen Worte *folc,* »Volk« und »Kriegsschar«, sowie *heri,* »Heer« bzw. »Krieger«, bilden diesen Vornamen. Er bedeutet also etwa »Volkskämpfer«. Im Nibelungenlied taucht er auf als Volker von Alzey, Spielmann am Hof der Burgunder in Worms.

Schaff Klarheit in allen Bereichen, die mit Liebe zusammenhängen. Das hast du dir als Grundthema für dieses Leben vorgenommen. Und das ist natürlich ein sehr interessantes, aber auch anspruchsvolles und intensives Programm. Du kannst nur bei dir selbst beginnen und erst danach Harmonie und Liebe in dein Umfeld fließen lassen. Das klingt jetzt einfach, ist es aber sicherlich nicht. Das wolltest du ja auch nicht – du hast dir bewusst ein Lebensziel ausgesucht, das all deine Kraft und Fähigkeiten erfordert. Und all deine Engel, vor allem der Erzengel Zachariel und auch Mutter Maria, helfen dir dabei. Schritt für Schritt wirst du Klarheit in deinen Gefühls- und Seelenbereich bringen und die Liebe für dich und andere leben können.

VOLKMAR (Volmar)

Erzengel Haniel, Engeleigenschaft von Orifiel

Ein im Mittelalter beliebter Name, der *folc,* »Volk«, und *mari,* »berühmt«, verbindet.

Ein ereignisreiches und aufregendes Leben, das du dir da ausgesucht hast – und nur du, wer sonst? Natürlich hast auch du selbst deinen Namen bestimmt, der dich bei deinen Aufgaben und Plänen ideal unterstützt. In erster Linie willst du zu dir zurückkommen, das heißt dich auf allen drei Ebenen (Körper, Geist und Seele) spüren und erfahren. Dabei sind einige intensivere Erfahrungen vorprogrammiert, phasenweise wirst du in deinem Alltag energetisch und gefühlsmäßig an deine Grenzen stoßen. Jedoch wirst du Schritt für Schritt und mithilfe all deiner Engel, vor allem dem Erzengel Haniel und Orifiel, gut weiterkommen und deinen Lebensplan erfüllen. Denn auch du hast dir nur so viel vorgenommen, wie du schaffen kannst.

WALTHER (Walter)

Erzengel Raphael, Engeleigenschaft von Samiel

Die altdeutschen Worte *waltan,* »walten«, und *heri,* »Heer«, bilden diesen klassischen Vornamen, der schon im Mittelalter weit verbreitet war. Bekannt wurde er durch den Dichter Walther von der Vogelweide (etwa 1170–1230).

Was du dir für dieses Leben vorgenommen hast, ist ein wunderbarer Seelenplan. Du willst mit diesem Namen Licht und Liebe auf die Welt, also in dein Umfeld bringen. Dabei aktivierst du verstärkt deinen göttlichen Funken, der in dir ist. Das Programm der Eigenliebe und gesunden Wertigkeit hast du hinter dir, jetzt geht es in die Praxis. Ein nicht ganz einfaches Leben, das du dir da ausgesucht hast. Aber es beinhaltet auch positive Überraschungen und Wunder, die sich dir nach und nach zeigen werden. Vergönne dir und anderen von Herzen alles Glück dieser Erde und noch viel mehr. Aktiviere all deine Engel, denn sie sind gern an deiner Seite. Erfülle deine Lernprogramme und bleib innerlich voll Licht und Zuversicht.

WENZEL (Wenzeslaus, Vaclav)

Erzengel Uriel, Engeleigenschaft von Barachiel

Der Name stammt wohl aus dem Slawischen und bedeutet »der von Ruhm Gekrönte« und »der Siegeskranz«.

Eile mit Weile. Diesen Spruch solltest du über jeden Lebensbereich hier auf der Erde stellen. Lass dich von anderen (vor allem von Menschen in deinem engeren Umfeld, in der Familie, unter Freunden oder Kollegen) nicht hetzen. Du bestimmst das Tempo und kannst mit aller Entschlossenheit Stopp oder Nein sagen. Das ist wichtig, und es steht dir zu. Nur so wird es auch Zeiten der Entspannung für dich geben, die notwendig sind, damit du deine innere »Batterie« wieder aufladen kannst. Vergiss dabei nicht Geist und Seele, auch diese wollen Nahrung von dir bekommen. All deine Engel, vor allem der Erzengel Uriel und Barachiel, sind immer neben dir und helfen dir bei diesem nicht ganz einfachen Lebensprogramm. Sie sind immer da.

WERNER (Wernher)
Erzengel Zachariel, Engeleigenschaft von Cassiel
Die zweite Silbe dieses Namens geht auf *heri,* »Menge« bzw. »Heerschar«, zurück; die Ableitung der ersten Silbe ist unklar. Es kann sich sowohl ein altdeutsches Wort für »wehren« als auch für »warnen« dahinter verbergen.

Vertraue auf dein inneres Potenzial, und nutze es für dich. Was das heißt? Du hast dir mit diesem Namen vorgenommen, in diesem Leben deine innere Stimme, deine Intuition zuzulassen und auf sie zu hören. Auch wenn das jetzt etwas seltsam für dich klingt: Lass deine Seele für dich »arbeiten«. Beobachte deine Träume – alles, was du im Schlaf verarbeitest, brauchst du nicht im bewussten Zustand zu machen. Ein großer Vorteil, da du dann zum Beispiel das nächste Ziel ins Auge fassen kannst. Suche immer wieder nach neuen Themen, und mach neue Pläne – das Leben ist ein Abenteuer, und als solches möchte es von dir erfahren werden. Lebe deine Kraft und alles, was du schon gelernt hast. Du bist gut unterwegs, und alle Engel sind bei dir.

WIELAND
Erzengel Zachariel, Engeleigenschaft von Advachiel

Ein Name aus dem Nordischen. Die germanische Sagenwelt kennt »Wieland, den Schmied«. Er schmiedet Gold und andere Metalle oder Leisten bzw. sogar Listen. Im Namen sind auch die alten Worte *wela*, »Kampf«, und *nand*, »wagemutig«, enthalten.

Was du dir für dieses Leben in erster Linie vorgenommen hast? Sehr viel – und eine Menge Familienthemen. Aber auch bezüglich der Freunde hast du hier einiges vor. Und dann gibt es ja auch noch die Kollegen und so weiter. Mit diesem Namen darfst und willst du vor allem Lernprogramme und Erfahrungen im zwischenmenschlichen Bereich machen, was natürlich nicht immer ohne Konflikte abgeht. Aber lass dich nicht bremsen, du hast alle Fähigkeiten und Kenntnisse hierher mitgebracht, um einen Schritt nach dem nächsten erfolgreich zu gehen. Und all deine Engel, vor allem der Erzengel Zachariel und Advachiel, unterstützen dich sehr aktiv dabei. Sprich über deine Gefühle und fördere alle positiven Beziehungen, die dir helfen und wichtig sind.

WILHELM (William, Willem)
Erzengel Zadkiel, Engeleigenschaft von Gamaliel

Gut erkennbar wird dieser Name aus »Wille« und »Helm« gebildet. Könige aus dem Hause Hohenzollern sowie Mitglieder der niederländischen Oranierfamilie hießen häufig Wilhelm. Den meisten von uns ist dieser Vorname durch den liebenswerten Dichter Wilhelm Busch vertraut.

Du hast in diesem Leben alles, was du für deine seelische und geistige Weiterentwicklung brauchst. Mit diesem Namen hast du alle Voraussetzungen für ein ausgewogenes und harmonisches Erdenleben geschaffen. Sollten sich Existenzängste melden, so lass dich von ihnen nicht verunsichern und täuschen.

Denn du hast dir vorgenommen, dir in diesem Leben alles zu erfüllen, was du für ein positives Umfeld auf der materiellen Ebene brauchst. Nach und nach darfst und kannst du die Fülle bewusst wahrnehmen, die dich umgibt. Schau dich um: Was gibt es alles an Positivem in deinem Leben? Freunde, ein friedliches Umfeld, Familie, Lebewesen und Natur. Wahrscheinlich auch etwas Spaß und Freizeit. Und deine Arbeit – die finanzielle Unabhängigkeit. Deine Engel sind außerdem bei dir.

WOLFGANG
Erzengel Zadkiel, Engeleigenschaft von Dubiel
Im Namen sind »Wolf« und »gang« gut erkennbar. Der germanische Gott Wotan wurde der Sage nach stets von zwei Wölfen begleitet, von Geri und Freki. Daraus entstand die Sitte, dass sich Männer in Tierfelle hüllten und sich als »Wolfsgänger« präsentierten. Zunächst in Bayern durch den heiligen Wolfgang, Bischof von Regensburg, später durch den Komponisten Wolfgang Amadeus Mozart und den Dichter Johann Wolfgang von Goethe wurde dieser Vorname sehr beliebt.

Dieses Leben ist ein Geschenk, auch wenn du es nicht immer als ein solches empfindest. Du hast mit diesem Namen die Möglichkeit, Visionen und Seelenwünsche zu verwirklichen. Deshalb hast du alles hierher mitgebracht, um das auch erfolgreich zu schaffen. Jedoch solltest du Prioritäten setzen und dich nicht mit mehreren Themen zugleich überfordern. Eines nach dem anderen, und dann auch noch ein wenig innehalten und die Schönheiten der Erde genießen. Das liegt auf deinem Weg und all deine Engel, vor allem der Engel Zadkiel (der Engel des Unbewussten und der Spiritualität) und Dubiel, sind an deiner Seite und helfen dir, wann immer du sie brauchst. Erfülle dir deine Herzens- und Seelenwünsche!

WOLFRAM
Erzengel Zadkiel, Engeleigenschaft von Barbiel

Auch hier stand der Wolf Pate, und daneben der Rabe, altdeutsch *hraban*. Der Gott Wotan bzw. Odin wurde nicht nur von zwei Wölfen begleitet (siehe Wolfgang), sondern auch von zwei Raben, Hugin und Munin. Berühmter Namensträger war der mittelalterliche Dichter Wolfram von Eschenbach, der die Sage von Parzival und der Suche nach dem Heiligen Gral schrieb.

Was du dir für dieses Leben vorgenommen hast? Sicherlich nicht, es in Armut oder mit extremen Einschränkungen zu verbringen. In deinem Lebensplan ist enthalten, dass du dir alles erfüllen kannst, was du wirklich brauchst (auch für Geist und Seele und nicht nur für den Körper) und was auf deinem Weg liegt. Demzufolge darfst du dir alles sehr kritisch anschauen und auch hinterfragen. Natürlich darfst du neue Erfahrungen machen, das gehört zu deinem Lernprogramm. Diese Welt ist bunt und schön, und auch das darfst du bewusst wahrnehmen und genießen. Bitte deine Engel, vor allem den Erzengel Zadkiel und Barbiel, dir zu zeigen, was wichtig ist für dich und was du vermeiden kannst, um dir nicht zu schaden. Sie machen das gern.

X, Y, Z

XAVER

Erzengel Michael, Engeleigenschaft von Abathur Muzania

Der Name geht auf den heiligen Franz Xaver zurück, der von der Burg Javier (deutsch als Xaver) im spanischen Navarra stammte. Da er der Gegenreformation angehörte, wurde der Name Xaver vor allem in katholischen Gebieten in Deutschland und Österreich verwendet.

Dieses Leben ist ein Neubeginn, und alle Engel halten ihre Hand über dich. Es kann gar nichts passieren – du bist extrem gut beschützt und behütet. All deine Engel, vor allem der Erzengel Michael und Abathur, aber auch dein persönlicher Schutzengel, sind stets an deiner Seite und begleiten dich. Immer wieder darfst du neue Energien, Menschen und Themen erfahren und an Geist und Seele wachsen. Das hast du dir auch genauso vorgenommen, denn du möchtest in diesem Leben sehr viel lernen und dieses Wissen auch an andere weitergeben. Je offener und neugieriger du bist, umso mehr wirst du erfahren. Achte dabei auch auf kreative und regenerative Pausen und geh immer wieder in die Natur. Das hilft dir.

YORK (Yorck, Yorick)

Erzengel Metatron, Engeleigenschaft von Abathur Muzania

Manche Forscher sehen in diesem Namen eine friesisch-dänische Ableitung von Georg, »Erdarbeiter« (siehe dort), andere jedoch eine ostdeutsche bzw. slawische Variante zu Georg. Be-

rühmte Namensträger, wenn Georg hier auch Teil des Nach-
namens ist, waren Ludwig Graf Yorck von Wartenburg, der in
den Befreiungskämpfen Preußens von Napoleon nicht blind
Befehlen, sondern seiner eigenen Sicht folgte, wie auch Peter
Graf Yorck von Wartenburg, der als Widerstandskämpfer gegen
Hitler seinem Gewissen bis zu seiner Hinrichtung folgte.

Ein schönes und wunderbares Leben, das du dir da ausgesucht hast! Und mit diesem Namen kannst du es natürlich
auch genau so leben. Dabei hast du sehr viel »vorgearbeitet«
und darfst dich jetzt ein wenig ausruhen. Einige Programme
und Themen werden sich immer wieder in deinem Alltag stellen, jedoch sind keine gröberen Katastrophen oder Einbrüche
vorgesehen. Wenn du es dir erlaubst, wird sich eine gelassene
Leichtigkeit leben lassen, und du darfst immer wieder für dich
entscheiden, ob du eine Aufgabe annimmst oder nicht. Wäge
ab, was du dir auflädst, und ersuche deine Engel, vor allem den
Erzengel Metatron und Abathur Muzania, dir dabei aktiv zu
helfen. Auch dein Schutzengel ist immer an deiner Seite!

YVES
Erzengel Chamuel, Engeleigenschaft von Ariel
Eine französische Variante zu Ivo, das wiederum unter Umständen auf ein altdeutsches oder ein keltisches Wort für »Eibe«
zurückzuführen ist. Da Bögen meist aus Eibenholz gefertigt
wurden, bekam der Name auch die Bedeutung »der Bogen-
schütze«. Bekannter Namensträger war der französische Sänger
und Schauspieler Yves Montand.

Für dieses Leben hast du dir als Hauptthema vorgenommen, eine optimale Partnerschaft mit dir selbst zu leben. Mit
diesem Namen bist du selbst erst einmal am wichtigsten. Das
hat nichts mit destruktivem Egoismus, sondern mit Eigenliebe und Selbstwert zu tun, die aktiviert und gelebt werden
wollen. Deine Engel – vor allem der Erzengel Chamuel und

Ariel – helfen dir, zu dir selbst zurückzufinden, zu deinem »Ur-Mann« und deinen ursprünglichen Energien, zu deinem göttlichen Funken und allem Potenzial, das du in dir trägst. Du wirst den Mut finden, deine Einzigartigkeit zu erkennen. Erst wenn du eine liebevolle Partnerschaft mit dir selbst leben kannst, bist du bereit, diese auf einen positiven Partner zu erweitern. Lebe sie!

ZACHARIAS
Erzengel Chamuel, Engeleigenschaft von Cosmiel
Ein Name, dessen Wurzeln sowohl in der hebräischen als auch der arabische Sprache zu finden sind, und zwar als »Jahwe hat sich erinnert« (hebräisch) oder »die Erinnerung« (arabisch). In der Bibel hieß der Vater von Johannes dem Täufer Zacharias.

Achte auf innere und äußere Impulse und Zeichen von deinen geistigen Helfern, vor allem von Erzengel Chamuel und Cosmiel. Genau das hast du dir als Lebensthema Nummer eins auch so vorgenommen. Alles, was du mit Herzenergie und Liebe machst, wird dir auch gelingen. Geh immer in die Tiefe und begnüge dich nicht mit der Oberfläche, das reicht dir nicht. Schau hinter die Fassade aller Menschen in deinem näheren Umfeld. Du willst in diesem Leben Schleier lüften und Geheimnisse aufdecken. Höre auf deine innere Stimme, deine Intuition – du hast in dieser Beziehung ein großes Potenzial hierher mitgebracht, das auch gelebt werden will. Lass alle Hilfen aus dem geistigen Bereich zu – all deine Ahnen stehen hinter dir.

ZOLTAN
Erzengel Zadkiel, Engeleigenschaft von Sophia
Ein ungarischer Name, der »Sultan« bedeutet, dieses arabische Wort wiederum bedeutet sowohl »Herrscher« als auch »Herrschaft«.

Thema Nummer eins in diesem Leben ist die Liebe. Du hast dir diese anspruchsvolle Aufgabe ausgesucht und mit diesem Namen auch eine Hilfe dafür mitgenommen. Voraussetzung ist, dass du erst einmal dich selbst in Liebe annehmen und akzeptieren kannst – mit allen Stärken und Schwächen in dir. Erst danach kannst du die Initiative ergreifen und Liebe zu anderen Menschen fließen lassen. Du wirst sie hundertfach von ihnen zurückbekommen. All deine Engel, vor allem der Erzengel Zadkiel und Sophia, aber auch dein persönlicher Schutzengel, werden dich bei diesem anspruchsvollen und interessanten Lebensprogramm begleiten. Glaube an dich und dein wunderbares Seelenpotenzial, dann kannst du deine Gefühle leben!

Namensänderungen und nicht aufgeführte Vornamen

Unsere Namen – Vor- wie Nachnamen – sind entscheidend für unser Leben. Jedes Mal, wenn wir unseren Namen aussprechen, damit angesprochen werden oder ihn schreiben, aktivieren wir all seine Potenziale und Energien. Darum möchten wir hier am Ende auf einige Besonderheiten eingehen.

Änderung des Nachnamens

Bei Männern bleiben die Namen zwar meistens das ganze Leben hindurch gleich. Bei Frauen sieht das jedoch nach wie vor anders aus. Demnach sollte eine Frau sich gut überlegen, ob sie einen Doppelnamen wählt, den eigenen behält oder ausschließlich den des Mannes annimmt, und ob sie nach einer Scheidung wieder den Mädchennamen annimmt. Um das zu entscheiden, könnten Sie sich zum Beispiel in die Engelnumerologie vertiefen und schauen, welcher Nachname für Sie am vorteilhaftesten ist. Hier fließen, wenn Sie es genau machen wollen, auch Geburtsdatum, Geburtsort, Wohnort, Hausnummer und einige andere Aspekte ein – siehe Buch »Die Botschaft der Engelzahlen«. Sie können auch Ihren Schutzengel um aktive Unterstützung bitten, damit Sie die richtige Entscheidung treffen. In meinem Falle beispielsweise wäre es ganz und gar nicht vorteilhaft, wenn ich von meinem angeheirateten Nachnamen Fuezi nach einer Scheidung zu meinem ursprünglichen Geburtsnamen Michitsch zurückkehren würde. Aber das sollte jeder für sich spüren und entscheiden dürfen und sich auch ausreichend Zeit dafür nehmen.

Was ist mit dem zweiten Vornamen?

Natürlich haben wir uns auch den zweiten und jeden weiteren Vornamen (der in der Geburtsurkunde aufscheint) definitiv so ausgesucht. Oft übernehmen wir damit eine wichtige Aufgabe eines Vorfahren oder einer Ahnin. Diese Energie ist für uns sehr wichtig und kann wirklich bei der einen oder anderen speziellen Lebensaufgabe hilfreich sein.

Sollten Sie auch von diesem zweiten oder dritten Vornamen nicht allzu begeistert sein, brauchen Sie sich damit natürlich auch nicht ansprechen zu lassen. Es genügt beispielsweise, wenn Sie ihn auf ein Kärtchen schreiben und in Ihrem Wohnbereich aufstellen – sichtbar oder nicht sichtbar. Es geht darum, die darin enthaltene und für Sie hilfreiche Energie zu aktivieren. Bei amtlichen und geschäftlichen Belangen wäre es vorteilhaft, mit sämtlichen in der Geburtsurkunde angeführten Namen zu unterschreiben.

Ich habe meinen zweiten Vornamen – nämlich Josefine – immer gehasst. Erstens gefiel er mir an sich schon nicht (man denke nur an die eher fragwürdige Gestalt der Josefine Mutzenbacher!) und außerdem war er von meiner Großmutter mütterlicherseits übernommen, mit der ich eine nicht gerade leichte Beziehung zu bewältigen hatte. Erst vor einigen Jahren, als ich herausfand, welch starker Frauenname Josefine ist und welches wunderbare Potenzial er beinhaltet, habe ich meinen Frieden mit ihm geschlossen – und in der Folge nach und nach auch mit meiner Großmutter.

Was ist mit Abkürzungen oder Kosenamen?

Verkleinerungen, Abkürzungen, Kosenamen oder Verniedlichungen sind nur im Ausnahmefall auf lange Sicht hin als positiv zu sehen, denn meistens fehlt von der Gesamtaussage her etwas Wesentliches, und das wirkt sich in Folge auch auf Energie und Ausstrahlung des betreffenden Menschen aus.

Zur Erklärung: Mamas kleiner »Toni« sollte auch einmal zum erwachsenen »Anton« werden und seine gesamte männliche Energie leben dürfen – also selbstverständlich Verantwortung für sich und sein Umfeld übernehmen und nicht ewig an Mamas Rockzipfel hängen bleiben. Eine »Marlene« hat sicherlich eine andere Gesamtausstrahlung und Frauenpower als jemand, der mit dem zwar lieblicher klingenden, aber auf Dauer einschränkenden »Leni« durchs Leben geht. Und der coole »Rick« möchte auch irgendwann seine ganze Kraft im »Friedrich« ausschöpfen, auch wenn das anfangs ungewohnt für ihn sein mag. Meist fehlen dem Kosenamen einige Buchstaben des ursprünglichen Taufnamens, die dann von der Gesamtenergie abgehen – als Folge könnten möglicherweise gewisse Fähigkeiten und Potenziale nicht wirklich aktiviert werden.

Wenn ich als Beispiel Victoria (den Namen meiner Tochter) nehme, so kann sie natürlich mit dem gesamten und auch so ausgesprochenen und geschriebenen Vornamen eine Menge mehr an Energie und Potenzial leben und wird ihren Alltag mit Herausforderungen und Aufgaben um einiges leichter erfüllen können als mit der verniedlichten Form »Vicky« oder dem noch mehr verkürzten »Vic«.

Nachfolgend einige Beispiele für Abkürzungen, die sich in den meisten Fällen nicht positiv auswirken. Sprechen Sie diese Namen einmal laut aus und hören Sie dem Klang des vollen und des abgekürzten Namens nach – Sie werden die verschiedenen Energien spüren.

Berti – Robert
Chris – Christine
Caro – Caroline
Celia – Cäcilia
Conny – Cornelia
Gabi – Gabriele
Harry – Harald
Irmi – Irmgard

Johnny – Hannes
Käthe – Katharina
Pat – Patrick
Petsi – Peter
Richie – Richard
Toni – Anton
Vic – Victoria
Wolf – Wolfgang

Wir brauchen wohl nicht extra zu erwähnen, dass eine erwachsene Frau, die mit *Puppi*, *Mädi* oder *Mausi* aufgewachsen ist und nach wie vor als solche gerufen wird, hinterfragen sollte, wie weit sie von sich selbst und ihrem Umfeld ernsthaft wahrgenommen wird. Etwas anderes ist die rosarote Sichtweise in der ersten Verliebtheitsphase, in der man bekannterweise nicht wirklich »zurechnungsfähig« ist und sich zumindest in einem emotionalen Ausnahmezustand befindet – dann wählt man Koseworte, die nicht unbedingt das gesamte Potenzial des anderen zeigen müssen.

Auf Pseudonyme oder Künstlernamen gehen wir hier bewusst nicht ein, das ist ein zu weites Feld und würde uns vom Kernthema wegführen. Nur ganz kurz eine Anmerkung dazu: Jeder Mensch hat eine Menge altes Wissen hierher mitgebracht und wenn er es nutzt, wird er auch den genau passenden und richtigen Namen für sich finden, der ihm hilft, seinen Beruf erfolgreich zu leben.

Was ist, wenn ich meinen Vornamen nicht finde?

Für diese Fälle gibt es zwei Möglichkeiten, wie Sie vorgehen können: Sie schauen bei sehr ähnlichen Vornamen nach (achten Sie auch auf Konsonantenverschiebungen von C zu K oder umgekehrt; wie zum Beispiel bei Klara oder Clara). Oder Sie berechnen Ihren ersten Vornamen in der Ihnen eigenen und vertrauten Schreibweise mit den Engelzahlen und finden so zu Ihrem Erzengel und seiner wunderbaren Energie.

Hier der Buchstaben-Schlüssel, aus dem Sie die Quersumme Ihres Namens errechnen können:

A	– 1	N	– 5
B	– 2	O	– 7
C	– 3	P	– 8
D	– 4	Q	– 1
E	– 5	R	– 2
F	– 8	S	– 3
G	– 3	T	– 4
H	– 5	U	– 6
I	– 1	V	– 6
J	– 1	W	– 6
K	– 2	X	– 5
L	– 3	Y	– 1
M	– 4	Z	– 7

Schreiben Sie zu jedem Buchstaben die richtige Zahl und addieren Sie diese. Die Zahlensumme wird auf 1 bis 12 reduziert, zum Beispiel Victoria: 6+1+3+4+7+2+1+1 = 25 = 7.

Oder Myrta: 4+1+2+4+1 = 12. Bitte die Umlaute auflösen: ä wird zu ae, ö zu oe, ü zu ue.

Und hier die zuständigen Erzengel für die Zahlen von 1 bis 12:

1 Erzengel Michael

2 Erzengel Gabriel

3 Erzengel Raphael

4 Erzengel Uriel

5 Erzengel Jophiel

6 Erzengel Chamuel

7 Erzengel Zachariel

8 Erzengel Haniel

9 Erzengel Zadkiel

10 Erzengel Raguel

11 Erzengel Sandalphon

12 Erzengel Metatron

Bei unseren Beispielen wäre der Erzengel Zachariel für den Namen Victoria zuständig, und ihre Trägerin kann ihn verstärkt um Unterstützung bitten. Bei Myrta bezieht sich das auf die Energie vom Erzengel Metatron.

Wenn Sie zusätzlich eine persönliche Engelbotschaft haben wollen, dann lassen Sie die Seiten dieses Buches einfach durch Ihre Finger gleiten, schließen Sie die Augen und wählen Sie »blind« eine Stelle auf einer beliebigen Seite nach Ihrem inneren Gefühl aus. Dort, wo sich Ihr Finger befindet, steht die für Sie passende Botschaft Ihrer Engel – gleich, ob es sich um einen Männer- oder um einen Frauennamen handelt. Sie werden es an der Grundaussage und Thematik erkennen können. Vielleicht lächeln Sie nun etwas – aber genau so sollte aktive Engelarbeit sein: klar, einfach und unkompliziert. So funktioniert sie am besten. Schalten Sie den Kopf aus und vertrauen Sie auf die Führung der Engel. Dieses System können Sie natürlich auch auf alle weiteren Vornamen ausweiten.

Weitere Bücher der Autoren

Jutta Fuezi & Wulfing von Rohr

Die Botschaft der Engelzahlen: Himmlische Numerologie;
Heyne Verlag, München 2010
Engelrituale: Himmlische Impulse in allen Lebenslagen;
Knaur Verlag, München 2009

Wulfing von Rohr

Kleine Erleuchtungen: Praktische Hilfen für ein bewusstes Leben;
Knaur Verlag, München 2009
Was lehrte Jesus wirklich? Die verborgene Botschaft der Bibel;
Schirner Verlag, Darmstadt 2008
Kuan Yin: Die weibliche Fürsprecherin im Buddhismus;
Schirner Verlag, Darmstadt 2007
Einführung in die Horoskopdeutung: Zeichen, Planeten, Aspekte, Häuser; Goldmann Arkana, München 2008

Kontakt zu den Autoren
Jutta Fuezi
www.engellicht.at; jutta@engellicht.at

Wulfing von Rohr
www.wulfingvonrohr.info; wulfing@gmx.at

Jutta Fuezi
Wulfing von Rohr

Die Kraft der Engel in den Zahlen

Hinter jeder Zahl verbirgt sich ein Geheimnis: ihre machtvolle
Engel-Energie. Mit diesem Buch entdecken Sie die innerste
Bedeutung der Zahlen – und erlangen wertvolle Inspiration und
konkreten Rat für alle wichtigen Lebensfragen.

978-3-453-70142-7